《山西文華》編纂委員會　編

山西文華・史料編

河東鹽法備覽

第一册

卷首至卷三

清　蔣兆奎◎編纂

山西出版傳媒集團
三晋出版社

圖書在版編目(CIP)數據

河東鹽法備覽 / （清）蔣兆奎編纂. —太原：三晉出版社，2018.7

ISBN 978-7-5457-1719-8

Ⅰ. ①河… Ⅱ. ①蔣… Ⅲ. ①河東—鹽業史—清代 Ⅳ. ① F426.82

中國版本圖書館 CIP 數據核字(2018)第 141403 號

河東鹽法備覽

編 纂 者：〔清〕蔣兆奎
責任編輯：張仲偉
封扉設計：山西天目·王明自

出 版 者：山西出版傳媒集團·三晉出版社（原山西古籍出版社）
地　　址：太原市建設南路 21 號
郵　　編：030012
電　　話：0351-4922268（發行中心）
0351-4956036（總編室）
0351-4922203（印製部）
網　　址：http://www.sjcbs.cn

經 銷 者：新華書店
承 印 者：山西人民印刷有限責任公司

開　　本：700mm × 1000mm　1/16
印　　張：84
字　　數：380 千字
版　　次：2018 年 7 月　第 1 版
印　　次：2018 年 7 月　第 1 次印刷
書　　號：ISBN　978-7-5457-1719-8
定　　價：500.00 圓（全五册）

ISBN 978-7-5457-1719-8
9 787545 717198 >

《山西文華》編纂委員會

《山西文華》學術顧問委員會

《山西文華》分編主編

出版説明

山西東屏太行，西瀕黄河，北通塞外，南控中原，是中華民族的主要發祥地之一。中華文明輝煌燦爛，三晉文化源遠流長。歷史文獻豐富、文化遺産厚重，形成了兼容並包、積澱深厚、韵味獨特的晉文化。山西省政府決定編纂大型歷史文獻叢書《山西文華》，以彙集三晉文獻、傳承三晉文化、弘揚三晉文明。

《山西文華》力求把握正確方向，尊重歷史原貌，突出山西特色，薈萃文化精華，按照搶救、保護、整理、傳承的原則整理出版圖書。叢書規模大，編纂時間長，參與人員多，特將有關編纂則例簡要説明如下。

一、《山西文華》是有關山西現今地域的大型歷史文獻叢書，分「著述編」「史料編」「圖録編」。每編之下項目平列；重大系列性項目，按其項目規模特徵，制定合理的編纂方式。

二、「著述編」以一九四九年十月一日前山西籍作者（含長期在晉之作者）的著述爲主，兼收今人有關山西歷史文化的研究性著述。

三、「史料編」收録一九四九年十月一日前有關山西的方志、金石、日記、年譜、族譜、檔案、報刊等史料，以影印爲主要整理方式。

四、「圖録編」主要收録一九四九年十月一日前有關山西的文化遺産精華，包括古代建築、壁畫、彩塑、書畫、民間藝術等，兼收古地圖等大型圖文資料。

五、今人著述采用簡體漢字横排，古代著述采用繁體漢字横排。

《山西文華》編纂委員會

出版前言

河東鹽池，今稱運城鹽湖，位於黄土高原東南邊緣，是山西省最大的湖泊。在數千年的歷史進程中，河東池鹽是歷代王朝納貢課税的重要來源，是晋、秦、豫三省食鹽保障的主要基地，對晋南地區及其周邊許多城鎮興起和繁榮産生過深刻的影響。盡管這片鹽湖自二十世紀八十年代起全面轉向鹽化工業及文化旅遊業，在國家、地方的經濟政治地位遠不及古代，但其作爲歷史文化遺産仍具有重大的研究和傳播價值。刊行於清乾隆年間的《河東鹽法備覽》就是現存的一部最爲基礎的影響廣泛的有關河東鹽政的古籍。

《河東鹽法備覽》編纂者蔣兆奎（？—一八〇二），字聚五，陝西渭南人，清乾隆、嘉慶時人。《清史稿·蔣兆奎傳》重點記述了其三件事：一是參與乾隆時期著名的平定大小金川之役，治餉有功；二是議改河東池鹽課歸地丁，使河東鹽價驟減，銷路暢旺，爲此受賜孔雀翎，陞任山西巡撫；三是任漕運總督時，因整頓漕運與嘉慶帝意見不合，屢次上奏争論，被調任工部侍郎。蔣氏一生廉名素著，後卒於鄉。

蔣兆奎生於毗鄰河東之地，又在山西爲官多年，先後做過澤州同知、太原知府、河東鹽運使、山西按察使、山西巡撫。其中乾隆五十年（一七八五）任河東鹽運使，主持河東鹽務。乾隆五十四年（一七八九）陞任山西按察使，仍兼管河東鹽務。乾隆五十六年（一七九一）在甘肅布政使任上提議河東課歸地丁，很快授任山西巡撫兼管鹽政，直至嘉慶二年（一七九七）因病解任，參與河東鹽政約有十二年之久。

蔣兆奎上任之初即乾隆五十年（一七八五）春，「擬修《鹽法備覽》一書」，乾隆五十三年（一七八八）冬完稿，次年調任太原後付梓。此書由蔣兆奎個人編纂，名稱備覽，既有編寫鹽書以備參閲之意，也有期望内容較爲全備之意。書前列序三篇，分别爲山西巡撫海寧、繼任河東鹽運使季學錦和蔣氏本人所作。有圖一幅，爲《河東鹽池全圖》。書之銜名另有河東運學教授王鳳翮校字，商人陳思賢、王恒泰、王擴統、范則質、翟步雲、王繩中監刊。説明這部洋洋大作，雖非官方組織，但編纂者爲河東鹽運使、校核者爲河東運學教授、資助者爲河東鹽商等商界人士，官、學、商通力合作，各擅其長，可見蔣氏之良苦用心。

《河東鹽法備覽》（以下簡稱《備覽》）具有三點特色：

第一，内容上，薈萃前書，最爲詳贍。

《備覽》的基本素材是清代前期的五種鹽書，分别是：康熙二十九年（一六九〇）運使蘇昌臣所編《河東鹽政彙纂》，康熙五十五年（一七一六）運使郭禎所著《鹽政便覽》，雍正八年（一七三〇）山西巡撫覺羅石麟主持纂修的《敕修河東鹽法志》，乾隆二十七年（一七六二）解州知州言如泗主持所修《解州安邑縣運城志》，乾隆四十九年（一七八四）運使沈業富所修《河東鹽法調劑紀恩録》。作者稱：「今並取而薈萃之，名曰『備覽』。徵引不出諸書，折衷惟求一是。」爲便於閲覽，化「五」爲「一」，需要「删其繁蕪，補其缺略」。取捨問題是作者面對的首要問題。在凡例中，作者明確本書意在資政，直稱：「是編爲鹽法而設，非若一州一邑但志景物、户口而已。」「若無關政要，則皆删之，以歸簡易。」對於圖志，除池圖外，「其餘無關政務，概不列圖」。對於與鹽政關係不大的内容，作了大量删減。「是編雖述而不作，究於彙編，不過十仍其五。」從鹽政的需要出發，有些内容則應該補充説明。一是增補了較多的有關鹽商的内容。二是闡釋了河東鹽池産、運、銷、管等一系列專業術語。「如坐商、運商以及銷價等項，諸書非存而不論，即語焉不詳。至若課何以謂錠，引何以謂名，諸書多未深究，今一一分析，可補彙編所未備。」三是評述結合，在卷目下冠以小序，在條目後撰綴按語。「或於每條一按以己見，略事發明。間有正文不盡之意，即以按語補之，冀免缺漏。」對於《備覽》的内容，在該書書序及後出之《增修河東鹽法備覽》和《續增河東鹽法備覽》的書序中多有評論，贊揚有加。比如山西巡撫兼管鹽政海寧稱其「凡恤商利民、疏引裕課之法，靡不具載」。河東鹽法道、運使季學錦則言：「凡前志所載、私心有未愜，及一切現行之政前志所未備者，俱於此書詳焉。」河東兵備鹽法道陳際唐贊稱：「自漢唐以迄國朝，引課之源流，官制之沿革，池産之規畫，運道之變通，巨細靡遺，堪挃全豹。」

第二，體例上，改善前書，幾近完備。

不同於地方志書早有成例，河東鹽政諸書在體例上一方面不斷吸收前人的成果，另一方面又難以形成統一的規範。各書分門别類，建綱立目，顯得五花八門，不够清晰。後人翻閲起來，頗爲不便。《備覽》在總結前人得失的基礎上，做了深入思考和根本變革，實現了質的突破。《河東鹽政彙纂》分六卷三十三目，前三卷似以空間位置爲序，先後安排鹽池、運治和近池之渠堰山澤。後三卷依官師、引課、産運、禁令爲序，彼此之間更像是依存的關係。但表現不够明朗，感覺稍亂。《敕修河東鹽法志》分十二卷二十六目，似可分爲三大部分。第一部分大致順序是生産、引課、運銷、律例，以與鹽政直接相關的物與事爲主脉，重點在事；第二部分主要講官職、運治、人物，以與鹽政相關的人和物爲主脉，重點在人；第三部分則是疏議和藝文，重點在文。《河東鹽法調劑紀恩録》是《鹽法志》的延續和補充，《解州安邑縣運城志》則以城爲主綫，二者在體例上没有太多的參考價值。《便覽》則因没有發現尚存於世，筆者亦未見到其類目情况，無法考究。總的來講，清代前期的幾部鹽書在體例上尚不成熟，缺陷較多，做不到結構嚴謹，層次清晰。撇開史料上的價值不談，在體例上難免存在拚凑之嫌。

《備覽》將全部内容分爲十二門，每門置爲一卷，每卷有題名，有小序。「且前後次第，蟬聯而下，以綱統目，以目係綱，使十二門如一篇，庶免餖飣雜凑之患。」蔣兆奎在自序中，對十二門的邏輯關係作了清楚的説明：「首以鹽池提其綱也，次以運治著其地也。有治人斯有治法，官職所當重也。欲治鹽莫先治水，渠堰宜急講也。由是而種治與轉輸、坐運交資，固缺一不可；國計與民食、引課兼重，亦相因而詳。非禁私無以辦公，律例應震攝於犯法之先；不正德難保厚生，學校宜作興於既富之後。而且補救因時，名臣之奏疏，功悉可稽；文章經世，前人之著述，言皆有物。徵文則取其深中利弊，而浮廓者弗收；叙事則期於質實詳明，而藻繢者弗尚。綴續成編，俾覽者瞭如指掌。」從此段文字可以看出，蔣兆奎編纂《備覽》的邏輯起點是鹽政，其行文順序是要鹽官們首先瞭解池，其次瞭解人事，再次瞭解制度，然後瞭解文獻，從而完成對河東鹽政情況的總體把握。

《備覽》在體例上的成功，使之後河東鹽政志書一如其例，幾無變更。並直接促進和影響了光緒八年《增修河東鹽法備覽》、宣統元年《續增河東鹽法備覽》的編纂刊印，形成了關於河東鹽政的系列叢書。至此，古代河東鹽池的主要文獻，大體集成於「備覽」系列作品。

第三，文字上，參互考訂，質實明白。

作者稱：「是編纂於諸書之後，删繁補漏，參互考訂。而又稽之舊牘，採之方言，非敢稍執己見，致誤傳信。」又稱：「是編據事直書，但求質實明白，不以藻繪爲工。至前書間有錯訛之處，考核既真，悉爲更正，不敢依附雷同，至譏失實。」可見蔣氏在編纂《備覽》時，面對前人所著的五種舊書，不是簡單地抄寫彙編，而是作了認真的比較和鑒别。不僅如此，還進一步搜集更爲原始的古籍資料，調查地方上的口碑史料，以防主觀臆斷，以訛傳訛。比如關於鹽池的幅員問題，蔣氏查閱了《河東鹽政彙纂》，又參考了前志所引《説文》，認爲二者互有參差。於是不辭辛苦，親自環繞鹽池禁垣以步測量，折算出鹽池幅員里數；關於運使及相關鹽官的存續問題，蔣氏也作了分類考辨，有所增删；關於運學的科目，作者也没有照搬前人。「間有前書漏載，及與碑載不符者，悉爲補正。」「凡起自運學而實爲運産，或非運産而起自運學者，皆備録焉。其不由運學而即實爲運産，應入《安邑縣志》。若例仕以及封贈蔭襲，並與運學無涉，茲俱不載。」

需要説明的是,《備覽》關於河東鹽政的記述比較系統全面,符合鹽政實情,是考察瞭解古代河東鹽政的首選古籍。但其局限也是顯而易見的。該書是一部鹽官寫給鹽官看的書,其寫作視角和意圖決定了内容的有無、詳略,甚至態度。這部鹽書許多内容並非一手資料,藝文部分編録的文獻大多並非原文,而是多有删節或改動,在此提請讀者一並注意。

二〇一八年,三晋出版社以中共山西省委黨校圖書館藏清乾隆五十五年(一七九〇)刻本爲底本,影印出版《河東鹽法備覽》一書,收入《山西文華》叢書,使這一聞名海内外學界的河東鹽業史料再現於世,意義重大。

咸增强

二〇一八年五月

目録

第一册

出版説明……一
出版前言……一
卷首
序
海寧序……一
季學錦序……九
蔣兆奎自序……一五
凡例……一九
總目……二五
河東鹽池全圖……二九
卷一　鹽池
分目……四一
鹽池……四三
源流……四四
形勢……四八
禁垣……五一
黑河……五六
池神廟……六〇
鋪舍……六六
祥異……七四
勝蹟……七八

物産……八一
六小池……八三
女鹽池……八九
花馬池……九一

卷二　運治

分目……九七
運治……九九
星野……一〇〇
疆域……一〇一
城垣……一〇二
萬壽宫……一〇七
壇廟……一〇八
公署……一一六
倉儲……一二二
恤政……一二八
坊集……一三〇
風俗……一三二
武備……一三四

卷三　官職

分目……一三九
官職……一四三
官制沿革……一四四
古職考辨……一四六
巡鹽御史……一五〇
運使……一八四
運同……二〇九
運學教授……二二八
運學訓導……二三二
經歷……二三七
知事……二四三
庫大使……二五〇
三場大使……二五一

分駐解州州判……二五九
三巡檢……二六一
運城營……二六五

第二册

卷四　渠堰
分目……二七一
渠堰……二七三
姚暹渠……二七四
池東各堰……二八三
池南各堰……二八六
池西各堰……二八七
議修章程……二九四
議定姚暹渠歲修章程……二九九
議定河渠並修章程……三〇二
輸修次第……三〇四
估銷限期……三〇六
督修責成……三〇七
辦公限制……三〇九
近池山澤……三一〇
護池灘地……三一九
卷五　坐商
分目……三二九
坐商……三三一
錠名……三三二
銷價……三五〇
畦地……三五六
澆曬……三六八
歸併……三八〇
租稞……三八一
鹽料……三八四
坐配……三八六

卷六　運商

分目……三八九
運商……三九一
招商……三九二
增價……三九八
加耗……四〇二
均引……四〇五
掣放……四三六
行銷……四四三
運程……四四八
失水補運……五〇六
借運蘆鹽蒙鹽花馬池鹽……五一〇
分別給票運鹽……五一三
改置年季商首……五一八
禁革州縣鹽規……五一九
扒票各式……五二一

第三册

卷七　引目

分目……五三三
引目……五三五
鹽引本末……五三六
額引分目……五四四
代銷定制……五七五
餘引增減……五七七
領繳則例……五八一
奏銷期限……五八四
引式……五八七

卷八　課額

分目……五九一
課額……五九三
課項源流……五九四

正雜欵目……六〇一
徵收則例……六二四
課錠平色……六二九
撥解定制……六三一
公用欵册……六三二
卷九　律例
分目……六五九
律例……六六一
律……六六二
條例……六七六
處分則例……六八八
禁緝扼塞附……七一六
卷十　學校
分目……七二七
學校……七二九
學宫……七三〇
學額……七三七
書院……七四一
科目……七四八
人物……七九九

第四册

卷十一　奏疏咨議附
分目……八五三
奏疏……八五七
河東陝西分界食鹽疏……八五九
募民撈採疏……八六三
護池官地疏……八六七
請清引票疏……八七一
請復經管池工鹺員疏……八七五
請免割没浮鹽仍除加課疏……八八三
鹽政疏……八九一

歲修禁牆疏……八九七
開墾荒畦疏……九〇一
清理商民籍貫疏……九〇五
遵旨查議疏……九一三
請歸解安額引疏……九一九
請留加增銷價疏……九二三
大同府屬鹽課已歸地丁疏……九二七
蒲夏減引代銷疏……九二九
會議鹽價酌增一釐疏……九三三
請停買運蒙鹽疏……九三七
遵旨會議增鹽價一釐疏……九四三
請隰州大寧永和改食土鹽疏……九四七
挑挖黑河並酌定五年換商疏……九五一
請停運銷口鹽疏……九六一
請弛口鹽舊禁疏……九六七
覆奏口鹽毋庸商運聽民自販疏……九七三
請加鹽價並停五年換商疏……九八七
請復餘引并改加耗月分疏……九九九
請撤防兵改添巡役疏……一〇〇五
請定增價爲長價疏……一〇〇九
會議口鹽運至磧口鎮疏……一〇一五
籌辦調劑全案部咨……一〇二三
輸坐銷價議……一〇三三
運陝鹽路議……一〇三九

第五册

卷十二　藝文
分目……一〇四七
藝文……一〇五五
鹽池賦……一〇五七
晋問……一〇五九
鹽池問對……一〇六一

鹽池賦……一〇六九
修解池垣塹記……一〇七九
鹽池東門記……一〇八三
鹽池西門記……一〇八五
重修池牆碑記……一〇八七
重鐫解池圖記……一〇八九
南岸採鹽圖説……一〇九三
河東鹽池靈慶公神祠頌碑序……一〇九五
河東鹽池靈慶公神祠碑陰記……一一〇一
寶應靈慶池神廟記……一一〇五
勑封廣濟惠康王碑……一一〇九
勑封永澤資寶王碑……一一一一
重修鹽池廟碑……一一一三
解鹽司新修池神廟碑……一一一七
勑賜御香瑞鹽碑誌……一一二三
河東運司重修鹽池神廟記……一一二五
勑修鹽池神廟碑記……一一三三
新建鹽池太陽祠記……一一三七
重修池神廟碑記……一一三九
新建歌薰樓記……一一四三
重修西淡泉亭記……一一四七
恭紀聖駕幸河東鹽池……一一五一
西小池垣記……一一五五
復立解州運司碑……一一六一
聖惠鎮新城記……一一六五
河東運城記……一一六九
重修運城碑記……一一七一
重建察院記……一一七七
新作學廟記……一一八一
重修孔子廟記……一一八五
河東名宦祠記……一一八九
河東鄉賢祠記……一一九三

河東鄉賢祠記……一一九七
新建運學尊經閣記……一一九九
重修河東運司儒學記……一二〇三
重修河東運司廟學碑記……一二〇九
重修運城文廟記……一二一九
河東書院記……一二二三
修復河東書院碑記……一二二九
重修河東書院記……一二三七
新建宏運書院碑記……一二四三
運安兩學公錠記……一二四九
渠堰志……一二五一
濬姚暹渠記……一二五五
鹽池石工記……一二五九
宋解州鹽池新堰箴並序……一二六三
捐修渠堰記……一二六七
白沙河南北岸改建石堰記……一二七五

詩

鹽池……一二七九
鹽池……一二八〇
看採鹽……一二八〇
鹽池……一二八一
觀採鹽……一二八一
觀鹽花……一二八二
撈鹽詩有序……一二八二
甘泉湛碧……一二八四
歌薰樓……一二八四
舜彈琴臺……一二八四
舜彈琴處……一二八六
野狐泉亭感秋作……一二八六
野狐泉即事……一二八七
姚渠……一二八七
謍鄉賢祠連句……一二八八

遊河東書院次西渠韻……一二八八
憶梅堂……一二八九
書院古木……一二八九
果親王中條山作……一二八九
望雨……一二九一
河東院署亭軒四吟……一二九一
看渠工至五姓湖宿延祚寺……一二九三
登海光樓……一二九三
書院古木……一二九四
中條山……一二九四
中條山……一二九四
虞坂行……一二九五

乾隆庚戌仲春刊成

河東鹽法備覽

序

聖人之治天下莫不理財以利民而天地自然之利法之利於民而民無以自利甚且利之所在積久而日趨于弊是豈理之無定法歟抑法有未備故也河東鹽池生自天成以為民利三晉秦豫民食

皆賴焉國賦之所儲商力之所聚轉運之以通非法以馭之且渙散而不可紀其弊者百出而不可窮詰者是非講求治法烏足以興其利而除弊哉頒鹽法已來易之者凡法一成而不變而鹽法獨取乎變通天道有寒燠地利有肥磽人事有

嵩而況古今異宜後先殊轍本末輕重之間商民利病之變其所以經理裕如者要在因其時度其地得其人而已矣河東鹽法自古無成書之自
國朝蘇昌臣之彙纂鄧枚之便覽始雍正八年奉
旨勅脩鹽法志於二書多採擇焉朋有運

城志並紀

恩錄誥有可觀大都鹽陳法制沿襲舊

文詳者失之繁簡者失之略而於

近今鹺政商情多所缺焉是云莫

備也今廬汸蔣君時南任鹺使已年

盡心治法續纂河東鹽法備覽一

書共十二卷分門別類綱以統目目以

繫綱凡恤商利民疏引裕課之法靡
不具載投名備覽令
國家務治咸和肯翹以所天不愛道地不
愛寶更多出其自然之利以康阜
民財精數保乂以風之隆歟余奉
命撫綏蒞茲鹽轄鹺政日惟黽勉循分
以恭承莫理財之實言貫不復而行

至便悉備厥政以仰副
皇上惠愛商民之至意而備覽一書藉
得昕夕繙閱次第舉行則所裨
於余者靡淺矣是爲序
乾隆歲次己酉仲秋
兵部侍郎兼都察院右副都御
史巡撫山西等處地方兼管提督

鹽政節制太原城守尉長白海寧

撰并書

序

邦國郡邑之有志所以考建置沿革山川土田人文物產凡有繫乎其封內者莫不畢載官其地讀其書可以知政事之要志之所關重矣竊謂鹽法亦然自筦子謹正鹽筴迨漢以還代有損益設專官制課額禁私販除陋規至我

聖朝而法制大備炳于日星而其間物土之異

河東鹽法備覽

宜因單之異尚與夫人力勤惰商本贏虧
因時變更即專舉一隅亦不能盡出于一
致不有專書將何所藉以資其考鏡余于
己酉歲之二月恭承
恩命受任河東運司竊念左氏傳稱郇瑕氏之
地沃饒而近鹽茲蓋其遺壤歷代稱解池
鹽其取之之法舊用種繼用撈採今則總
其名為澆晒其採鹽之人始置亭戶後募

鹽丁令則統名為商其課額向惟兩淮為
最兩浙次之河東在福建廣東之下令則
數浮于兩淛志不時輯其窮變通久之故
措施補救之方又將何由盡悉余于鹽法
素未講求下車之初即撿閱舊籍如鹽政
彙纂便覽諸書去今既遠雍正八年奉
詔纂備鹽法志規制差備自是厥後五十年中惟
前運使高郵沈公有紀

恩錄一書載近事頗詳而于志體未協但宜續
纂一編舉河東沿襲之舊我
朝酌劑之宜並數十年以來
皇上恤商惠民之典彙而輯之以符體制而彰
盛美會陞任運使渭南蔣公業著有成書
將付梓矣復取而讀之凡前志所載私心
有未愜及一切現行之政前志所未備者
俱于此書詳焉因歎蔣公勤于其官練于

其政筦榷條制動皆得宜既已晉陳臬事
復奉
命兼理鹺務以不負
聖天子之任使者具見于此余蒞斯任得與
公反覆討論并讀是書不特有所藉以資
考鏡即政事之要亦畧可識其大端則余
所以勉思報稱仰荅
主知者又豈有外于此乎爰書之以為序

乾隆五十四年歲次已酉良月之吉

賜進士出身河東陝西都轉鹽運使司加

敕管鹽法道運使海愚季學錦序

自序

河東之池鹽由來久矣其經國恤商講求於治法者前之人亦既詳矣然彙纂便覽諸書所載多言法制而已不行於今鹽法志成於雍正庚戌越五十餘年而因革損益亦有今昔之不同紀

恩錄編於乾隆甲辰頌揚

渥澤而尚少繁稱博引之觀薈萃翻閱未臻全備乙巳春奎由太原郡守蒙

恩陞授河東運使擬脩鹽法備覽一書總其
固陋就現行之章程條以纍日之記載
芟其緐蕪補其缺略分門別類大異小
同首以鹽池提其綱也次以運治著其地
也有治人斯有治法官職所當重也欲治
鹽莫先治水渠堰宜急講也由是而種
治與轉輸坐運交資固缺一不可國計與民
食引課兼重亦相因而詳非禁私無以辦
公律例應叢攝於犯法之先不正德難

保厚生學校宜作興於既富之後而且補救因時名臣之奏疏功志可稽文章經世前人之著述言皆有物徵文則取其深中利弊而浮廓者弗收叙事則期於質實詳明而藻繢者弗尚掇續成編俾覽者瞭如指掌而採訪參校西場大使翟衡實襄厥事是書成於戊申季冬己酉春初奎有晉臬之

命又奉

河東鹽法備覽 序 二

特旨兼理河東鹺務是書之付梓蓋不容已
因呈
兼管鹽政海大中丞以為可并作序冠
於編首後之經國恤商者或有取於此云
乾隆五十四年秋九月朔旦
賜進士出身山西按察使兼管河東鹽務關中蔣兆奎撰

河東鹽法備覽凡例

一是編爲鹽法而設非若一州一邑但志景物戸口而已舊有蘇昌臣彙纂郭禎便覽雍正八年奉
旨勅修鹽法志多仍其說前運使沈業富紀
恩錄網羅八年以後事實自成一集乾隆二十七年解州牧言如泗於州志中特編運城志一冊多有可採今並取而薈萃之名曰備覽徵引不出諸書折衷惟求一是

一是編分門十二各以類從每門冠以小序前後次第

蟬聯而下以綱統目以目繫綱使十二門如一篇庶免餖飣雜湊之患

一每門下各列條目不一每條必詳原委或於每條下按以已見略事發明間有正文不盡之意卽以按語補之冀免鈌漏

一紀載之體類多繪圖卷首收千里於几席茲編依彙纂便覽特具池圖於前而於近池山川渠堰無不臚列指陳位置分明冀經理鹽池者案頭熟視已可得其要領其餘無關政務概不列圖

一紀載之體例得書名名不溢分稱公稱諡似皆非體且鹽法專主
國計是編一概書名所以尊
君且慮其久而湮也
一是編據事直書但求質實明白不以藻繪爲工至前書間有錯訛之處考核旣眞悉爲更正不敢依附雷同致譏失實
一是編雖述而不作究於纂編不過十仍其五如坐商運商以及銷價等項諸書非存而不論卽語焉不詳

至若課何以謂錠引何以謂名諸書多未深究今一一分晰可補曩編所未備

一舊制所關雖已成陳蹟而有原有委未便芟除如畦丁之存汰票鹽之巔末與夫引課之增減前代規模俱在今一一節錄或敘於前或附於後若無關政要則皆刪之以歸簡易

一門類繁多恐嫌碎雜如山澤灘地澆曬掣支武備積儲宦蹟人物等條前志各有專門茲編或彙爲一門或附見各條之下間有必須互見者於本門獨詳而

於附見之處則從略焉以便觀覽

一是編纂於諸書之後删繁補漏叅互考訂而叉稽之

舊牘采之方言非敢稍執已見致誤傳信

河東鹽法備覽總目

第一卷
鹽池
第二卷
運治
第三卷
官職
第四卷
渠堰

第五卷
坐商
第六卷
運商
第七卷
引目
第八卷
課額
第九卷

律例
第十卷
學校
第十一卷
奏疏
第十二卷
藝文

河東鹽法備覽

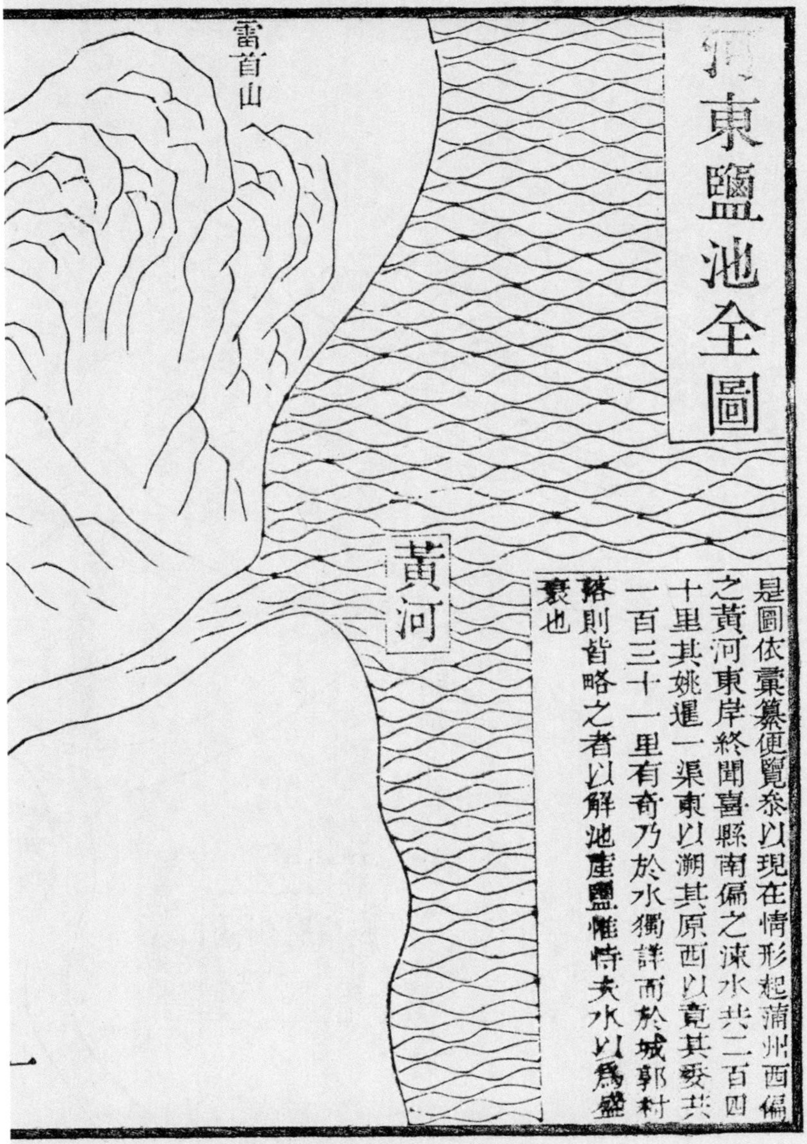
河東鹽池全圖
雷首山
黃河
是圖依彙纂便覽參以現在情形起蒲州西偏之黃河東岸終聞喜縣南偏之涑水共二百四十里其姚暹一渠東以溯其原西以竟其委共一百三十一里有奇乃於水獨詳而於城郭村落則皆略之者以解池產鹽惟恃夫水以爲盛衰也

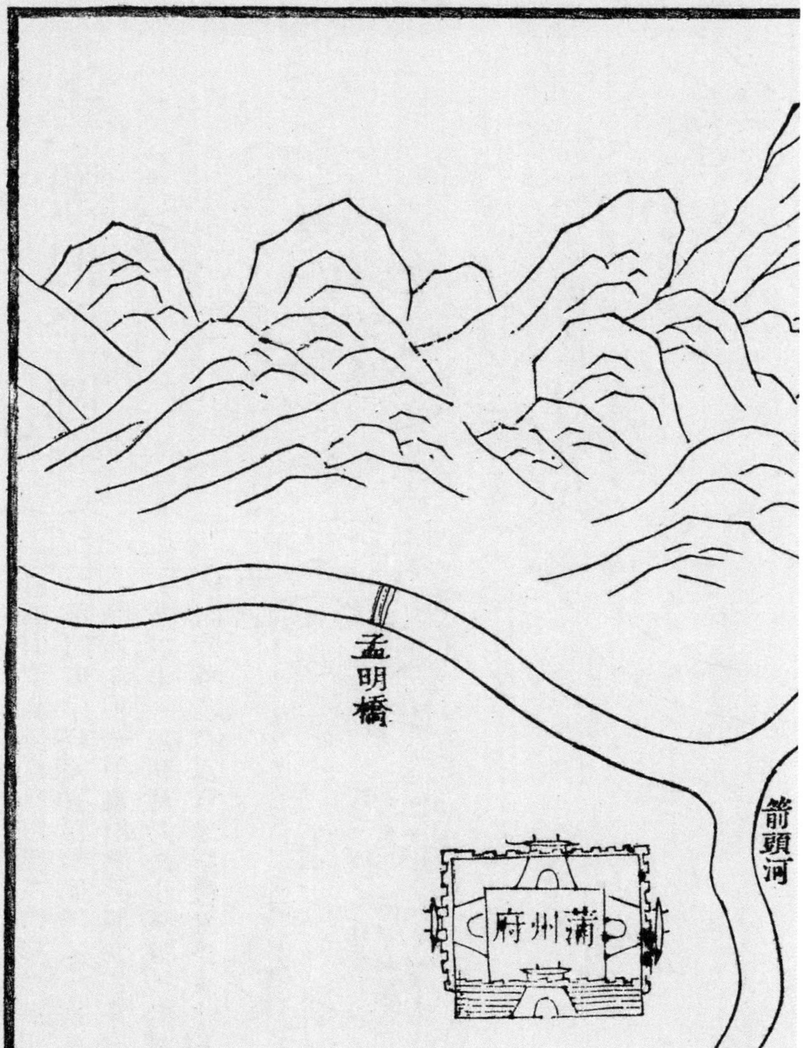
孟明橋
箭頭河
蒲州府

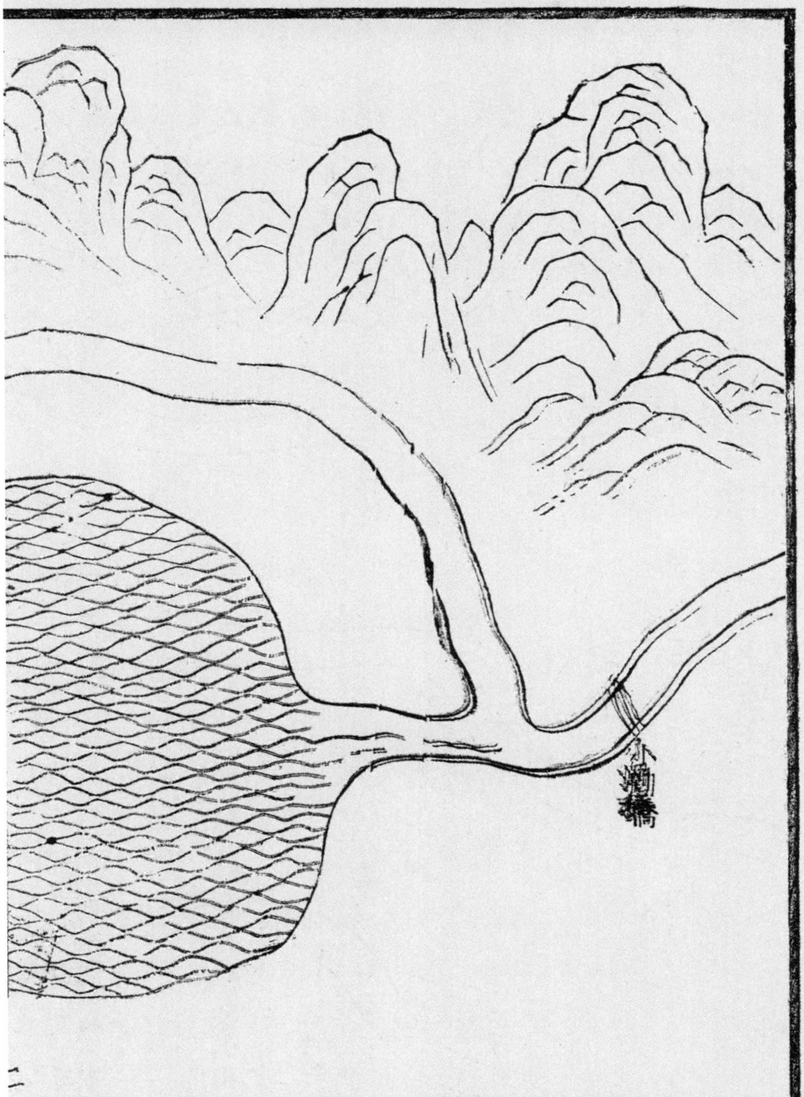
小湖橋

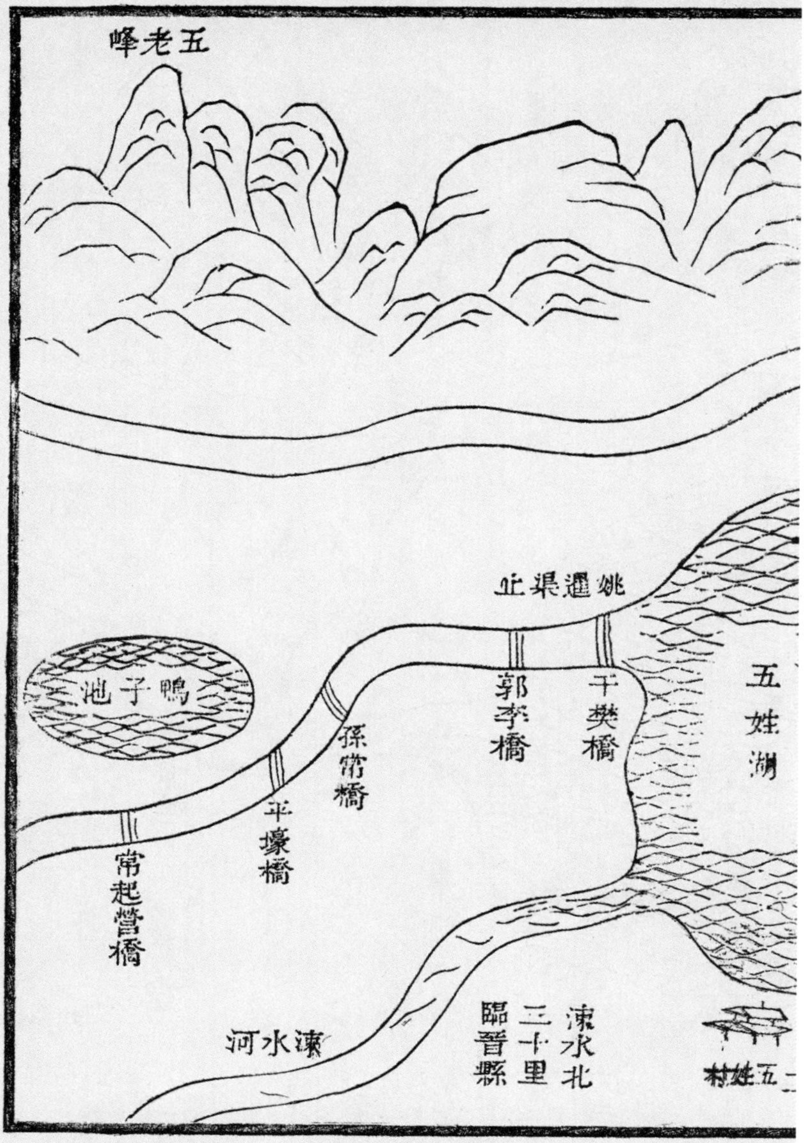
五老峰
姚暹渠止
鴨子池
郭李橋
干樊橋
五姓湖
孫常橋
平壕橋
常起營橋
涑水河
涑水北三十里臨晉縣
五姓村

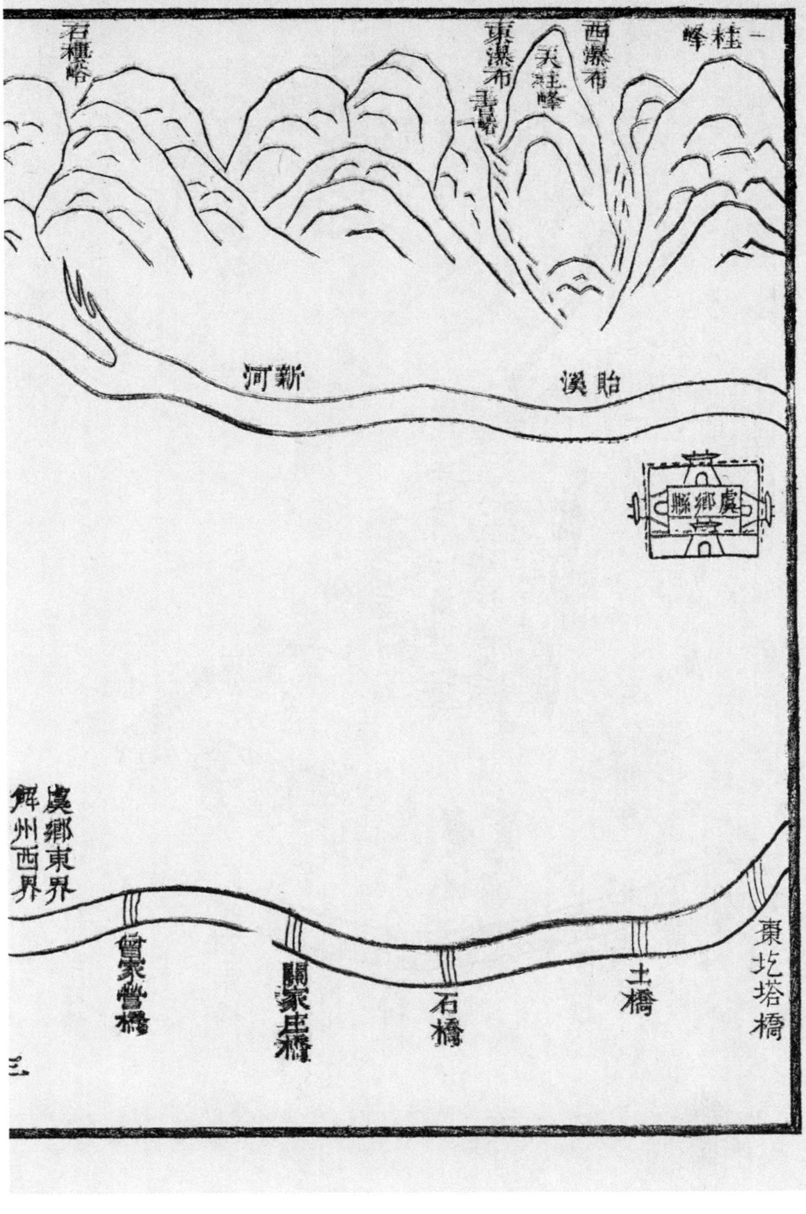
石樓峪
東瀑布
天柱峰
西瀑布
桂峰
新河
貽溪
虞鄉縣
虞鄉東界
解州西界
曾家營橋
關家莊橋
石橋
土橋
東圪塔橋
三

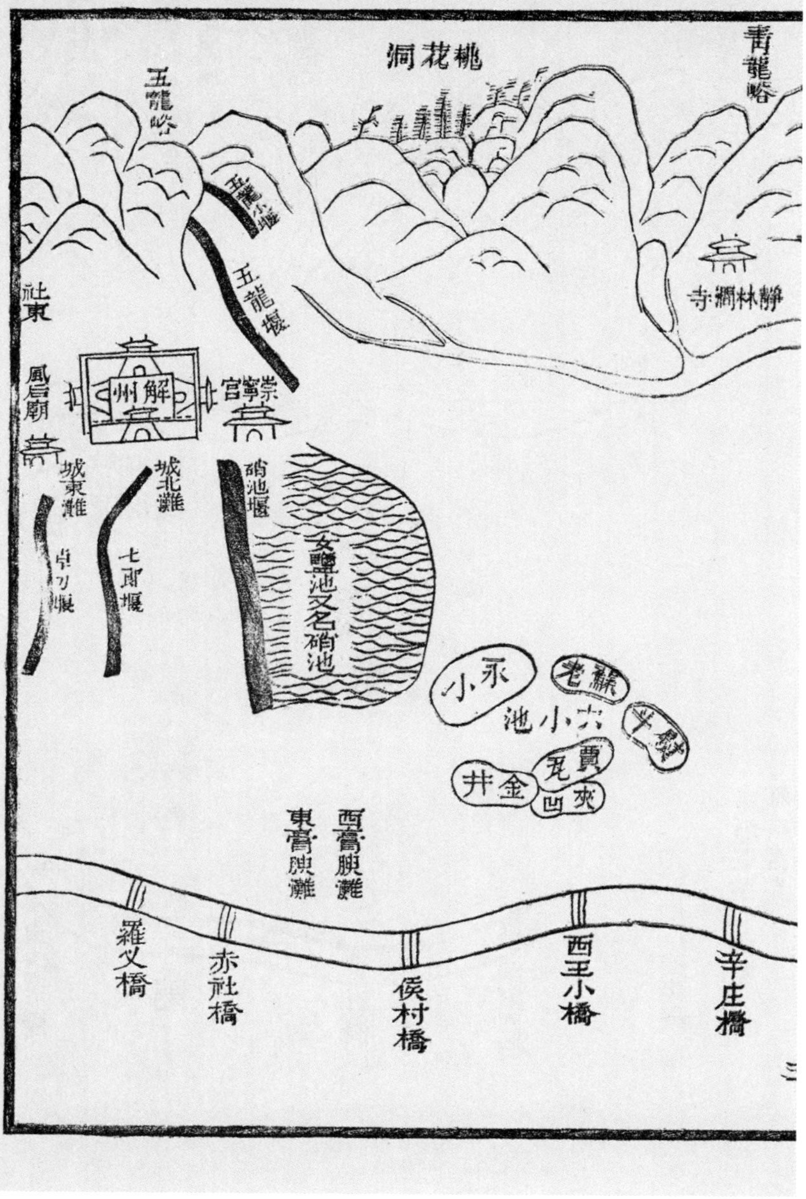
桃花洞
青龍峪
五龍峪
五龍小堰
五龍堰
靜林澗寺
東社
風后廟
解州
崇寧宮
城東灘
城北灘
硝池堰
卓刀堰
七郎堰
鹽池又名硝池
六小池
金井
西膏腴灘
東膏腴灘
羅义橋
赤社橋
侯村橋
西王小橋
辛庄橋

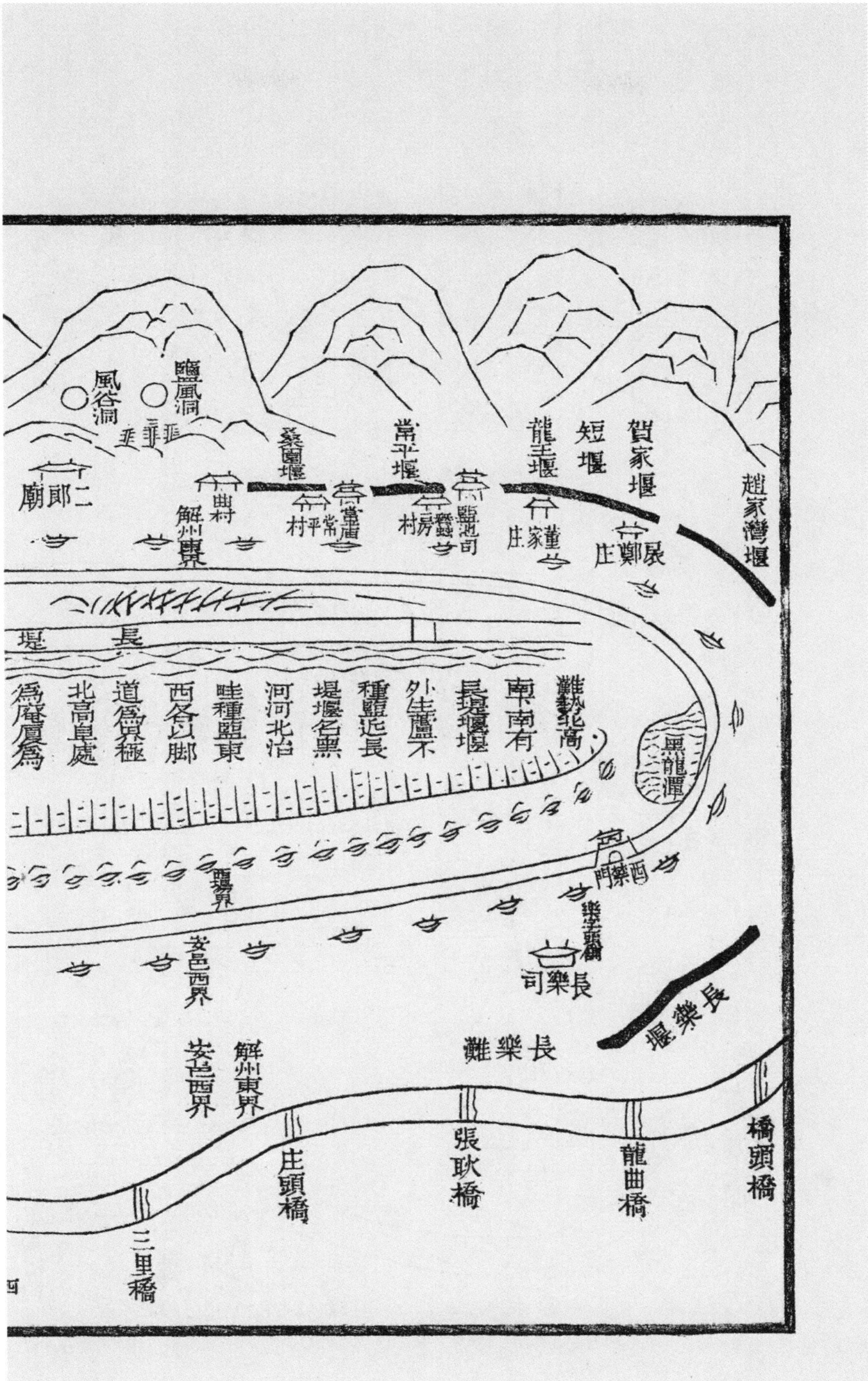
風谷洞
鹽風洞
二郎廟
解州東界
桑園堰
常平堰
常平村
龍王堰
短堰
賀家堰
趙家灣堰
董家庄
長堤
黑龍潭
西禁門
長樂司
長樂堰
長樂灘
安邑西界
解州東界
三里橋
庄頭橋
張耿橋
龍曲橋
橋頭橋

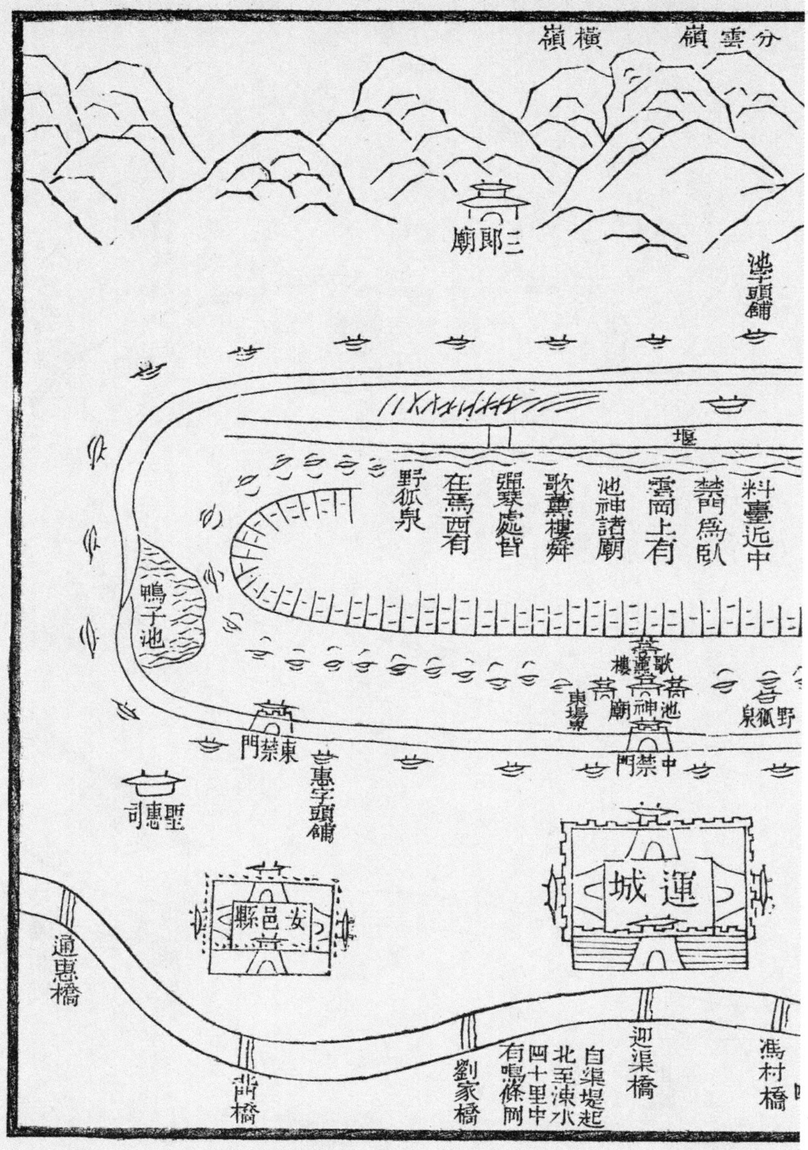
分雲嶺
橫嶺
三郎廟
池字頭鋪
堰
料臺近中
禁門為臥
雲岡上有
池神諸廟
歌薰樓舜
彈琴處皆
在焉西有
野狐泉
鴨子池
歌薰樓
池神廟
東場
野狐泉
東禁門
中禁門
聖惠司
惠字頭鋪
安邑縣
運城
通惠橋
北門橋
劉家橋
自渠堤起
北至涑水
四十里中
有鳴條岡
迎渠橋
馮村橋

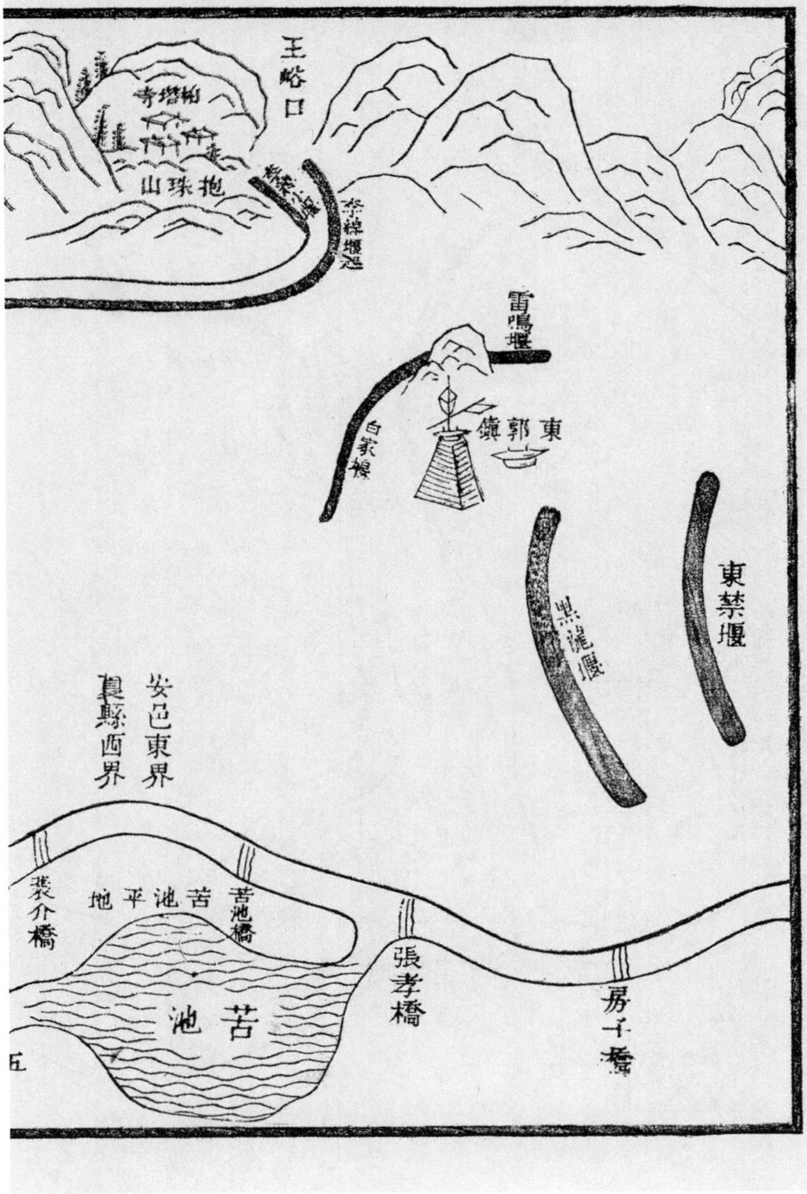
王峪口
柏塔寺
抱珠山
李綽堰
雷鳴堰
東郭鎮
黑龍堰
東禁堰
安邑東界
解縣西界
裴介橋
苦池平地
苦池橋
張孝橋
房子橋
苦池
五

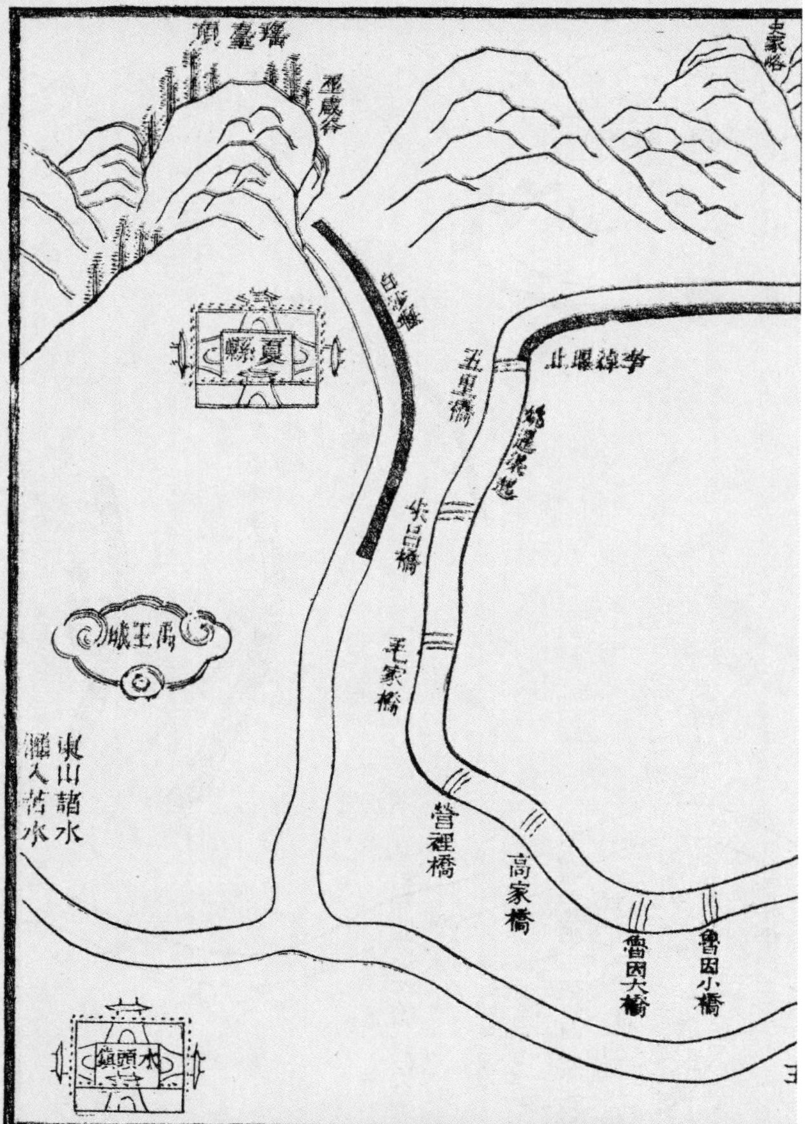
瑤臺頂
巫咸谷
夏縣
五里橋
姚暹渠起
毛家橋
禹王城
營裡橋
高家橋
魯因大橋
魯因小橋
水頭鎮

橫洛渠
涑水過鎮北

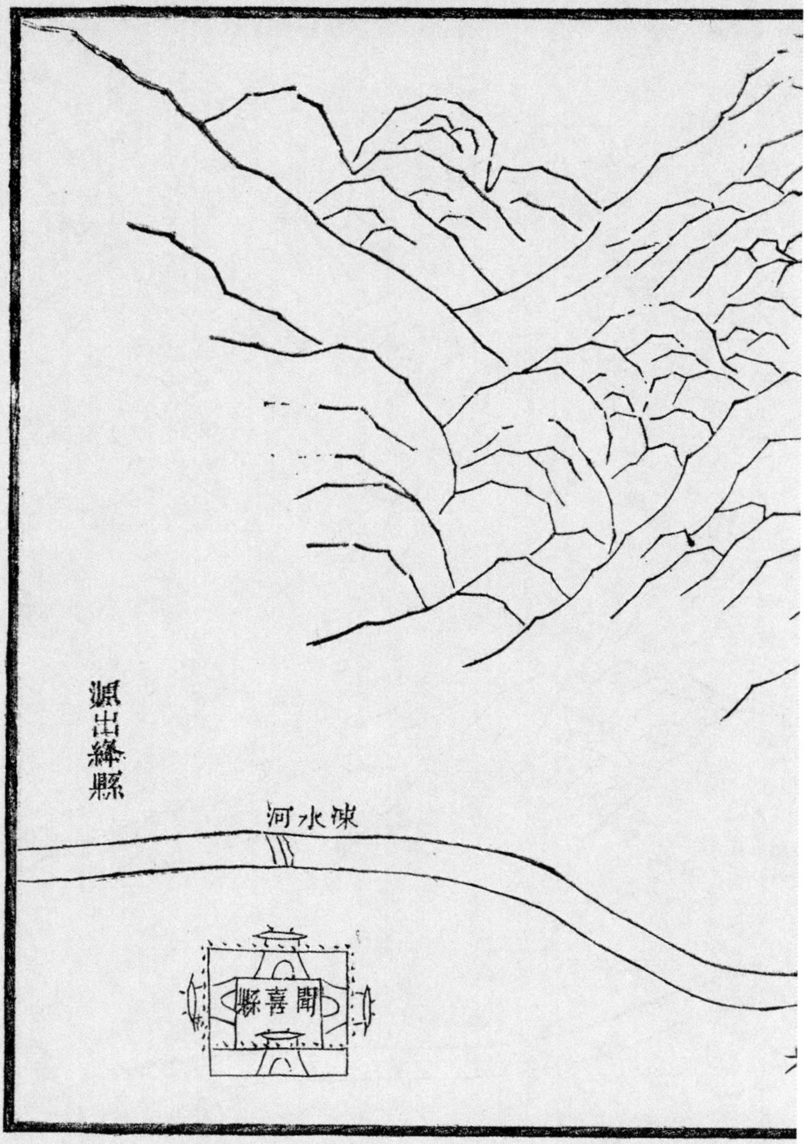
源出絳縣
涑水河
聞喜縣

河東鹽法備覽分目

鹽池卷一

源流
形勢
禁垣
黑河
池廟
鋪舍
祥異

勝蹟

物產

六小池

女鹽池

花馬池

河東鹽法備覽卷一

山西按察使兼管河東鹽務時南蔣兆奎編輯

河東運學教授王鳳翩校字

陳悳賢 王恒泰

商人王擴統 范則賀監刊

翟步雲 王繩中

鹽池

原夫池鹽爲晉大寶而運治以建既統之以官職復保之以渠堰有坐商以司種治有運商以任轉輸至若領引納課定有常經杜弊防奸嚴以律令迨商業

安教化興繼之以學校厚士卽以厚商而補偏救弊酌古準今本學問經濟以立言或見之疏議或發爲文章要皆因鹽池而起則事關於池者固得以類首纂矣

源流

河東鹽池一名解池池以解名名以地也洪水方割地在水中號爲渤澥迨水治而大寶出美利興池地分坐解安之間而直以解名者以安邑爲州之屬縣尊所統也唐有鹽池十八河東居其五而有東西池

之稱在安邑者爲東池在解州者爲西池迄今池廟内猶奉東西二池神說文謂凡池皆水獨此池之水其味鹹鱗介不育其性温隆冬不氷或曰此海眼也考蔥嶺之東有海焉曰鹽澤河流所注不溢不涸此池亦曰鹽澤山海經所謂鹽販之澤也是竅於山川生此奥區以粒我蒸民唐崔敖曰海眼通波河源伏脉千里一氣瀦爲廣斥是也又此池一名鹽池周禮鹽人掌鹽之政令而有鹽盬賈公彦疏曰鹽出於解池即今之顆鹽謂不須煉治自成顆粒也史記貨殖

傳猗頓用盬鹽起家註曰盬鹽河東大鹽謂顆粒之大異於散鹽之小是池以鹽名兼有顆鹽大鹽之稱載籍已有可徵又考之虞舜南風之歌所謂解愠阜財者此池也左傳晉人謀去絳而謂郇瑕氏之地沃饒者亦此池也漢置河東均輸長唐置兩池榷鹽使宋置提舉解鹽司元置解鹽使迨及前明封以牆塹邏以警卒而又綂以風紀凡所以經理此池者制極隆法極備也我

朝定鼎大率一因前明之舊斟酌損益以期於盡善云

按九有之鹽品類甚夥大約生於天而成於人陰爲體而陽爲用故有煮海而成者薊遼山東兩淮廣南閩浙之鹽是也有挹水於井法同煮海者西蜀滇黔之鹽是也有挹水沃土或值雨過土白刮淋漉煮而成者河北營并之鹽是也有崖砠崔嵬雨滋日曝積如礬霜刮取即可充食者階成蘭鳳之鹽是也更有龍成剛鹵形似蒺藜其下有鹽累碁而生如異物志所云者巴東朐䏰井在北崖鹽水自凝中突邊鋪狀同傘子如陶宏景所云者再有木鹽依樹蓬鹽依草

是鹽爲天地自然之美利要非二氣氤氳薰蒸之久者不能獨此解池曬取略與廟灣花馬之法同而薰風自南鹽成一夕功效神速矣

形勢

池居中條山北麓東據安邑西跨解梁涑水綿其左黃河亘其右循其廣袤東西長五十餘里南北濶七里周總一百二十里名分三場實共一池中爲中場東爲東場西爲西場勢若長蛇形同仰盂東高西下南卑於北其停澇也漣漪映天儼湖河之在望其蟠

根也糾纏附土擬氷石之同堅誠天造地設之區就中列地爲畦畦底如砥邊封土埂櫛比鱗次畦之旁有水港有脚道畦之北有料臺有庵屋畦之南有黑河有護寶長堤而又於居中高阜之處特建神廟以隆祀典則所以位置於中者詳且備矣而由中及外四面圍以禁垣北開三門門各有司則凡商賈之運載工役之作止皆借以通出入而嚴關防是垣禁而門亦禁禁垣之外有馬道馬道之外有隍塹隍塹之外又有渠堰連環數重則所以保障於外者更密以

周矣況乎內舖三十二外舖三十六各立界牌以專責成分居邏卒以嚴守望延環起伏已成犄角之勢將有覽勝於此池者固知凜然難犯矣

按前運使蘇昌臣曰解池幅員載籍僉稱一百二十里明季唯李廷觀池圖石刻池周一百一十四里蓋池廣五十里袤七里四面計之應得一百一十四里因用方里而井井九百畝之法推之爲畝三十一萬五千爲頃三千一百五十此準以古法也前志又載說文河東鹽池袤五十一里廣七里周總一百一十

六里二說互有參差今環度禁垣周圍一萬七千四百二十二丈自昔已然以五尺爲步折之該三萬四千八百四十四步計九十六里有奇而池稱一百二十里者蓋合垣外馬道隍塹而統計之約舉大數則以一百二十里爲率

禁垣

環池四面周圍以牆名曰禁垣所以禦盜賊而資保障也唐司空輿言壕籬者鹽池之堤禁此即禁垣之意宋募兵百人目爲護寶都以巡邏之後瀕池設有

攔馬短牆圍立環合寬廣規池而有加分東西二門以便出入明成化十年御史王臣首承代廵之命經理解池塞東西二門另闢中門以總出入又於馬牆之外築設禁垣一週計長一萬七千四百二十二丈高低隨乎地勢東西南北不一其制大率高以一丈並一丈三尺爲度基厚八尺及丈有三尺漸次而上頂厚六尺八尺不等禁垣之外有馬道以便往來馬道之外有隍塹以蓄野水深濶皆丈垣內外又置鋪舍以居邏卒經理頗爲周詳工未告竣次年御史袁

楨繼之畢其績仍間有撥而入者十二年御史陳鼎崇之至二丈一尺二十一年御史吳珍請仍開東西二門合中門共稱禁門者三如今制中禁門與運城相對名曰祐寶東禁門距安邑五里名曰育寶西禁門距解州十里名曰成寶三場出入各從其便正德十二年御史熊蘭大修禁垣齊其高厚嘉靖十五年雨霖水漲傾圮甚多御史沈鐸築復完好萬歷四十年御史楊師程以池工例責堰戶推委滋弊革堰戶之名檄行值修州縣集議將禁垣同渠堰等工丈量

分界並資民力以供繕修

國朝順治六年因畦歸商種鹽丁無所効用先後汰存四千名專任修垣之役遂可不勞民力雍正五年鹽政塞欽請將鹽丁修築之役一併除豁禁垣由是動帑興修雍正六年鹽政碩色以池牆最關緊要請於餘引公務項下撥銀三千兩以爲歲修之費雍正十三年鹽政孫嘉淦於遵

旨查奏河東各工案內將歲修禁牆銀兩

奏請停止責令運同專管巡查如有塌卸報明興修所

需銀兩即於額設歲修渠堰銀五千兩內動支乾隆二年鹽政定柱以夏秋霪雨禁垣多有坍塌必待輪修年分始加修理未免貽悞於暫增歲修銀兩案內

奏請隨時修築以資保護今同輪修渠堰各工按年估修需費仍在五千兩之內定制垣高一丈六尺基厚六尺頂厚二尺

按禁垣之下設有水眼舊志未載竊以澆曬必資於水遇旱則池患枯竭特設水眼以待天雨之後引垣外隍塹停潦暫濟澆曬故垣內護寶長堤開設水閘

二處並設閘夫以司啟閉此亦遞來引水之制與水眼相爲表裏是水眼最有關於池也今與禁垣同入歲修而水眼南有六處坐落池字二四六八鋪四處坐落惠字十鋪一處十二鋪一處西有一處坐落池字十一鋪北有十二處坐落樂字二三四五六七八十二鋪八處坐落惠字頭二鋪二處三鋪二處因地制宜尤足見當事者之盡心焉

黑河

黑河圈入禁垣緊靠畦畔綿亘東西地勢極卑泥性

純黑故名黑河每經雨後水聚河中經年不涸浸漚
成熟鹵氣最烈引畦灌曬收效甚速是河爲產鹽之
母所貴時加挑濬務令深濶毋致淤澱也乾隆二年
鹽政定柱於暫增歲修工程銀兩案内
題請隨時挑濬迨乾隆二十二年客水漫池夾帶泥沙
黑河爲黄土所掩鹽氣不能上蒸且河身淺隘蓄洩
並難乾隆二十六年鹽政薩哈岱因於借
帑大修各工案内
題請一併興修嗣以秋雨積水未消

奏請停止乾隆四十一年巡撫巴延三奉
旨會同鹽政瑺齡勘辦黑河初議通長抽挖寬深河漕旣
可除去浮淤更得多蓄鹵水又以三場相連東高西
窪一律挑通水性就下利歸西場而中東兩處不免
向隅且不爲界限恐有彼此相爭之患議令衆商各
按畦界分段開挑酌留土埂自成一河以爲蓄洩之
地大率挑深三四五尺不等總以顯露黑泥硝版爲
度又以鹽池土性浮鬆坍塌堪虞復令各商於土埂
外簽樁塞笆以資永固東場自東四鋪首號起至東

十鋪尾號止中場自中頭鋪首號起至中十鋪尾號止西場自西頭鋪首號起至西阡鋪尾號止三場除各留土埂外統計實挑河身四千三百一十二丈一尺一寸

題明在案嗣巡撫巴延三兼管鹽政後復經

題請定爲歲修章程每年以正月二十日爲始責令現年辦曬之商集夫挑濬粘補河埂務於二月十五日前一律完竣至今奉行

按估挑黑河誠爲古今不易之良策而無如河身淤

淤過厚雖經挑濬難復舊觀故每歲各商與工澆曬全恃深開港道以爲汲引之地比年以來東場商人劉阜和創爲打井澆曬之法合場效之産鹽頗旺然有識者恒虞其傷殘氣脉有碍鹽母若欲永資利賴則惟黑河一律深通而又無如工本之浩大也

池神廟

昔宿沙氏煮海爲鹽故海鹽卽以宿沙氏爲神河東監鹽池也初稱神曰監宗閶闔禱之未崇祀典唐大歴間度支韓滉請加神號爲靈慶公後禮部尚書崔

縱知河中院以神之舊宫僻在幽阻遷卧雲岡開殿設像容衛畢備宋崇寧間封東池神爲資寶公西池神爲惠康公大觀二年進爵爲王元至元十二年錫廟號曰宏濟祠大德三年加惠康王曰廣濟加資寶王曰永澤明洪武初正號爲鹽池之神萬歷十七年錫廟號曰靈祐十九年御史蔣春芳大修池廟改爲東西池神合祀於中而以條山風洞二神配之

國朝順治八年御史趙如瑾重修雍正五年冬十月鹽花不種自生多至七百餘萬觔商民稱慶運使朱一

鳳運同王又璞又重修鹽政碩色
題請加號以旌神功
欽定昭惠裕阜鹽池之神安設神牌歲以三六九月朔致祭焉又元時有監宗監官賜紫金魚袋有本廟提點碑記可考後惟設看廟斗子一名雍正七年詳請革去斗子名募僧人朝夕在廟虔奉香火廟內隙地五畝零即給僧耕種以爲看廟口食今廟在中禁門內臥雲岡廟前爲海光樓樓下爲大門懸有靈祐祠額左右有石刻鹽池圖樓外有地寶天成坊南爲歌薰樓

舜彈琴處在焉

條山風洞舊爲一祠號曰鹽風神廟在池神廟左宋崇寧間封爲薦寶侯大觀二年加封成寶公明洪武初正號爲中條風洞之神萬歷間御史蔣春芳始分條山風洞爲二祠附在池神廟旁左條山右風洞

關帝廟先在池神廟右明萬歷間御史蔣春芳大修池廟分祀風洞於帝廟之故址另搆新廟於左以祠帝今廟在池神廟東（城內另有關帝廟見運治）

太陽廟卽曰神廟在池神廟東明萬歷御史汪以時

運使林國相建何東亭有記

雨神廟在日神廟左明萬歷三十八年御史楊師程建

甘泉廟在池神廟前迤東坡稍下有甘泉二井亦名淡泉冬夏不竭宋崇寧間封爲普濟公其廟不知建自何時明崇禎時御史楊繩武重修

國朝順治八年御史趙如瑾又修

土地祠在池神廟西廡明萬歷三十八年御史楊師程建崇禎時御史楊繩武重修

國朝順治八年御史趙如瑾又修

按池神而配以條山風洞次及於太陽雨神又次及於甘泉土地以皆有功於鹽池故并祀於池若關帝之聲靈赫濯其功更有不可泯者考之志載宋政和中解池水赤如血鹽課虧額虛靜道人奏曰此蚩尤爲暴已有關聖驅之矣尋解州奏池中大風霆拔木及霽澌水如故鹽花盛生則帝之爲功尤顯故特於城廟而外報享於池而繞曰池神廟乾隆四十八年運使沈業富皆鼎新之

鋪舍

鹽池內外各置鋪舍以居邏卒其分設池內者北岸則有巡役四十六名專司巡緝私鹽故名巡役統歸知事管轄又有斗級四十九名協同巡緝兼有量鹽之責故名斗級分屬三場大使管轄南岸又有馬快八名因南岸路途寫遠特設馬匹以資奔馳故名馬快現歸解州州判管轄其分布池外者則有額設弓兵六十名以司雙鋪又有改添商巡六十名以司單鋪分隸鹽池長樂聖惠三巡檢管轄至三禁門向惟

額設弓手以司啟閉亦分隸三場大使管轄今於門外更設商巡以防透漏此則人由商僱非官管轄也

謹將鋪舍之分置兵役之派撥附列於後

中場十鋪　總巡一名散巡十名總斗一名散斗十四名

頭鋪　巡役一名斗級一名　二鋪　巡役一名斗級一名　三鋪　巡役一名斗級二名

四鋪　巡役一名斗級一名　五鋪　巡役一名斗級二名　六鋪　巡役一名斗級一名

七鋪　巡役一名斗級一名　八鋪　巡役一名斗級二名　九鋪　巡役一名斗級二名

十鋪　巡役一名斗級一名

東場十一鋪　總巡一名散巡十八名總斗一名散斗十六名

頭鋪巡役一名斗級二名　二鋪巡役一名斗級一名　三鋪巡役一名斗級一名

四鋪巡役一名斗級一名　五鋪巡役一名斗級一名　六鋪巡役一名斗級二名

七鋪巡役一名斗級一名　八鋪巡役二名斗級一名　九鋪巡役一名斗級一名

十鋪巡役一名斗級一名　阡鋪巡役六名斗級三名　南岸巡役一名斗級一名

西場十一鋪總巡一名總斗一名散巡十五名散斗十六名

頭鋪巡役一名斗級一名　二鋪巡役一名斗級一名　三鋪巡役一名斗級一名

四鋪巡役一名斗級一名　五鋪巡役一名斗級二名　六鋪巡役一名斗級一名

七鋪巡役一名斗級一名　八鋪巡役一名斗級一名　九鋪巡役一名斗級一名

十鋪巡役一名斗級二名　阡鋪巡役五名斗級四名

南岸馬快八名東西巡邏往來三場無定地

以上池內南有馬快獨當一面北則巡役斗級分段巡守數有參差以事有煩簡之别也

鹽池司十二鋪弓兵二十名內跟巡弓兵八名守鋪弓兵十二名商役二十名與弓兵間鋪巡守

頭鋪商役三名　二鋪弓兵二名　三鋪商役三名

四鋪弓兵二名　五鋪商役三名　六鋪弓兵二名

七鋪商役四名　八鋪弓兵二名　九鋪商役三名

十鋪弓兵二名　十一鋪商役四名　十二鋪弓兵二名

長樂司十二鋪弓兵二十名內跟巡弓兵八名守鋪弓兵十二名商役二十名與弓兵間鋪巡守

頭鋪商役四名　二鋪弓兵二名　三鋪商役三名

四鋪弓兵二名　五鋪商役三名　六鋪弓兵二名

七鋪商役三名　八鋪弓兵二名　九鋪商役四名

十鋪弓兵二名　十一鋪商役三名　十二鋪弓兵二名

聖惠司十二鋪弓兵二十名內跟巡弓兵八名守鋪弓兵十二名商役二十名與弓兵間鋪巡守

頭鋪商役四名　二鋪弓兵二名　三鋪商役三名

四鋪弓兵二名　五鋪商役四名　六鋪弓兵二名
七鋪商役三名　八鋪弓兵二名　九鋪商役三名
十鋪弓兵二名　十一鋪商役三名　十二鋪弓兵二名
以上池外各鋪弓兵商役分派多寡不一以地有
難易之殊也舊制三巡檢原轄巡牆弓兵二百五
名乾隆二十六年奉裁一百四十五名留六十名
乾隆二十八年鹽政李質頴以額設弓兵六十名
不敷派撥
奏請增復弓兵六十名奉部議於運城平垣兩營撥兵

六十名按季分駐鹽池各鋪令與巡檢弓兵一體輪巡四十九年巡撫兼鹽政農起以協防兵丁有名無實

奏請撤回本營差操飭商捐資照數添僱巡役六十名協同弓兵巡緝以收實效

中禁門現設弓手十六名門外添設商巡八名總巡一名

東禁門現設弓手十名門外添設商巡六名總巡一名

西禁門現設弓手十名門外添設商巡六名總巡一名

以上三禁門乾隆四十二年初設商巡二十名總巡一名四十六年以總巡一人稽查難周詳請三禁門各設總巡一人十日一換一月一週其工費仍照原定額數分作三分按月給領

按一鹽池也斗巡馬快防護於內弓兵商巡偵緝於外又有門役以謹其鎖鑰而防其夾帶私鹽應難飛越但恐緝私之人即竊私之人禁私之役即縱私之

役惟在司事者加之意焉耳

祥異

漢永初六年河東池水變色皆赤如血

唐大歷十二年度支韓滉奏解池秋霖不害且有瑞鹽詔置祠錫封號唐書地理志註是年生乳鹽賜名寶應靈慶池

宋大中祥符三年八月庚申解州池鹽不種自生以瑞聞帝命屯田員外何敏致祭

崇寧元年遣內侍修解池四年池成凡開二千四百

餘畦百官入賀

政和六年兩池漫生鹽募人倍力採取且議加賞繼

生紅鹽百官皆賀

元時解池霖潦損壞堤堰鹽花不生延祐四年頒降

御香就差運使欽賚祈禱五年神力相之鹽花復生

中書省奏復降御香以答靈貺

延祐六年解池瑞鹽結秀運司納表稱賀中書省奏

降御香祭奠酒醴

至順四年解池預期呈秀遣使集賢修撰篤列圖奉

御香致祭有勅賜御香瑞鹽碑誌

明宏治十年鹽盛生積如山阜

正德六年監察御史因滿池鹽花盛生撈補數年拖欠疏請春秋二祭御製祭文鐫石於廟

嘉靖十一年十一月虎入禁垣踞池神廟

嘉靖十二年五月大雷電有龍起鹽池中

嘉靖三十一年鹽花盛生

隆慶四年五月大水衝決入鹽池

萬歷二十五年池水如鼎沸

崇禎五年七月大雨三旬水决鹽池商大困

國朝順治五年大有年大雨水堤堰衝决鹽池被患

康熙元年秋八月大雨連旬客水入池鹽大壞

康熙十八年秋大雨四十日房舍倒壞無數堤堰盡决鹽池被患商大困

康熙五十六年夏鹽花盛生珠明玉映阜次岡連商民稱慶

雍正五年冬十月池鹽不種自生得七百餘萬觔商民忻賀

詔加封神號

乾隆二十年大雨客水入池鹽大壞

乾隆二十二年大雨解州奸民任曰用等盜挖硝池堰大水入池畦地淹沒數年後水退鹽生如故

〔按〕池產之衰旺國計之盈虛係焉由來鹽花告災漫決之害爲多前人創制渠堰殫心經營當局者無得盡委之氣數也可

勝蹟

黃帝夢大風吹天下塵垢皆去廗而歎曰風爲號令

垢土去而后在也天下得無有風姓后名者哉以占
求之得於海隅登以爲相海隅即解池西南隅今解
州東門外建有風聖廟
軒轅氏誅蚩尤於涿鹿之野血入池化鹵使萬世之
人食其血焉今池南有蚩尤城相傳是其葬處
舜彈五絃之琴歌南風之詩曰南風之薰兮可以解
吾民之慍兮南風之時兮可以阜吾民之財兮葢指
鹽池而言今池神廟前有歌薰樓舜彈琴處
周穆天子傳戊子王至自鹽

漢成帝永始四年三月祀后土於汾陰回安邑顧龍門覽鹽池

漢章帝元和三年秋八月乙丑車駕幸安邑觀鹽池九月至自安邑

唐太宗貞觀十二年二月丁卯車駕觀鹽池

國朝康熙四十二年十一月初八日

聖祖仁皇帝駕幸河東運城萬姓結綵山呼夾道初九日

駕進中禁門御薰風樓閱視鹽池是日出西禁門

駐蹕解州

按池神廟前有東海栽玉樹西池生金霞對聯相傳爲吕純陽筆上有地接天寶額相傳爲韓湘子筆此雖語涉不經然而父老所傳前志所載迄今懸之縹緲仙機洵非凡手所能辦蓋池爲天地之名勝翠華所幸之地故羣仙效靈也

物産

太陰鉉精石

產鹽池内古云大鹵之場則生陰精石是也一名鬼精一名龜背石

朴硝

生鹽鹵地朴者本體未化之意出硝池中

蒲黄

生鹽池中春初發白茸漸成柄鮮潔甘脆爲蒲筍作菜佳夏初發葉成叢夏半抽梗中起花抱莖梢名曰蒲薹形似蠟燭俗名蒲蠟屑綴花中似畫家

金粉

按以上諸物見於解州全志而實鹽池之産附載以備稽考

六小池

六小池者一曰永小一曰金井一曰賈瓦一曰夾凹一曰蘇老一曰熨斗地屬解治與女鹽池相距數里方長不一其形其最大者水面不過畝餘零星散布產鹽無幾又硝性太濃作味苦澁唐開元以後總稱西池同隸女池監宋崇寧時於解州賈瓦南北團池修治畦眼拍磨布種通得鹽一百七十八萬餘觔後仍抛棄不治明隆慶時開墾六小等池照太汾事例印給小票發賣其撈辦入官鹽課當校三年實收之

數酌爲定額萬歷間御史汪以時垣金井買兎永小三池天啟六年御史黃憲卿又允勤民之請於金井南北地中開荒澆曬准以每鹽十車五車工本五車自報此亦同於女池半報之義耳其永小買兎二池勤民自備工本澆曬准以三車工本七車挨次商人帶報尋皆停止

國朝康熙十八年大池水患衆商援例呈請暫開西小池澆曬濟課御史曾寅疏請從之十九年御史黃斐踵任其後議行均地立畦之方務期公普運使高夢

說奉檄查議查得永小池地一百二十二畝五分金井池地七十三畝三分賈瓦池地一百八十七畝五分又東梢地十一畝二分五釐喬家溝有地三十畝四分蘇老池地一十五畝共地四百二十九畝九分五釐應分之商五百一十三名每商應得地八分三釐有奇隨照地形長濶方斜積弓科算務足八分三釐有奇之數用阜吾民之財五字編號飭商鬮辦至二十五年大池水退御史勒信疏請禁之乾隆七年鹽政尙琳又有開採之請嗣據鹽政吉慶以小池試

採寡效又疏禁之十七年鹽政薩哈岱議請開墾六小池並酌增鹽價爲墾費不果行二十三年鹽政西寧請將六小池量行修復以資澆曬經大學士公傅恒奉

旨議准又以小池向無牆壁周防恐私曬透漏等弊仍復不免其應如何堵築修葺之處令該鹽政定議具奏隨經鹽政西寧覆

奏商人情願於六小池高阜處所築牆建堡堆貯鹽觔並添設窩舖派撥弓兵以資防範二十九年鹽政李

賀頴

奏請照舊封禁封禁之後恐附近居民乘間私曬並請責成解州知州就近查禁令西場大使協同巡緝三十八年以池鹽不敷配額奉

旨查詢經巡撫巴延三會同鹽政瑺齡議請復開小池接濟配運隨於永小金井賈苑夾凹四池開成畦地四十三號用地寶天成四字挨編為號地字永小池開畦十二號寶字金井池開畦十三號天字賈苑池開畦十四號成字夾凹池開畦四號其間鹽堡之設窩

鋪之建與夫弓兵之派撥一如二十三年定制考志載永小池偏處一隅周圍四百四十八丈今設短垣及肩金井賈瓦夾凹三池地連一處周圍一千五百八十丈今環以水濠至蘇老池南北長三百零八丈熨斗池南北長二百九十七丈故址猶存今皆久成廢棄

按大池不足籌及小池非無毫末之助較之借運長蘆蒙古並花馬池等鹽誠爲善計但小池防範不易蓄洩又難況地處偏遠相距運治六十里商人每苦

艱於照應前運使沈業富有將小池照舊填塞之論豈無所見而云然今大池積鹽既盛若必永遠開曬適足累商是誠不如仍請議禁矣

女鹽池

女鹽池一名硝池在解州西北與六小池爲近廣袤三十餘里水經注所謂女鹽澤者是也唐設女鹽監以董西池女鹽之名自此始或曰爾雅釋女爲小如女牆女桑之類池爲小中之大又以另有大池故以女名所以別於小更以別於大也又池當中條山谷

之下客澇時注溢則水淡生魚乾則水苦生硝硝本鹽類味多苦澁充食則使人溲利故又曰硝池由來立法嚴禁乃附近居民每至盜取冒鹽賤售阻法碍課病國病民且勢較東池爲高山谷水漲澎湃吞吐東趨禁垣大爲池患是以特設硝池等堰以防潰決元末運治移於路村西池遂廢明萬歷御史楊州鶴疏請開荒准半報以恤商困尋即拋荒迄今仍舊不可澆曬

按女鹽池久經廢禁私煎之患小漫決之害大蓋池

爲泉流所滙地較東池爲高乾隆二十二年積水漲
田村民盜挖硝池堰放流東注勢若建瓴冲决禁牆
五十餘丈爲患數歲當經
奏請臬示民知凜畏復將該堰添建石工以期鞏固第
恐歷久玩生若值霪澇之年前車可鑒在當事者加
之意焉耳

花馬池

河東鹽法兼統陝西花馬池盡陝西鳳翔一府屬暨
邠州屬之長武縣皆領河東之引而食花馬池鹽收

課仍解河東運司今所謂鳳課長武課是也

大清會典陝西鹺法隸河東巡鹽御史是陝西河東原難岐視則花馬池之形勢不可不知也池本西秦牧地即土治鹽故名花馬花馬池大池小池共三池在陝西慶陽府寧州之北距府六百餘里與馬槽等池星布棋列於百里之内若三池之相閒亦有遠至百里者其花馬一池爲靈州之重鎮周四十三里大池自沙漠中來周八十里小池控寧夏之全勢周二十七里由來産鹽利民總屬河東兼轄今設有定邊大

使專司池務考察雖歸西安籓司而遇有員缺陞補仍由河東運司一體會核卽今都轉運使之設曰河東又曰陜西而不言河南者仍兼統花馬池之制也

按花馬池以陜西之鹽濟河東之課雖爲持籌者之達權而在鹽法實爲僅有順治十二年御史朱紱酌覆鹽法疏云鳳府原屬河東池商行鹽之地自明萬歷四十一年因花馬小池私鹽橫賣解鹽難行遂議以鳳屬改食小池仍在河東納課領引明季闖逆蹂躪小池井塌夫散煎熬無人鳳民納課不得支鹽且

鳳翔距花馬小池遠距河東近舍近就遠鳳民何堪宜除包課苦累仍招解商往行解鹽招有新商胡呂劉等一十七名上請部議鳳翔八屬食靈州小池之鹽係萬歷間所行之例我

朝定鼎以來課額不鈌若禁靈鹽而行解鹽似不合理相應照舊不必紛更招商行鹽之議遂格至康熙十二年御史何元英復以鳳屬有課無鹽疏稱鳳翔一府明初原屬晉商運鹽發賣萬歷四十一年有改食靈鹽之一議小民便於食私因而願賠國課究無靈

池挖井製鹽與商運賣之事

國朝康熙七年招商往運方知靈鹽原無實事靈池並無支發鳳屬之鹽若欲鳳商挖井於靈以供撈運則殘困之民不能越險阻而措巨貲是有課無鹽終爲民累請

旨勅部議覆部議仍援順治十二年之覆疏寢結繞繹前疏則花馬池之情形益可瞭然亦卽可以爲鳳課之發明云

鹽池卷一終

河東鹽法備覽分目

運治卷二

星野

疆域

城垣

萬壽宫

壇廟

公署

倉儲

恤政
坊集
風俗
武備

河東鹽法備覽卷二

山西按察使兼管河東鹽務畤南蔣兆奎編輯

河東運學教授王鳳翮校字

陳恩賢　王恒泰

商人王擴統　范則質監刊

翟步雲　王繩中

運治

地効靈天挺秀爰有育寶之區前創始後增修斯有鳳城之建運治非鹽池不立鹽池非運治莫統也人聚五方計周三省凡政之大經靡不備舉不可謂非

都會名區是得條分而縷晰之

星野

世紀自畢十二度至東井十五度實沈之次晉魏分野

晉書河東入張一度

唐書河東古冀州之域爲實沈大梁之分野

寰宇志平陽觜參之次

明一統志平陽府其星觜參其分野爲晉其名河東

森羅記觜觽實沈之次屬益州晉之分野

按運治之分野九州中滄海之一粟耳然星雲所繫象緯所躔妖祥於是乎著休咎於是乎占箕風畢雨驗若影響歷稽載籍可以仰觀不謬矣

疆域

運治建於池北之路村前志載東至安邑縣十五里西至解州四十里南至平陸縣一百里北至猗氏縣六十里東南至夏縣五十里西南至芮城縣一百里西北至臨晉縣一百里東北至聞喜縣一百里又東北至太原府九百二十里至

京師一千九百四十五里

〈按〉前志所載四至八達乃道理所及之遠近未足以語運治之疆域葢河東鹽行三省歷汾霍周澤潞而山右以暨越潼關踰邠岐而秦中幾徧渡孟洛沿汝鄧而中州之淡食之處由此以推凡轉運所及並引課所關之地皆運治之疆域也

城垣

運治之在河東初不過彈丸一鄉鎮耳自城設而裕賦通商遂爲河東名區河東者古郡號也以在太行

之西曰山西以在黄河之東曰河東秦分天下三十六郡河東居其一漢都關中文帝謂河東吾股肱郡厥後相因歷代皆有河東之名明時平陽府屬之三十四州縣即秦漢河東郡之故地而解州安邑縣皆隸焉

國朝因之運治雖居安邑之西境屬在解州而總統於河東道故鹽曰解鹽又曰河東鹽先是運治未建時歷代雖有權估之政而或入少府或歸大農或隸度支即行權之吏大約分攝於軍州郡邑之倅幕未置

專廨元太宗時姚行簡繪圖獻議始立司於池北之路村延祐間仁宗以淫雨敗池減免引鈔十之六七民懷帝德更名路村爲聖惠鎮時猶未有城也至元間榷鹽吳從仕議復歸解元末運使那海德俊再遷聖惠鎮築鳳凰城以資保障而運治始立名曰運城城週九里一十三步廣袤各四之一高二十四尺舊制爲門者五與今稍異說見元黃覺新城記中明天順二年運使馬顯改作四門東曰放曉西曰留暉南曰聚寶北曰迎渠正德六年御史胡止增高之然猶

未加石甃嘉靖三年御史盧煥甃其東四年御史初杲甃其西十三年御史余光甃其北十五年御史沈鐸甃其南隨治四門重樓並於城角各增望樓一周增臺鋪各一十九嗣御史何瓚陶謨相繼成功二十年御史舒遷重作外城萬歷間磚甃浸剝天啟二年御史劉大受暨運使孫可撰修築復完崇禎七年御史楊繩武九年御史姜思睿十三年御史楊鶚連値寇警戒嚴累增敵臺守望之具

國朝順治六年姜瓌猖獗重樓臺鋪悉毁於燹次年運

使陳喆鼎葺之得復舊觀康熙十三年御史何元英以三藩告變大謀鞏固並增武備二十四年御史李時謙運使張鵬翮奉有通行繕修之

命更加完美乾隆四十八年運使沈業富又詳請捐修由是運城遂成金湯之固

按天下鹽治不一舉無專城河東何以獨有專城蓋煮海者商竈延綿沙際千里相望如淮浙長蘆皆非一州一邑之地故但居要以臨之而所附則皆通都大邑已有提綱挈領之勢若河東鹽產於池向立鹽

司於解州秦晉豫三省商民羣萃一城每患地小不足以容城之特建勢使然也

萬壽宫

在昔恭逢

萬壽元旦冬至俱於宏運書院敬設

龍亭排班朝賀雖臣子誠敬之心隨在可展而觀瞻之下體制未極尊嚴乾隆七年鹽政尚琳暨運使張任特於東門内相有官地一段地形高廠各捐俸飭商經營建立

宫殿規模整齊四十七年運使沈業富又詳請飭商捐修

今氣象輝煌臣民瞻仰益凜

天顔咫尺矣

按運治北門外八里舊有

萬歲碑亭恭設河東書院乾隆四十七年重加整理用昭

誠敬此載在紀　恩錄者皆由

皇仁浩蕩遂不禁到處山呼也

壇廟

一池神廟在鹽池内以爲鹽池之主神故另詳鹽池

門神之有功於池者皆附焉

一文廟在司治東南以特切於學校故另詳學校門

神之題丁致祭者皆附焉

一關帝廟在司治東北明天啟元年御史張灦建

國朝康熙十四年御史齊世布重修每歲春秋享以太

牢

一正武廟在司治北明天順三年重修

國朝康熙四十二年御史馬爾泰再修今朔望運司率

屬瞻拜

一城隍廟在司治北自元建城以來卽有此廟明嘉靖閒御史蔣暘運使黃景星劉夢詩先後重修萬歷四十五年運同鄭崇厚再修雍正八年王鍾秀募修重新四月十五日爲神誕商民駢集進香今朔望運司率屬瞻拜明正統十四年土木之難車駕北狩遠在沙漠每夜靜帝惶愡覺帳外有人問之則奏曰臣河東聖惠鎮土地以皇帝福慶未艾臣奉命翊衞帝異之及復位勅封爲城隍加封靈富公今盛傳之

一社稷壇在西門外有護壇地三畝春秋致祭

一山川風雲雷雨壇在南門外壇基一畝護壇地二畝春秋致祭

一厲壇在北門外所祀無依孤魂明嘉靖九年建歲以清明七月十五十月朔迎城隍到壇主祭

一龍王廟在北門外明崇禎十三年御史楊鶚創建春秋致祭乾隆三十五年鹽政固世衡以舊廟規模狹隘捐買廟西隙地命商添捐移建三十八年衆商又以大修姚暹渠時買有解家灘地六十四畝一分零捐入廟中每年地租除完糧外餘銀二十兩有奇

以供香火並隨時繕修之費運同衙門經理

一旗纛廟在北門外霜降日致祭

一寧濟廟在城北五里祀漢關聖暨張桓侯以址地高聳俗呼圪塔廟相傳三神曾與蚩尤冥戰以護鹽池故祀之例以九月十三日致祭明萬歷三十年御史曾舜漁置有香火地四十畝爲僧人守廟之費

一三聖廟在城西北八里河東書院內祀堯舜禹三聖人以稷契臯陶伯益伯夷夔龍羲氏和氏關龍逢配享春秋致祭

一黑龍廟在鹽池東二十五里宋崇寧間觀察使王仲午建明天順間重修以有係於池水也例於每歲二月檄安邑縣致祭
一大郎廟在中條山陽歲以三月初四日檄平陸縣致祭
一二郎三郎廟在中條山陰歲以三月望日檄安邑縣致祭相傳與大郎爲昆季俱以正直著且有功於鹽池故祀之
一表忠祠在東門内明嘉靖十九年御史舒遷建以

祀夏大夫關龍逢三十九年祠宇傾圮御史吳過重建後因改爲公署而移祠于東察院之西崇禎七年御史楊繩武以舊廟地甚湫隘乃撤忠愛衛民遺愛三祠而一之名仍表忠而以大夫後裔漢關聖並北魏隱士關朗配享迄今霜降日致祭而移舊祠爲三教庵

一忠愛祠舊在表忠祠西明成化十年邑人共建以祀御史王臣謂河東監臨自公始殫心經營功不可忘也繼復有衛民祠初在忠愛祠東爲御史胡止生

祠御史舒遷增入盧初余沈四御史以報修城之績
改名衛民又遺愛祠初在衛民祠西爲御史余光生
祠御史舒遷增入何陶二御史後並祀張邢二御史
又方公祠初在遺愛祠西其先創祀運使方啟參嗣
增入運使林國相名方林二公祠後御史楊繩武既
合三祠之地爲表忠因合四祠之位統名忠愛在表
忠祠之旁地基二畝一分零又將東南兩門外並池
上諸祠位主並移於祠中自漢至明共三十六位前
植懷棠祫祀覃澤名臣二坊迄今霜降日有祭衛民

祠之典，其實卽忠愛祠也。

按：前志於城内並載玉皇閣、火星廟、馬王廟、崔府君廟及廣仁祠，於城外又載三官廟、藥王廟、泰山廟、后土廟以及名賢祠，是雖運人之所欽奉，第不關於祀典，而彙纂、便覽二書互有增删，反多掛漏。今遵祀典而裒於一是，餘惟朔望瞻拜者得並列焉，他不遑及。至便覽所稱藹公祠並祀恩錄所稱薩公祠，創自本朝，以奉例禁，今皆廢。

公署

一巡鹽察院居運治之中明成化十年御史王臣建嘉靖四年御史初杲循故拓新院制詳具張璧記中乾隆四十三年鹽政裁改今爲巡撫行署察院之西有鐘樓元末建城時卽有譙樓鐘樓明正德間御史宋鉞改譙樓爲鐘樓考志載郇城鐘聲亮徹天啟時運城有官夜夢一婦靑衣椎髻再拜而前曰妾彭城金鯨之妻阿童也勞苦震驚百年於茲晨當東逝敢辭及寤不知所謂忽吏報鐘啞乃恍然曰是矣戒健步東行遇靑衣婦以印文名紙納其懷卽返勿顧健

步追奔三十里果遇婦如所戒歸至暮鐘鳴如故自茲鐘聲雖遠徹然過追及處寂無聞矣今盛傳之東有鼓樓明萬歷御史房寰建迄今與鐘樓左右聳峙巍然重望

一運司署在城之西街元末與運城同建明天順間運使史潛鼎新之初進爲通惠樓樓之建燬不一順治十二年運使龔如錫復作由通惠樓而進爲大門再進爲儀門再進爲經國堂後爲和衷堂又後爲萬笏樓康熙間運使高夢說建通惠樓之西有監獄上

有庫大使經歷司署又上有中分司署東有運阜倉
經國堂左右有豐濟庫收貯正雜鹽課和衷堂西爲
引庫又西爲射圃亭亭之東有文場四十二號運使
沈業富建
一運同署在司署大門内舊制進通惠樓而西有中
東西三分司署康熙十六年奉裁二十四年復設運
判居舊署雍正二年改運判爲運同仍居運判署
一運學教授署在學宫内東北訓導署在學宫内東
南

一經歷司署舊在通惠樓內東偏嗣以三分司皆裁移通惠樓內西偏乃昔知事署之故地

一知事署舊在通惠樓內西偏嗣以三分司皆裁改知事署爲經歷司署而移知事於東分司署雍正二年改知事大門于經歷署前乾隆二年又改所移之署爲庫大使署今署在中禁門內野狐泉之東

一庫大使署在通惠樓內西偏經歷署之前其缺設於乾隆二年而署卽知事舊署其先乃東分司署也

一中東西三場大使署俱在運城南門內西偏三場

相並中爲中場左爲東場右爲西場乾隆二十七年移西場署於觧州城内即州判舊署

一觧州州判署在察院西乾隆二十七年因運城巡檢奉裁移駐於此署仍巡檢舊署而其先乃安邑典史分駐之署也

一三巡檢署鹽池司隸州境在池南蠶房村長樂司亦隸州境在運城西三十里鋪聖惠司隸安邑境在運城東二十里鋪亦名聖惠鎮

一都司署在運城東南隅

一把總署在東門内

按運治東門内舊有東察院卽明嘉靖間御史余光所建正學書院故地又布政使行署在城東街守巡二道署在文廟東迄今有道背後之名稅課局在司治東遞運所在司治北管鹽廳在鹽池北岸爲委司撈採者之行署又運司諸員各有别署總司在東門外中司在池南東司在安邑俱廢惟西司在解州後改爲督工行署今亦廢

倉儲

一運儲倉在運治東康熙二十二年運使高夢說捐穀三十石經歷知事各捐穀三石教授訓導三場大使各捐穀二石共捐穀四十六石經歷專管每屆三年出陳易新免息還倉歲底彙入社倉案内報部乾隆四十二年運使程國表准藩司移交新斛兩相較對舊斛大新斛一斗五升九合復加盤量計長餘穀一十四石六斗二升八合實貯倉斗穀六十石六斗二升八合報部在案又原貯佃灘籽粒舊額二百七十五石六斗八升嗣經節年增豁墜除今共地六千

六百零一畝二釐七毫四絲一忽分爲上中下及中下下下不等五則陞科歲收租麥二百七十石三斗五合六勺以備給散孤貧口糧如有餘剩存貯備用亦經歷管理按年冊報由司轉院查考並不報部倉設斗級一名歲給倉麥四石

一運皁倉在司署內東偏雍正六年買備麥四千二百五石零穀三千二百四十二石一斗零內惟鹽政塞欽動

帑買麥餘利發交商人保萬㞳等買穀一千八百六十

七石八斗八升四合報部有案餘係各商捐貯未經報部雍正十三年鹽政孫嘉淦以運城係商人居處之地不事稼穡此項穀麥毋庸存留

奏請糶價充公乾隆元年將商捐穀麥全數糶賣報撥充餉倉內止留保萬亘等買存穀石嗣後每遇平糶買補積有盈餘乾隆十八九等年先後買貯穀二千九百八十三石三斗六合八勺知事經管每年春季詳明借給商人以資澆曬秋後免息還倉歲底彙入社倉案內報部乾隆四十二年改設新斛較長餘穀

九百四十八石六斗九升一合今實貯倉斗穀三千九百三十一石九斗九升七合八勺報部在案倉書一名倉斗級一名歲需紙筆工食銀兩在蘆葦項下動支

又鹽池外從善村介村佃灘地一百八十六畝七分每畝納租麥二升穀三升共歲納租麥三石七斗三升四合租穀五石六斗一合向貯運阜倉以備公用並不報部雍正十三年鹽政孫嘉淦

奏明歸公現係三場大使分管徵收仍有運阜倉之名

歲於十月奏銷時一併造冊報部所收麥穀積至五

年詳明糶價充餉

按運治專主鹺務而兼言儲務者蓋地爲五方雜處人鮮蓋藏一遇荒歉商民交病前運使蘇昌臣特建商屯之議大約寓農於商墾池灘以廣種植然而灘以護池恐妨蓄洩未敢輕議前志載雍正六年池內斗級墾地一千七百四十畝嗣又續墾地一千二百九十五畝四分每畝納麥二升穀三升池外弓兵墾種禁牆外壕地二百七十六畝三分其納穀麥之數與斗級同向皆收貯運阜倉內或亦備儲之道自乾

隆三七等年經鹽政定柱並鹽政尚琳爲於禁牆鹽池有碍又巳先後

奏請豁租停種矣

恤政

一養濟院在運治東明嘉靖二十三年御史喻時建以育孤貧院基二畝有奇有院舍一十六間舊額歲育孤貧全糧者三十名月給小麥各二斗四升至孟冬月朔各給花布麥四斗半糧者九十三名給皆減全糧十之五乾隆四十九年因餘麥積多詳明酌增

七名今半糧者爲額百名共育孤貧一百三十名例於每月十五日知事庫大使輪流會同經歷按名給散應需麥石即在運儲倉佃灘籽粒項下動支

一漏澤園運城四門外皆有在東郊者凡二段共地五十六畝有奇在南郊者凡五段共地一百十畝有奇在西郊者凡二段共地四十二畝有奇在北郊者凡二段共地二十六畝有奇明崇禎間御史姜思睿捐置以收露骼立有義塚石碣表界

按恤政之載在前志者永垂不朽乾隆八年前運使

郭一裕捐俸四百兩交商生息以爲接濟孤貧之需嗣將生息銀兩除節年報院動支外，本利存銀六百兩仍交商生息今每歲冬至前由運司於生息項下撥銀四十兩賞給留養局孤貧棉衣口食復飭商捐資以廣惠濟甚盛事也附記以彰其美

坊集

坊爲商民所錯處而集則粒食所聚之場也運城向有九坊曰厚德曰和睦曰寶泉曰貨殖曰榮恩曰賢良曰甘泉曰永豐曰里仁後并爲二曰賢良曰和厚

今仍分九坊而總分四街運城俗呼四街爲四關舊

制市集定於三關遞相輪聚明崇禎間御史楊繩武

以奬僞日滋約法八條載在鹽懷瑣錄一糧食到市

每石止許牙用一升一斗戸不許故調鬼語欺哄鄉

愚一客販任赴行家不許斗戸遠接一斗遵官較禁

置副斗及剷削口底並用雞子木刮一糴米先儘窮

民一斗戸止許正身不許朋夥窩糴窩糶一生員衙

役官僕不許攬充斗戸市棍不許插身把持一集場

務於東西北三關十日一輪擺列通衢不許隱藏場

院之内意美法良𡨚留心民膜者哉後漸廢弛康熙間令于四關輸集今則東西北三關各設糧店而北關爲盛民安之

〔按〕運治九坊差糧俱隸安邑惟地方奸匪該印捕官專司之外向係運司知事得而兼稽嗣因知事移駐鹽池運司經歷有查察之責重課賦也

風俗

隋志曰河東土地少沃多瘠是以傷於儉嗇其俗剛強亦風氣使然解州志亦曰州之民勤事耕織淳良

質朴安邑志又曰其民質朴節儉力於耕耘然邑近鹽池亦頗趨於鹽利由此以觀運治之風俗概可知矣

按史稱周武王封十五弟於郇城說文謂郇今司署西北地左傳晉公子重耳圍令狐退軍於郇以公子瑕宣撫之故名郇瑕是運治即郇瑕之故地昔晉人謀去絳諸大夫皆曰必居郇瑕氏之地者利其沃饒而近鹽也而獻子獨以國饒則民驕佚杜註又言近寶則民不務本蓋沃土之民不材民居近寶則棄本

而逐末唐風山樞蟋蟀諸詩夙稱勤儉而郇瑕獨虞淫靡責在移風易俗者矣

武備

運城兵制初止射手五十名明正德間有暫添設鹽壯市壯嘉靖間添至八百名外添民兵六百名又選吏農之有膂力者二百名分為六營練習之尋以事平報罷天啟二年御史劉大受請設兵一百六十名以把總一員領之崇禎三年運同盧友竹請添兵為三百名以守備一員領之御史王與印又於弓兵斗

級內抽兵一百名七年御史楊繩武增兵五十名皆
因流寇蜂起保固鹽地也
國朝定鼎以寧謐議罷順治六年姜逆猖獗御史梁應
龍調取平垣營兵一百七名把總百總各一駐防後
減存五十名十三年改撥蒲營防兵六十名赴汛十
六年添至八十名仍委把總領之雍正七年以把總
微員不足以資彈壓添設守備一員又添兵至一百
二十二名仍設把總一員外委把總一員十年改爲
都司專營乾隆四十七年裁減兵額今現在外委並

馬步戰守兵九十九員名內撥防安邑汛外委一員兵九名又撥防大路北相等五汛兵二十五名撥防東郭汛兵三名實存城兵五十九名而外委並額外外委各一駐防城內運治北門外有演武場創自明嘉靖元年御史朱實昌計地三十四畝有廳事有將臺以訓士卒至城守之具有紅裔大小將軍各炮位分貯四門門各設兵十名以司啟閉

按運治爲財賦重地盜竊易生且爲秦晉咽喉兵防宜預明崇禎四年閏十月秦寇乘冰堅渡河十一月

直犯運城御史王與印遣守備蘇玨圻拒之爲賊所
敗尋以蒲州兵至引去崇禎十六年十二月二十五
日運城被兵失守我
朝順治六年六月十八日賊王小溪猝犯運城城不守
八月初一日賊自蒲州敗回復入運城副都統杜珉
承
命勦賊九月賊開東南門而走運城賴以安全迄今百餘年
國家奠安斯土永躋仁壽之域然而安不忘危綢繆桑
土謂非有備無患之道當如是乎

運治卷二終

河東鹽法備覽分目

官職卷三
官制沿革
古職考辨
廵鹽御史
運使
運同
運學教授
運學訓導

經歷

知事

庫大使

中場大使

東場大使

西場大使

分駐解州州判

鹽池司巡檢

長樂司巡檢

聖惠司巡檢

都司

把總

外委把總

河東鹽法備覽　卷三　二

河東鹽法備覽卷三

山西按察使兼管河東鹽務旴南蔣兆奎編輯

河東運學教授王鳳翽校字

陳思賢　王恒泰

商人王攄綄　范則質監刊

翟步雲　王繩中

官職

河東鹽筴歲佐大農緡錢數十萬且豫秦三晉民食攸關既特設運治以統之顧有其地必有其人建官分職而軍國之利病商民之休戚於是乎繫是又可

叅考而備列之

官制沿革

上古無鹽官藏富於民也故虞舜南風之歌曰阜吾民之財周禮雖有掌鹽之政令只以供祭祀賓客飲食非榷估職也即管子謹正鹽筴亦未聞責有專司自古風漸遠民有爭心上欲收之以佐軍國而官設焉漢東郭咸陽孔僅輩以山海天地之藏宜屬少府桑宏羊分部均輸置鹽官二十有八郡而黃霸實充河東均輸長魏於河東特立官司以收稅利五代立

法禁取專司有人隋雖弛禁於民而有開濬長渠以息池患之都水監唐以鹽池涸廢有決水置屯之河中尹有權鹽使有知安邑縣池員道第五琦初變鹽法就山海井竈近利之地置監院劉晏又以霖潦則滷薄暵旱則土枯倣勸農之法隨時遣吏巡行曉導宋代鹽法不一而河東轉運使之名實始於此且提舉解池史有專員矣元於解池建城立學加意任賢有前爲榷鹽而後充解鹽使者明初經理鹽職淮浙長蘆皆差監臨一員期年而代惟河東不遣成化十

年特允運使孟淮之請乃以御史王臣首膺代巡之
命自是河東亦有歲差
國朝定鼎鹽法雖有更革而官職悉因明制既主之以
都轉運使仍總統於監臨一人法制宏遠矣
古職考辨
運使之職昉於宋運同運副運判之職昉於元乃前
志於運使則唐列司空輿馮輿於運同則金列劉徽
粲於運副則唐列韋縱宋列薛向於運判則唐列陸
位雖所職近似然不得於未有此官之前強被以此

名前解州牧言如泗於運城志已辨之至黄霸辛慶之裴謂韓重華鄭元昭張崇祐諸人皆鹽職也前志未載而備詳於運城志若隋之姚暹唐之姜師度宋之李綽官非鹽而職近鹽且有功於鹽也前志咸著其宦績以上十五人其中惟薛向於宋權轉運副使制置解鹽彙纂載入運使今以宋代已有運使應遵編列其餘總著篇首用詳古官姓名以待折衷

漢

黄　霸淮陽陽夏人漢置大農丞領鹽鐵事郡國置均輸鹽鐵官時霸爲河東均輸長

西魏

辛慶之　大統中以行臺左丞兼鹽池都將

隋

姚暹　大業間爲都水監先是客水爲患暹乃濬永豐舊渠以護鹽池至今名其渠曰姚暹渠

唐

裴諝　大歷中爲河東租庸鹽鐵使

姜師度　開元中爲河中尹時鹽池涸廢師度大發卒開涵引流以灌鹽池置鹽屯公私兼利

司空輿　河中虞鄉人唐置兩池榷鹽使隸度支大中時盧宏正管鹽鐵表爲兩池榷鹽使

馮興　以職方郎中兼侍御管鹽計

陸　位以膽事府司直知解池

韋　縱以大理評事知安邑池

韓重華武陵人歷兩池榷鹽使

五代

鄭元昭漢乾祐間爲榷鹽使

張崇祐後周廣順間爲兩池榷鹽使多規畫鹽池利害

宋

李　綽元祐間爲解令兼鹽池事自王峪口築堰以防池患迄今名其堰曰李綽堰

金

劉徽桑 正隆中任 兼名第一

巡鹽御史

明天順四年令山西按察司分巡該道官兼巡視河東鹽池成化十年始於河東差監察御史一員

國朝因明制仍差監察御史巡視河東例由都察院開列臺員進

呈恭候

欽點周歲而更康熙七年滿漢御史各差一員康熙十一年後不分滿漢只差一員雍正元年裁鈌以川陝總

督兼之雍正三年
命復鹽政以西安布政使管理雍正四年以西安按察使管
理雍正八年西安按察使陞授西安布政使仍帶管
焉雍正十三年復專設鹽政駐節河東定爲滿洲科
道司員差缺
錫之敕印以行歷任奉有坐名專
敕乾隆四十三年五月初十日內閣抄出奉
上諭向來河東鹽政與山西巡撫因各有專司未免意存
畛域於辦理鹽務每多掣肘即如近日查覆舉報更換

疲商一事屢經部駁該撫等覆奏意見始能畫一此卽其明徵也河東鹽政事務本簡非兩淮長蘆可比況直省中如浙江福建兩廣俱係督撫兼理鹽政較爲妥協河東鹽政竟不如令山西巡撫兼管瑺齡現在丁憂其員缺毋庸另行簡放河東鹽政卽着該撫巴延三兼管至一切鹽務原有運使籌辦令得該撫統轄俾事權歸一呼應更靈於商民均屬有益並着爲令所有巡撫兼管鹽政各事宜着巴延三悉心酌擬具奏到日交該部核議奏聞欽此欽遵由是鹽政印務改歸巡撫兼管停

頒專
敕所有原頒鹽政
敕書經巡撫巴延三
奏請恭繳查銷並請即於撫臣
勅書內將兼管鹽政增添撰給其原有鹽政印信照浙江巡撫兼管鹽政之例凡鹽務事宜仍用鹽政印信毋庸另行改鑄

巡鹽御史向係專差品級從京原銜俸銀京支養廉原額設銀一萬三千兩在運司公務項下動支雍正

十三年鹽政孫嘉淦

奏請減去五千兩留八千兩及巡撫兼管鹽政印務養廉全數歸公

歷任題名

年籍姓氏凡有可考者備集於篇其前書閒與碑載不符之處悉爲查正宦績附詳後倣此

明

王臣　江西吉水進士成化十年任攺築禁垣建察院署監臨之設自此始

袁禎　江西豐城進士成化十一年任

陳鼎　山東曹州進士成化十二年任崇修禁垣

胡璘　山東濟陽進士成化十三年任

李寅　直隸進士成化十四年任

奚銘　順天宛平進士成化十六年任

周洪　山東武城進士成化十八年任

曹英　山東壽張進士成化十九年任

余深　浙江新昌進士成化二十年任

吳珍　江南沭陽進士成化二十一年任奏添中場復開鹽池東西二門

劉翔　直隸獻縣進士成化二十二年任

張泰　直隸肅寧進士宏治元年任

黃　玹　湖北蒲圻進士　宏治二年任

劉廷瓚　河南光州進士　宏治三年任

王　表　河南西平進士　宏治四年任

吳道寧　河南河內進士　宏治五年任

韓　春　直隸蠡縣進士　宏治七年任

張應奎　山東蒲臺進士宏治八年任重修學宮

邢　義　山東濟陽進士　宏治九年任

劉道立　河南杞縣進士　宏治十年任

李　鑑　山東濟寧進士　宏治十一年任

楊　璋　湖廣孝感進士宏治十三年任

李　鉞　河南祥符進士宏治十四年任

曾大有　湖廣麻城進士宏治十五年任開引涑水西行免入姚渠患池

湯　沐　江南江陰進士宏治十七年任大修渠堰

甯　杲　山東蓬萊進士正德元年任

徐　鈺　湖廣興國進士正德二年任

周廷徵　湖廣麻城進士正德三年任置文廟祭器

魏彥昭　直隸容城進士正德四年任

蕭　選　順天三河進士正德五年任

胡　止　河南羅山進士正德六年任增修運城

燕　澄　直隸正定進士正德七年任

張士隆　河南安陽進士正德八年任建育材館以作士氣修青石槽以便鹽車

楊時周　直隸固城進士正德九年任

朱　裳　直隸沙河進士正德十年任

熊　蘭　江西南昌進士正德十二年任大修禁垣

宋　鉞　山東武定進士正德十三年任建院西鐘樓

鄭維新　廣東歸善舉人正德十五年任

邱道隆　福建上杭進士正德十六年任建尊經閣

朱實昌 江西高安進士嘉靖元年任建演武場濬姚暹渠有記

盧煥 河南光山進士嘉靖二年任甃運城東

初杲 湖廣潛江進士嘉靖四年任甃運城西

沈松 浙江德清進士嘉靖六年任

蔣暘 山東樂安進士嘉靖七年任修城隍廟

王宣 浙江臨海進士嘉靖八年任

楊東 江南當塗進士嘉靖九年任

方涯 江南太平進士嘉靖十年任

宋邦輔 江南東流進士嘉靖十一年任

王昺　山東章邱進士嘉靖十二年任

余光　江南祁門進士嘉靖十三年任甃運城北建正學書院

沈鐸　浙江歸安進士嘉靖十五年任甃運城南

何贊　浙江黄巖進士嘉靖十六年任

陶謨　浙江秀水進士嘉靖十八年任增城樓望臺

舒遷　江南黟縣進士嘉靖十九年任重作外城建表忠祠

魏謙吉　直隸柏鄉進士嘉靖二十一年任

曹邦輔　山東定陶進士嘉靖二十二年任

喻時　河南光州進士嘉靖二十三年任立養濟院創惠民舘即今野狐泉

王　忬江南太倉進士嘉靖二十五年任

陳　玠江西臨川進士嘉靖二十六年任

劉應熊陝西隴西進士嘉靖二十八年任

黄　中浙江遂昌進士嘉靖二十九年任

尙維持河南羅山進士嘉靖三十年任建名宦鄉賢二祠

宋儀望江西永豐進士嘉靖三十二年任

李　楨江西新昌進士嘉靖三十三年任正鹽籍遏私販督撈採緩刑薄賦治稱仁恕

左　柱陝西寧州進士嘉靖三十四年任

楊　儲江西廬陵進士嘉靖三十六年任

周　滋　山東諸城進士嘉靖三十七年任瀦水濟流獲鹽十倍且清地築堰藩府交怨不恤

吳　過　河南汝陽進士嘉靖三十九年任重建表忠祠

王　諍　浙江永嘉進士嘉靖四十年任請復鹽課舊額

熊　迥　四川富順進士嘉靖四十一年任

胡　鑰　湖廣潛江進士嘉靖四十三年任

張　櫝　江西新城進士嘉靖四十四年任

王君賞　山東淄川進士嘉靖四十五年任

劉師孟　河南臨漳進士嘉靖四十五年任

趙　睿　江南涇縣進士隆慶元年任

郜永春　直隸長垣進士隆慶三年任收硝池以弭私販題南陽以復舊轄興書院以羅人才疏河渠以通水利開南場以便撈採

俞一貫　江南婺源進士隆慶五年任

許子良　浙江仁和進士隆慶六年任

張道　江西湖口進士萬歷元年任

趙池　山東昌樂進士萬歷二年任

金階　浙江仁和進士萬歷三年任

陳用賓　福建晉江進士萬歷四年任

尹良任　湖廣漢川進士萬歷五年任

房寰 浙江德清進士萬歷七年任 疏查護池灘地建院東鼓樓

邢侗 山東臨邑進士 萬歷九年任

王國祚 直隷滄州進士 萬歷十年任

趙楷 四川犍為進士 萬歷十一年任

姚三讓 直隷永年進士 萬歷十三年任

李堯民 山東濟寧進士 萬歷十四年任

吳達可 江南宜興進士萬歷十六年任請復鬬歸引地未行

秦大夔 江南吳縣進士萬歷十七年任請錫池神廟號為靈祐祠

林祖述 浙江鄞縣進士萬歷十八年任請減鹽課清壓待又撈採以時緝捕有法

蔣春芳　山東益都進士萬歷十九年任新靈祐祠合祀東西池神於中殿分條山風洞爲二神左右配享建歌薰樓

顧龍楨　江南無錫進士萬歷二十年任

楊宏科　浙江餘姚進士萬歷二十一年任

黃一龍　福建龍溪進士萬歷二十三年任重修學宮

吳　楷　山東曹州進士萬歷二十四年任大舉鹽池石工有記

汪以時　江南婺源進士萬歷二十六年任建太陽廟節金裕儲劉敏寬有記

曾舜漁　廣東博羅進士萬歷三十年任修學宮新寧濟廟措正協宜鹽儲大裕劉敏寬有記

陳于廷　江南宜興進士萬歷三十七年任劾榷稅太監張忠撓鹽政直聲振一時

楊師程雲南安寧進士萬歷三十八年任建雨神廟鼎新池上諸神宇居官以清名著

楊州鶴直隸大名進士萬歷四十一年任題開女池以恤商困

萬崇德江南徐州進士萬歷四十二年任

王遠宜順天霸州進士萬歷四十五年任重修學宫

江日彩福建泰寧進士萬歷四十七年任

張潑山東樂陵進士天啟元年任豁商困省繁費杜超掣緩預報時朝議加課潑持疏陳免去日留金糴穀備荒建運城關帝廟

劉大受江西泰和進士天啟二年任酌量預報裁省添搭删灘地蘆僨清護池侵地取回苦池租銀作餉募兵又有修學甃城諸政人咸頌德

李日宣　江西吉水進士天啟三年任創置宏運書院添建育材館書屋修八政橋

劉徽　直隸清苑進士天啟四年任

黃憲卿　江西廬陵進士天啟五年任允勤民之請開驍小池以補正課

李燦然　浙江縉雲進士天啟六年任

李應期　山東沂州進士崇禎元年任查增馬側峆鹽稅

陳廷謨　直隸城安進士崇禎二年任禁劣採覲課程清衙蠹調課額

王與印　山東新城進士崇禎三年任禁勒民撈採恤歷荷商人會流寇薄城竭力堵禦城得無恙

羅元賓　浙江會稽進士崇禎五年任

楊希旦　四川閬中進士崇禎六年任

楊繩武 雲南彌勒進士崇禎七年任固城守增武備修池廟及表忠祠著有鹽懷瑣錄

姜思睿 浙江慈谿進士崇禎九年任固城守置漏澤園

王龍震 福建晉江進士崇禎十年任

李嗣京 江南興化進士崇禎十一年任

楊鶚 湖廣武陵進士崇禎十三年任固城守糴粟救荒建龍王廟於北門外

成友謙 江南海門進士崇禎十五年任

國朝

劉令尹 直隸滄州進士順治二年任請中刪積虧又請清引票

張鼎延 山東平陰進士順治三年任疏請招商以銷引派戶口之累

佟鳳彩　奉天遼陽人順治四年任

劉　達　河南濬縣進士順治五年任再請招商盡甦引派戶口之累

梁應龍　奉天義州人順治六年任

盛復遐　奉天遼陽人順治七年任

趙如瑾　直隸雄縣舉人順治八年任時以戶口凋殘請除派引諸累重修池神祠宇

劉秉政　奉天廣寧人順治九年任招商足額引派戶口之累悉除

朱　紱　江西進縣進士順治十二年任濬姚暹渠酌覆按丁派引之法

焦毓瑞　山東章邱進士順治十三年任疏請量減新加引目議定按丁派引之制刊冊永遵

李榮宗　奉天遼陽貢士順治十四年任

劉曰義　奉天貢士順治十五年任議覆減引加課

胡秉忠　奉天遼陽貢士順治十六年任

張學禮　奉天遼陽貢士順治十八年任

徐越　江南山陽進士康熙元年任

季振宜　江南泰興進士康熙二年任

高坪　山東淄川進士康熙三年任

董文驥　江南武進進士康熙四年任

李文熙　山東長山進士康熙五年任

施維翰　江南華亭進士康熙六年任修學宮

葛思泰　滿洲人進士康熙七年任自此滿漢御史各差一員

傅感丁　浙江仁和進士康熙七年任

莫洛洪　滿洲人康熙八年任

夏人佺　江南壽州進士康熙八年任

布　舒　滿洲人康熙九年任修育材館題定石樓縣改食土鹽

熊一瀟　江西南昌進士康熙九年任

穆成格　滿洲人康熙十年任

楊維喬　山東海豐進士康熙十年任

常　書　滿洲人康熙十一年任自此不分滿漢只差一員

何元英 浙江秀水進士康熙十二年任固城守增武備

朱尙義 奉天人康熙十三年任

齊世布 滿洲人康熙十四年任

鞠珣 山東舉人康熙十五年任

徐誥武 江南金壇進士康熙十六年任

傅廷俊 直隸滄州進士康熙十七年任題請酌加天下商引河東歲加引四萬四千七百六十五道

曾寅 江西清江進士康熙十八年任 題開西小池澆曬濟課議增鹽丁二千名任修池垣

黃斐 浙江鄞縣進士康熙十九年任經理小池給商魁困再修育材館

傅喇塔滿洲人康熙二十年任

何嘉祐浙江山陰進士康熙二十一年任

馬爾漢滿洲人康熙二十二年任

滿丕滿洲人康熙二十三年任

李時謙順天大興進士康熙二十四年任繕修城垣題復管工運判請除加課五分

覺羅勒信滿洲人康熙二十五年任

圖納哈滿洲人康熙二十六年任

法爾哈滿洲人康熙二十七年任請除加課七分未行

郝惟謙順天霸州舉人康熙二十八年任題定渠堰派工按丁之例請除加課七分修學宮鼎

新池陽神宇並禁垣三門

索里　滿洲人康熙二十九年任請以平慶臨鞏歸甘撫專轄修葺祠宇禁門各工

格爾特　滿洲正黃旗人康熙三十年任

賽圖　滿洲正黃旗人康熙三十一年任

法特哈　滿洲鑲黃旗人康熙三十二年任

勒貝　滿洲鑲白旗人康熙三十三年任

麻色　滿洲鑲紅旗人康熙三十四年任

赫明德　滿洲正紅旗人康熙三十五年任

賴都　滿洲人康熙三十六年任

蘇克濟 滿洲正黃旗人康熙三十七年任

常壽 滿洲正紅旗人康熙三十八年任

節什 滿洲正藍旗人康熙三十九年任

吳大禪 滿洲正黃旗人康熙四十年任

沙渾 滿洲鑲藍旗人康熙四十一年任

馬爾泰 滿洲正白旗人康熙四十二年任

劉子章 貴州貴陽舉人康熙四十三年任

孫柱 滿洲鑲紅旗人康熙四十四年任

呵哈善 滿洲正黃旗人康熙四十五年任

巴克善 滿洲正白旗人康熙四十六年任

特默德 滿洲鑲白旗人康熙四十七年任

覺羅常泰 滿洲鑲紅旗人康熙四十八年任

德貝 滿洲正紅旗人康熙四十九年任

袁保柱 滿洲鑲白旗人康熙五十年任

關保柱 滿洲正白旗人康熙五十一年任

噶世圖 滿洲鑲紅旗人康熙五十二年任

海保 滿洲正黃旗人康熙五十三年任

花色 滿洲正紅旗人康熙五十四年任

阿哈納滿洲正紅旗人康熙五十五年任

張國棟滿洲正紅旗人康熙五十六年任

舒　庫滿洲鑲紅旗人康熙五十七年任

汪國弼奉天鑲白旗人康熙五十八年任

宗　燕蒙古鑲白旗人康熙五十九年任

朱之珵奉天鑲白旗人康熙六十年任

殷德納滿洲人康熙六十一年任以上例於本年正月到任年終代替

傅　寧滿洲人雍正元年任是年裁鈌停差

年羹堯鑲黃旗人以川陝總督於雍正元年四月帶管鹽務雍正三年五月離任

馬喀 滿洲人以雍正三年復設鹽政六月到任本年九月陞西安布政使仍帶管鹽務每引請加耗鹽四十觔請免民修渠堰動項募修

許容 河南虞城人西安按察使雍正四年六月帶管鹽務

塞欽 滿洲人西安按察使雍正四年十月帶管鹽務請免鹽丁修牆之役

碩色 滿洲正黃旗人西安按察使雍正五年帶管鹽務雍正八年陞授西安布政使仍帶管鹽務 題請加封鹽池神號請留加增銷價仍歸坐商請減猗氏稷山高陵等縣額引作餘引代銷請加長武額引改食花馬池鹽請歸解安額引盡銷儘報請開鹽池荒畦請定奏銷限期

楊馝 漢軍正黃旗人西安布政使雍正十一年帶管鹽務

程仁圻 貴州進士西安布政使雍正十二年帶管鹽務

孫嘉淦　山西興縣進士雍正十三年任請定渠堰輪修之例　自此又係專差巡視

蘇赫臣　滿洲正黃旗人乾隆元年任

定柱　漢軍正黃旗人乾隆二年任　題定歲修估銷限期

白起圖　滿洲正藍旗人乾隆六年任

倚琳　漢軍正黃旗人乾隆六年任請改渠堰各工隨時搶修請定唐縣引鹽歸官辦理設掣鹽

萬壽宮門票建

吉慶　漢軍正黃旗人乾隆七年任

衆神保　滿洲鑲黃旗人乾隆十年任議定三省鹽價請減蒲城縣夏縣額引輪坐代銷借　帑大修渠堰

慶　恩　滿洲正白旗人乾隆十四年任　題定運同監掣

楊作新　滿洲正黃旗人乾隆十五年任

西　寧　漢軍鑲黃旗人乾隆十六年任

薩哈岱　滿洲正黃旗人乾隆十七年任　題定補運失水鹽觔州縣借　帑大修渠堰

西　寧　乾隆二十年再任請增鹽價一釐

那　俊　漢軍鑲黃旗人乾隆二十二年任

西　寧　乾隆二十三年三任請開六小池以資澆曬

薩哈岱　乾隆二十三年再任　題請復增鹽價一釐改期十月奏銷借　帑大修渠堰置買民地改直龍王廟渠身又改建白沙堰石工

李質穎奉天正白旗人乾隆二十八年任題定姚暹渠歲修章程

達色滿洲正白旗人乾隆三十二年任

普福滿洲正黃旗人乾隆三十三年任

薩哈岱乾隆三十三年三任

固世衡滿洲鑲紅旗人乾隆三十四年任

瑺齡滿洲正黃旗人乾隆三十六年任請開西小池借帑大修姚暹渠至四十三年卸任務

旋又裁鈌停差

巴延三滿洲正紅旗人乾隆四十三年以山西巡撫兼管鹽政請留運學更定五年換商議定河渠歲修章程自此鹽政改歸本省巡撫兼管

雅德 滿洲正紅旗人乾隆四十四年兼管

喀寧阿 滿洲鑲黄旗人乾隆四十五年兼管

雅德 乾隆四十六年再任仍兼管

譚尚忠 江西南豐人乾隆四十六年兼管

農起 滿洲正紅旗人乾隆四十七年兼管請定長商均引順路增鹽價二釐改加耗月分請停運銷口鹽改添巡牆商役

伊桑阿 滿洲鑲黄旗人乾隆五十年兼管請定增價爲長價

福崧 滿洲正藍旗人乾隆五十一年兼管

勒保 滿洲鑲紅旗人乾隆五十一年兼管

明　興滿洲鑲黄旗人乾隆五十二年兼管

海　寧滿洲正藍旗人乾隆五十三年兼管

吏役附後工食銀數惟額編者註明其動用公務者另詳公用欵冊後倣此

書吏六房

上號吏四名

聽事班頭二名

承差二十名

静鑼搭瓜令箭清道旗人役八名

役擁及武執事人役二十名

快手四名

把門人役二名

門子二名

皂隸十名

傳報舍人並傘扇夫八名額編工食銀五十七兩六錢

運使

宋天聖時有陜西轉運使河東轉運使提舉制置解鹽司元置都轉運鹽使司掌場竈權辦鹽貨以資國

用中統二年改置轉運司置提舉解鹽司至元二年
罷運司命有司掌其務尋復置轉運司二十二年立
陝西都轉運司諸色稅課悉隸焉二十九年置鹽運
司專管鹽課其餘稅課皆歸有司解鹽司亦罷延祐
六年改陝西轉運鹽使司爲河東陝西等處都轉運
鹽使司明設河東陝西都轉運鹽使司運使以陝西
行鹽地方並隸河東故曰河東又曰陝西
國朝因明制初由部銓繼由會推今則皆由
欽命矣順治五年以鹺司比於藩臬特須專

勅康熙六十六年始兼理鹽法道事雍正七年頒有專

勅乾隆二十九年復頒專

勅敬謄於左

勅河東陝西都轉運鹽使司運使茲以鹽賦國計攸關命爾清理帶管北岸中場務要約束衙門官吏胥役俾恪遵法紀無致作弊生事擾害商民該司本源既正方可表率僚屬用循職業爾宜招集商人徵核正課應行引目務立簡明則例以示綏懷仍嚴察場竈戸丁稽核派銷勅引飭捕役以緝私鹽省虛費以速徵納剔侵蠹以

疏積蘊察照近日戶部覆議鹽政逐欵舉行凡行鹽地方該管州縣悉聽管理所屬各官如有貪汚溺職縱役侵漁應審問者先行審問應劾奏者呈報巡鹽御史劾奏勅中開載未盡事宜有應斟酌損益裕課便商者呈報巡鹽御史商確妥當具奏施行爾仍聽巡鹽御史並該督撫考成舉劾爾受兹委任當持廉秉公釐奸剔弊務使商竈輻輳國課充裕斯稱厥職如或貪黷乖張耗蠹叢生病商虧課國憲具在必不輕貸爾其慎之故勅

運使從三品俸銀一百三十兩坐安邑縣原額養廉

一萬兩雍正十三年鹽政孫嘉淦

奏請酌減四千兩留六千兩乾隆十五年軍機處議照

山西道員之例再減二千兩留四千兩在本司公務

項下動支

歷任題名

宋

宋　搏萊州人爲河東轉運使

陳堯佐閬中進士爲河東轉運使預防池患築堤植柳數萬本民賴其利

薛　顏萬泉人

崔 嶧 長安人

范 祥 邠州三水進士制置解鹽使議定鹽法後人不敢易稍加損益人輒不便

包 拯 盧州合肥進士耿介有風節爲陝西轉運使解州鹽法病民拯往經度請一切通商罷國

賴之今解州東門外有包拯舊治碑

周 沆 益都人

顧 臨 會稽人

歐陽修 江西盧陵人慶歷初爲河東制置使𢟍河東賦重奏罷十餘事解州東門外有歐陽舊治碑

陳安石 河陽人嘉祐中爲河東轉運使謂其僚曰興事當有漸急則擾乃出鹽付民而俾以券鹽

其貿易蠲舉歸券私販爲減

薛　向萬泉人以祖蔭入官權陝西轉運副使制置解鹽時鹽足支十年歲調畦夫數千向奏省其數

孫　永長社人爲河東都轉運使

金

范承吉天會八年爲河東北路轉運使時承宋季之弊民賦繁重承吉乃爲經畫立法簡便歲入增十數萬斛官既足而民有餘遷河東南路轉運使

王　壽香河進士大定間爲河東北路轉運使廉察第一

元

姚行簡　太宗時命行簡修埋鹽池行簡繪圖以獻上可之乃立司於池之北澣曰路村仍命行簡專掌鹽賦

濶閭端夫　至元間任

郭相　至元十二年任

傅中順　至元二十二年任

陝思丁

吳從仕　至元間前爲榷鹽後充解鹽使議復遷司於解州

奧屯茂　大德間任運使建學課士河東運學始於此

阿失鐵木兒　皇慶二年任運使重修池神廟有王緯碑記

完顏德輝延祐元年任

那海德俊至正間總河陜鹽使築鳳凰城於聖惠鎮運城始於此

鄭衍至正七年任

高昌閭閭至正九年任有善政嘗復解鹽西場均鹽利人思其德立碑頌之

護康寶至正間司鹺有惠政鹽丁車戸就現在均派免其包累時有大役運城獨免皆公力也

鄧立中至正壬寅任

卜顏鐵木兒至正癸卯任嚴緝私販課額充足鹽丁撈採不訂衙役侵擾修築渠堰不許豪猾倖免

蔣堂以清謹聞

明

朱芾　江南臨濠人　洪武二年任

孔殷　湖廣孝感人　洪武七年任

胡大用　浙江縉雲人　洪武十三年任

馮璘　四川巴縣監生　永樂十年任

陳嚴　山東監生　永樂二十二年任

楊傑　山東濱州監生　洪熙元年任

韓偉　浙江永嘉監生　正統二年任　請復運學

何永芳　浙江常山進士　正統十二年任

馬　顯　直隸廣平進士景泰二年任改作運城五門爲四門

史　潛　江南金壇進士天順三年任修治學宫

延　祥　順天大興舉人成化元年任

孟　進　直隸博野進士成化七年任請遣御史監臨

李　文　直隸遷安進士成化十五年任

倪　顒　浙江海鹽進士成化十八年任

雷　升　奉天進士成化二十二年任

李　釗　河南洛陽進士宏治元年任

陳　勉　江西臨川進士宏治九年任

王　宏　山東文登進士　宏治十年任

張　浴　山東商河舉人　宏治十二年任

李德仁　順天東安進士　宏治十五年任

劉　瑜　山東文登進士　正德四年任

徐　翊　江南長州進士　正德六年任

王　宣　四川嘉定進士　正德八年任

趙　廉　武鑲右衛進士　正德十年任

安　奎　直隸趙州進士　正德十四年任

馮　志　浙江慈谿進士　嘉靖元年任

伍　全　江西安福進士嘉靖二年任均定掣支分派三場序以六班以抑強扶懦

杜　旻　江南山陽進士嘉靖三年任

黄景星　四川酆都進士嘉靖五年任

王　溱　直隸開州進士嘉靖十年任

劉夢詩　江西永新進士嘉靖十二年任

詹　瑩　湖廣麻城進士嘉靖十四年任多惠政每旱澇有禱必應嘗修卓刀等堰禆益民多

袁士偉　山東肥城進士嘉靖十七年任時值歲卤乃悉名貧民給以工本入池撈採上充國課下救歲荒

李　章　四川長壽進士嘉靖十九年任性寬政和商民戴德

黄行可 福建莆田進士嘉靖二十年任

陳謨 四川巴縣進士嘉靖二十二年任

應大桂 浙江仙居進士嘉靖二十二年任

柳英 四川巫山進士嘉靖二十四年任倜儻剛直除猾吏剔積弊監臨雅重之兩入覲皆以廉能課最

高尚志 山東冠縣進士嘉靖二十九年任

王三接 江南崑山進士嘉靖三十二年任

方啟參 湖廣巴陵舉人嘉靖三十五年任葺禁垣捕私販修城不擾掣引均給民建祠以祀

周堂 江南邳州進士嘉靖四十二年任

王　潯　直隷長垣進士嘉靖四十三年任

蘇　繼　山東壽光進士隆慶元年任

王汝海　江南黟縣進士隆慶四年任

董原道　四川巴縣進士隆慶六年任

李廷觀　江西豐城進士萬歷三年任

李充實　直隷玉田進士萬歷八年任

王世能　江南宣城進士萬歷十一年任恤商困不差役滋擾親督撈採商獲大利

夏　鏜　四川大足舉人萬歷十三年任

王以纁　順天文安進士萬歷十四年任

王命爵 福建南靖舉人萬歷十七年任
尹廷俊 雲南蒙自進士萬歷二十年任
林國相 福建閩縣進士萬歷二十三年任蘇商惠民尤加意作人創義倉置學田以廩之建太陽廟
趙光大 順天宛平舉人萬歷三十八年任
劉幼培 湖廣麻城官生萬歷四十一年任
趙　健 四川劍州恩生萬歷四十四年任廉潔自持一介不苟
丁　浚 浙江歸安進士萬歷四十七年任
孫可俱 湖廣崇陽舉人天啟二年任仁慈明敏人咸頌德

顧懋光　江南通州官生　天啟五年任

沈宏業　直隸慶都舉人　天啟五年任

周仕國　江西寧州舉人　天啟七年任

姚繼崇　浙江歸安舉人　崇禎四年任

陳　逵　四川奉節舉人　崇禎六年任

章金元　四川漢州舉人　崇禎九年任

趙邦琦　貴州黎平舉人　崇禎十四年任

國朝

董宗聖　奉天監生　順治二年任

佟延年奉天監生順治三年任

彭有義奉天監生順治五年任

陳　喆順天大興人供事順治七年任修葺城樓臺舗又修學宫

冀如錫直隸永年進士順治十一年任

李月桂奉天貢生順治十六年任

馮達道江南武進進士順治十七年任

閔三元奉天錦州貢生康熙二年任

蔡永華山東蓬萊貢生康熙三年任

張一魁奉天廣寧官貢康熙八年任

張應徵 山東臨清官生 康熙九年任

程啟朱 湖廣黃岡進士 康熙十五年任

高夢說 山東費縣副貢康熙十七年任捐貯運儲倉穀石議定小池均地立畦之法 以上皆由部選

張鵬翮 四川遂寧進士康熙二十四年任寬厚和平治鹺有方督築城隍甎甃四面商民戴德運使之由會推自此始

蘇昌臣 奉天遼陽廩生康熙二十七年任精明幹濟銳意釐剔議定按丁分工之法著有鹽政彙纂 運使之由欽命自此始

許桓齡 江南歙縣貢生 康熙三十年任

顔光猷　山東曲阜進士康熙三十五年任

尤汶　奉天海城官監康熙四十一年任

石文彬　滿洲人廕生康熙四十三年任

李馥　福建福清舉人康熙五十三年任持身清介裁革陋規講究利弊聽斷公明

郭禎　江南徐州貢生康熙五十五年任著鹽政便覽

金啟勳　正白旗人雍正二年任

段如蕙　雲南河陽拔貢雍正三年任

朱一鳳　順天涿州進士雍正四年任

楊夢琰　江南丹徒進士雍正六年任

姚培和 江南婁縣進士雍正七年任

程仁圻 貴州貴陽進士雍正十一年任設隨畦錠票十二年又任鹽政

高山 山東歷城進士雍正十二年任詳定禁門連環坐監票

儲龍光 江南宜興進士乾隆三年任

鄧釗 江西南昌貢生乾隆三年任

張任 山東蓬萊貢生乾隆四年任捐修萬壽宫又修學宫

郭一裕 湖北漢陽監生乾隆八年任捐留生息銀兩惠濟孤貧

武忱 蒙古正紅旗八薩生乾隆十五年任

吴雲從　浙江石門進士乾隆十六年任

那丹珠　滿洲鑲白旗八官生乾隆十八年任

吴雲從　乾隆二十三年再任

沈栻　江蘇常熟進士乾隆三十二年任議定輸坐加增銷價

程國表　江南江都監生乾隆四十一年任遵

旨倣照兩淮之例詳蒙鹽政瑺齡

奏准加鹵耗五觔設禁門商巡引畦不越給票運鹽四事與復宏運書院

沈業富　江南高郵州進士乾隆四十六年任重修

萬壽宮學宮池廟城垣鐘鼓樓等工又捐修河東書院續置文廟樂舞祭器添置宏運書院書籍著紀　恩錄

蔣兆奎陝西渭南進士乾隆五十年任五十四年二月陞任山西按察使

陛見後欽奉
恩綸蔣兆奎回臬司任後仍着兼管河東鹽務以資經理

季學錦江蘇昭文進士乾隆五十四年任

吏役附後

書吏六房外有庫吏攢典庫房引房招房柬房承發房

門子三名額編工食銀一十八兩

快手十二名額編工食銀七十二兩

皂隸十二名額編工食銀七十二兩

廚子水火茶夫六名

馬夫二名

巡庫兵六名

轎夫四名額編工食銀二十四兩

傘扇夫三名額編工食銀一十八兩

把五門壯快八名

搭刀二名

搭瓜二名

淸道旗二名

後擁人役十五名

鋪兵二名額編工食銀十二兩

鋪司夫一名

掃堂夫一名

內外更夫四名

齊辦牙子甲首二名

燈夫二名

禁子四名

鐘鼓夫三名

學泉斗子二名

上號吏三名郎志載聽事吏額編工食銀一十二兩

引庫子四名額編工食銀二十四兩

四城門兵四十名額編工食銀七十八兩

運同

元於運使之外設有同知一員副使一員運判一員分理鹽務明初設解鹽東場分司於安邑地界撈辦東場鹽課設解鹽西場分司於解州地界撈辦西場

鹽課宏治二年添設解鹽中場分司並給印信隆慶四年開墾解州六小等池令該州掌印官協理仍令運司各官遵照舊制運同駐劄池南專管南場運副駐劄安邑專管東場運判駐劄解州專管西場其北岸中場則責歸運使帶管

國朝康熙十六年於裁汰冗員案內運同運副運判盡裁康熙二十四年御史李時謙以工程需員佐理

奏請復設運判一員會典載分理渠堰盜販雍正二年川陝總督帶管鹽務年羹堯

題改運判爲運同乾隆十三年鹽政慶恩

題定運同有禁門監掣之責

運同從四品俸銀一百五兩坐安邑縣養廉三千兩

在本司公務項下動支

歷任題名

元

王中順至元癸未任　焦　榮至大三年任

宋天瑞皇慶二年任

明

趙璿　山東歷城監生　成化三年任

侯藎　江南華亭舉人　成化九年任

李鼎　陝西秦州舉人　成化十七年任

黃琳　江南崑山舉人　成化二十年任

劉羽　山東舉人成化二十三年任

王憲　直隸晉州監生　宏治元年任

潘理　浙江餘杭人　宏治元年任

黎世榮　交趾人監生　宏治六年任

胡贇　浙江餘姚進士　宏治六年任

程憲　江西浮梁舉人　宏治十四年任

婁睿　浙江嘉興舉人　正德二年任

郝海　直隸祁州進士　正德三年任

宋冕　直隸定興監生　正德六年任

李邦彥　直隸薊州監生　正德八年任

張奎　河南裕州舉人　正德九年任

廖俊　江西新淦進士　正德九年任

曹宗璉　河南鄭州舉人　正德十二年任

田蘭　直隸清苑進士　正德十六年任

王承恩 直隸高陽進士嘉靖五年任
毛麟之 江南壽州進士嘉靖七年任
吳寅 江南常熟舉人嘉靖八年任
李繼光 河南湯陰官生嘉靖十一年任
牟泰 四川巴縣進士嘉靖十二年任
喬祺 順天涿州進士嘉靖十五年任
孫隆 山東范縣舉人嘉靖十七年任
劉啟東 河南羅山舉人嘉靖十八年任
張木 浙江鄞縣舉人嘉靖二十一年任
陳棟 順天寶坻舉人嘉靖二十二年任
劉勲 湖廣潛江舉人嘉靖二十五年任
鄭寅 浙江餘姚進士嘉靖三十年任
姚良弼 武功衛進士嘉靖三十二年任
彭澄 江西萬載舉人嘉靖三十四年任
袁成能 福建閩縣舉人嘉靖三十五年任
王潺 錦衣衛進士嘉靖三十六年任四十三年又任運使
宋繼祖 四川漢州進士嘉靖三十八年任

劉時舉 江西吉水舉人嘉靖四十一年任
楊一鶚 直隸曲周進士嘉靖四十五年任
王閬 直隸清苑進士嘉靖四十五年任
陸東 河南祥符進士隆慶三年任
王以纁 順天文安進士隆慶四年任萬歷十四年又任運使
朱文盎 江西浮梁舉人隆慶六年任
陸一鵬 浙江餘姚進士萬歷三年任
王琢玉 山東莘縣進士萬歷五年任
薛紹 湖廣江陵舉人萬歷六年任
牛可麟 河南祥符進士萬歷八年任
吳淵 山東汶上官生萬歷十一年任
梁式 山東冠縣進士萬歷十二年任
劉維成 河南項城官生萬歷十四年任
鄧于蕃 廣東南海舉人萬歷十五年任
黃兆隆 浙江餘姚進士萬歷十七年任
張第 山東茌平進士萬歷二十一年任
俞指南 江南休寧舉人萬歷二十五年任

葉　修江西南昌進士萬歷二十七年任　胡士鰲福建詔安進士萬歷二十七年任

馬　英山東東阿舉人萬歷二十九年任　祝以豳浙江海寧舉人萬歷三十八年任

鄭崇厚直隸淶水舉人萬歷四十三年任　孫可俱湖廣舉人萬歷四十八年任天啟二年又任運使　鄧全悌廣西全州舉人天啟三年任

胡宗穎奉天金州舉人天啟三年任　盧友竹崇禎三年任清白自矢攝總司篆痛革陋規禁衙蠹清隱匿又增兵濬壕為城守計

國朝

佟延年奉天監生順治三年任又任運使　蔡獻瀛江南宿遷恩貢順治四年任

鄭宏圖奉天監生順治六年任姜逆不靖殉運城祀忠烈祠

王宏猷　山東平原貢生順治七年任

徐化龍　浙江山陰進士順治十一年任

朱之瑞　奉天義州貢生順治十五年任

張之璧　江南通州進士順治十八年任

黃　標　奉天貢生康熙六年任

祁　彥　奉天廣寧貢生康熙十年任

劉維世　奉天稟生康熙十二年任

王秉忠　奉天舉人康熙十三年任至十六年裁缺

嚴士俊　順天三河人吏員雍正二年任是年改運判爲運同

王又樸　直隸天津進士雍正三年任

張　廸　江南丹徒舉人雍正七年任

鄧　釗　江西貢生雍正十三年任乾隆三年又任運使

吳朝舜　直隸大興監生乾隆三年任

李　琬　山東壽光貢生乾隆十四年任

宋　佑　江南蕪湖舉人乾隆二十三年任

陳克鋐浙江海寧貢生乾隆二十三年任　劉嘉兆奉天正黃旗舉人乾隆四十一年任

駱大俊安徽宣城進士乾隆四十七年任　楊令琢江西寧都拔貢乾隆五十一年任

汪燦安徽旌德監生乾隆五十四年任

吏役附後

書吏五房

快手四名額編工食銀二十四兩

皂隸十二名額編工食銀七十二兩

聽事吏一名額編工食銀六兩

門子二名額編工食銀一十二兩

傘扇轎夫七名額編工食銀四十二兩

鋪兵二名額編工食銀一十二兩

燈夫二名

厨子水火茶夫五名

馬夫一名

執事人役六名

運副題名

元

程明德　　荆思德

喬宗亮至大庚戌任　張怨都答兒延祐元年任

亢澤

明

孔哲山東莒州監生正統二年任　呂經廣東高要舉人天順三年任

祁溥河南汝州監生成化十一年任　秦環江南南陵監生成化十五年任

孟聰山東夏津監生成化二十年任　王惠直隸平谷舉人宏治四年任

張璿直隸南皮舉人宏治六年任　賀思聰直隸永年進士宏治七年任

婁睿浙江嘉興舉人宏治十三年任正德二年又任運同

劉楫山東益都舉人正德二年任　胡鐸浙江餘姚進士正德四年任

李　鳳　河南郾城舉人正德六年任
任　似　四川南充舉人正德九年任
王崇智　山東曹州舉人嘉靖六年任
程伯祥　江南績溪監生嘉靖十年任
丁　相　江南清河舉人嘉靖十二年任
張雲鵬　直隸河澗舉人嘉靖十四年任
杜　經　山東泰安監生嘉靖十五年任
吳　輿　陝西華州歲貢嘉靖二十一年任
劉元婁　河南郾城恩生嘉靖二十三年任
程　儒　陝西伏羌監生嘉靖二十五年任
楊　敷　四川西充進士嘉靖三十二年任
宿光溥　四川夾江舉人嘉靖三十六年任
鄒文元　福建閩縣舉人嘉靖三十八年任
王　秩　湖廣漢陽進士嘉靖四十一年任
張　時　直隸易州進士隆慶元年任
卯　瓚　福建惠安進士隆慶三年任
霍維茝　直隸任縣歲貢隆慶六年任
陳嘉謨　湖廣湘鄉舉人萬曆元年任

章述 浙江蘭溪舉人萬歷四年任

陳大章 浙江鄞縣進士萬歷七年任

任登瀛 山東歷城舉人萬歷八年任

蔣邦輔 湖廣黔陽恩貢萬歷十一年任

任希望 直隸清河舉人萬歷十二年任

薛諫 浙江山陰儒士萬歷十五年任

顧應龍 江南無錫進士萬歷十七年任

趙有功 直隸雞澤舉人萬歷二十年任

張書 錦衣衛進士萬歷二十二年任

劉邦重 江南上海選貢萬歷二十六年任

王邦安 山東汶上選貢萬歷二十九年任

于應龍 山東莒州選貢萬歷三十二年任

吳守默 河南固始選貢萬歷三十四年任

張凌雲 山東章邱官生萬歷三十五年任

周維禎 浙江諸暨監生萬歷三十七年任

藍士龍 江西金谿舉人萬歷三十九年任

王嘉命 山東平陰選貢萬歷四十一年任

馮賓期 江南江都監生萬歷四十二年任

王允升山東鄆城舉人萬歷四十四年任　李思賢江西南城監生天啟四年任

高借直隸欒州監生天啟五年任　郜士垣浙江鄞縣貢生天啟七年任

沈淶浙江烏程貢生崇禎元年任

國朝

范登仕奉天遼陽監生順治二年任　張肇斌浙江山陰恩貢順治三年任

李因之山東長山官監順治五年任姜逆不靖殉難城祀忠烈祠

李士楨山東堂邑貢生順治七年任　張希傑奉天貢生順治九年任

張逸山東海豐進士順治十三年任　魏樾祥直隸柏鄉拔貢順治十八年任

邊之元直隸任邱拔貢康熙七年任　夏霖江南江陰進士康熙十六年任是

年裁缺

運判題名

元

何至道　忻都

明

楊浩 山東濟寧舉人景泰二年任　劉斌 河南新鄉舉人天順八年任

張瑨 陝西安定監生成化五年任　張綸 江南睢寧監生成化十五年任

辛純 河南襄城舉人成化十七年任　李節 山東泰安監生成化十九年任

王績 四川蒼溪監生成化二十三年任　袁翺 江南松江進士宏治二年任

馬　夔　順天大興舉人宏治十年任
武　銳　山東魚臺監生正德三年任

吳　瓚　直隸舉人正德五年任
李應禎　河南儀封舉人正德九年任

楊士魁　河南蘭陽進士正德十年任
高　遷　山東茌平舉人正德十四年任

杜　盛　順天寶坻進士嘉靖六年任
廖　軫　江西崇仁舉人嘉靖七年任

張　恭　山東招遠監生嘉靖十年任
韓　暹　陝西保安監生嘉靖十一年任

趙　業　福建同安吏員嘉靖十六年任
張大綱　順天霸州監生嘉靖二十一年任

董子儀　江南上海進士嘉靖二十四年任
田　漳　山東聊城監生嘉靖二十八年任

朱　性　直隸沙河監生嘉靖三十二年任
董士奇　江南武進監生嘉靖三十三年任

李一德　江西吉水監生嘉靖三十七年任
荆守約　直隸安肅監生嘉靖四十四年任

高璨　直隸清苑監生隆慶元年任

范律　江西樂平官生隆慶四年任

李梧　四川瀘州進士萬歷六年任

梁符　山東汶上舉人萬歷十一年任

孔祖堯　廣西臨桂舉人萬歷十五年任

吳兗　浙江山陰監生萬歷十八年任

黃世典　江西南豐監生萬歷二十二年任

陳春雷　浙江永嘉監生萬歷二十九年任

呂永明　浙江餘姚歲貢萬歷三十二年任

林奇才　福建晉江進士隆慶三年任

孫臣　直隸容城舉人萬歷二年任

黃崇闖　四川梁山貢生萬歷七年任

臧文珮　江西浮梁監生萬歷十四年任

王禩　直隸開州進士萬歷十六年任

章國賢　直隸遷安選貢萬歷二十年任

呂卯昌　浙江餘姚進士萬歷二十五年任

李旦　山東諸城舉人萬歷二十九年任

黎民敏　四川樂至選貢萬歷三十三年任

王建中 浙江平湖進士萬歷三十四年任持已清廉凡興革大務如壓待進鹽運發等事義爭不爲勢阻

顏悅道 直隸魏縣進士萬歷三十五年任

張藍瑭 直隸邯鄲監生萬歷三十五年任

王德溥 江西上饒監生萬歷三十六年任

田一井 直隸安州進士萬歷三十七年任

吳化 湖廣黃安進士萬歷三十八年任

崔謙吉 直隸魏縣歲貢萬歷三十八年任

陳鑑 雲南石屏進士萬歷三十九年任

岑鳳翔 江南邳州選貢萬歷三十九年任

林景耀 福建福清人萬歷四十三年任

鄭安民 貴州安化人萬歷四十四年任

胡崇漢 山東臨清人萬歷四十六年任

趙宋儒 浙江平湖舉人天啟元年任

史躬盛 浙江烏程進士天啟三年任

李森 山東日照貢生天啟五年任

鄭武烈 福建龍溪恩貢天啟七年任

巫　彬　江南當塗貢生崇禎元年任　　王　域　直隸滄州貢生崇禎三年任

國朝

郭寅日　福建同安選貢順治二年任　　張希傑　奉天貢生順治四年任

孫　茂　奉天監生順治七年任　　郭顯功　奉天貢生順治十一年任

華愈燦　湖廣興國恩貢順治十三年任　　孫開祚　湖廣荊州拔貢順治十七年任

徐念肅　江南華亭貢生康熙八年任　　黃炳先　江南溧陽貢監康熙十二年任

俞鳳章　順天宛平人教習康熙十五年任至十六年裁缺

崔應龍　奉天遼陽監生康熙二十四年任是年復設運判

李國昆　浙江山陰人康熙三十八年任　　鄭一楓　福建福清歲貢康熙四十三年任

金　煊鑲白旗人監生康熙四十六年任　王令德正白旗人監生康熙五十三年任至雍正二年裁改運判爲運同

以上運副運判久經裁缺題名備詳前志仍存以備參考

運學

運學之設始於元明初暫廢正統間復置

國朝因之設教授一員訓導一員

教授正七品俸銀四十五兩坐安邑縣養廉一百兩在本司公務項下動支

歷任題名

明

鍾　昇 山東德州歲貢　　范　景 山東沂州舉人

石　雲 江南揚州舉人　　吳九成 河南襄城舉人

房　通 江南鳳陽歲貢　　郝尚禮 陝西郿縣舉人

鄭　樞 江南太平歲貢　　唐　淵 江南鳳陽歲貢

梁　宇 順天昌平歲貢　　王上林 山東掖縣歲貢

李　晉 陝西中部歲貢　　牛復仁 河南葉縣歲貢

王汝成 直隸慶雲歲貢　　陳義方 陝西莊浪歲貢

雲　行　江南廣德歲貢　　趙夢陽　湖廣漢川歲貢

崔　淵　河南安陽歲貢　　谷嘉謀　直隸景州歲貢

游　霽　河南汝陽歲貢　　劉　采　山西交城歲貢

麻友松　直隸慶都歲貢　　牛學顔　山西沁水歲貢

徐國正　江南宣城歲貢　　劉重光　陝西鳳翔舉人

劉名久　山東海豐恩貢　　潘可久　江南青浦舉人

李　梧　陝西兩當選貢

國朝例皆本省除授

趙　印　廣昌歲貢　　路　義　永和拔貢

李席琦屯留歲貢　張光達陽曲歲貢

嚴爾泰長治拔貢　張體元曲沃進士

葛應旂祁縣歲貢順治五年任　張養秀崞縣歲貢順治十年任

李鼎生洪洞進士順治十七年任　趙璋聞喜舉人康熙四年任

李鼎生康熙十年再任　鄭恂稷山舉人康熙十七年任

姚吉人徐溝舉人康熙十九年任　李章太原拔貢康熙二十八年任

賈三芳汾陽歲貢康熙三十年任　王鐫曲沃舉人康熙四十八年任

秦棟翼城歲貢康熙四十九年任　郝鏞翼城進士康熙五十二年任

趙璉璞介休舉人康熙五十八年任　高卓絳縣進士雍正元年任

賈若瑚陽曲廩貢雍正九年任　李珊玉平定州副貢乾隆元年任

殷臺杰朔州進士乾隆十年任　王冕孝義舉人乾隆二十一年任

馬慶餘壽陽進士乾隆二十六年任　崔映淮代州進士乾隆二十八年任

史才忻州進士乾隆三十年任　施璿樞榆次進士乾隆三十三年任

王錫九榆次舉人乾隆三十四年任　馮文止壺關進士乾隆三十六年任

張成志汾陽副貢乾隆三十八年任　崔映淮乾隆四十三年再任

王鳳翩汾陽副貢乾隆四十六年任

訓導從八品俸銀四十兩坐安邑縣養廉一百兩在本司公務項下動支

歷任題名

明

唐臣　　王環江南靈璧歲貢

劉篤山東益都歲貢　　李仁河南溫縣歲貢

張鳳山東掖縣歲貢　　江文直隸棗強歲貢

閻虎河南南陽歲貢　　黃孜江南六安歲貢

李綿河南商縣歲貢　　崔欽直隸河間歲貢

劉敬河南永寧歲貢　　孔祿河南登封歲貢

郜年登河南靈寶歲貢　　王潭山東掖縣歲貢

李　概　直隸新安歲貢　董　綬　萬泉右衛歲貢

董三策　直隸安州歲貢　郭維藩　陝西三原歲貢

樊思誠　陝西隆德歲貢　孫　潔　直隸靑縣歲貢

王　策　直隸唐山歲貢　楊　璋　河南宜陽歲貢

蔣希琬　直隸大名歲貢　江　鴻　河南內鄉歲貢

王繼志　直隸遷安歲貢　司道亨　直隸無極歲貢

李調陽　山西淸源歲貢　西景伊　河南安陽歲貢

陳九德　山東蒲臺歲貢　李　棨　河南洛陽恩貢

孫養朴　山東鄒平歲貢　鄭　佳　陝西延長選貢

郝才　陝西安化選貢　　郭鵬　陝西寧州歲貢

張正棠　山西長治歲貢　　王希曾　太原左衛歲貢

趙首登　山西威遠衛歲貢

國朝

馬永昇　絳州歲貢　　王誠　盂縣歲貢

丁紹祚　河曲歲貢　　劉復興　隰州歲貢

梁琦　太平歲貢　　韓城　長治歲貢順治十年任

張繡　平定歲貢順治十三年任　　戴元涎　翼城歲貢順治十六年任

韓萬選　沁水歲貢康熙二十四年任　　張發　安邑歲貢康熙二十八年任

王世逢 陽曲拔貢康熙三十一年任　趙文蔚 長子歲貢康熙三十五年任

劉之俊 交城歲貢康熙四十五年任　范　斌 岢嵐歲貢康熙五十一年任

韓復琦 絳州歲貢康熙五十八年任　李　會 陽城歲貢雍正三年任

李　昺 朔州歲貢雍正九年任　楊　廷 忻州歲貢雍正十三年任

李之莊 曲沃歲貢乾隆七年任　宫遇世 繁峙歲貢乾隆十七年任

楊藜光 絳州歲貢乾隆二十年任　王文賈 崞縣廩貢乾隆三十年任

楊同奇 文水舉人乾隆三十二年任　李有薰 臨縣舉人乾隆三十四年任

張　瑛 偏關歲貢乾隆四十七年任　張象乾 絳州廩貢乾隆五十年任

吏役附後

學書一名

齋夫三名額編工食銀一十八兩

門斗十三名額編工食銀一十八兩

膳夫二名額編工食銀一十三兩三錢三分三釐

經歷

元時運司屬有經歷一員以承事承德郎爲之池廟有碑記可考明因元舊

國朝仍設經歷爲從七品俸銀四十五兩坐安邑縣養廉三百兩在本司公務項下動支

歷任題名

元

李忽都不花　普顏台

張念通

明

霍　謙　山東濟寧監生成化十五年任　孫　廣　直隸安州監生宏治元年任

韋　傑　陝西泰州監生宏治二年任　王　儉　湖廣麻城監生宏治六年任

曾　詢　河南商城監生宏治八年任　謝　宏　江南南陵監生宏治十五年任

韓　旺　山東海豐監生正德五年任　孫復亨　山東招遠人正德十四年任

霍　紳　直隸衡水監生　嘉靖四年任
汝　蹟　江南吳江監生　嘉靖八年任
崔　岳　直隸廣宗監生　嘉靖十七年任
毛　恕　直隸新樂監生　嘉靖二十二年任
劉　鉦　江南通州選貢　嘉靖三十二年任
孫光祖　順天武清歲貢　嘉靖三十四年任
辛　珮　河南許州監生　嘉靖三十七年任
蔣德懋　江南武進監生　嘉靖四十二年任
楊文輝　江南淮安監生　嘉靖四十五年任
留元徵　福建晉江監生　隆慶二年任
王　嵩　直隸趙州監生　隆慶六年任
程嗣爵　江南歙縣監生　萬歷二年任
黎紹詵　廣東順德舉人　萬歷五年任
陳九纓　山東益都監生　萬歷七年任
柳　明　山東臨清舉人　萬歷十年任
朱景昇　江南崑山監生　萬歷十二年任
趙　址　山東萊陽選貢　萬歷十六年任
曾　綽　湖廣衡陽舉人　萬歷十九年任

馮世泰 浙江慈谿監生萬歷二十年任　孫鵬程 山東歷城選貢萬歷二十二年任

周仲仕 四川仁壽進士萬歷二十三年任　霍與瑞 廣東南海舉人萬歷二十四年任

蘇攀 福建海澄選貢萬歷二十六年任　吳學廣 福建上杭吏員萬歷二十九年任

余森 江南廬江吏員萬歷三十一年任　李珽 江西南昌監生

趙汝德 江南廬江監生　柯應第 江南貴池監生

董成名 江南武進監生　汪大遜 江南徽州監生

徐允薦 山東海豐舉人　潘汝霖 江南建平監生

壺廷靖 浙江杭州監生　李應登 順天武清貢生

錢元善 江南通州選貢　蔣士麟 廣西全州官生

林昂　福建漳州官生　　王之鞏　陝西醴泉貢生

李世顯　浙江烏程監生　　邊大舜　直隸任邱舉人

朱國輔　江南崑山舉人

國朝

張學智　山東樂平貢生順治三年任　　俞璧　浙江山陰進士順治八年任

林有本　順天大興進士順治十二年任　　李泳昌　直隸任邱舉人順治十三年任

陸舜臣　浙江山陰歲貢順治十六年任　　楊霞山　山東臨淄進士康熙元年任

王起龍　奉天貢生康熙八年任　　葉獻章　順天宛平舉人康熙十九年任

趙光城　山東郯城監生康熙二十五年任　　邵一桂　江南石埭吏員康熙三十三年任

王　烈　順天宛平吏員康熙四十三年任　　鄔懋象　江南丹徒監生康熙四十五年任

王克慎　順天宛平貢生雍正二年任　　楊　鎬　江南懷寧監生雍正九年任

李　鼐　江南石埭吏員乾隆七年任　　夏禮賢　浙江餘姚吏員乾隆二十三年任

歸升基　江蘇常熟監生乾隆二十八年任　　閻　韶　順天大興供事乾隆三十四年任

李克明　順天大興監生乾隆四十年任　　徐方懋　河南寧陵貢生乾隆四十九年任

吏役附後

書吏一名

門子一名額編工食銀六兩

皁隸六名額編工食銀三十六兩

籠馬夫二名額編工食銀一十二兩

運儲倉斗級一名歲給工食麥四石在本倉租麥

項下支領

知事

元時運司屬有知事一員以將事佐郎承德郎爲之

有碑記可考明因元舊

國朝知事爲從八品俸銀四十兩坐安邑縣養廉三百

兩在本司公務項下動支

歷任題名

元

趙顒　　關世傑

明

夏樂正　江西安福人成化二十二年任　　方果　浙江慈谿吏員宏治六年任

趙恕　直隸河澗吏員宏治七年任　　韓璋　直隸威縣監生宏治十五年任

李思儼　直隸衡水監生正德六年任　　李繼明　湖廣棗陽吏員正德九年任

姚璉　直隸博野監生正德十五年任　　蔡鴻　江南潛江吏員嘉靖三年任

曾宜　江西臨川知印嘉靖八年任　　殷尚絅　河南伊陽吏員嘉靖十四年任

姚惠　直隸定興吏員嘉靖十八年任　　李達　江西豐城知印嘉靖二十年任

白忠　直隸靈壽吏員嘉靖二十一年任　楊琥　江西安仁吏員嘉靖二十二年任

章煥然　湖廣善化知印嘉靖二十六年任　趙循秀　浙江臨海監生嘉靖三十一年任

吳原志　福建連城吏員嘉靖三十四年任　劉國良　浙江山陰知印嘉靖三十五年任

劉綱　江南無為吏員嘉靖三十五年任　陳時夏　直隸大名知印嘉靖三十八年任

李鳳池　山東鉅野監生嘉靖四十二年任　田耕　河南湯陰歲貢嘉靖四十四年任

李椿　江西豐城知印嘉靖四十五年任　桂詔　江南合肥吏員隆慶三年任

吳邦彥　江西高安吏員萬歷元年任　趙棟　雲南賓州吏員萬歷二年任

喬巖　河南商邱進士萬歷四年任　蔣大方　湖廣鍾祥知印萬歷五年任

張九鶴　順天霸州儒士萬歷七年任　曹儒　湖廣武昌吏員萬歷十年任

陳巳聞 湖廣武陵官生萬歷十五年任　蔣昉 江西廬陵監生萬歷十七年任

王邦禮 山東長山舉人萬歷二十年任　王臣 陝西甘州選貢萬歷二十三年任

譚誥 廣東東莞吏員萬歷二十五年任　鄒三傑 福建清流吏員萬歷二十七年任

鄧錫爵 江西新淦吏員萬歷三十年任

國朝

王存鰲 山東邱縣選貢順治五年任姜逆不靖與運同運副殉城時稱三烈祀忠烈祠

佟希堯 奉天貢士順治七年任　王思問 陝西富平吏員順治十一年任

李涵昌 直隸任邱舉人順治十三年任本年又任經歷司

許彭年 順天大興拔貢順治十四年任　潘玉康 浙江浦江吏員康熙三年任

高俊升浙江秀水舉人康熙五年任　黨應乾順天大興供事康熙十五年任

朱祥麟順天大興吏員康熙二十四年任　黃廷鏵鑲紅旗人監生康熙四十三年任

董文化順天涿州監生雍正三年任　潘標順天永清吏員乾隆元年任

沈祓浙江山陰監生乾隆十六年任　崔衡相正黃旗人監生乾隆二十九年任

張植茁湖北廣濟監生乾隆三十八年任　何周江西豐城監生乾隆四十一年任

徐方琰湖北漢陽監生乾隆四十七年任

吏役附後

書吏一名

門子一名額編工食銀六兩

皂隸六名額編工食銀三十六兩
龍馬夫二名額編工食銀十二兩
運阜倉倉書一名紙筆銀三兩在蘆葦項下動支
運阜倉斗級一名工食銀六兩在蘆葦項下動支
管轄巡役四十六名前志載池內弓兵五十三名
今改名巡役乾隆二十七年裁七名留四十六名
額編工食銀一百三十八兩前志又載秤斗機兵
二項今改爲斗級四十九名原係知事管轄乾隆
三十二年鹽政達色飭司議將斗級四十九名歸

三場大使分管

附試用知事借補例

查鹽知事係指捐人員向無借補之例乾隆四十八年巡撫兼鹽政農起以河東分發人多楙守一缺補用無期

奏明准照運判試署知縣之例計其到省在五年以上尚未得缺者遇有巡檢典史缺出與本項人員統較從前到省日期先後酌量試署實授後即照現補之缺計俸陞轉不准再補本缺

庫大使

乾隆二年鹽政定柱因河東鹽課較舊額倍多

奏准照長蘆兩淮例添設庫大使一員正八品俸銀四十兩坐安邑縣養廉三百兩在本司養廉歸公項下動支

歷任題名

鄭士俊 山西文水舉人乾隆二年任　倪日覲 江南山陽舉人乾隆九年任

鮑忠教 江南歙縣生員乾隆十五年任　周　仁 江南婁縣貢生乾隆二十二年任

趙　椿 湖南巴陵貢生乾隆二十三年任　黃　棻 福建同安監生乾隆三十年任

陳　鈁　廣東歸善監生乾隆三十年任

陳道亨　江南江寧監生乾隆五十一年任

吏役附後

書吏一名

皂隸二名額編工食銀一十二兩

三場大使

元時有八場凡秘書省校書郎各衛兵曹參軍併縣尉主簿皆得與選後分爲四場東池二場西池二場明裁四場爲東西二場每場設官二員成化間巡鹽御史吳珍奏添中場亦設官二員

國朝設中東西三場大使初係未入流雍正六年部議以大使管理鹽務職分卑微不足以彈壓商竈酌加爲正八品俸銀四十兩坐安邑縣養廉三百兩在本司公務項下動支

元時八場

方集場官李文質

常滿場官元昭慶

鹽北場官韓　偘

青鼻場官李廣成

分雲場官高　峯

紫泉場官韋　厚

下封場官柳　翊

資國場官崔　忏

國朝

中場大使歷任題名

胡文枋浙江山陰吏員康熙五十八年任　陳鎬文浙江餘姚副榜雍正六年任

盧　潮江南邳州人州同雍正七年任　鄒攀樑湖北麻城舉人乾隆五年任

鮑孔謂江西浮梁舉人乾隆十一年任　薛清芳河南孟縣拔貢乾隆十六年任

詹兆駒浙江常山監生乾隆二十年任　裴　吉四川華陽舉人乾隆二十一年任

蕭　躍江西廬陵監生乾隆二十八年任　魏　鼎浙江慈谿舉人乾隆三十七年任

侯　燾直隸成安舉人乾隆四十五年任　徐宗永江南如皋監生乾隆四十六年任

劉漢健四川內江舉人乾隆四十七年任　趙從璧山東諸城人議敘乾隆五十二年任

石萬泰江南如皋貢生乾隆五十三年任

吏役附後

書吏一名

扒書二名

皂隸二名額編工食銀一十二兩

秤役二名

弓手十六名紀恩錄載弓手十五名查弓手爲把守禁門而設原額七名自裁額編工食後每場吏役共支公務銀二百兩禁門弓手各按繁簡招充詳報分司查考今依現設開載

斗級十五名額編工食銀九十兩乾隆三十二年知事奉文移交

東場大使歷任題名

諸　鼎　順天宛平吏員康熙四十二年任

楊國璦　順天大興吏員康熙五十六年任

陶銘恩　浙江嘉興生員雍正九年任

劉志仁　直隸饒陽廩生乾隆四年任

張三仁　湖南寧遠生員乾隆十一年任

淩元璟　江西新建舉人乾隆十三年任

朱樹桂江南沛縣監生乾隆三十七年任　張方載貴州安順舉人乾隆三十七年任

張先錡湖北漢陽監生乾隆四十八年任

吏役附後

書吏一名

扒書二名

皂隸二名額編工食銀一十二兩

秤役二名

弓手十名

斗級十七名額編工食銀一百零二兩乾隆三十

二年知事奉文移交

西場大使歷任題名

張應遜　陝西高陵人康熙五十七年任　姜　泳　順天大興吏員康熙六十年任

董艮弼　浙江烏程舉人乾隆二年任　丁長睿　江南如皋監生乾隆八年任

張卿子　直隸南皮貢生乾隆十年任　胡一麟　浙江會稽監生乾隆十一年任

楊廷倬　浙江錢塘監生乾隆十三年任　楊希堯　直隸永年舉人乾隆十八年任

孟宜恭　山西太谷監生乾隆二十七年任　陳聯捷　福建晉江舉人乾隆二十九年任

蔡士毅　江蘇吳縣監生乾隆三十五年任　翟　衡　直隸新河舉人乾隆四十七年任

吏役附後

書吏一名

扒書二名

皂隸二名額編工食銀一十二兩

秤役二名

弓手十名

斗級十七名額編工食銀一百零二兩乾隆三十

二年知事奉文移交

六小池弓兵十名額編工食銀六十兩在安邑縣

支領本爲運城司巡檢弓兵乾隆二十七年以巡

檢裁缺改撥小池歸場管轄

分駐解州州判

舊制安邑縣典史駐防運城雍正七年典史移歸縣城改設運城司巡檢一員乾隆二十七年鹽政薩哈岱以歲修渠工須有司官督率

奏明裁汰運城司巡檢移駐解州州判

題定繁難調缺州判從七品俸銀四十五兩坐解州前雍正十三年運使高山以解州州判有督率弓兵巡緝硝池之責詳蒙

奏准照三場大使例給鹽務養廉銀三百兩在運庫支

領今移駐運城養廉如舊

歷任題名

熊名相貴州畢節拔貢乾隆二十七年任　郎祚康江南太和副貢乾隆二十八年任

馬　煇直隸定州拔貢乾隆四十一年任　侯長熺山東郯城拔貢乾隆五十三年任

管轄馬快八名雍正十三年鹽政孫嘉淦以鹽池

南岸地方遼闊步行之人巡防難周請於鹽政衙

門添設快手八名官馬八匹分班差遣週圍查閱

時因運城司巡檢在鹽政衙門巡捕卽令督緝嗣

巡檢奉裁改歸州判管轄

吏役係地方所設茲不具載

三巡檢

舊制鹽池司巡檢長樂司巡檢隸解州管轄聖惠司

巡檢隸安邑縣管轄乾隆二十九年鹽政李質穎

奏明三巡檢旣係督率弓兵常司巡緝私鹽之員請照

兩淮鹽務巡檢之例凡遇大計以及俸滿均聽運司

考核巡檢從九品俸銀三十兩鹽池司長樂司坐解

州聖惠司坐安邑養廉各二百五十兩在本司公務

項下動支

鹽池司巡檢歷任題名

陳　槱　順天順義人雍正四年任　徐世徵　江南江寧人供事乾隆元年任

黃　斌　福建晉江人吏員乾隆十六年任　莊日榮　江蘇武進人供事乾隆三十三年任

吳永昇　浙江山陰人供事乾隆三十五年任　婁　臺　浙江錢塘監生乾隆四十一年任

吏役附後

書吏一名

弓兵二十名額編工食銀六十兩

皂隸二名額編工食銀一十二兩

長樂司巡檢歷任題名

富　順順天宛平人康熙六十年任　胡國杰順天大興吏員雍正十二年任

尚　方直隸慶都人吏員乾隆六年任　孫之震浙江仁和吏員乾隆十三年任

胡　珏浙江山陰監生乾隆三十三年任　方　煒湖南巴陵監生乾隆三十七年任

陸名揚浙江山陰人供事乾隆四十一年任　張覺民直隸天津生員議敘乾隆五十四年任

吏役附後

書吏一名

弓兵二十名額編工食銀六十兩

皂隸二名額編工食銀一十二兩

聖惠司巡檢歷任題名

王萬年　順天人雍正二年任　陳尚賢　直隸肥鄉人雍正十年任

周文龍　江西金谿人乾隆元年任　劉　恒　安徽潛山人乾隆十年任

許　吉　直隸大興人乾隆二十二年任　李彦春　湖南永興人乾隆二十七年任

侯天佐　廣東嘉應州人乾隆二十九年任　朱　煥　江西高安人乾隆三十八年任

郭良瑞　順天通州人乾隆五十一年任

吏役附後

書吏一名

弓兵二十名額編工食銀六十兩

皁隸二名額編工食銀一十二兩

運城營

運城營設有都司一員把總一員外委把總一員舊由鹽務酌給都司養廉銀三百兩把總養廉銀一百兩外委把總養廉銀四十八兩俱於本司公務項内動支乾隆四十七年奉文減去都司養廉銀四十兩留二百六十兩減去把總養廉銀十兩留九十兩減去外委把總養廉銀三十兩留十八兩旋又奉文全

數停支

都司正四品俸銀一百四十一兩三錢八分四釐養廉銀二百六十兩由藩庫撥給

歷任題名

田鳳鳴陝西人功加　李遇春陝西人侍衞

魏　良陝西人功加　馬建學陝西人進士

李　煦天津人侍衞　瑚　海滿洲人侍衞

周　凱浙江人功加　陳　錡陝西人舉人

馬文龍貴州人進士　那寧阿滿洲人侍衞

把總正七品俸銀三十六兩養廉銀九十兩由藩庫撥給

歷任題名

宋　熛臨汾人　郭世耀曲陽人

畢　富曲陽人　徐　純直隸人

科生額滿洲人　郭秉哲榆次人

趙　綿臨汾人　景榮德臨汾人

外委把總養廉銀十八兩由藩庫撥給

歷任題名只載運城其分防安邑縣外委把總題名應詳縣志

李　祥永濟人　　張芳揚長治人

魯　保滿洲人　　王立建曲陽人

張　熿臨汾人

額兵九十九員名內經制外委二員一駐運城一分駐安邑縣額外外委一員馬戰兵六名步戰兵十四名守兵七十六名官馬十五匹內都司例馬四匹把總例馬二匹外委兵丁騎操馬九匹統計運營官兵俸餉草乾歲需銀二千六十二兩一錢八分四釐外應領折色米銀一百七十八兩二錢

俱在藩庫動支又應領本色米一百七十八石二斗本色料豆八十一石俱在蒲州府倉動支

按河東理鹽之職自漢之黃霸伊始也歷代命官不一宋元之間主守之職曰轉運使然而名目旁雜有兼理專理之不同明設監臨以統之而轉運使之名永終不易我

朝折衷前代官制大備監臨而下有主守有分司有首領有三大使以分理於内有三巡檢以協緝於外有運學之專設有州判之分駐又有都司把總以鎮守

城池大小協力文武和衷要在無忝厥職云爾

官職卷三終

《山西文華》編纂委員會　編

山西文華·史料編

河東鹽法備覽

第二册

卷四至卷六

清　蔣兆奎◎編纂

山西出版傳媒集團
三晉出版社

山西文集

河東鹽法備覽分目

渠堰卷四

姚暹渠

池東各堰

池南各堰

池西各堰

議修章程

議定姚暹渠歲修章程

議定河渠並修章程

輪修次第
估銷限期
督修責成
辦工限制
近池山澤
護池灘地

河東鹽法備覽卷四

山西按察使兼管河東鹽務時南蔣兆奎編輯

河東運學教授王鳳翽校字

陳思賢　王恒泰

商人王攀綄　范則質監刊

翟步雲　王繩中

渠堰

水曰潤下潤下作鹹鹽生於水也然以主水生又以客水敗是以未治鹽先治水未治主水先治客水由來設官經理而防患之道大約不外乎導水流而使

之外潩又障水決而防其內入客水除而主水始爲作鹹之利則渠堰是急而山澤灘地因而附詳以備參考

姚暹渠 堰戶十八名工食在歲修五千兩內動支餘同此

池之北有渠曰姚暹即古之永豐渠也後魏正始二年都水校尉元清所開以引治東南諸水西入黃河隋大業間都水監姚暹重開民賴其利因號爲渠源出夏縣王峪口引史家峪諸水合流而東自東而北又合巫咸谷水折而西流以入姚暹渠舊制渠自朱

呂橋起今於夏縣之五里橋下加長七百五十二丈始爲朱呂橋橋北六百八十六丈爲毛家橋又北五百二十二丈五尺爲營裡橋稍北轉迤而西一百八十六丈五尺爲高家堰橋又西五百八十四丈九尺爲曾因大橋過曾因大橋一百八十五丈爲曾因小橋又西五百四十丈爲裴介橋又西五百七十六丈九尺爲夏縣西界以上爲橋八處共渠長四千零三十三丈八尺計里二十二里四分再入安邑東界五百五十丈爲苦池橋有苦水河自東北來會又西四

百九十五丈有張孝橋又西八百九十三丈五尺爲
房子橋又西八百九丈爲通惠橋又西三百三十六
丈爲北門橋卽安邑縣北郭門也渠昔經安邑縣城
中明隆慶三年御史郜永春大議開濬恐薄城不利
乃於城東塡塞舊河百餘步改迤而北作通惠橋於
上遶北郭門而西卽今之渠道是也北門橋西舊有
龍王廟渠身灣曲上流湍急至此每有阻潰乾隆二
十七年鹽政薩哈岱請買民地二十八畝改直渠身
俾得暢流此自北門橋起至劉家新橋止又計長一

千二百二十丈橋西六百零二丈爲迎渠橋即運治北門也又西四百六十五丈爲馮村橋又西五百二十二丈五尺爲三里橋又西六百九十二丈五尺爲安邑西界以上爲橋九處共渠長六千五百八十五丈五尺計里三十六里六分再入州境一百七十丈爲庄頭橋又西九百五十七丈爲張耿橋渠南即長樂灘也此下多灘地又西一千丈爲龍居橋又西六百六十七丈五尺爲橋頭橋又西七百零三丈五尺爲羅又橋又西三百七十二丈爲赤社橋又西六百

六十四丈爲侯村橋又西三百三十四丈五尺爲西王小橋又西八百五十一丈爲辛庄橋又西五百丈乃解州西界也以上爲橋九處共渠長六千二百一十九丈五尺計里三十四里五分再自虞鄉縣東界起四百五十丈五尺爲曾家營橋又西九百四十二丈爲關家庄橋又西六百一十五丈五尺爲石橋又西九百四十七丈爲土橋又西四百八十一丈爲棗圪塔橋又西九百三十六丈爲常起營橋渠南卽鴨子池也又西五百四十七丈爲平壕橋又西三百五

十丈爲孫常橋橋下稍南再迤而西九百丈爲郭李
橋又七百丈則入五姓湖以達黃河矣以上虞鄉縣
治爲橋九處共渠長六千八百六十九丈計里三十
八里二分通計一百三十一里有奇前志載渠長二
萬二千四百丈孫常橋下即入五姓湖嗣因渠尾逐
漸淤塞水流不能前進乾隆十一十九等年商捐大
修渠尾加長二十七年改直渠身丈尺有減今實計
工長二萬三千七百零七丈八尺按年報部估修
按渠自史家峪諸水合流而東又合巫咸谷諸水而

勢滋大再合苦池之水而勢彌大况池南皆山雨過水發凡逵山麓聚而東走者勢皆趨北而以渠爲歸非渠深堰堅鮮有不漫决爲害者抑更有可慮者渠經夏縣安邑解州虞鄉諸村鎮附近居民每多建橋渠上以便往來而橋洞低小者最易淤阻爲患乾隆二十七年鹽政薩哈岱議請升高開廣誠治渠之要務至於雨潦洚發涑水每至南漫農田農或引水入渠以爲救田之計渠盈不受則又溢决南堰而以鹽池爲壑皆情理所必有前輩已詳言之是治渠者必

預勤於乾涸之日而又必嚴防於淜湃之時若五姓湖爲渠之尾閭下無淤澱之土斯上免壅塞之患此又司事者所當注意未可以距池稍遠而視爲緩圖也

附治渠平準法

前運使蘇昌臣曰禹平水土者平其土之不平而水性自適故能行其所無事也今渠之制深既及丈而廣復三之亦足以順宣洩而永利澤矣乃時患潰决者何歟蓋由於渠之底未平故耳夫渠所經行遠逾

百里地形高下勢不能同堤之起落因之濬渠者曰渠有制也深必及制而後乃已督濬者亦曰渠有制也深必及制而後方可以已也所謂深者自堤及底之謂也不知以堤爲凖堤高一尺之處渠底亦高一尺通渠容水一丈則此處之水止九尺矣水性本平水之面無不平故也於是九尺之水力不足以敵十尺之水力而流沙走石之停淤必在於此前淤後漲復何怪哉故欲使渠不淤必先平渠底使全渠無不均之水力而後可也法須劄木以置凖水之格者二

其長可一二丈深與濶可三五寸方平其面直貼岸牆貯水平口兩頭覗水都無淺滿則格爲平然後準格之面嵌石岸牆表爲定記二準互相頂接遞準以前依前覗記他日以石爲憑下量渠底而齊其丈尺雖千里平如砥矣渠底平則水力均而順利流行又何淤漲之有

池東各堰白沙堰堰戸四名李綽堰堰戸二名雷鳴白家二堰堰戸一名黑龍東禁二堰堰戸四名

以池東言之極東則有白沙堰以防白沙河之瀑漲

並堵蓮花橫洛禹王城一帶泉渠之水向築土堰最易冲潰乾隆二十七年鹽政薩哈岱請改建石塘永資保障計長一千零九十二丈所謂李綽堰之外藩也李綽堰者起王峪口而下接姚暹堤築自宋解令李綽因名焉計長二千五百五十六丈內有小堰又計長一百一十丈在昔水勢湍悍多築月堰以爲重固今則惟有峪口尚抱三重迤東轉北以防中條山谷之聚流且以防白沙之潰决瀦苦河而入姚渠决則淹没東郭並注東禁矣西而近山爲東郭鎮鎮後有

堰曰雷鳴計長二十三丈東西橫亘以防山中之瀑漲決則直走黑龍西灘而池東受其患下此則有白家堰計長二百五十七丈五尺與雷鳴堰緊接逼水北流最爲扼要鎮前有堰曰黑龍計長一千三百九十二丈南北直延起東郭抵任村稍曲迤西終於楊家庄堰之東西各有灘以受南來磨兒盤窰子溝介村等處山泉野水西有黑龍潭深不可測堰亘灘中以分其勢並以防李綽堰之潰決若夫近池之堰曰東禁計長一千二百零五丈乃東垣之楚石故堰工

極其鞏固以上六堰所以爲池東計者詳且周矣
池南各堰桑園常平二堰堰戶一名龍王短堰賀家灣三堰堰戶一名趙家灣堰堰戶一名
以池南言之池之南逼近條山雨過水下沛然莫禦
非惟近山諸村之患而鹽池之害更有不可勝言者
故各於諸村要害之地設堰防之東有桑園堰長八
百七十丈在曲村村西次之有常平堰長三百八十
丈在常平村西次之有龍王堰長四百七十丈在蠶
房村西次之有短堰長一百六十丈在董家庄西次
之有賀家灣堰長四百五十丈在展鄭庄之南次之

有趙家灣堰長七百五十丈西近州城在社東村之東以上六堰皆在州境綿亘山下統名護寶而禁垣內更有護寶長堤長七千一十四丈皆所以防條山之霪雨下注以侵池者也誠能以時修之而池南之患可消矣前志所載池南諸堰多隸安邑以堰基考之並查報部工冊皆隸解州今正之

池西各堰五龍堰堰戶一名硝池七郎二堰堰戶一名卓刀堰堰戶一名長樂堰未設堰戶

以池西言之西近州城有根山之堰曰五龍長八百三十五丈又有小堰長五十三丈五尺南起五龍峪口而北抵乎崇寧宮之西峪深邃難測上納山中五

溝之水故曰五龍峪一遇暴雨施行五溝之水競從峪口而出淚奔人立濤激雷鳴昔遶州城南郭門折而過東郭門歸宿於城東北之諸灘恐其有患於西禁垣也故設堰以逼之使達於城西北之硝池灘硝池灘小而易盈故又築硝池堰以障之堰以硝池東之廣狹爲起止長七百五十丈蓋硝池之北灘地最多勢皆北高而南陂硝池之南爲中條山而硝池處山灘之中衆水所趨無所逃其委受鹽池在東深如釜底是以山灘水漲則趨硝池如建瓴而硝池溢則

趨鹽池如倒峽況姚暹渠既受東南諸水東而取道於北灘決則渠水皆灘水能不以硝池爲居停以鹽池爲歸宿乎稍東有七郎堰長七百六十二丈南起州城東北北抵高坡其地爲解州北灘又東有卓刀堰長五百七十四丈起風后廟抵池西北角重防疊固皆以防硝池之潰決其地爲解州東灘灘勢卑窪而堰西尤甚實鹾海之鄰壑也乃七郎卓刀之北又有長樂堰長四百七十丈所以防長樂灘之泛溢起長樂灘北之官道南與七郎卓刀相近灘既廣遠姚

暹渠亦經其北渠堰决則灘堰危灘堰决始西出而必復東趨勢將破卓刀以逞以上五堰又以見池西之隄防宜急也

按河東護池各堰雍正十三年

奏明大小環列二十二處迨時移勢改續有增豁今所載東西南三面共堰一十七處隨地異宜因勢利導皆歲修之要工然即此要工之中仍有外藩內固之分如李綽堰爲東南之半壁五龍堰乃西鄙之長城南山雖有居高臨下之勢而洪溪深谷按東西而已

分屏於李綽五龍之外前人之創制誠善其池西更有硝池一堰自乾隆二十二年决水漫池之後堰工雖極鞏固而地爲衆流所注滿溢堪虞舊制硝池水多則西會石樓王官諸峪之水由新河達小瀾橋以同歸黄河第恐新河水道或爲民所侵非惟硝池之水不能西流而石樓王官諸峪之水亦反東趨入於硝池倘能隨時開濬實爲扳本塞源之策而非補塞滲漏之計又池東向設黑龍白家東禁各堰以防南山諸水之泛漲近緣山水經過之地挾沙帶泥逐漸

淤高以致水勢漫流直犯東垣大爲池患乾隆五十三年蔣兆奎親加履勘相度情形特爲飭商捐辦先將黑龍東禁二堰加長以延其勢更於白家堰之下添設新堰開挑引河要俾水歸舊壑永絶侵池之患連年運治苦雨恒多故於防水之道倍切綢繆敢以質諸當事者

附舊制近池各堰名目丈尺皆見前志

楊公堰長七百二十丈　橫落渠堰長三千六百丈

蓮花堰長五百四十丈　中花堰長一百八十丈

趾尾堰長三百六十丈
軒轅堰長三百六十丈
軒轅二堰長三百六十丈
苦池灘堰長九百丈
通稷堰長三千六百丈以上坐夏縣
小月堰長一千二百六十丈
逼水月堰長五十一丈舊係歲修今停
新堰長七十五丈
申家堰長八十丈舊係歲修今停
張村朱里堰長二百丈
西姚西南堰長九十丈
西姚東南堰長八十五丈
西姚東北常家月堰長一百丈
大李村西南堰長一百七十丈
小李村東南堰長五十二丈
趾尾堰長七十四丈
蚩尤村堰長三十丈
沈家堰長七十五丈

苦池備水月堰長四十丈　苦池河南小月堰長五百四十丈

苦池河北小月堰長七百二十丈　楊家庄堰長一百八十丈

湯里村堰長一百一十丈以上坐安邑　鳳尾堰長二百一十丈

西禁堰舊係歲修未詳丈尺今圮　青龍堰長四丈舊係歲修今停

涑水河堰長八百五十丈　黃平堰長三百三十六丈舊係歲修今圮

蝦蟆堰舊係歲修未詳丈尺今圮以上坐解州

議修章程

舊例鹽池渠堰各工派用蒲解等十三州縣民力有分修獨修之不同歲於四季由鹺司分別提修任工

州縣覶爲具文康熙二十七年運使蘇昌臣議立均平徭役按丁分工之法名目丈尺刋册昭然雍正三年鹽政馬喀

奏請停止派用民夫在於額引公務項下留存銀五千兩以爲歲修之費雍正五年鹽政塞欽

題請於額引公務項下動銀三萬五千餘兩大修禁垣渠堰委運同專司其事雍正六年鹽政碩色

題請每歲除額引公務項下留銀五千兩以爲修築渠堰之用再於餘引公務項下留銀六千兩以三千兩

修葺池牆以三千兩存庫積至五年作爲大修之費
雍正十一年鹽政碩色以前項積存銀兩均未動用
題請停止大修存銀充餉雍正十三年鹽政孫嘉淦於
遵
旨查奏河東各工案內以歷年修理皆有餘剩並請停止禁
牆銀三千兩留銀五千兩爲歲修各工之費本年又
以渠堰衆多必欲按年徧修不過彌縫補葺剷土去
淤而已渠不能加深增濶堰不能加厚增高不如一
年將李綽等六堰緊工先行修築高厚餘堰統於次

年與修俟堰工完固踰年再將姚暹渠通行挑濬悉令深濶此輪修所由始也乾隆二年鹽政定柱請於每年額設銀五千兩外添設歲修銀三千兩以備不虞部議暫增後仍照

奏定五千兩之例乾隆六年鹽政白起圖請變三年輪修之例令鹽臣等隨時酌量搶修部議未准乾隆七年鹽政尚琳

奏請行之所需銀兩俟輪到年分仍於額設五千兩之內扣除還項自此有搶修之例而繁工可免貽悞矣

乾隆十一年鹽政衆神保據各商公籲捐修渠堰各
工
奏明於運庫內先行借銀修濬在額引銷價並餘畦內
四年扣還實用銀三萬一千九百餘兩乾隆十九年
鹽政薩哈岱復據各商呈請借
帑興修渠堰各工實用銀二萬八千七百餘兩亦四年
扣還乾隆二十六年鹽政薩哈岱復據衆商呈請借
帑大修姚暹渠各工二十七年又以李綽堰工難緩待
姚暹渠橋洞低小渠身灣曲

題請一並興修所需銀兩皆於借

帑內動支共用銀五萬兩分作五年歸欵乾隆四十二

年鹽政瑺齡循照成例又請借

帑二萬七千二百餘兩大修姚暹渠至乾隆四十三年

議定商捐歲修章程停止借

帑大修

議定姚暹渠歲修章程

乾隆二十六年鹽政薩哈岱於

奏請借

帑大修案內聲明每年秋冬農隙之時挑挖姚暹渠淤澱令地方官傳集南北兩岸民夫給予半價以渠堤南護池北護田也乾隆二十八年鹽政李質穎以半借民力虛應故事轉於工程有碍請以三年輪修之項歲為經理僱夫挑濬給予全價此革半價之名改輪修為歲修專指挑淤而言嗣因渠水冲刷堤身必俟三年輪修不能保無潰決乾隆三十二年復請嗣後渠堤如有已在保固之外又未屆輪修年分冲刷單薄難資防禦者照挑淤例一併估報興修所需銀

兩統於額設輪修五千兩之內報銷此則渠堤一例
歲修矣乾隆四十三年巡撫兼鹽政巴延三於
奏明河渠各工定爲歲修案內檄行運司河東道會議
涑水河工程原有成例其姚暹渠工程除輪修之年
已有額設銀五千兩尚可一律挑修無庸置議如非
輪修年分夏秋之間遇有堤身冲決渠底淤澱急工
仍令專管工程之運同動用額設銀兩卽行搶修照
例報部其餘淤澱處所經費無出者於農隙之時委
員勘明責令坐商僱夫一體挑濬所挖之土培補南

堰應需工費在於額餘畦錠內遵照向例公攤毋庸報部至民修北堰令地方官於每年冬季查勘冲汕之處督率居民各照地界修築整齊在各商所費無幾得免大修之泒而渠底可以年年深通堤身亦得一律完好於鹽池商力廬舍民田咸有裨益此又議定歲修章程至今遵辦

議定河渠並修章程

涑水河在姚暹渠之北發源於絳縣與姚暹渠同受東南諸山之水以西達於黃河者也地勢北高南下

每遇夏秋淫雨泛漲涑水南趨姚暹渠當其下游勢
必冲决渠堤合流爲一是以歴年挑挖姚渠之時俱
議與民挑涑水河同時興工俾兩水各循故道以免
奔流合注之患乾隆四十一年巡撫巴延三鹽政瑺
齡遵
旨會同查辦請於農隙之時所有應挑姚暹渠工令商人
按例借動庫項大加挑挖務將逼五姓湖之路開濬
寬深俾得暢流無滯其涑水河應濬之處飭令各該
地方官齊集民夫一體辦理乾隆四十三年巡撫巴

延三兼管鹽政後復經
奏明河渠各工歲爲經理檄行運司河東道會議每年各於農隙之時査照議定章程一併歲修輪修次第禁牆馬道長堤堰歲爲經理不在輪修之列
李綽堰　白沙堰　黑龍堰　白家堰　雷鳴堰
五龍堰　硝池堰　卓刀堰
以上八堰一年輪修內白沙堰向係民修乾隆二十八年
奏明歸入歲修其白家堰以與雷鳴堰接壤一併估修

雍正十三年原
奏緊工六處今八處
東禁堰　七郿堰　長樂堰　桑園堰　常平堰
龍王堰　短　堰　賀家堰　趙家灣堰
以上九堰一年輪修雍正十三年原
奏緩工十六處今除現修之外餘堰停估乾隆三十五
年於各工編列字號案內聲明咨部
姚暹渠
一年輪修乾隆二十八三十一二等年先後

奏准即以輪修之項歲爲經理

估銷限期

河東鹽池興修各工向不

題估例於次年同鹽課一併

題銷乾隆二年鹽政定柱

奏准照河工例凡有應修工程由運同會同地方印官

查驗册報鹽政確勘將估修丈尺應需銀兩於十月

內造册

題估次年四月內造册

題銷仍令承修之員照例保固限内塌損者賠修至今

遵行

督修責成

康熙二十四年御史李時謙以渠堰關係商民命脉

必需專員佐理

題請復設運判以重課本雍正二年改設運判爲運同

鹽池各工統歸管理雍正六年鹽政碩色於請留歲

修銀兩案内

題明嗣後歲修大修工程責令運同管理但池牆堤堰

工程不一恐運同不能獨力兼營請在於附近州縣之內擇其才幹誠實者遇修築之時委用五六員協助監修仍令運同督責其成乾隆二十六年鹽政薩哈岱於借帑大修案內

奏明虞鄉縣所轄之常起營平壕橋等處爲姚暹渠之尾閭上游之水至此漸緩泥沙沉滯最易淤澱且距運城窵遠運同一員鞭長莫及並飭令該縣實力防範其餘沿渠州縣一併加意防護倘有疎虞照例參

處」

辦工限制

乾隆二十四年部議行知凡有工程照河工例不得派委微員如遇工程緊急必須添派佐雜等官攢辦者亦必慎選才具可用家道殷實之員給銀承辦仍定以限制不得過五百兩

按自雍正三年題改民修爲募修鹽池各工始有額設歲修之費雍正十三年復改歲修爲輪修乾隆七年更有搶修之例

至於估銷有定限督理有專員節年借帑大修隨時變通酌定章程總爲保護鹽池之計前人之籌策盡善矣

近池山澤

一中條山在運治南十餘里以其居太行太華之中狹而延袤故曰中條西起蒲州之雷首東接太行南跨芮城平陸垣曲諸邑北屏臨晉虞鄉解州安邑夏縣聞喜絶巘奇巒綿亘數百里其間隨在異名曰雷首山歷山首陽山薄山襄山甘棗山渠豬山獨山而

實皆中條山非各爲一山也山下設有護寶諸堰所以障山水之注射也

一分雲嶺乃中條山極巔矗峙鹽池之上嶺巔出雲東西流布世傳尸鹽澤者是也山頂舊有分雲神祠在焉安邑

一風谷洞在分雲嶺西形如半井投以木葉即飄颻風出則飛沙摧樹安邑

一鹽風洞在風谷洞旁洞口若盆仲夏應候風出聲隆隆然俗稱鹽南風鹽花得此一夕而成谷口舊有

風神祠今祀於卧雲岡池神廟中安邑

一橫嶺在分雲嶺東中條山之脊也嶺南四十五里卽平陸縣治北有山路五十五里名車輞峪舊爲行鹽之徑較青石槽爲捷今徑圯險仄不可以車安邑

一虞坂在橫嶺東南北要道石崖險峻今名青石槽明御史張士隆修築俾可行鹽一名鹽坂卽晉荀息假道伐虢伯樂嘆騏驥困鹽車處安邑

一五龍峪在解州正南五里其東岫有石巖巖水下懸如噴雪上有酒島二字峪口築設五龍堰防之解州

一青龍峪在五龍峪西解州

一石樓峪在青龍峪西解州

一王官峪在石樓峪西峪南爲芮城界峪北爲虞鄉界卽秦伯伐晉取王官處也上有天柱峯峰東西各有瀑布北流爲貽溪前志言水東注者行山中百餘里出夏縣王峪口今以山勢考之恐有未確姑存其說虞鄉

一王峪口在横嶺東去王官峪百里許嶺南水入黄河嶺北之水從此出口故名卽姚暹渠來源也夏縣

一抱珠山即柏塔山在王峪口東峪口所出之水經其下山有古柏千株上聳無枝狀似虺蛇中有一柏琦瑰磊落獨大於衆稱曰柏母山夏縣

一史家峪在柏塔山東夏縣

一巫咸谷在瑤臺西白沙河所自出也夏縣

一瑤臺山在巫咸谷東商相巫咸與子巫賢墳在其下隋書名曰巫咸山孤嵐峭拔蒼翠摩空登高俯視

一邑山川在目邑人以爲遊賞勝地夏縣以上皆山

一甘泉在池神廟東畔衆水皆鹹此泉獨淡故又名

淡泉志載大鹵之水不得甘泉之和不能成鹽故今鹽池內立有甘泉廟鹽池內

一西淡泉在池神廟之西里許俗呼野狐泉一名惠民舘一名濾泉亭明嘉靖二十三年御史喻時創建後屢加重修亭榭幽勝憑眺最宜鹽池內

一磨兒盤窰子溝俱在中條山內水之經流處因地立名能助黑龍潭水勢本非巨澤也安邑

一黑龍潭在縣東南十里許深不可測瀦水黑色故名舊有龍王祠安邑

一苦水河即苦池灘之一帶也水道詳載灘地條安邑

一湧金泉在夏縣西南十里世傳此水潛入地中入鹽池則生鹽花故有湧金之號夏縣

一横洛渠發源夏縣北之方山諸谷流至西南會於白沙河夏縣

一白沙河又名巫咸河俗稱無鹽河水入池中則鹽不生設有白沙堰以防之源自中條山出巫咸谷口經邑南西流三十餘里北轉滙入姚暹渠夏縣

一蓮花池二一在夏縣城中西北隅環一頃八十畝

一在城中東北隅視西池爲小水之有無視乎旱潦水平時植蓮其中水溢則近池民居被浸嘗穿城隅安鐵窗以分水勢故防解池之患舊有蓮花二堰之分工夏縣

一靜林澗在青龍峪東澗西有靜林寺故名解州

一新河起石樓峪麓自東迤西主洩石樓東來諸水使趨小潮橋以入黃河解州

一涑水河源發絳縣橫嶺山明宏治時御史會大有以姚暹渠首中太狹涑水攔入爲鹽池患遂導使北

去經聞喜縣南夏縣西安邑縣北至猗氏縣境改引西行直入五姓湖

一鴨子池在五姓湖東姚暹渠南孟明橋淤則湖水泛濫東注是池而姚暹渠亦有逆流之患虞鄉

一五姓湖在臨晉縣西南四十里村有五姓因名卽古張陽池也爲涑水姚暹渠經流之所注臨晉虞鄉分屬

一黃河出崑崙山禹導河積石至於龍門經河津滎河臨晉至蒲州西門南流至華陰東折至芮城南二十里走平陸至底柱過孟津鹽池正當黃河折流之

處故附載焉以上皆澤

按晉省萬山環繞八水分流水爲山束勢必西注與黄河滙而鹽池適當西南隅下游遠者不具論其源於絳縣之横嶺而入五姓湖者涑水也其源於夏縣之巫咸谷而入苦水池者白沙河也條山之水西有五龍峪東有王峪口澗壑不一在在與鹽池有關所以隄防宜預冀有事渠堰者尋原竟委以愼苞桑之繫云爾

護池灘地

城北灘在解州城北受女池之水地勢西高東下水溢爲鹽池患故東築七郎堰以障之

城東灘在解州城東內有數泉復受以上西來諸灘水切近禁垣中築卓刀堰以防池患

長樂灘在鹽池北七里許周圍二十餘里北受姚暹渠水西南直冲諸堰爲鹽池患設有長樂堰以防之

東賣脥灘在長樂灘西北數里極西者爲西賣脥灘又西北十五里爲西辛庄灘亦時北受姚暹渠水南入女池或入城北灘爲鹽池患

洗馬灘在西辛庄北二十五里

南扶灘在洗馬灘東北

衛諸灘在洗馬灘西北

三婁灘在衛諸灘西北十里

羅义灘在三婁灘東二十里

小張塢灘在羅义灘北十五里自洗馬以下諸灘皆半生花鹻地不可耕

沙窩村在鹽池北長樂灘西離運治三十里

卓頭村在鹽池北長樂灘東離運治十里許以上解州

前介村在運城北門外五里又名東留灘

後介村在鹽池迤東距運治三十里

嵩尤村在鹽池東南距運治三十里

下叚村在鹽池東距運治三十里

下王村在鹽池東距運治三十里

李庄村在鹽池東北距運治二十里

小李村在鹽池南嵩尤村西距運治四十里

北路村在東留灘運治迤北五里以上安邑

祁任村在猗氏縣

南村在虞鄉縣

祉東村在臨晉縣

傅村在夏縣南距運治四十里自卓頭村以下諸灘地現在墾佃六千六百零一畝二釐七毫四絲一忽內附裁革禮生項下地二百五十三畝七分一毫六絲六忽歲納租麥共二百七十石三斗五合六勺統入運儲倉內收貯給散孤貧口糧例係經歷管理向不報部第此項灘地歷年久遠佃戶每多私相推典乾隆四十九年運使沈業富因念鄉愚無知詳明勒限取贖再犯追價治罪

附籽粒灘地

安邑縣經徵張良村東郭苦池三灘共地六千九百七十九畝五分二釐共銀六百五十兩二分一釐六

毫夏縣經徵苦水平地一千四百三十畝每歲額徵籽粒銀一百四十三兩四錢二縣共地八千四百九畝五分二釐照上中下不等起科歲共徵銀七百九十三兩四錢二分一釐六毫原係明時晉藩牧地籽粒徵交本藩爲畜牧之資我

朝定鼎收解司庫抵給運城兵壯工食順治四年裁去防壯改解戶部

東郭村灘在安邑東南十餘里地大十頃除現收籽粒之外例禁開種

張良村灘在安邑境鹽池東北大百十頃

苦池灘在安邑縣東一十三里夏縣東山巫咸諸水

滙此以達姚渠

經歷司經徵東郭村湯里村任村三灘共地三千九

百三十一畝三分四釐八毫照上中下不等起科共

徵租麥一百八十九石九斗八升三合五勺四抄每

石變價九錢應變價銀一百七十兩九錢八分五釐

一毫八絲六忽向係護池官地佃租存庫支抵鹽院

公用康熙七年奉文解部名曰小麥變價

三場大使分徵介村從善村鄉崮尤村灘地一百八十六畝七分每畝輸麥二升穀三升每年共租麥三石七斗三升四合租穀五石六斗一合向貯運阜倉以備公用雍正十三年歸公充餉

附鹽站籽粒地

絳縣之白家澗村與横嶺關站嶺聞喜之東鎭教場西關夏縣之長樂村安邑之運城北門外與陶村各有鹽站地屬鹺務四縣歲解籽粒銀十兩二錢六分向爲鹽院書吏之用雍正六年歸入正項充餉

按前運使蔣昌臣曰池坐解州安邑而運志之詳灘地乃有各州縣分屬之文則不問附池與不附池凡派池工而有灘在乎渠之內渠之外堰之上堰之下切乎池之利害者統應名爲護池灘地惟是簿書湮没無從別其灘址之孰爲民粮孰爲鹽課貪黠之奸競以乾没爲倖就今之計凡有護池之地以灘名者遇墾佃之請惟商則可准苟非商籍與池旣無休戚愼勿混允行犁蓋旣佃之後麻麥在野倘值旱潦示祲雨則苦漬勢必決堰洩流而以池爲壑暵則苦乾

又必破渠引灌而留隙忠池東郭一灘久爲民鹽交錯之地向聽佃種近奉禁止深有慮夫佃民之白愛其植盜決隄防以悞我課源也三復斯言誠爲老成遠見然鄙意以爲灘以護池重鹽池不重籽粒除現在墾佃之外莫如一律永禁民不可准商亦不可准庶渠堰借資蓄洩而鹽池永保無虞矣

渠堰卷四終

河東鹽法備覽分目

坐商卷五

錠名
銷價
畦地
澆曬
歸併
租稞
鹽料

坐配

河東鹽法備覽卷五

山西按察使兼管河東鹽務時南蔣兆奎編輯

河東運學教授王鳳翽校字

陳思賢　王恒泰

商人王攢統　范則質監刊

翟步雲　王繩中

坐商

周禮天官太宰九職六曰商賈註云行貨爲商居貨爲賈賈卽坐商之說也商以坐名無轉輸之勞有種治之責則其盡力池中而所藉以裕課源者事有專

厲故自創制渠堰而後池之害以消池之利可興而坐商乃得各事其事是又可次第詳言之

錠名

錠者領引納課之則課以錠計商人每月依限納課一錠錠重五十兩内正課四十八兩賑濟一兩五錢紙價三錢六分一釐七毫五絲三忽餘銀一錢三分八釐二毫四絲七忽卽今所謂扣錠也共成五十兩爲一錠故不曰課而曰錠自順治六年按錠分畦之後畦歸商人各立錠名一切封領掣支皆視錠名以

爲區别是錠名者商人之根窩無錠名不得爲商無錠名不得干與鹽業河東鹽法舊係坐商兼辦引課迨後引課皆歸運商辦理而引目猶用坐商錠名前志謂坐商即兩淮長蘆之竈戸蓋自其專事種鹽而言也今現册商名四百二十有五額畦四百六十五號計錠二千七百八十八錠半内十二錠商人四十名該四百八十錠六錠商人三百七十九名該二千二百七十四錠不足十二錠商人一名該九錠一引不足六錠商人五名内五錠者三名五錠零五十九

引者一名又五錠零一百一十引者一名共正課大錠二千七百八十八錠每錠合引一百二十道共合引三十三萬四千五百六十道又零引三項共一百七十道即各名下不能成錠之尾數故統曰半錠大錠外每錠各隨有加增引八道名曰小錠仍按二千七百八十八錠之數共合引二萬二千三百四道又於不能成錠各名下亦隨有加增引共十二道以上正課大錠並加增小錠按錠合引三十五萬七千四十六道皆有各限錠名按限封課領引掣鹽其各錠

名下畸零鹽數不能歸錠餘出引一百一十二道名曰官置昌共引三十五萬七千一百五十八道迄今每一百二十引爲一名不以數計反以名計以引目搨用坐商錠名故錠名之關於鹽法最重今分別六錠十二錠並成錠不成錠各商名附列以備稽考

六錠商名三百七十九（内單月一百九十三雙月一百八十六計二千二百七十四錠）

劉仁義　范時熙　袁正　喬世榮

郃張南　李馥遠　劉光晙　李宗瑞

范錫奎　張友佺　馬古圖　曹廣裕
郭治勲　萬年慶　楊胡盛　曹守德
趙文科　劉李瑞　宋三錫　楊本青
周張劉　張公勝　范錫琨　解建基
張敦敬　郭姚昌　衛　純　李　錡
張永榮　劉李祥　劉王佐　王謙益
劉　彩　馮胡盛　曲光明　楊文耀
范錫光　孫丕成　李乾勝　王　崇
王世芳　范錫讓　范錫川　董連發

郭汝睪　李鴻業　胡楊福　王體先
王聖宇　杜創業　張　經　范　琨
何胡景　王名斗　倘從周　郭元勲
劉日暘　范　祥　楊多福　劉王興
吳李郭　常　凝　劉功營　李琰如
解成祥　曹復慶　張王湯　范錫福
孫達秀　馬之驄　郭　臯　孫　立
劉增祿　馬文祿　孟昌裕　曹守澤
范錫賀　劉永翕　喬世盛　王天祿

河東鹽法備覽　卷五　坐商門　四

張慶 孫克竣 王世正 王謙陸

張廷 王孫達 李張 路鐸

荀柳春 郭封肆 萬年瑞 范錫琳

張永發 馬守肆 張世有 王計

張洪裕 孫馬景 關復慶 陳玉美

張庸 荀玉 謝景新 王如張

楊餘慶 何德先 陳大戩 吳紹鳳

孫張郭 郭譚德 劉建盛 范厚

文際泰 范承 朱陳德 范錫輝

范輪　張聖　喬劉逸　郭暉
李文琦　楊怡　曹盛　張琳
郭王福　范正　弋徵夏　郭東阜
李惟亨　張道綿　張景瑞　董張盛
范錫維　周永盛　張滿　侯王錫
李吳宗　張世盛　關合祿　張宸
荊孫盛　吳楊茂　張振光　孫三成
侯計東　樊自省　張馬新　郭世翔
王曲彩　郭順昌　宋四德　朱光彥

衛師寧 張榮光 薛張發 董胡翔

梁文光 蔡毓英 郭恒基 范錫山

張令聞 張澍 石裕菴 范錫珣

張大成 張世瑞 王三益 王輻

范錫善 衛琇 張乾 朱光庭

劉李 宋肇業 范錫含 張軌

席正 李景文 胡永業 范林

李席得 范錫仁 朱順德 李南有

胡建業 張福榮 牛順成 吳濟

張用　孫躚賢　聶王錫　應永豐

郭永湛以上單月　劉成德　董李盛　李玉隆

馬善慶　王寶善　張程章　劉大裕

周斯盛　陳守成　蕭丁隆　劉敬成

丁光榮　郭張先　景蓁瑞　馬之繗

郭清　景新崑　楊清茂　陳樂成

劉光暟　王友　李祥　秦廷祁

曹廷琇　衞玉馬　萬福　景德馨

范錫盛　景席瑞　王偕　范錫成

王世伯　周永福　范錫基　范錫和

李　煜　費帝錫　郭張凝　劉慶成

劉廣生　張鼎盛　范　深　馮張惠

劉　陳　李　桂　范　充　文景泰

張　蔡　李大成　梅周田　張椎玉

喬楊景　張嗣徽　張福玉　衛近宇

衛大有　郭翟斗　范錫阜　蘇康阜

張世慶　張王徽　白六輔　南耀源

楊善繼　周禮明　楊克明　王天泰

樊和盛　路歌薰　岳萬昌　楊爵錫
孫天成　王傑生　劉生吉　王成業
劉文起　段維錫　張澤昌　張漁福
劉　瑄　萬時昌　劉　祥　陳大勲
王劉昇　康　盛　丁人瑞　李祥衍
楊李高　朱光先　孫祿泰　劉　麟
楊南盛　趙文登　劉殿掄　陳安成
宋肇基　衛承志　彭延年　閻張慶
吕毓漢　李馬鳳　張永泰　范錫琦

馬來儀　陳　呂　張守義　楊明斗

關起郭　王慶盛　費啟元　馬綿祥

薛天福　景劉申　路迎祥　衛復泰

王　宏　葛文生　路復新　文中琪

郭行慶　范錫瑞　薛椎興　王文豴

萬年泰　張　舒　張楊斗　王昌盛

葛鼎盛　董周豴　仝全金　劉　德

馬萬福　景雙德　張肇瀵　劉光祖

路恒裕　劉喬延　王昌瑞　張　泰

呂世仁　康德演　范錫泰　許洪泰

王太亨　朱謙益　高　昌　劉燕生

馬周美　王用舒　范時發　陳葉欽

范錫安　張文芳　許太徵　張雙興

官置昌　范錫關　石淳璞　郭鍾俊

王文煥　荀振裔　張　昌　張　坤

劉　盛　馮克恭　范錫岳　衞存仁

朱五福　郭鎮疆　張仲含　周永祿

張天申　荀　源　宋肇仁　于薛盛

王延祚　范錫潞　范錫榮　劉　鈺

張　源　姚成邑　喬　肯　范錫垣

范錫洪　許仁基　范　恒以上雙月

十二錠商名四十計四百八十錠

張　充　范錫臺　周宗賢　張澤遠

荀特正　張　璠　張　翔　張世德

張　鵬　張　翊　劉晉生　景奇瑞

范錫鼎　景三麟　張雲客　王天佑

王天瑞　范錫澤　張存仁　劉集成

李濟　范岩　劉增　范錫長

王天壽　范錫留　張澤深　范天錫

張濬　范錫治　范錫陽　范錫鳳

范錫黎　劉光昞　許晉魁　王天福

范錫高　范錫陵　范天德　劉光曙以上不分雙單月

不足六錠商名五計二十五錠零五十引又零一百一十引

許廷憲雙月五錠　周綿新雙月五錠　范錫龍雙月五錠五十九引

荀慶雙月五錠　李裕豐單月五錠一百一十引

不足十二錠商名一計九錠一引

范　恩雙月六錠附蔡承琇雙月三錠一引

以上共商名四百二十有五合計商錠二千七百八十八錠又零引三項共一百七十道統爲半錠其加增引官置昌引俱在外

按課錠之名由來已舊今準以法馬而仍以錠計者猶之計錢以貫之遺意耳舊制十二錠商人每月依限納課一錠六錠商人分雙單月各依限納課一錠蓋坐商名目碎雜頑良強懦不一恐納課則頑者居

後領引則強者爭先故立限分雙單月以晝均平自運商辦運之後課係運商納惟照該商之額課納引歸運商領惟照該商之額引領從未見有運商照坐商之限分雙單月而始納始領者若照舊依限領納不惟羈遲運發抑且有悞引課且河東額引四十一萬七千四百四十三道內實撥錠名引三十五萬七千一百五十八道其山西鹽稅並陝西鳳課長武課共引六萬二千七百四十九道不由商運例不撥用錠名至解安加引八千七百道以及現行餘引二十

四萬道雖由商運均屬無錠可坐又考坐錠之法按引鬮配每有一商全名分坐三省更有一錠之引折爲數處者若照長蘆淮浙引目即撥運商之名似較簡易可免紛煩今河東引目必撥坐商錠名者誠以制皆沿舊未可輕議變更也

銷價

運商行銷坐商之引出給租息名曰銷價在昔坐商治畦種鹽納課領引凡有地方之運商商鹽商運商引商銷無所謂銷價也其無地方之坐商全俟外來

土販買運引鹽既得鹽價復受引價亦無所謂銷價
也迨後土販禁革坐商之致遠之力三省引地陸續
皆有商包運然運鹽必先領引領引必先坐錠引以
錠分錠自畦出有一錠之畦始領一名之引是引為
坐商之引運商借名行銷故償之以價況坐商種鹽
於池以供運商配掣運商酌給銷價以為坐商之工
本此在當年招商之時準以情理合場通例皆然卽
今商由舉報而承辦引地未及領引必先坐錠坐錠
之後按錠出給銷價每錠銷價銀二十四兩一畦六

錠歲計銷價銀一百四十四兩又每錠另有加增引八道隨有加增銷價銀一兩六錢一畦六錠又歲計加增銷價銀九兩六錢是坐商於整錠銷價之外更得加增銷價皆以爲澆曬工本之資雍正八年鹽政碩色於請留加增銷價案内

奏明銷價銀兩爲坐商澆曬工本無銷價則澆曬無資有悞課源請將加增銷價與額引銷價一例仍留坐商乾隆七年護鹽政運使張任於奉部行查唐縣額引銷價案内亦以銷價爲坐商澆曬工本逐一查明

咨覆是畦錠原爲坐商之世業銷價卽爲應得之利息難容裁革乾隆三十四年因隰州大寧永和三處改食土鹽原設額引無商領辦以致錠名空懸銷價無出未免向隅運使沈栻飭商會議於加增銷價内輪扣以抵其項計十三年半輪扣一次然所扣者加增銷價其整錠銷價無減也定例有錠者得食銷價無錠者不得食銷價乃有食利之徒空典錠名更有不肖坐商重復典賣獘竇叢生雍正十二年運使程仁圻特設錠票以防詐僞由司刊板鈐印按限分給

以爲坐商管業之照今遵之

附錠票式

雍正十二年鹽運使司程　爲特設蹟錠印票杜詐僞而絕訟端事照得商人之有畦錠猶農家之有田土家道盛衰無常典賣勢所難免但河東諸商中有等無賴之徒盜典盜賣指錠誆騙重複影射爭訟無休者甚屬不少揆厥所由總緣各商立約授受止憑中說合並不經官給照以致不肖之輩通行欺騙詐僞百出再四思維惟有給發印票一法方能永杜其

弊令本司捐資刻板刷印開塡字號掛號鈐印分給

原報

部錠商每錠隨用印票一張令其永遠執照如遇歸

併典當以及取贖原錠務將印票同契劵一並交收

倘無印票徒立私劵日後爭訟事發除不准外仍以

重複作弊通同騙詐從重治罪等因呈詳

兼管河東鹽政察院陝西布政使司楊　蒙批如詳

照式給印有錠各商仍將給發過日期並花名數目

造報繳票式存查蒙此合行刷印給發永遠遵照毋

違須至票者

右給　場　舖　限商人　執照

（按）錠票之設立法甚善果使有畦者必有票則按錠得受銷價可爲澆曬工本之助而孰知法久弊生坐商藉爲典鬻之資輾轉授受遂至畦票兩主食銷價者不知畦地屬於何人曬畦地者不問銷價歸於誰手相習成風已有積重難返之勢而究非立法之本意也

畦地

商之有畦猶農之有田畦地者即池之地治爲畦形所以爲種鹽之基也唐柳宗元言溝塍畦畹交錯輪囷宋順寧間凡開二千四百餘畦百官入賀是池之有畦自唐宋而已然明之治畦以官丁撈鹽入官
國朝順治六年畦歸於商按錠分畦每畦一號註一商名原額畦地四百八十五號中場一百四十二號東場二百四號西場一百三十九號中場向有脚道一百五十丈東西池涯各有無礙餘地以爲築設料臺之所商人續加開治增畦七十二號共成五百五十

七號各立錠名皆爲額畦嗣因懷慶改食蘆鹽除原額九十三號無地行銷無商而荒外其現有畦地四百六十四號之中亦續荒一百一十號三場僅存畦地三百五十四號後又查出王成業額畦一號有錠無畦不思錠從畦出畦以錠分三場額畦四百六十五號原與額錠二千七百八十八錠半之數相配彼畦既荒錠名空存有錠無畦鹽於何出是以雍正六年鹽政碩色有開荒之請部議無商荒畦先動庫銀五千兩發交運使酌量開墾成熟之後商人有補完

工本者卽給爲業其澆曬之商各出銷價以還庫項至有商荒畦令本商各開各畦如力有不能卽頂與殷實之商開種維時共成額畦四百六十五號卽今現存額畦之數外爲餘畦除查有額畦地遍淡水不堪澆曬並有錠無畦者卽將餘畦補給外下存餘畦八十四號迨乾隆九年後商人又於三場隙地續加開荒亦除將額畦改移於新開餘畦外更增餘畦三十六號並前實有餘畦一百二十號三場共額餘畦五百八十五號今俱報部有名謹將額餘畦數分場

臚載於後

中場十舖共畦一百五十五號內額畦一百三十四號較前志少七號餘畦二十一號較前志多五號

頭舖額畦十六號

二舖額畦十五號　餘畦一號

三舖額畦十七號

四舖額畦十一號　餘畦二號

五舖額畦十九號

六舖額畦十一號　餘畦一號

七舖額畦十二號　餘畦二號

八舖額畦十九號　餘畦一號

九舖額畦十三號　餘畦一號

十舖額畦一號　餘畦十三號

東場十一舖共畦二百六十六號內額畦二百四十五號較前志多二十五號餘畦二十一號較前志多十三號

頭舖額畦三十號　餘畦一號

二舖額畦二十二號

三舖額畦二十六號

四舖額畦二十七號

五舖額畦二十三號

六舖額畦十五號

七舖額畦十六號

八舖額畦十七號

九舖額畦十二號

十舖額畦十六號

阡舖額畦四十一號　　餘畦二十號

西場十一舖共畦一百六十四號內額畦八十六號較前志少一十八

號餘畦七十八號較前志多一十八號

頭鋪額畦六號　餘畦六號

二鋪額畦一號　餘畦十四號

三鋪額畦五號　餘畦八號

四鋪額畦四號　餘畦十號

五鋪額畦六號　餘畦九號

六鋪額畦十二號　餘畦二號

七鋪額畦九號　餘畦六號

八鋪額畦十號　餘畦四號

九舖額畦十一號　餘畦二號

十舖額畦十號　餘畦三號

阡舖額畦十二號　餘畦十四號

按畦分額餘有錠爲額無錠爲餘額有錠主爲坐商之世業餘隨引地乃運商所續開畦分雙單一畦爲單兩畦爲雙單者一畦自爲一港道雙者兩畦共爲一港道故不曰兩號而曰雙號以港道之難分也又畦有單月雙月之名以課錠按月封納單月者單月納課之畦雙月者雙月納課之畦至若不論雙單月

皆納課者則十二錠雙畦矣又畦有額餘加荒之名以本屬額畦旁有隙地開荒作餘加單號爲雙號是爲額餘加荒矣又畦有定界舊志稱長無度任商力爲之者是矣又稱中場每號濶十丈西場每號濶十五丈東場自東無碍鋪至東五鋪每號皆濶六丈五尺其餘每號濶九丈此則已成陳迹節年畦數屢增額餘互改考以現在廣狹之度已非昔日之舊大率各以港道爲界矣又畦有定制畦在南庵在北惟東阡鋪中截以下則又東西其制若南岸有畦數號庵

在南而畦反在北葢東場地氣較厚利在共趨商人爭先開種故不留餘隙遂不能盡依舊制也

附改移額畦註銷餘畦

雍正七年開荒餘畦查有額畦地遍淡水不堪澆曬將餘畦補給八號乾隆九年商人范天錫墾成東阡舖餘畦一號將中二舖范林商錠改移於東阡舖仍作額畦所遺中二舖畦地棄爲隣號盛水自此援爲成例節年額餘互改至乾隆四十二年共改移畦地三十號內註銷餘畦八號

附移開畦底

康熙十八年霪雨連四旬池被水渰數年後水雖漸涸畦盡泥淤商人不得已於池之北濱治地為畦大費工本始獲澆曬故畦底多移於上後此之畦大非昔日之畦乾隆二十二年復遭水患次年鹽政西寧查勘三場淹没畦地積水尚三五尺一面飭商將未淹畦地修治澆曬並擇於空隙餘地開荒新底共成畦底七百六十七個旋因舊畦涸出各商從舊種治所開新底或留為盛水之畦或仍存為隙地

澆曬

河東鹽池古惟集工撈採收自然之利無所謂澆曬也至唐始有治畦澆曬之法游民業鹽者爲亭戶免雜徭宋時墾地爲畦引池水沃之謂之種鹽水耗則鹽成籍戶民爲畦夫官廩給之復其家歲二月一日墾畦四月始種八月乃罷元時每歲五月伺池鹽生結令夫搬摝鹽花其法必值亢陽池鹽方就明以鹽丁撈採是前代之治鹽或種於畦或摝於池皆出因時制宜之碩畫

國朝專取畦種不事池撈每歲二月一日畦工入池蓋庵治畦淘溝俟薰風一至引水澆曬澆者灌之以水曬則曝之以日也先用橛棹挹水注於畦之首段時以鐵扒攪之日曝味作挹注次段首段另注新水次段水鹹色赤挹移三段俟其澄清開門塍隅以灌四段段段開灌悉依前法要俾清流盈科而進極乎產鹽之畦而止水深不過一二寸經時水面鹽花浮上若凝脂皎雪乃用木扒徧搨謂之搨花花落水底一俟風力震蕩逼以烈日映水視之如編貝然則鹽成

矣若得小雨則顆愈鮮明俗謂雨水鹽然而夏月生鹽獨美春秋生鹽多硝歲旱粒細而芒雨多日色不烈則青頭色正南風正東風鹽成一夕東北西南風鹽花不浮滿畦如沸稀粥謂之粥發味苦色惡不堪食用須刮棄畦外以待風轉時上水收種俗所謂朝種暮收者則天時宜知若溝港深通雖遇旱乾不竭料臺高阜可備燥濕不時則地利宜知至於乘天時因地利量晴課雨疏港通溝種治合宜則又不能不資於人事一澆曬而天時地利人事備焉澆曬之關

於鹽務最為吃緊

按解池外無可引之派中無不竭之源以故旱則病枯而底深岸高客水易趨以故雨又病澇無薰風則波不揚無炎日則曝不烈地實天成此通池之大較也惟是池廣東西五十餘里三場情形亦互異焉東場地氣本厚上多黑泥下生鹽根糾纏附土磊塊相連所謂產鹽之母者是也西場地氣獨薄但有黑泥而無鹽根中場介在東西之間近東者似東近西者似西向賴黑河東西深通而地勢東高西下河水西

趨西場猶借東場之餘潤以爲澆曬之源所以乾隆
四十二年鹽政瑺齡巡撫巴延三會
奏黑河情形亦稱河底深通水性就下利歸西場此當
年澆曬之情形也然自乾隆二十二年客水泛池之
後黑河盡淤而水自西來西場受害尤深以故灘多
浮沙地勢平衍蓄洩最難所幸東場商人劉阜和創
爲打井之法始於乾隆四十二年合場爭慕倣之紀
恩錄特編其事蓋鹽池菁華內蘊掘之則盡洩於外一得
地泉泉水卽鹽水味鹹色赤無待撈練卽可澆曬成

鹽故事半而功不啻數倍韓獻子所謂國之寶者誠不誣也法以二月興工之日始各就畦灘擇可打井之處集夫開掘深各二三丈四五丈不等要以得泉爲度更或製爲鐵鎗大可二三寸長則丈餘以防泉水偶有壅塞借資穿掘以疏其源多方求取極盡人事之能中場偶一有之若西場土性浮鬆屢經試開毫無成效地勢然也

附工作

作頭者工作之頭爲一畦之領袖掌澆曬者也伴作

則副於作頭而督領長工澆曬者長工乃近封之貧民計年做工故曰長工合畦夫鹽丁之勞苦而兼承之者也既廩稱事省試宜勤

附庵廈

庵者工人食息之地日出而作則處於畦日入而息則止於庵故庵爲澆曬所必需坐商每於興工之始未治畦先治庵各以畦之脚道爲界

附鹽丁顛末

解池舊有鹽丁明初於蒲解等州縣編審鹽戶八千

五百八十五戶定鹽丁二萬二百二十名每二十名立料頭一人撈鹽千引爲一料其鹽戶除正役里甲應辦糧草外一應雜泛差徭丁少者俱蠲丁多者量减於商人名下每引徵賑濟銀一分每鹽丁撈鹽一引即賑濟一分又查有佃種逃絶鹽丁地土者按地派出鹽丁以供撈採嘉靖間因富丁私自僱役料頭攬收影射議每年清審聽民自願無力者照舊供役有力者納銀一兩五錢免其撈採如遇撈採不及僱募貧民每一料給以前銀二十兩爲工費此工本鹽

所由昉也隆慶間因前項佃地人戶既應差役又復撈鹽乃豁免佃丁另招貧民補數又題准南岸撈鹽用鹽丁則民力不堪動賑濟恐財力不繼請廣招貧民於兩岸每撈鹽一料外給鹽十車此招募簡便之法也萬歷四年御史陳用賓以富丁出銀免役貧民包攬代辦富者愈逸貧者愈勞況名爲富丁不無豪強假鹽戶名色影蔽差役今宜將逃竄貧丁招捄復業其富丁七百七十餘名停止納銀盡驅撈辦管鹽官明信賞罰毋肅虛應僱代此時料頭七百四十號

丁夫一萬四千七百不爲不多既免差役又每料撈鹽千引賑濟銀八兩後加至十兩不爲不厚然路途跋涉旅次艱食沸湯濺足烈日熏肌勞苦萬狀故富者僱代貧者强支查點不及十之四五撈採不及十之二三揑造鬼名誑報虛數皆由料頭之包攬爲奸管鹽官之扶同作弊也明末止存鹽丁四百七丁半每歲正月行文州縣從公清審汰年老收幼丁務足舊額一遇池鹽生結調取職官督率料丁星夜赴池照依分定中東西脚道竭力撈採每丁每日責照定

例撈鹽一引二十丁爲一號一號所撈各自爲堆以辨多寡美惡撈採完日各在腳道高阜處每一千引攢料一臺僉報臺頭一名曰後鹽不足數責在臺頭補撈每丁每年額撈鹽三十二引足額者官給賑濟銀三錢二分不足責令下次補撈今歲不足責令次歲補撈又每年九月終旬調取官丁在池南岸採取蘆葦每丁一十八束每束二十八觔堆放腳道三場斗級看守備來歲苫蓋鹽料之用

國朝順治二三年間十三州縣止存六千三百四丁撈

採仍依舊制後僅存五千八百四十四丁半順治六年畦歸商人自行澆曬不用鹽丁撈採康熙十六年爲清查晉省之鹽丁等事案內十三州縣除紳衿優免七百七丁外查出實在鹽丁共三萬一千一百三丁半酌留二千名備修牆之用行差鹽丁二萬九千一百三丁半照依民丁門則徵納徭銀後於康熙十九年因雨壞池垣甚夥御史會寅

奏請再留鹽丁二千名專事禁垣雍正五年鹽政塞欽

題免鹽丁修牆之役雍正六年鹽政碩色於請留歲修

銀兩案內請將丁夫編入民籍而鹽丁永革矣

歸併

歸併者謂併六錠之畦歸　一人蓋一畦六錠原本一名而分限管業頂此名者每至三四人五六人不等零星混雜稽查難清惟六錠合一畦即隨之謂之歸併而坐商之籍乃清歸併後例得報部更名乃今司冊內往往的名已更而商名仍存其舊歷久相因如舊商范天錫名下畦地已於乾隆二十八九等年盡數歸併新商管業雖皆更註的名而范天錫舊名

仍在蓋緣歸併畦地歲所時有逐案咨部事涉煩瑣故多於司冊內聲註的名備案以歸簡易

按河東坐商數百家惟恃錠名以別系籍在昔鹽場射利之徒巧借錠名軟包地方今或畦不澆曬空買錠名以爲考試商學之地是錠名之有無關係匪輕故今遇有商人歸併之請先飭場員以察其由來復飭地方官以究其根底嚴查結報誠慮市棍潛踪壞我鹽法也

租粿

河東鹽法坐商得受運商銷價按限澆曬畦地以供運商之鹽其坐商中偶有一二散錠之商如實係無力澆曬准令呈明緣由或租於運商或租於同畦夥商蓋運商承辦引地例得廣行澆曬以資配運夥商有通力合作之義又畦屬公業不至以罔利壞畦故租稞無嫌嗣因市棍串通影射不惜重價賃畦收曬鹽觔既除工費復除賃本以致場價日昂運商辦運拮据乾隆四年署運同解州知州彭洙大加條議詳蒙鹽政批允嗣後賃畦澆曬之人並將畦賃人之坐

商及牙保俱照阻壞鹽法律科罪乾隆十七年鹽政薩哈岱飭司查照前案復嚴私租私稞之禁一經發覺鹽入官人坐罪厥後屢奉飭禁皆以防市棍之漁利而惡其抬價病商也

按租稞之在今日屯鹽射利之弊小包攬悞公之害大蓋自場價平減瘠薄之畦澆曬無利每有坐商甘將本畦出資帮貼於人以爲脫身之計而趨利無恥之徒恃其狡詐夤緣包攬名爲租稞實係帮貼一經到手百計抗延只知營私罔恤廢公兆奎洞悉其弊

力禁此風故遇有租稞之請概不准其更名稍有貽悞總惟本商是問而此輩遂無所售其奸矣

鹽料

明時堆鹽千引爲一料料各有臺位取畦北高阜爲之堆鹽其上防浸濕也舊制臺高二尺五寸長八丈八尺廣二丈四尺今從商便臺無度各視其畦産之多寡以爲基堆鹽成料上覆以茅外封以泥延環起伏望若蘧廬宋元設立鹽廒基長八十有一尺廣四之一高三尺上乃爲廒廒長基十之九廣減四之一

八廒聯覆必曝鹽極乾而貯之明時鹽頗漫生易置料臺今垣中仍有廒之名所以處治畦之工人而非昔日之藏鹽者矣

按每歲五月鹽花生結由場大使五日報司十日報院遇雨則停報第此時鹽在畦邊零星散貯猶未成料也迨八月停場各商盤鹽歸料積如高阜而欲知其多寡盈虛之數則準之以尺折方核計每名二萬八千八百觔如高五尺長一丈濶一丈為一名若高一丈長一丈濶一丈則兩名然而露積在池易滋消

耗故又定有出陳易新之例每歲

奏銷時隨本聲明前人之慮事至周矣

坐配

河東商分運坐坐商種鹽於池運商即買坐商之鹽以供配掣往時場價高昂難免坐商居奇之病偶值池鹽豐積近者易賣遠地之鹽欲求賤售而無主以致長年積壓坐商復不免偏枯之虞所以乾隆四十二年運使程國表遵

旨籌辦鹽務比照兩淮詳蒙鹽政瑺齡

奏准引畦不越之例各按運商所行之引分配坐商所曬之畦圖坐既定凡坐商澆曬畦地一切責成運商稽查結報如有私租私稞屯鹽射利等弊許坐畦之運商即時稟究所產鹽觔亦先儘坐畦運商照例配掣其產鹽有豐歉運鹽有多寡以及引地有額餘或有配坐不符之數亦准隨時具報通融辦理

按引畦不越所以防坐商之居奇且以免壓待之患法至善也今每歲春季仍由運司飭商闔坐畦地分晰註冊行場遵照然而歷久漸失其真不惟運商配

鹽不問所坐之畦在於何處卽坐商賣鹽亦莫知原坐之引在於何家蓋鹽色有好醜時價有低昂倘拘泥成例轉滋訟端故節年通融辦理運坐相安惟於報掣之時具稟聲明以副
奏案耳

坐商卷五終

河東鹽法備覽分目

運商卷六

招商
增價
加耗
均引
掣放
行銷
運程

失水補運

借運蘆鹽蒙鹽花馬池鹽

分別給票運鹽

改置年季商首

禁革州縣鹽規

扒票各式

河東鹽法備覽卷六

山西按察使兼管河東鹽務旹南蔣兆奎編輯

河東運學教授王鳳翽校字

陳思賢　王恒泰

商人王擴綋　范則質監刊

翟步雲　王繩中

運商

洪範八政以食爲先食不可一日缺鹽與五穀同河東鹽行三省認地住賣惟斯鹽也能賣斯地亦惟斯地也能食斯鹽然鹽不能無脛而自行坐商專事種

鹽力不足以致遠則所恃以轉輸無悞者全在運商以故運商之與民相需甚殷而其事可詳考焉

招商

歷代之鹽多官鬻者至宋遵范祥之議罷官自鬻一切通商然有入錢於榷貨務者則以課走京師有納芻粟爲開中者則以課走塞下而令運司招商即司入課自明之宏治中始維時鹽利倍增事生息者頗以解澤爲歸雖其間認退無常固難免於名姓之乘除而歷考載籍大約不離乎五百家者近是崇禎間

以鹽花不生商賈散亡歲課壓欠無抵御史姜思睿
奏行按丁食鹽計引定課之法令各屬照人丁之多寡納價領運以不能封課之商鹽分給戶口追戶口之鹽價用抵商逋而孰知法久弊生里棍包攬蠹胥勒索戶口不苦納價而苦領運遂有不勝其累者我
朝定鼎順治四年御史朱鼎延始以招商分引爲請招得商人張永盛等二十六名六年御史劉達又招商人馬興等二十三名至十年奉有鹽課不許派及戶口之

旨御史劉秉政運使陳喆極力招商又招得商人董教等一百一十餘名自此商數充足引課皆有商承認而戶口之派累悉除惟是河東商小力微或一家而有數十錠或一家而止有數錠甚且有一商名而數人朋充者在有地方之運商商運商銷猶可稍覓蠅頭而無地方之坐商封課領引勢不得不資小販以供運賣於是賒騙誆逃百弊叢生至康熙十八年池遭水患瘡孔盡露商乃大困二十七年運使蘇昌臣來主鹺計極力調劑嚴以汰販寬以裕商三省引地陸續

招商包運雍正五六年間土販盡革厥後商之興敗無常大約無力者告退有力者自行投認俱由鹽政察核准充從無舉報富戶之說自乾隆二十二十二等年連遭水祲商人紛紛告退投認無人二十五年鹽政薩哈岱

奏明在晉省太原汾州平陽等府屬舉報富戶充當人始視為畏途百計求免乾隆四十一年巡撫巴延三會同鹽政瑺齡

奏請招充鹽商倣照晉省銅商之例責成退商舉報五

年更換俾知息肩有日自必踴躍急公在作法之初立意未嘗不善然而歲歲招商年年更換逼省富戶不得安寧乾隆四十七年廵撫兼鹽政農起
奏請停止此例更定長商以爲一勞永逸之計先於現商中擇其殷實者酌留三十六家並令留商公同舉報新商二十四家頂辦退商引地如所舉不實卽將引地派令舉報之商公同認辦至家道消長本自靡常或别有事故虧耗財産則非舉報不實可比部議
覆准遵奉至今

按河東舊有供商名目乾隆三十三年巡撫彰寶奏明嗣後商遇消乏准令各商自擇殷實親友供辦不必官爲經理衆商稱便乾隆四十一年更定五年换商以瓜代有期無須更倩滋擾遂有飭禁之文至乾隆四十七年復立長商紀恩錄謂供商似可仍舊蓋運商承辦引地雖均引順路之後而口岸究有多寡不一或勢難兼顧則倩人經理事所必有况該正商偶有資本不敷之處則暫資供商之力辦鹽辦課未必無補於運務惟是供商名不登封納之册認退

無常所託匪人獘將百出所貴愼之於始而在官總

惟正商是問斯得之矣

增價現賣價值詳註三省各州縣運程條下

在昔商人運鹽三省以供民食成本之輕重視池産

之豐歉賣鹽價值長落隨時無一定也乾隆八年鹽

政吉慶以鹽價未經報部向聽商民與州縣官自爲

權衡議減議增稍有未協非虧商累課即抬價病民

請將現在三省商民允協之價通行造冊送部存案

遇有收成豐歉相懸必須變通者

奏明請

旨定奪其止一二州縣酌量增減者鹽政核實准行歲底

報部註冊部議應照兩淮運楚鹽價之例行令會同

三省巡撫秉公確查核定貴賤兩價具題到日再議

乾隆十年鹽政衆神保會同三省巡撫查明現賣價

值原係酌中核定商民相安若定貴賤兩價勢必於

現行賤價之外另定貴價一旦議增轉爲民累請即

以現在商民相安者作爲定價毋庸另議部覆准行

由是鹽有定價蓋就彼時現行賤價定爲長額嗣因

池鹽屢歉場價倍增費用運脚無不昂貴乾隆二十

一年鹽政西寧

奏請增價二釐部議准增一釐乾隆二十六年鹽政薩

哈岱

奏請又增一釐連前共增二釐仍各定限三年屆期察

看情形另行具

奏迨後節次

奏蒙展限乾隆四十七年復屆限滿之期雖池鹽屢獲

豐收場價亦稍平減而車騾脚價辛工火食一切無

不較前倍增以致商力難支巡撫兼鹽政農起奏
命調劑鹽務首以增價爲請除前增二釐之外更請增價
二釐併爲長額以紓商困經部議前次增價二釐閲
今二十餘年商民相安已久准作長額至新增二釐
照例試行三年如商力充裕仍請酌減是續增二釐
之價猶未敢期於永久也乾隆五十年限滿屆期運
使蔣兆奎以商力未裕議定長價詳蒙巡撫兼鹽政
伊桑阿據情入告奉
旨允准核之乾隆十年定價之初先後增價四釐

按晉人素稱善於經理何獨鹽務而遂視爲畏途蓋商人攜本經營必須稍覓蠅頭而始踴躍趨事河東商力竭蹶致病之由不一如紀　恩錄所云節浮費革陋規無非培養元氣之道而最大者在於運費不足成本日耗乾隆二十一年之後節經加價展限繼復定以長價商人之受
恩良多然而數載以來脚費繁重錢價平減在在不無虧折是又商情之所疾呼待命者也

加耗

河東鹽法量鹽以尺掣鹽以秤秤以十六兩爲準歷係院司核定秤式飭場遵照舊制每引支鹽二百觔雍正三年鹽政馬喀以河東鹽運三省車載驢馱盤山過渡折耗爲多特請加重二百四十觔爲一引是二百觔爲正鹽而四十觔即耗鹽也乾隆四十二年

運使程國表詳蒙鹽政瑺齡

奏請倣照兩淮鹵耗之例於五六七八等月每引加鹵

耗鹽五觔奉

旨准行乾隆四十九年巡撫兼鹽政農起以河東鹽多陸

運必待九月以後天晴路乾農隙脚賤之時方可源源掣運若定加耗於五六七八等月商人有加耗之名而未受加耗之益請將河東原定鹵耗改加於九十十一十二等月俾沾實惠部議允行今每歲九月一日由運司於三禁門各發小秤錘一枚按期懸掛加耗限滿繳司貯庫至於載鹽出場例用口袋一引分爲兩袋往時每袋除皮二觔半以一百二十觔爲鹽式其二觔半乃袋皮耳乾隆四十六年署運使繆其吉詳蒙鹽政批允以口袋新舊不一新者不過二

三觔舊者經用數次鹽鹵浸濕加以補綴有重至六七觔者酌中核定每袋除皮五觔今禁門秤式每袋淨鹽一百二十觔外加袋皮五觔遇加耗則每袋連皮一百二十七觔半

按康熙十七年因每引加課七分比照淮浙有按引加耗二十五觔之議商人情願加課而不加鹽是當年之情形多鹽而壅反不如少鹽爲易銷以視此日之鹽引暢銷而鹽式惟恐不多者大相徑庭矣

均引

河東引地分隸三省遠近不一美惡各殊黠商規避棄瘠留肥種種弊端不可枚舉向來各商承辦引目有自數十名至二百數十名不等者其中道路之間隔口岸之零星一商名下間有認行三省而口岸多至七八處者浮費繁多每至顧此失彼且承辦之多寡未必適符家貲之厚薄積弊因仍益滋虧累乾隆四十七年巡撫兼鹽政農起

奏准將三省引地分爲上中下三等搭配均勻俾免高下偏枯之弊是時河東通綱應行額餘引目共四千

八百六十八名三十八引内除唐縣官辦引二百五十一名六十一道外實計商辦引四千六百一十六名九十七道遵照原

奏核定上中下三等并酌順道路配作五十六分定爲五十六籤每籤以八十名爲率復於現商中權其力量等次量爲區别其家道最裕可辦雙籤者三商家道稍次可辦半籤者十商久諳鹽務自不願退合辦一籤者三商其餘留商二十家家道相倣同現報新商二十四家各令當堂掣認一籤以昭公允搭配既

定將來偶有一二乏退之商總以此日鬮定之原籤爲後日接辦之定額其承辦雙籤之商或有力難兼顧告退一籤者亦必出其原掣兩籤之引地與接商公同鬮掣不得任意指地求退以開取巧之漸所有半籤引地本由一籤內分撥而出如遇兩商並退仍可歸併一籤無庸另搭至所配之籤間有格於口岸多寡參差數名者亦無庸瑣瑣再行拆配致使口岸零星轉難照應咨部覆准永遵不易謹將派定籤目附後

雙籤三商

一鳳臺縣額引四十八名六十三引

代銷額引五名三十九引

翼城縣額引六名九十二引

安邑縣額引三名六十八引

永濟縣額引一十八名六十引

又鳳臺縣額引四十八名六十二引

代銷額引五名四十引

翼城縣額引六名九十二引

安邑縣額引三名六十八引

永濟縣額引一十八名六十引

以上雙籤共引一百六十五名四十四引現商尉世隆

一鄧州額引二十五名二十九引代銷額引八十九引餘引五十八名三十引

又陝州額引一十一名一百六引代銷額引一百引餘引三十九名

淳化縣額引八名六十五引

臨晉縣額引二十二名七十引

以上雙籤共引一百六十七名九引現商王恒泰

乾隆四十九年鄧州續加餘引四十六名八十引不在籤數

一潼關廳額引六十八引代銷額引八十二引餘引二十六名一十六引

商州額引五名六十六引代銷額引七十一引餘引三十二名

雒南縣額引五名一十五引代銷額引五引餘引三名

商南縣額引一名八十五引代銷額引五引餘引三名

三水縣額引五名一十五引

又潼關廳額引六十八引代銷額引八十一引餘引二十六名一十六引

商州額引五名六十六引代銷額引七十一引餘引三十二名

山陽縣額引二名六十八引代銷額引五引餘引三名

邠州額引一十一引名八十三引

以上雙籤共引一百六十六名四十六引現商陳

寧泰乾隆四十九年潼關廳續加餘引三十五名商州續加餘引十五名雒南續加餘引十名不在籤數

單籤四十四商

一南名縣額引五名九十八引代銷額引十六引餘引一十七名

登封縣額引二十六名七引代銷額引六十二引餘引二十九名四十引

以上單籤共引七十八名一百三引現商郭世濟

乾隆四十九年南名續加餘引一十五名不在籤數

唐縣額引四十名一百七引代銷額引一名七十四引餘引二百九名

以上共引二百五十一名六十一引此項引地例係官辦責商

經理現歸郭世濟經手

一潞城縣額引二十九名九十四引代銷額引一十八引餘引二十四名一十引

洪洞縣額引一十一名

安邑縣額引三名七十引

靈石縣額引一十二名四十六引代銷額引七十二引

以上單籤共引八十一名七十引現商祁天興

一沁陽縣額引二十七名五十六引代銷額引七十引餘引五十五名一百引

以上單籤共引八十三名一百六引現商馬萬綏

一淅川縣額引一十五名五十四引餘引三十四名六十引

三原縣額引二十九名一百七引代銷額引二十引餘引三名

以上單籤共引八十三名一引現商雒信誠乾隆四十九年淅川續加餘引三十名不在籤數

一盧氏縣額引四名九十二引代銷額引二十四引餘引五十四名九十五引

解州額引二十八名四十引

以上單籤共引八十八名一十一引現商范天德

一長治縣額引四十八名八十引代銷額引四十引餘引一十三名六十五引

洪洞縣額引一十二名

安邑縣額引四名一十八引

汾西縣額引四名五引代銷額引九十九引餘引五十引

以上單䇿共引八十三名一百一十七引現商郭

四䇿

一韓城縣額引二十五名七十五引代銷額引一百八引

咸寧縣額引三十三名六十七引代銷額引一名八十四引餘引二十六名三十引

以上單䇿共引八十八名四引商人應承豐今革退責令公保尉世隆等代辦

一洛陽縣額引一十八名七十九引代銷額引七十八引餘引九名

澠池縣額引一十名九十五引代銷額引一名六引餘引四十二名

以上單籤共引八十二名一十八引現商張合承

一孟津縣額引八名一百一十三引代銷額引一十九引餘引二十四名

虞鄉縣額引一十二名一百四引代銷額引三十四引

閿鄉縣額引三十二名六十五引

以上單籤共引七十八名九十五引現商杜萗陽

一絳州額引四十三名六十七引代銷額引七十引餘引一十名五十引

稷山縣額引二十八名一十二引

以上單籤共引八十二名七十九引現商梁聯泰

一渭南縣額引六十二名六引

高陵縣額引一十五名三十二引餘引六名

以上單籤共引八十三名三十八引現商張三益

一陽城縣額引二十一名六十三引代銷額引一十九引餘引一十八名六十引

翼城縣額引五名二引

安邑縣額引二名八十引

臨汾縣額引三十五名三引代銷額引六十八引

以上單籤共引八十三名五十五引現商李同義

一長安縣額引二十九名一十一引代銷額引一名一十五引餘引二十四名三十引

醴泉縣額引二十二名二十五引

以上單籤共引七十六名八十一引現商徐三益

一鄠　縣額引一十四名一百五引代銷額引一名一百一十三引餘引三十四名

大荔縣額引二十五名七十五引代銷額引三引餘引七名一十引

以上單籤共引八十三名六十六引現商王益泰

一魯山縣額引一十二名一十引代銷額引四十八引餘引二十八名六十引

華陰縣額引一十七名五十六引代銷額引五十一引餘引二名六十引

郃陽縣額引一十四名七十四引代銷額引五十八引

伊陽縣額引二名餘引七名

以上單籤共引八十五名五十七引現商聯名郭

晉省

一永寧縣額引八名八十一引代銷額引五十三引餘引三十二名

葉縣額引一十八名四十八引代銷額引三十二引餘引二十一名

以上單籤共引八十名九十四引現商劉阜和

一長治縣額引四十八名七十九引代銷額引四十一引餘引一十三名六十五引

洪洞縣額引一十二名

安邑縣額引四名一十八引

汾西縣額引四名四引代銷額引一百引餘引五十引

以上單籤共引八十三名一百一十七引現商張

萬全

一沁水縣額引一十七名一百一十二引代銷額引六十五引餘引一十名八十引

陵川縣額引三十九名九十七引

翼城縣額引九名一百一十八引代銷額引三十二引餘引一名一十五引

安邑縣額引三名二十三引

以上單籤共引八十三名六十二引現商呂中孚

一長子縣額引四十九名五十九引

洪洞縣額引一十名

安邑縣額引二名九十一引

永濟縣額引一十八名六十二引

蒲　縣額引二名四十七引

以上單籤共引八十三名一十九引現商張同興

一長安縣額引二十九名一十引代銷額引一名一十五引餘引二十四名三十引

武功縣額引一十二名五十六引代銷額引八十一引餘引一十一名一百一十引

以上單籤共引七十九名六十二引現商郭九如

一興平縣額引一十七名一十引代銷額引七十六引餘引一十二名

涇陽縣額引四十八名一十五引代銷額引六引餘引五名

以上單籤共引八十二名一百七引現商劉公和

一高平縣額引三十八名一百七引

翼城縣額引四名九十五引

安邑縣額引二名七十引

曲沃縣額引三十五名二引

以上單籤共引八十一名三十四引現商郭三美

一垣曲縣額引八名一百一十六引代銷額引一名一十一引餘引一十名

聞喜縣額引三十五名二引

絳縣額引二十八名九十四引代銷額引二名六十五引餘引一名三十引

以上單籤共引八十七名七十八引現商賈居易

一襄垣縣額引三十六名四十三引餘引三名

黎城縣額引二十三名三十四引

洪洞縣額引一十四名五十八引

安邑縣額引三名一百一十四引

以上單籤共引八十一名九引現商郭八元

一高平縣額引三十八名一百七引

翼城縣額引四名九十五引

安邑縣額引二名七十引

曲沃縣額引三十五名三引

以上單籤共引八十一名三十五引現商吳順承

一藍田縣額引二十六名一十六引代銷額引八十九引餘引一十名四十引

蒲城縣額引四十四名九十八引

以上單籤共引八十二名三引現商王恩盈

一華州額引二十七名三十四引代銷額引六十八引餘引六名八十引

富平縣額引四十四名八十七引代銷額引二十九引

以上單籤共引七十九名五十八引現商梁四元

一鎮平縣額引四十名一十六引餘引七名七十八引

伊陽縣額引四名三十一引代銷額引五十引餘引三十名六十引

以上單籤共引八十二名一百一十五引現商楊

鑪霓

一鎮安縣額引二名四十七引代銷額引一百八引餘引二十三名三十引

安康縣額引七名二十九引代銷額引九十八引餘引二十二名

平利縣額引一十引

石泉縣額引二名一十八引

洵陽縣額引三名五十引

漢陰縣額引三名五十引

紫陽縣額引一百三引

白河縣額引十二引

白水縣額引九名七十引代銷額引三十三引餘引二名六十引

以上單籤共引七十八名一百一十八引現商喬

應昌

一臨潼縣額引三十二名五十五引代銷額引一百一十三引餘引八名

朝邑縣額引四十二名一十八引代銷額引三十引

以上單籤共引八十三名九十六引現商張復來

一咸寧縣額引三十三名六十六引代銷額引一名八十四引餘引二十六名三十引

澄城縣額引二十三名一百一十引

以上單籤共引八十五名五十引現商行公順

一盩厔縣額引一十四名一百一引代銷額引一名五十六引餘引一十九名九十引

郃陽縣額引一十四名七十三引代銷額引五十七引餘引六名七十引

咸陽縣額引一十九名五十五引代銷額引三十七引餘引三名

以上單籤共引八十名五十九引現商阮恒隆

一盩厔縣額引一十四名一百一引代銷額引一名五十六引餘引一十九名九十引

郃陽縣額引一十四名七十三引代銷額引五十八引餘引六名七十引

同官縣額引二名一百一十九引代銷額引一十八引餘引三名六十引

耀州額引七名二十引代銷額引三引餘引五名

以上單籤共引七十六名六十八引現商董文郁

一南陽縣額引三十三名四十七引代銷額引五十七引餘引二十五名

襄城縣額引一十八名九十六引代銷額引一十八引餘引七名三十引

以上單籤共引八十五名八引現商武通順乾隆四十九年南陽續加餘引十五名不在籤數

一桐柏縣額引六名五十三引代銷額引八十四引餘引四十二名六十引

夏縣額引三十二名九十七引

以上單籤共引八十二名五十四引現商孫慶餘

一鄧州額引二十五名二十八引代銷額引八十九引餘引五十八名三十引

以上單籤共引八十四名二十七引現商温和合

一內鄉縣額引二十四名一引代銷額引四十五引餘引三十七名五十引

寶豐縣額引六名二十三引代銷額引四十二引餘引一十五名

以上單籤共引八十三名四十一引現商吳三和

一新野縣額引一十四名一十五引餘引二十二名八十引

平陸縣額引一十名三十引代銷額引一名八十引

河津縣額引二十五名七十五引代銷額引八十引餘引四名一百引

以上單籤共引七十九名一百引現商雷廣興

一新野縣額引一十四名一十四引餘引二十二名八十引

萬泉縣額引一十三名二十九引

趙城縣額引二十九名一百七引代銷額引三十四引

以上單籤共引八十名二十四引現商宋順成

一裕州額引一十一名五十七引代銷額引一百七引餘引五十七名七十引

猗氏縣額引一十四名一百五引

以上單籤共引八十四名九十九引現商冀雙合

一汝州額引三十四名九十七引代銷額引四十九引餘引三十四名四十引

霍州額引九名九十九引代銷額引二名一十二引

以上單籤共引八十一名五十七引現商牛元吉

一嵩　縣額引一十五名一十二引代銷額引三十七引餘引二十八名

　鞏　縣額引一十四名一百八引代銷額引四十七引餘引二十四名二十引

　以上單籤共引八十二名一百四引現商王公悅

一靈寶縣額引四十六名一百三引餘引一十八名

　芮城縣額引一十八名四十四引代銷額引五十一引

　以上單籤共引八十三名七十八引現商張恩錫

一偃師縣額引二十二名五十九引代銷額引三十六引餘引二十一名六十引

　岳陽縣額引五名九十七引代銷額引三十一引餘引六名一百一十引

　浮山縣額引九名九十九引代銷額引一十九引餘引五名

吉州額引四名八十四引

以上單籤共引七十六名一百一十五引現商閻

六合

一宜陽縣額引五名八十三引代銷額引三十一引餘引三十九名

新安縣額引七名一十一引代銷額引九十二引餘引二十九名

以上單籤共引八十一名九十七引現商楊汲長

半籤十商

一乾州額引二十三名八十八引代銷額引七十七引餘引五名一十引

永壽縣額引三名六十四引代銷額引八引

以上半籤共引三十三名七引現商毛天裕

一太平縣額引三十六名八十七引代銷額引一名三十六引餘引六名

鄉寧縣額引五名三十五引代銷額引八十六引

以上半籤共引五十名四引現商楊崑玉

一洛陽縣額引一十八名七十八引代銷額引七十九引餘引二十四名

以上半籤共引四十三名三十七引現商程保全

一郟縣額引二十六名八引代銷額引二十三引餘引一十三名一十引

以上半籤共引三十九名四十一引現商梁德全

一陽城縣額引二十一名六十二引代銷額引二十引餘引一十八名六十引

翼城縣額引五名二引

安邑縣額引二名八十引

以上半籤共引四十七名一百四引現商景昌源

一臨汾縣額引三十五名二引代銷額引六十八引

以上半籤共引三十五名七十引現商牛敦裕

一壺關縣額引三十六名四十四引代銷額引二十四引

洪洞縣額引八名

安邑縣額引二名九十引

以上半籤共引四十七名三十八引現商邢恒升

一滎河縣額引二十三名七引代銷額引二引餘引九名一百引

以上半籤共引三十二名一百九引現商沈祥泰

一屯留縣額引二十五名六十五引餘引六名九十引

洪洞縣額引三名六十引

安邑縣額引二名

以上半籤共引三十七名九十五引現商龔文和

一襄陵縣額引四十五名八十四引

以上半籤共引四十五名八十四引現商白復義

按鹽務爲較利之場多寡惟患不均今每籤定以八

十名爲率而且量其肥瘠附近比搭從此引地適均口岸畫一誠爲不易之良規顧可久者籤目之均派而難強者商力之肩承即如應永豐一商轉瞬蕩然是其明驗紀

恩錄內載此次定立長商惟不限以五年更換之期非謂一經充商不許消乏即消乏亦不准告退故知引可均而商不可長惟期接充者守此成規以永除偏枯之病云爾

製放

河東鹽法在昔商人納課一錠支鹽二十車嗣以鹽

多引壅告減八車只支十二車此其顛末無考而說見於康熙御史郝惟謙請除加課疏中

國初商人納課一錠支在池畦鹽一百五十引是時引價三錢二分有奇自順治十三年每引定價三錢九分八釐有奇引價增而引數減每錠應支鹽一百二十引零一百一十六觔十二兩八錢除零鹽難於給引例不隨錠配掣外每錠仍以一百二十引爲正額

舊制三場掣鹽每月掣各三次中三東六西九至期每商一名放鹽十二車仍罄一百二十引之數先後

依次無容紊越蓋當日坐商守場賣鹽外來土販人數碎雜非分限輪轉易啟幸心迨三省引地皆有運商包認整齊躉發不比土販之必待輪限雍正六年詳定在中者中出在東者東出在西者西出不立轉限隨時掣支衆商稱便今掣鹽之法商人在司領引出庫引目先搨省縣扒復每名請領鹽政門票一張運使坐監票十二張迨引票俱齊定期放鹽先一日由場大使預報放鹽數目臨期由運使籤差運商一名赴該禁門監收籌票謂之監商至掣鹽之日商人

持引票到門除門票例由商人於掣鹽時投場轉繳外每車一輛給引十道隨給坐監票一張車戶擕至料所眼同坐商按引裝鹽即將坐票轉付坐商收繳鹽車到門引目仍揚門扒乃以監票呈明該大使鈐記驗放並領木籌照出禁門籌票俱交監商收繳此時車戶惟以引照鹽載赴應卸之店交收每名載鹽十二車合引一百二十道每車二十袋合引十道一引配鹽二袋每袋一百二十觔爲正額中禁門卸店於運城東西兩門外東禁門卸店於安邑縣南門外

西禁門卸店於解州城內

按律載起運官鹽每引照額定觔數爲一袋並帶額定耗鹽經過批驗所依數掣摯秤盤但有夾帶餘鹽同私鹽法若越過批驗所不經掣摯闗防者押回盤驗河東掣放皆由禁門不能越過但摺角乾扒重複影射以及車戸夾帶嘴鹽弊竇種種全在司掣之員隨時查察舊係三分司秤掣分司裁事歸大使乾隆十三年

奏准運同有監掣之責而掣務益加慎重矣

附店口

在昔店家開設店口商人出給房資卸鹽運發嗣因商夥串通店家竊賣鹽觔或店家自行盜賣將店家革除令商人自行立店卸發以杜積弊如有更易稟明批查取保存案迨後商人屢易其中不無仍用店家者復行暗包滋事乾隆三十年運使吳雲從議請仍令各商照例自行立店或一店數家出具同店保結一家行私同店連坐仍將立定店名編號列名造冊送查其唐縣之小販一例遵辦然自節經換商之

後復有兼用店家者今從商便

附車戶

河東車戶裝載商鹽向有商人自備之車有附近居民之車惟是車戶之弊非特躭遲悞賣抑且零星拆掣便於影射前志載應將三門車戶開明住址隣保每車給牌印烙登冊商人報掣即於報單書明車戶姓名報掣一名即於本日掣完不得報多掣少零星影射今車由商僱引目皆註車戶姓名仍於每歲首由場大使造具車戶花名冊送監掣衙門備查

行銷

唐以前行鹽未定界也唐柳宗元言西出秦隴南過樊鄧北極燕代東逾周宋崔敖則言止於中州濟於橫汾爰距隴坂東下京鄭而抵於宛皆以指唐之行鹽幅員而言也後周世宗以食末鹽之地販私多於顆鹽乃割曹宋以西十餘州令食解鹽宋熙寧間令河南北曹濮以西秦鳳以東皆食解鹽是解鹽直行秦豫而不言晉地者以晉爲池鄉在所不必言也明洪武間定課河東會典所載行鹽地方陝西省則西

安漢中延安鳳翔四府河南省則歸德懷慶河南南陽汝寧五府暨汝州全屬山西省則平陽潞安二府澤沁遼三州嘉靖二十七年議惟汝州所屬四縣行河東鹽其餘十三州縣兼行河東並淮北之鹽嘉靖三十一年議淮河東鹽法引目增入太原大同字樣行令二府一例行鹽隆慶四年令河南南陽府所屬鄧唐十二州縣改鑄銅板仍屬河東行鹽地方其漢中延安二府改食池鹽所謂池鹽者乃陝西花馬池鹽自解池改回也萬歷十六年將開歸二府改隸山

東長蘆四十一年鳳翔府屬改食花馬小池仍在河東納課領引是河東行鹽之幅員自此稍減矣

國朝順治二年始定河東鹽法本年巡鹽御史劉今尹以申明轄屬　題稱陝西之平凉慶陽乃食花馬小池之鹽山西太原汾州乃食本地土鹽舊皆河東所轄以其與河東相近也若河南之汝寧府逼近淮境係食淮鹽陝西臨洮鞏昌係食西河漳鹽皆有該管衙門舊非河東所轄以與河東有二千里之懸隔也祈照成規將太汾二府并陝西之平慶二府行臣督

理其食淮鹽之汝寧仍歸轄兩淮食西河漳鹽之臨鞏仍歸轄甘肅部議允行康熙十年御史布舒疏請汾州七縣俱食本地土鹽獨有石樓一縣行銷解鹽道理阻長行運維艱照改土鹽商民兩便部議准其改食以商行引課改爲縣徵鹽稅先是康熙四年懷慶民人以行銷解鹽爲累請照開歸之例改食蘆鹽經三省督撫會議商運商銷永不累民事遂未行至康熙二十四年河南巡撫王日藻復以懷慶改食蘆鹽爲請部議覆准是解鹽之幅員又加蹙矣乾隆三

十三年巡撫富明安以隰州暨所屬大寧永和二縣向俱行銷河東池鹽但地處萬山之中車輛不通輓運艱難鄉民又苦價貴援照石樓之例情願就近改食土鹽部議准行引課歸入丁糧而解鹽之幅員益減此河東歷代行銷之更革也今現行山西則平蒲澤潞四府屬解絳霍三州屬並隰州屬之蒲縣陝西則西同興三府屬商乾二州屬邠州暨所屬之三水淳化二縣河南則河南南陽二府屬陝汝二州屬並許州屬之襄城縣共實行鹽州縣一百一十九處加

以納稅各州縣則爲一百七十二處矣

按宋熙寧中患蜀井鹽不可禁欲盡實私井而運解鹽以足之沈括以爲不可遂寢九年劉佐入蜀歲運解鹽十萬席未幾罷之此亦解鹽行銷之所及然而道途險阻一時之偶然而未可垂訓也

運程附鹽價

淮浙等處運鹽定有水程河東惟陝西咸寧等三十三州縣並河南之閿鄉縣乾隆十九年

奏明定有水程其餘皆係陸程脚戶繞道逗遛越境盜

賣有虧商本察其病根良由行無定程亦無定限前志將三省州縣各停路程核其道里定以時日刊刻程單給付脚戶船戶牛車日行約三十里驢騾日行約五十里船行亦每日約五十里枉道逗遛所過地方不許容隱鹽到地方所在有司驗明運票若有盜賣懲期按法究治謹將程限之遠近分晰具列於後而鹽價之多寡即因以附見焉

山西省

臨汾縣計程三百一十里限六日到每鹽一斗重二十觔定價二錢六分

自運城三十里至陶村三十里至水頭二十里至小郭店二十里至聞喜縣三十里至東鎮三十里至隘口二十里至侯馬驛三十里至高縣鎮二十里至蒙城驛四十里至趙曲鎮四十里至臨汾縣

洪洞縣計程三百七十里限七日到每鹽一觔定價一分三釐五毫

自運城三百一十里至臨汾縣路同臨汾四十里至陽曲鎮二十里至洪洞縣

汾西縣計程四百八十里限八日到每鹽一斗重二十觔定價三錢三分

自運城三百一十里至臨汾縣路同臨汾四十里至陽曲鎮二十里至洪洞縣三十里至趙城縣轉脚二十里至水閆鎮四十里至僧念鎮二十

里至汾西縣

岳陽縣計程四百二十里限七日到每鹽一觔定價一分六釐

自運城三百一十里至臨汾縣路同臨汾五十里至曲亭鎮轉脚三十里至蘇堡三十里至岳陽縣

曲沃縣計程二百一十里限三日到每鹽一斗重二十觔定價二錢四分八釐

自運城三十里至陶村三十里至水頭二十里至小郭店二十里至聞喜縣三十里至東鎮三十里至隘口二十里至侯馬驛三十里至曲沃縣

翼城縣計程二百六十里限四日到每鹽一觔定價一分四釐

自運城三十里至陶村三十里至水頭二十里至小郭店二十里至聞喜縣三十里至東鎮三十里至隘口二十里至侯馬驛三十里至曲沃縣三十里至樊店二十里至翼城縣

浮山縣計程三百三十里限六日到每鹽一斗重二十二觔定價三錢八釐

自運城二百六十里至翼城縣路同翼城此處轉脚四十里至東張三十里至浮山縣

太平縣計程二百四十里限四日到每鹽一斗重十九觔定價二錢四分六釐

自運城三十里至陶村三十里至水頭二十里至小郭店二十里至聞喜縣四十里至蘭村三十里至絳州三十里至王師庄四十里至太平

縣

襄陵縣計程二百九十里限六日到每鹽一斗重二十觔定價二錢六分

自運城三十里至陶村三十里至水頭二十里至小郭店二十里至聞喜縣三十里至東鎮三十里至監口二十里至侯馬驛三十里至高縣鎮二十里至蒙城驛四十里至趙曲鎮二十里至襄陵縣

鄉寧縣計程四百七十里限八日到每鹽一斗重二十觔定價三錢六分

自運城三十里至相裡四十里至皇甫村四十里至李望村四十里至河村三十里至樓底轉腳七十里至喜村七十里至衛壁七十里至寬水峪八十里至鄉寧縣

吉州計程三百二十里限五日到每鹽一斗重二十四觔定價三錢五分六釐

自運城二十里至相裡四十里至皇甫村四十里至李望村四十里至河村三十里至樓底轉腳四十里至西坡村三十里至金城嶺二十里至寬井河三十里至三侯村二十里至吉州

霍州計程四百五十里限八日到每鹽一斗重二十觔定價三錢二分

自運城三十里至陶村三十里至水頭二十里至小郭店二十里至聞喜縣三十里至東鎮三十里至隘口二十里至侯馬驛三十里至高縣鎮二十里至蒙城驛四十里至趙曲鎮四十里至臨汾縣四十里至陽曲鎮二十里至洪洞縣三十里至趙城縣轉腳三十里至辛置鎮二十

里至霍州

靈石縣計程五百五十里限九日到每鹽一斗重二十四觔定價三錢九分六釐

自運城四百五十里至霍州轉郷路程俱同霍州三十里至史庄三十里至仁

義四十里至靈石縣

趙城縣計程四百里限七日到每鹽一斗重二十觔定價二錢八分

自運城三十里至陶村三十里至水頭二十里至小郭店二十里至聞

喜縣三十里至東鎮三十里至監口二十里至侯馬驛三十里至高縣

鎮二十里至蒙城驛四十里至趙曲鎮四十里至臨汾縣四十里至陽

曲鎮二十里至洪洞縣三十里至趙城縣

永濟縣計程一百四十里限二日到每鹽一觔定價一分一釐南鄉永樂二鎮定價一分二釐

自運城四十里至解州四十里至虞鄉縣三十里至庄子二十里至孟明橋十里至永濟縣

臨晉縣計程八十五里限一日到每鹽一斗重一十八觔定價一錢九分二釐

自運城二十里至大張三十里至王遼二十里至樊橋驛十五里至臨晉縣

虞鄉縣計程八十里限一日到每鹽一觔定價一分

自運城四十里至解州四十里至虞鄉縣

榮河縣計程一百五十里限二日到每鹽一斗重二十觔定價二錢二分

自運城三十里至楚胡二十里至荆華十里至猗氏縣三十里至坡

兒里四十里至孫計二十里至榮河縣

萬泉縣計程一百一十里限二日到每鹽一斗重二十觔定價二錢二分

自運城三十里至相裡二十里至中臣二十里至楊里村十里至河

所十里至七里庄二十里至萬泉縣

猗氏縣計程六十里限一日到每鹽一觔定價一分一釐

自運城三十里至楚胡二十里至荆華十里至猗氏縣

解州計程四十里限一日到每鹽一觔定價九釐

自運城四十里至解州

安邑縣計程十五里限一日到
每鹽一觔定價九釐
自運城十五里至安邑縣

夏縣計程六十里限一日到
每鹽一觔定價一分
自運城三十里至裴界三十里至夏縣

平陸縣計程一百零五里限二日到
每鹽一觔定價一分一釐
自運城三十里至東郭鎮十五里至張店三十里至八政三十里至平陸縣

芮城縣計程一百二十里限二日到每鹽一觔定價一分一釐五毫
自運城四十里至解州四十里至朱呂鎮四十里至芮城縣

絳州計程一百七十里限三日到每鹽一觔定價一分三釐

自運城三十里至陶村三十里至水頭二十里至小郭店二十里至聞喜縣四十里至蘭村三十里至絳州

垣曲縣計程三百一十里限五日到每鹽一斗重十六觔定價二錢一分四釐

自運城三十里至陶村三十里至水頭二十里至小郭店二十里至聞喜縣三十里至東鎮三十里至橫水鎮十里至桃園八十里至垣曲縣轉脚七十里至垣

聞喜縣計程一百里限二日到每鹽一觔定價一分一釐

自運城三十里至陶村三十里至水頭二十里至小郭店二十里至聞

喜縣

絳　縣計程一百九十里限四日到每鹽一斗重二十二觔縣治定價二錢六分八釐橫水鎮定
價二錢五分八釐郇吉交績
二鎮定價二錢七分八釐

自運城三十里至陶村三十里至水頭二十里至小郭店二十里至聞喜縣三十里至東鎮三十里至橫水三十里至絳縣

稷山縣計程一百六十里限三日到每鹽一斗重二十觔定價二錢四分

自運城三十里至相裡二十里至中臣二十里至楊裡村十里至河所十里至七里庄十五里至車店二十五里至汾河三十里至稷山縣

河津縣計程一百三十五里限二日到每鹽一斗重二十一觔定價二錢六分四釐

自運城三十里至相裡四十里至皇甫村四十里至李望村二十五里

至河津縣

蒲縣計程四百六十里限八日到每鹽一斗重二十定價三錢八分

自運城三十里至陶村三十里至水頭二十里至小郭店二十里至聞喜縣三十里至東鎮三十里至隘口二十里至侯馬驛三十里至高縣鎮二十里至蒙城驛四十里至趙曲鎮四十里至臨汾縣西關轉腳二十里至劉村鎮七十里至黑龍關二十里至化樂鎮四十里至蒲縣

長治縣計程六百九十里限十二日到每鹽一觔定價二分二釐

自運城三十里至陶村三十里至水頭二十里至小郭店二十里至聞喜縣三十里至東鎮三十里至監口二十里至侯馬驛三十里至高縣鎮二十里至蒙城驛四十里至趙曲鎮四十里至臨汾縣五十里至曲亭鎮轉郿三十里至古羅二十里至堯店二十里至朱家窰二十里至草峪嶺四十里至富城三十里至勞遥二十里至艮馬二十里至邊寨四十里至豐義四十里至鮑店五十里至長治縣

長子縣計程六百九十里限十二日到每鹽一觔定價二分二釐

自運城六百四十里至鮑店轉郿路程俱同長治五十里至長子縣

屯留縣計程七百里限十二日到每鹽一觔定價二分二釐

自運城六百四十里至鮑店轉脚路程俱同長治六十里至屯留縣

襄垣縣計程七百七十里限十三日到每鹽一觔定價二分二釐

自運城六百四十里至鮑店轉脚路程俱同長治一百三十里至襄垣縣

潞城縣計程七百八十里限十三日到每鹽一觔定價二分二釐

自運城六百四十里至鮑店轉脚路程俱同長治一百四十里至潞城縣

壺關縣計程七百五十里限十三日到每鹽一觔定價二分二釐

自運城六百四十里至鮑店轉脚路程俱同長治一百一十里至壺關縣

黎城縣計程八百四十里限十四日到每鹽一觔定價二分二釐

自運城六百四十里至鮑店轉脚路程俱同長治二百里至黎城縣

鳳臺縣計程五百九十里限十日到每鹽一觔定價二分

自運城三十里至陶村三十里至水頭二十里至小郭店二十里至聞喜縣三十里至東鎮三十里至隘口二十里至侯馬驛三十里至曲沃縣三十里至樊店二十里至翼城縣轉脚二十里至北撖二十里至龍華四十里至王寨三十里至沁水縣二十里至富店三十里至劉村五十里至小城三十里至陽城九十里至鳳臺縣

高平縣計程六百八十里限十一日到每鹽一觔定價二分五毫

自運城五百九十里至鳳臺縣轉脚路程俱同鳳臺九十里至高平縣

陵川縣計程七百里限十二日到每鹽一觔定價二分一釐

自運城五百九十里至鳳臺縣轉郿路程俱同鳳臺二十里至王臺舖二十里至高都二十里至附城五十里至陵川縣

沁水縣計程三百七十里限六日到縣治固鎮鄭庄三處每鹽一觔定價一分七釐端氏武安二處每鹽一觔定價一分八釐

自運城三十里至陶村三十里至水頭二十里至小郭店二十里至聞喜縣三十里至東鎮三十里至監口二十里至侯馬驛三十里至曲沃縣三十里至樊店二十里至翼城縣轉郿二十里至北撖二十里至龍華四十里至王寨三十里至沁水縣

陽城縣計程五百里限九日到每鹽一觔定價一分九釐

自運城三百七十里至沁水縣轉廊路程俱同沁水二十里至富店三十里至

劉村五十里至小城三十里至陽城縣

陝西省陝省鹽路由下馬頭黃龍鎮夾馬口上船由來已久而前志運程內失載夾馬口今照乾隆五十五年詳議路程分別改載共原案節略附奏疏門

咸寧縣計程五百七十里限二十四日到每鹽一斗重二十五觔定價三錢六分

自運城四十里至赤社二十五里至客頭四十里至東張十里至夾馬口五里至黃河口上船一百里至三河口二百九十里至草灘起旱六十里至咸寧縣

長安縣計程五百七十里限二十四日到每鹽一斗重二十五觔定價三錢六分

自運城四十里至赤社二十五里至客頭四十里至東張十里至夾馬口五里至黃河口上船一百里至三河口二百九十里至草灘起旱六十里至長安縣

咸陽縣計程六百一十里限二十八日到每鹽一斗重二十五觔一十四兩二錢八分定價三錢八分

自運城四十里至赤社二十五里至客頭四十里至東張十里至夾馬口五里至黃河口上船一百里至三河口四十里至華陰縣七十里至華州五十里至渭南縣五十里至交口五十里至新豐鎮三十里至臨潼縣五十里至西安府五十里至咸陽縣

興平縣計程六百六十里限二十八日到每鹽一斗重二十七觔定價四錢八釐

自運城四十里至赤社二十五里至客頭四十里至東張十里至夾

馬口五里至黃河口上船一百里至三河口三百九十里至咸陽縣

起旱二十五里至馬抱泉二十五里至興平縣

臨潼縣計程四百七十里限十七日到每鹽一斗重二十六觔定價三錢六分四釐

自運城四十里至赤社二十五里至客頭四十里至東張十里至夾

馬口五里至黃河口上船一百里至三河口二百里至臨潼凌口

起旱五十里至臨潼縣

高陵縣計程四百七十里限十三日到每鹽一斗重二十五觔定價三錢四分

自運城四十里至赤社二十五里至客頭四十里至東張十里至夾馬口五里至黃河口上船一百里至三河口四十里至華陰縣七十里至華州五十里至渭南縣五十里至交口起旱四十里至高陵縣

鄠縣計程六百五十里限二十六日到每鹽一斗重二十五觔定價三錢六分

自運城四十里至赤社二十五里至客頭四十里至東張十里至夾馬口五里至黃河口上船一百里至三河口一百一十里至華州五十里至渭南縣五十里至交口五十里至新豐鎮八十里至草灘起旱九十里至鄠縣

藍田縣計程五百七十里限二十二日到每鹽一斗重二十五觔定價三錢七分

自運城四十里至赤社二十五里至客頭四十里至東張十里至夾
馬口五里至黃河口上船一百里至三河口二百五十里至李家嘴
兒起旱四十里至洪慶三十里至新街鎮三十里至藍田縣

涇陽縣計程五百四十里限十四日到每鹽一斗重二十五觔定價三錢五分
自運城四十里至赤社二十五里至客頭四十里至東張十里至夾
馬口五里至黃河口上船一百里至三河口二百一十里至交口起旱
四十里至高陵縣二十里至羅家店三十里至永樂鎮二十里至涇陽
縣

三原縣計程五百里限十三日到每鹽一斗重二十五觔定價三錢五分

自運城四十里至赤社二十五里至客頭四十里至東張十里至夾馬口五里至黃河口上船一百里至三河口二百一十里至交口起旱四十里至畢西鎮三十里至三原縣

盩厔縣計程七百三十里限三十日到每鹽一斗重二十五觔定價三錢八分

自運城四十里至赤社二十五里至客頭四十里至東張十里至夾馬口五里至黃河口上船一百里至三河口三百九十里至咸陽縣起旱九十里至終南三十里至盩厔縣

渭南縣計程三百八十里限十日到每鹽一斗重二十五觔定價三錢五分

自運城四十里至赤社二十五里至客頭四十里至東張十里至夾

馬口五里至黃河口上船一百里至三河口四十里至華陰縣七十里至華州五十里至渭南縣

富平縣計程三百八十里限九日到每鹽一斗重二十五觔定價三錢五分

自運城三十里至胡家嶺二十里至喬家庄四十里至孫常四十里至孟明橋十里至下馬頭三十里至黃河口過河五里至嚴伯鎮起旱五里至朝邑縣四十里至同州三十里至船社鎮十里至晉城鎮三十里至黨木鎮三十里至玉村鎮三十里至留集鎮三十里至富平縣

醴泉縣計程六百八十里限二十八日到每鹽一斗重二十五觔定價三錢九分

自運城四十里至赤社二十五里至客頭四十里至東張十里至夾

馬口五里至黃河口上船一百五十里至三河口一百一十里至華州十

里至渭南縣五十里至交口五十里至新豐鎮八十里至草灘四十里至

咸陽縣起旱五十里至興平邸張驛三十里至醴泉縣

同官縣計程四百一十里限九日到每鹽一斗重二十五觔定價四錢

自運城三十里至胡家嶺二十里至喬家庄四十里至孫常四十里至

孟明橋十里至下馬頭三十里至黃河口過河五里至嚴伯鎮

起旱五里至朝邑縣四十里至同州三十里至船社鎮十里至蒲城

晉城鎮一百二十里至富平莊裏鎮三十里至同官縣

耀州計程四百一十里限九日到每鹽一斗重二十五觔定價三錢五分

自運城三十里至胡家嶺二十里至喬家庄四十里至孫常四十里至孟明橋十里至下馬頭三十里至黃河口過河五里至嚴伯鎮起旱五里至朝邑縣四十里至同州三十里至船社鎮十里至蒲城晉城鎮一百二十里至富平莊裏鎮三十里至耀州

商州計程五百二十八里限十三日到每鹽一斗重三十觔定價四錢七分

自運城三十里至買女二十里至西王五十里至七記鎮四十里至黃龍鎮八里至黃河口上船一百一十里至潼關起旱四十里至太峪口七十里至石牆兒七十里至雒南縣九十里至商州

鎮安縣計程八百七十里限三十日到每鹽一斗重二十八觔定價三錢七分二釐

自運城四十里至赤社二十五里至客頭四十里至東張十里至夾馬口五里至黃河口上船一百里至三河口四十里至華陰縣七十里至華州五十里至渭南縣五十里至交口八十里至草灘起旱二百四十里至舊縣關一百二十里至鎮安縣

雒南縣計程四百三十八里限十一日到每鹽一斗重三十觔定價四錢六分

自運城三十里至買女二十里至西王五十里至七記鎮四十里至黃龍鎮八里至黃河口上船一百一十里至潼關起旱四十里至太峪口七十里至石牆兒七十里至雒南縣

山陽縣計程六百三十里限十六日到每鹽一斗重三十觔定價五錢五分

自運城三十里至胡家嶺二十里至喬家庄四十里至孫常四十里至孟明橋十里至下馬頭三十里至黃河口上船七十里至潼關起旱四十里至太峪口七十里至石牆兒七十里至雒南縣九十里至商州一百二十里至山陽縣

商南縣計程六百二十里限十六日到每鹽一斗重三十觔定價六錢

自運城三十里至胡家嶺二十里至喬家庄四十里至孫常四十里至孟明橋十里至下馬頭三十里至黃河口上船七十里至潼關起旱四十里至太峪口七十里至石牆兒七十里至經村一百里至龍駒寨

一百里至商南縣

大荔縣計程二百二十里限五日到每鹽一斗重二十五觔定價三錢二分

自運城三十里至胡家嶺二十里至喬家庄四十里至孫常四十里至孟明橋十里至下馬頭三十里至黃河口過河五里至嚴伯鎮起旱五里至朝邑縣四十里至大荔縣

潼關廳計程二百五十里限八日到每鹽一斗重二十五觔定價三錢

自運城四十里至赤社二十五里至客頭四十里至東張十里至夾

馬口五里至黃河口上船一百三十里至潼關廳

朝邑縣計程一百八十里限五日到每鹽一斗重三十二觔定價三錢八分八釐

自運城三十里至胡家嶺二十里至喬家庄四十里至孫常四十里至

孟明橋十里至下馬頭三十里至黃河口過河五里至嚴伯鎮

起旱五里至朝邑縣

郃陽縣計程一百七十五里限七日到每鹽一斗重二十四觔定價三錢六釐

自運城四十里至赤社二十五里至客頭四十里至東張十里至夾

馬口五里至黃河口上船十五里至下陽鎮起旱四十里至郃陽縣

澄城縣計程二百二十里限七日到每鹽一斗重二十六觔一兩三錢定價三錢四分四釐

自運城四十里至赤社二十五里至客頭四十里至東張十里至夾

馬口五里至黃河口上船二十里至營田鎮起旱四十里至寺前鎮

四十里至澄城縣

韓城縣計程二百一十里限八日到每鹽一斗重二十五觔十兩定價三錢三分

自運城四十里至赤社二十五里至咨頭四十里至東張十里至夾馬口五里至黃河口上船七十里至緇川起旱二十里至韓城縣

白水縣計程三百六十里限八日到每鹽一斗重二十五觔定價三錢四分

自運城三十里至胡家嶺二十里至喬家庄四十里至孫常四十里至孟明橋十里至下馬頭三十里至黃河口過河五里至嚴伯鎮起旱五里至朝邑縣四十里至同州九十里至蒲城縣五十里至白水縣

華州計程三百八十五里限十一日到每鹽一斗重二十五觔定價三錢四分

自運城四十里至赤社二十五里至客頭四十里至東張十里至夾馬口五里至黃河口上船一百里至三河口四十里至華陰縣一百一十里至華州周家庄起旱十五里至華州

華陰縣計程二百九十里限九日到每鹽一斗重二十五觔定價三錢三分

自運城四十里至赤社二十五里至客頭四十里至東張十里至夾馬口五里至黃河口上船一百里至三河口四十里至華陰東宅起旱三十里至華陰縣

蒲城縣計程三百一十里限七日到每鹽一斗重二十五觔定價三錢三分

自運城三十里至胡家嶺二十里至喬家庄四十里至孫常四十里至孟明橋十里至下馬頭三十里至黃河口過河五里至嚴伯鎮起旱五里至朝邑縣四十里至同州三十里至船社鎮十里至晉城鎮二十里至龍陽鎮十里至旱地二十里至蒲城縣

乾州計程七百三十里限三十日到每鹽一斗重二十八觔定價四錢一分二釐

自運城四十里至赤社二十五里至客頭四十里至東張十里至夾馬口五里至黃河口上船一百里至三河口三百九十里至咸陽縣起旱五十里至邸張驛三十里至醴泉縣四十里至乾州

永壽縣計程八百二十里限三十一日到每鹽一斗重二十八觔定價四錢一分二釐

自運城四十里至赤社二十五里至客頭四十里至東張十里至夾

馬口五里至黃河口上船一百里至三河口四十里至華陰縣七十

里至華州五十里至渭南縣五十里至交口五十里至新豐鎮三十里至

臨潼縣五十里至西安府五十里至咸陽縣起旱五十里至邸張驛

三十里至醴泉縣四十里至乾州五十里至監郡庄四十里至永壽縣

武功縣計程七百五十里限三十一日到每鹽一斗重二十八觔定價四錢一分二釐

自運城四十里至赤社二十五里至客頭四十里至東張十里至夾

馬口五里至黃河口上船一百里至三河口三百九十里至咸陽縣

起旱二十五里至馬抱泉二十五里至興平縣三十里至馬衛鎮二十

里至東扶風四十里至武功縣

邠州計程八百九十八里限三十二日到每鹽一斗重二十五觔定價四百三十文

自運城三十里至買女二十里至西王五十里至七記鎮四十里至黃龍鎮八里至黃河口上船八十里至三河口四十里至華陰縣七十里至華州五十里至渭南縣五十里至交口五十里至新豐鎮三十里至臨潼縣五十里至西安府五十里至咸陽縣起旱五十里至邸張驛三十里至醴泉縣四十里至乾州五十里至監郡庄四十里至永壽縣四十里至太峪鎮三十里至邠州

淳化縣計程六百一十里限十五日到每鹽一斗重二十五觔定價三百八十文

自運城四十里至赤社二十五里至客頭四十里至東張十里至夾

馬口五里至黃河口上船一百里至三河口二百一十里至交口起旱

一百一十里至雲陽鎮七十里至淳化縣

三水縣計程六百九十八里限十七日到每鹽一斗重二十五觔定價四錢

自運城三十里至買交二十里至西王五十里至七記鎮四十里至黃

龍鎮八里至黃河口上船八十里至三河口二百一十里至交口起旱

一百一十里至雲陽鎮七十里至淳化縣八十里至三水縣

安康縣計程一千二百三十里限三十六日到每鹽一觔定價三分四釐

自運城四十里至赤社二十五里至客頭四十里至東張十里至夾

馬口五里至黃河口上船一百里至三河口四十里至華陰縣七十
里至華州五十里至渭南縣五十里至交口八十里至草灘起旱二百四十
里進山至舊縣關一百二十里至晉司里一百二十里至趙家灣一百二十
里至硫礪溝一百二十里至安康縣
紫陽縣計程一千四百一十里限三十九日到每鹽一觔定價三分七釐
自運城一千二百三十里至安康縣上船起旱路程俱同安康一百八十里至紫
陽縣
白河縣計程一千三百五十八里限三十八日到每鹽一觔定價三分四釐
自運城三十里至買女二十里至西王五十里至七記鎮四十里至黃

龍鎮八里至黃河口上船八十里至三河口四十里至華陰縣七十里至華州五十里至渭南縣五十里至交口八十里至草灘起旱二百四十里進山至舊縣關一百二十里至晉司一百二十里至趙家灣一百二十里至硫磺溝一百二十里至安康縣一百二十里至白河縣

石泉縣計程一千四百里限三十九日到每鹽一觔定價三分八釐

自運城三十里至胡家嶺二十里至喬家庄四十里至孫常四十里至孟明橋十里至下馬頭三十里至黃河口上船四十里至三河口四十里至華陰縣七十里至華州五十里至渭南縣五十里至交口八十里至草灘起旱二百四十里進山至舊縣關一百二十里至晉司一百二十

里至趙家灣一百二十里至硫磺溝一百二十里至安康縣一百八十里至石泉縣

平利縣計程一千三百三十八里限三十八日到每鹽一觔城店定價三分六釐白土關定價三分八釐

自運城三十里至買女二十里至西王五十里至七記鎮四十里至黃龍鎮八里至黃河口上船八十里至三河口四十里至華陰縣七十里至華州五十里至渭南縣五十里至交口八十里至草灘起旱二百四十里進山至舊縣關一百二十里至晉司里一百二十里至趙家灣一百二十里至硫磺溝一百二十里至安康縣一百里至平利縣

洵陽縣計程一千一百一十里限三十三日到每鹽一觔定價三分四釐

自運城四十里至赤社二十五里至容頭四十里至東張十里至夾馬口五里至黃河口上船一百里至三河口四十里至華陰縣七十里至華州五十里至渭南縣五十里至交口八十里至草灘起旱二百四十里進山至舊縣關一百二十里至晉司里二百四十里至洵陽縣

河南省凡粟明改路者照依改路開載其孟津洛陽等臨河州縣間有以牛皮餛飩裝鹽紮口由黃河順流而下者此一時之權宜如河運不便仍由定程行運未便改載

洛陽縣計程三百九十里限十二日到每鹽一觔定價一分八釐三毫

自運城二十里至聖惠鎮十里至東郭二十里至張店三十里至八

政二十里至茅津渡過河五里至會興鎮十五里至磁鍾二十五里至張茅二十里至硤石驛二十里至觀音堂二十里至英豪鎮二十五里至澠池縣四十里至義昌驛二十里至鐵門鎮三十里至新安縣三十里至磁澗二十里至谷水村二十里至洛陽縣

偃師縣舊由西路太陽渡過河乾隆二年據運商許洪太稟請改由此路計程四百六十里每鹽一觔定價一十七文

自運城三百九十里至洛陽縣路同洛陽七十里至偃師縣

鞏縣計程五百一十里限十五日到每鹽一觔定價一十七文

自運城三百九十里至洛陽縣路同洛陽七十里至偃師縣五十里至鞏

縣

孟津縣計程四百四十里限十三日到每鹽一觔定價一十七文

自運城三百九十里至洛陽縣過河路程俱同洛陽五十里至孟津縣

宜陽縣舊由西路太陽渡過河乾隆二年據運商張源稟請改由此路計程三百三十五里每鹽一觔定價一分七釐五毫

自運城二十里至聖惠鎮十里至東郭二十里至張店三十里至八政二十里至茅津渡過河五里至會興鎮十五里至磁鍾二十五里至張茅二十里至硤石驛二十里至觀音堂六十里至河底鎮四十里至韓城鎮五十里至宜陽縣

登封縣計程五百二十里限十五日到每鹽一觔定價一十七文

自運城二十里至聖惠鎮十里至東郭二十里至張店三十里至八政二十里至茅津渡過河五里至會興鎮十五里至磁鍾二十五里至張茅二十里至硤石驛二十里至觀音堂二十里至英豪鎮二十五里至澠池縣四十里至義昌驛二十里至鐵門鎮三十里至新安縣三十里至磁澗二十里至谷水村二十里至洛陽縣四十里至翟家庄五十里至叅駕店二十里至少林寺二十里至登封縣

永寧縣舊由西路太陽渡過河乾隆二年據運商郭封四稟請改由此路計程四百五里每鹽一觔定價一十六文

自運城二十里至聖惠鎮十里至東郭二十里至張店三十里至八
政二十里至茅津渡過河五里至會興鎮十五里至磁鍾二十五
里至張茅二十里至硤石驛二十里至觀音堂六十里至河底鎮四十里至
韓城鎮六十里至三鄉鎮六十里至永寧縣
計程二百三十里限八日到
澠池縣每鹽一觔定價一十四文
自運城二十里至聖惠鎮十里至東郭二十里至張店三十里至八
政二十里至茅津渡過河五里至會興鎮十五里至磁鍾二十五
里至張茅二十里至硤石驛二十里至觀音堂二十里至英豪鎮二十五里
至澠池縣

新安縣舊由西路太陽渡過河乾隆二年據運商路復新稟請改由此路計程三百二十里每鹽一觔定價一十四文

自運城二百三十里至澠池縣過河路程俱同澠池四十里至義昌驛二十里至鐵門鎮三十里至新安縣

嵩縣計程四百五十五里限十四日到每鹽一觔定價一分八釐三毫

自運城二十里至聖惠鎮十里至東郭二十里至張店三十里至八政二十里至茅津渡過河五里至會興鎮十五里至磁鍾二十五里至張茅二十里至硤石驛二十里至觀音堂六十里至河底鎮四十里至韓城鎮四十里至趙堡四十里至白楊樹三十里至鳴皐六十里至嵩

縣

陝州計程一百一十里限四日到州每鹽一觔定價一分三釐

自運城二十里至聖惠鎮十里至東郭二十里至張店三十里至八政二十里至茅津渡過河十里至陝州

靈寶縣計程一百里限四日到每鹽一觔定價一分三釐

自運城四十里至解州四十里至陌底十里至曲里過河十里至靈寶縣

閿鄉縣計程三百七十里限十二日到每鹽一觔定價一分三釐

自運城四十里至赤社二十五里至峈頭四十里至東張十里至夾

馬口五里至黃河口上船一百三十里至潼關廳五十里至文底鎮三十里至盤豆鎮三十里至大河南岸卸船起旱十里至閿鄉縣

盧氏縣計程二百八十里限九日到每鹽一觔定價一分八釐三毫

自運城四十里至解州四十里至陌底十里至曲里過河十里至靈寶縣四十里至川口七十里至關道鎮七十里至盧氏縣

南陽縣計程一千零十五里限二十七日到每鹽一觔定價二分四釐

自運城二十里至聖惠鎮十里至東郭二十里至張店三十里至八政二十里至茅津渡過河五里至會興鎮十五里至磁鍾二十五里至

張茅二十里至硤石驛二十里至觀音堂二十里至英豪鎮二十五里至澠池縣四十里至義昌驛二十里至鐵門鎮三十里至新安縣三十里至磁澗二十里至谷水村二十里至洛陽縣二十里至龍門鎮五十里至白沙鎮三十里至臨汝三十里至廟下三十五里至汝州四十里至長埠五十里至郟縣三十里至長橋三十里至襄城縣六十里至葉縣三十里至舊縣十里至獨樹三十里至保安驛六十里至裕州六十里至博望驛六十里至南陽縣

鎮平縣計程一千零七十五里限二十八日到每鹽一觔定價二分四釐

自運城一千零十五里至南陽縣過河路程俱同南陽六十里至鎮平縣

唐縣計程一千一百一十五里限三十日到每鹽一觔定價二分四釐

自運城一千零十五里至南陽縣過河路程俱同南陽六十里至桐寨舖四十里至唐縣

桐柏縣計程一千二百七十五里限三十四日到每鹽一觔定價二分六釐

自運城一千零十五里至南陽縣過河路程俱同南陽六十里至桐寨舖四十里至唐縣七十里至平氏鎮九十里至桐柏縣

鄧州計程一千一百三十五里限三十日到每鹽一觔定價二分四釐

自運城一千零十五里至南陽縣過河路程俱同南陽六十里至穰東六十里至鄧州

新野縣計程一千一百三十五里限三十
日到每鹽一觔定價二分四釐
自運城一千零十五里至南陽縣過河路程俱同南陽六十里至瓦店六十里至新野縣

淅川縣舊由陌底渡過河乾隆十年據運商葛文生稟請改由此路計程九百五十里每鹽一觔
定價二分六釐
自運城四十里至赤社二十五里至容頭四十里至東張十里至夾馬口五里至黃河口上船一百三十里至潼關起旱八十里至黑張八十里至場水八十里至油房兒八十里至龍駒寨八十里至武關八十里至三角翅一百里至荊紫關上船一百二十里至淅川縣

葉縣計程七百六十五里限二十一日到每鹽一觔定價二分一釐

自運城二十里至聖惠鎮十里至東郭二十里至張店三十里至八政二十里至茅津渡過河五里至會興鎮十五里至磁鍾二十五里至張茅二十里至硤石驛二十里至觀音堂二十里至英豪鎮二十五里至澠池縣四十里至義昌驛二十里至鐵門鎮三十里至新安縣三十里至磁澗二十里至谷水村二十里至洛陽縣二十里至龍門鎮五十里至白沙鎮三十里至臨汝三十里至廟下三十五里至汝州四十里至長埠五十里至郏縣三十里至長橋三十里至襄城縣六十里至葉縣

泌陽縣計程九百零五里限二十四日到每鹽一觔定價二分五釐

自運城七百六十五里至葉縣過河路程俱同葉縣三十里至舊縣十里至獨樹五十里至牛王庄五十里至泌陽縣

裕州計程八百九十五里限二十四日到每鹽一觔定價二分四釐

自運城七百六十五里至葉縣過河路程俱同葉縣三十里至舊縣十里至獨樹三十里至保安驛六十里至裕州

南名縣計程七百八十五里限二十一日到每鹽一觔定價二分四釐

自運城二十里至聖惠鎮十里至東郭二十里至張店三十里至八政二十里至茅津渡過河五里至會興鎮十五里至磁鍾二十五里至

張茅二十里至硤石驛二十里至觀音堂二十里至英豪鎮二十五里

至澠池縣四十里至義昌驛二十里至鐵門鎮三十里至新安縣

三十里至磁澗二十里至谷水村二十里至洛陽縣二十里至龍門鎮

五十里至白沙鎮三十里至臨汝三十里至廟下三十五里至汝州九十

里至寶豐石灰窑五十里至魯山縣四十五里至交口四十五里至

南召縣

內鄉縣舊由東路茅津渡過河乾隆十二年據運商衛天泰稟請改由此路計程七百六十里每

鹽一觔定價二分四釐

自運城四十里至解州四十里至陌底十里至曲里過河十里至靈

寶縣四十里至川口七十里至關道鎮七十里至盧氏縣七十里至桐

樹兒八十里至朱陽關九十里至黃草平九十里至張家店九十里至

丹水鎮六十里至內鄉縣

汝州舊由西路太陽渡過河乾隆二年據運商朱光先稟請改由此路計程五百五十五里每

鹽一觔定價二分

自運城二十里至聖惠鎮十里至東郭二十里至張店三十里至八

政二十里至茅津渡過河五里至會興鎮十五里至磁鍾二十五里至

張茅二十里至硤石驛二十里至觀音堂二十里至英豪鎮二十五里

至澠池縣四十里至義昌驛二十里至鐵門鎮三十里至新安縣

三十里至磁澗二十里至谷水村二十里至洛陽縣二十里至龍門鎮五十里至白沙鎮三十里至臨汝三十里至廟下三十五里至汝州

魯山縣計程六百七十五里限十九日到每鹽一觔定價二分

自運城五百五十五里至汝州過河路程俱同汝州六十里至大營六十里至魯山縣

郟縣計程六百四十五里限十八日到每鹽一觔定價二分

自運城五百五十五里至汝州過河路程俱同汝州四十里至長埠鎮五十里至郟縣

寶豐縣舊由西路太陽渡過河乾隆二十年據運商劉祿稟請改由此路計程六百二十五里每鹽

一勅定價二分

自運城五百五十五里至汝州過河路程俱同汝州七十里至寶豐縣

伊陽縣舊由西路太陽渡過河乾隆二年據運商郭鈺稟請改由此路計程五百四十里每鹽一

勅定價一十九文

自運城二十里至聖惠鎮十里至東郭二十里至張店三十里至八政二十里至茅津渡過河五里至會興鎮十五里至磁鍾二十五里至張茅二十里至硤石驛二十里至觀音堂二十里至英豪鎮二十五里至澠池縣四十里至義昌驛二十里至鐵門鎮三十里至新安縣三十里至磁澗二十里至谷水村二十里至洛陽縣二十里至龍門鎮

五十里至白沙鎮三十里至臨汝鎮五十里至伊陽縣

襄城縣計程七百零五里限十九日到每鹽一觔定價二分

自運城二十里至聖惠鎮十里至東郭二十里至張店三十里至八政二十里至茅津渡過河五里至會興鎮十五里至磁鍾二十五里至張茅二十里至硤石驛二十里至觀音堂二十里至英豪鎮二十五里至澠池縣四十里至義昌驛二十里至鐵門鎮三十里至新安縣三十里至磁澗二十里至谷水村二十里至洛陽縣二十里至龍門鎮五十里至白沙鎮三十里至臨汝鎮三十里至廟下三十五里至汝州四十里至長埠鎮五十里至郟縣三十里至長橋三十里至襄城縣

〔按〕程限之立始於前運使蘇昌臣誠善策也惟是脚戸之弊情僞百出或公然盜賣私償債負及商人僱覿託故挨遲或安心誆騙㨾飽囊槖郎鳴之官司終歸烏有不則新舊壓欠不則攙和沙土圖爲掩飾一時之計自非嚴爲之防商本耗而民食悞運城向有脚頭行攬運三省是不得不責之脚頭矣

失水補運

河東鹽行三省晉省均係陸運秦豫二省水陸兼行黃河渭河運發鹽船每有遭風失水之患乾隆九年

鹽政吉慶請照淮鹽失水之例補運因原

奏内未將運程定例以及應由水運之各州縣區别聲明經部議駁乾隆十九年鹽政薩哈岱以陝省富平等十一州縣豫省洛陽等三十一州縣俱由黄河過渡即可陸運未便准補所有陝省之咸寧等三十三州縣商鹽俱由黄河遶運以及徑達渭河者計程自百數十里至三四百里不等豫省閿鄉一縣亦由黄河運發順流而下計程二百四十里均係水路猝遇風波實難防範

奏請嗣後凡由黃河達運并徑達渭河運發引鹽倘遇遭風失水果係漂没無存者令該地方官查明取具印甘各結准其照例補運如有揑報淹消重複影射之弊一經查出照私販律從重治罪謹將

奏准應補各州縣附後

陜西省

咸寧縣　長安縣　涇陽縣　三原縣　渭南縣

臨潼縣　盩厔縣　醴泉縣　藍田縣　高陵縣

興平縣　咸陽縣　鄠　縣　商　州　鎮安縣

雒南縣　山陽縣　商南縣　興安州　石泉縣

洵陽縣　漢陰縣　紫陽縣　平利縣　白河縣

華州　華陰縣　乾州　武功縣　永壽縣

邠州　三水縣　淳化縣

河南省

閿鄉縣

(按)例載鹽船失風失火責成州縣官會同營員查勘確實限一月內出結通詳鹽道於詳到日起限半月內核轉以憑飭商補運限三個月過所運口岸定例

綦嚴重商本所以重民食而卽以重課源也惟是蒲州之夾馬口黃龍鎮下馬頭一帶長河輓運每有不肖船戸乘間盜賣商鹽慮日久敗露則揑爲失水淹消之狀以冀僥倖一時是在押運者小心防範而經由各地方官尤不可不隨時加察也

借運蘆鹽蒙鹽花馬池鹽

自池遭水患產鹽不敷配運三省引地向有借運蘆鹽蒙鹽花馬池鹽之例乾隆二十年河南巡撫圖據河南府商人呈請暫撥長蘆引鹽以資接濟部覆

行知到晉鹽政西寧遵
旨議在長蘆通融一千五百名嗣於二十一二三四五等
年援照成例各在長蘆借鹽一千五百名或一千名
不等三十九年鹽政瑺齡又請買運長蘆餘鹽因長
蘆餘鹽無多僅撥借六百名是年冬又借運一千名
此借運之在長蘆者先後八次然而隔省運發終多
不便又乾隆二十二年鹽政那俊議買口鹽二千三
百餘名遲逾兩載僅買到鹽三十七名乾隆二十五
年鹽政薩哈岱又借買阿拉善山鹽觔遷延一載僅

買到鹽九名此借運之在蒙古者兩次不惟路遠費重輓運維艱抑且緩不及時無裨民食乾隆四十七年巡撫兼鹽政農起奏有阿拉善山鹽飭令商買運之

旨力請停止其花馬池鹽與河東行鹽地方稍近初借於乾隆二十年鹽政西寧議買五百名實運到二十九名二十四五兩年又先後請借惠安堡大花馬池鹽以濟民食然而花馬池地小鹽缺欲其源源接濟此又事之有名無實者耳

按河東額餘引鹽行銷各有定制借運者一時之權宜非長策也故歷年偶有池產不敷多俟來歲新鹽通融配運斷無輕議仰藉鄰封之理況邇來鹽積充盈扣至乾隆五十三年尚存餘鹽七千三百餘名幾足兩年之配可無另行籌策矣

分别給票運鹽

河東運鹽向無押運之人止將部引散給車戸驢夫沿途照驗或一人領一張或一人領數張零星馱載前後參差引一遺失往返查追鹽必停擱易起私販

盜賣諸弊乾隆四十二年鹽政瑞齡

奏請倣照兩淮之例鹽政發給運票運司發給護票定於引鹽掣卸垣店之後運商將引彙齊投司報明商人姓名引鹽數目發賣口岸由司照例搨用吏扒詳請鹽政每名發給運票一張運司將引加封引皮仍露引角並每名發給護票一張同交該商轉付押運人役收執其車戸驢夫按引另給連環小票仍註明引鹽數目以便沿途隨鹽照驗引鹽到地將各票同引一併呈明地方官照例截角分別申繳院司查考

附票鹽顛末

明嘉靖間因太汾所屬州縣山路崎嶇商運難至許行土鹽給票收稅每鹽百觔給票一張聽其轉販於岢嵐保德河曲諸處惟平定代石十州縣地里稍平令行引鹽而商亦不至遂從御史趙睿之議查覈州縣戸口食鹽之數計口派鹽給票收稅先後增加共給鹽票一十一萬五千五百七十九張抵作一萬六千三百二十引隆慶四年開墾六小池援照太汾事例印給小票發賣萬歷三十七年以引票兼行互相

影射大爲獘賣議令行票之地盡復行引而百觔納税之票遂停又明時河東採鹽之法有二一爲官丁撈採之鹽鹽丁撈鹽在場商人納課領引支鹽發賣此官鹽之用引者也一爲商人撈採之鹽商人自備工本撈鹽百引内分七十引於官照常納課領引行銷許存三十引在商抵作撈鹽工本不必納課領引止給官票照賣此工本鹽之以票代引者也我

朝順治十年將工本商鹽盡裁以疏有引官鹽而以票照鹽之法復停

按河東行鹽以票之制自昔已然雖事例各有不同要爲慎重引張之籌策乾隆二十八年秋雨過多車脚稀少報銷届期而在場未掣在途未運之鹽尚有七百餘名前運使吳雲從詳定給票補運之法除晉省地方近在三百里以內者責令各商趕辦掣運凡有路遠各州縣令該商先將引目彙齊趕送各地方官截角鈐印勒限申繳其未掣之鹽卽以門票補掣並查明馬頭未運之鹽由司詳院給票護運是亦以票照鹽之遺法今設有連環小票按引給領仍隨引

呈繳由是引張可免散失而又非若票鹽之易滋弊竇也

改置年季商首

運城爲鹽法總彙之地向置商廳於各商中擇其明白曉事者點充總綱承辦鹽場一切公務綱分三省總會其成法非不善嗣因把持漁利弊竇叢生乾隆四十七年議將總綱名目革除每歲另立值年司季各商首輪流辦公值年者歲以爲常共相稽核司季者每季三人更番輪值辦理公務季終接替時出具

交收明白並無派累甘結送司備案並報鹽政查考如有偏狥弊混以及交代未淸等事責成接管之商稟首革究另補倘或扶同狥隱一併連治仍於年底秉公考核分别去留

禁革州縣鹽規

各省州縣鹽規久奉嚴禁但日久玩生難保無暗中收受情事乾隆四十七年巡撫兼鹽政農起於調劑案内

奏明會同豫陜巡撫再申禁令毋許地方官勒索商人

陋規一有干犯即行參處年終令本商出具並無需索甘結由該州縣加結詳請咨部查考其應取各結豫陝二省由各司道取送本省巡撫徑行咨部一面移送運司山西省由運司取齊移送藩司呈院咨送仍同豫陝二省送到各結一併轉呈鹽政衙門備案

扒票各式附後

額引省縣扒式舊在商廳搨用雍正六年移於運使二堂

押
省　　縣發賣官鹽引

餘引省縣扒式始於雍正三年

乾隆　年 部頒餘引
省　　縣發賣官鹽引　押

前運使蘇昌臣曰鹽之所重在引而引之所重尤在

扒也夫猶是引耳而解鹽之幅員最廣不有以別之則三省之越冐影射何所不可倘止別以省分而不顯其往賣之州縣則一省之幅員每至數十州縣其越冐影射又何從而禁絶之哉前人曾更省扒以致長奸縱私自商衆議復縣扒鹽政始得興舉倘繼此仍有議停縣扒者應非良策永禁弗更洵鐵案也

額餘引門扒

乾隆　年　月　日　場大使驗掣

門扒舊係運使支科招房書辦搨扒雍正八年詳歸三場大使掌管現在三禁門搨用所以防重複出鹽之弊

額餘引吏扒

乾隆　年　月　日　門場吏驗發起運

此扒逐張搨用所以稽運發遲速亦以杜重複運發之弊舊在蕭曹廟搨用雍正六年移於運使二堂今司書各在本房輪流搨用

掣鹽門票

省　運商　今執　引壹名於本月

日親身至　場　舖　畦內支鹽拾貳

車由　禁門掣出卸　門外　店內本日

出完理合塡入原領印信門票投本場大使轉

呈

院憲大人查閱施行塡報是實

乾隆（鹽院印信）年　月　日具

此票設於乾隆七年鹽政尚琳所以防零星拆掣之獘

坐商截繳

河東陝西都轉鹽運使司鹽運使加　勅管鹽法道　爲給發號票事仰
州縣運商　執票赴　場
舖坐商　畦內掣　引官鹽壹車
如數秤明票交該商截撮繳照
乾隆　年　月　日　斗級　車戶

連環小票運字號　鹽運司印　月　日給押

監商收繳

河東陝西都轉鹽運使司鹽運使加　勅管鹽法道　爲給發號票事仰
州縣運商　執票赴　場
舖坐商　畦內掣　引官鹽壹車
由　禁門交票驗明放行撮記繳照
乾隆　年　月　日　官商

此票設於雍正二年運使高山所以防門畦兩處鹽數之不符

連環小票

河東鹽運司爲遵
旨議奏事照得河東鹽引倣照兩淮分別給票以杜私弊等由遵奉在案今據商人
報稱于　年　月　日運發　省　縣　年額餘引一張配
鹽二百四十觔除將
院司運護各票並將原引封給該商照驗外合行發給小票爲此票仰沿途經
過處所驗票放行毋許留難阻滯鹽運到地即將此票交付本商彙齊由地方
官申繳本司衙門查銷毋得遺悞干咎須票
右票給腳戸　收執
乾隆　年　月　日　運司印信
限鹽到日繳

此票設於乾隆四十二年運使程國表所以代引照鹽

稽運

巡撫山西部院兼管河東鹽院　爲遵
旨議奏事照得河東行鹽引張倣照兩淮分別給票以杜私弊等由遵奉在案茲據運司據商轉請運票前來除由司將引張於掣鹽之後彙齊加封引皮填給該商隨鹽賫投外合行給發稽運票爲此仰商持票刻速運往　省　縣發賣所有裝運鹽觔引數照後開欵格實填仍于司封引皮填寫相符均付押運人役收執沿途經過處所照驗放行如無此票卽係私鹽所在官司拿究申解該官司亦不得藉端悮運致干查參此票隨引由地方官照例截角鈐印申繳

票

本部院衙門查考均毋違錯須票

計開

商人　裝運　省　州縣　乾隆　年額餘引　名　引配鹽

萬　千　百　十　觔　計　百　十　袋

右票給運商　執此

乾隆（鹽院印信）年　月　日

巡撫部院兼管鹽院

限鹽運到日繳

此票設於乾隆四十二年鹽政瑞齡所以稽運

護運

河東陜西都轉鹽運使司鹽運使加　勅管鹽法道　爲遵

旨議奏事照得河東行鹽引張倣照兩淮分别給票以杜私弊等由遵奉

在案茲據運商請發運護各票前來除請給

鹽憲稽運票並由司將引張于掣鹽之後彙齊加封引皮填給該商

隨鹽賫投并給運環小票一百二十張外合行給發護運票爲此仰

該商持票刻即護發　省　州縣發賣照後開引數務於司封引皮填

寫相符均付押運人役收執沿途經過處所照驗放行如無此票即

係私鹽所在官司拿究申解該官司亦不得藉端悞運致干查參鹽

運到地照例將引鈐印截角繳司轉繳

票

戸部查銷其穡運票該地方官徑繳
鹽憲衙門所有護票彙繳本司衙門查銷均毋違錯須票
商人　裝運　省　州縣　年額餘引配鹽　萬　千　百　十
觔計　百　十　袋　右票給運商　執此
乾隆（運司印信）年　月　日
司　限鹽到日繳

此票設於乾隆四十二年運使程國表所以護運

引皮

河東陝西都轉鹽運使司鹽運使加　敕管鹽法道　爲遵
旨議奏事照得河東鹽引倣照兩淮發給引皮愼重收藏以免損失等由遵奉在案茲據商人　稟請封引前來除將皮紙彙呈
鹽憲鈐印外合將商人　賫投運發　省　州縣　年　引　名張愼重封固仍露引角加用司印給商護運爲此仰沿途經過處所驗明放行毋許留難阻滯護鹽到地該商照例由地方官拆封將引截角蓋印同封皮給商照數繳司查銷毋得違錯須至
引皮者

此始於乾隆四十二年

運商卷六終

河東鹽法備覽

山西文華·史料編

第三册
卷七至卷十

清 蔣兆奎◎編纂

《山西文華》編纂委員會 編

山西出版傳媒集團
三晋出版社

山西文集

河東鹽法備覽分目

引目卷七

鹽引本末
額引分目
代銷定制
餘引增減
領繳則例
奏銷期限
引式

河東鹽法備覽卷七

山西按察使兼管河東鹽務晧南蔣兆奎編輯

河東運學教授王鳳翮校字

陳思賢 王恒泰

商人王擴統 范則質監刊

翟步雲 王繩中

引目

鹽法之清引爲重引之爲言導也所以防夾帶之弊而絕影射之奸鹽無引而出場謂之私鹽法有厲禁或有引而數涉多寡仍與販私同科故運商之行鹽

領引爲先而其目可詳考焉

鹽引本末

鹽引之名雖顯於宋熙寧閒而其制則於宋天聖時已立宋史稱從太常博士范祥之議舊禁鹽池一切通商毎鹽二百二十觔爲一大席令入實錢授以要劵卽池驗劵按數而出要劵者導鹽之符契也元以四百觔爲一引憲宗壬子年增撥一千八十五戶歲撈鹽一萬五千引至元十年辦鹽六萬四千引二十九年減一萬引令入京兆鹽司添辦大德十一年增

歲額爲八萬二千引至大元年又增煎餘鹽爲二萬引通爲十萬二千引延祐六年增餘鹽五百料實計撈鹽十八萬四千五百引此元以前鹽引之定制也明洪武初每引四百觔後分一引爲二引而以四百觔爲大引二百觔爲小引名改辦小引每引行鹽二百觔河東歲辦課鹽六千八十萬觔合存積常股戸鹽三項共成三十萬四千引所謂存積乃現積在場遇有邊儲急用納價放支不拘資次者常股乃常年泒數以年例開中納價放支必俟先後者戸鹽則泒

支各項食鹽所餘並與常股聽商報中者成化二十二年加引八萬正德後累有增加嘉靖二十七年議准正鹽四十二萬引至三十一年令河東以六十二萬引爲歲額萬歷十六年將開歸二府改屬長蘆行鹽乃減引一十五萬又減免所增餘鹽五萬照舊止存額引四十二萬崇禎五年增引一萬二千五百以充兵餉此又明時鹽引增減之大畧也我

朝定鼎革去明季之浮加並除免王府官吏食鹽順治三年議復食鹽三千十二百引更名變價解部共行額

引四十萬九千九百三十三引順治十三年因兵餉不敷增引十萬十六年將所增十萬新引減去應徵課銀加於舊額引價之中而河東歲額仍行四十萬九千九百三十三引康熙十七年户科余國柱請定遇閏增課之例平鹺政以佐軍需本年閏三月核加閏引三萬四千一百六十二引十九年有閏照加二十一年

恩詔停免康熙十八年御史傅廷俊以商引之歲額有限竈鹽之歲產無窮請

勅清查竈鹽酌加商引河東遵議於陽曲等四十州縣按丁加引一萬七千四百六十二道西安府屬按丁加引二萬二千九百六十七道康熙十九年又議於陽曲等四十州縣按丁復加引四千三百三十二道是年除閏引不計之外河東實共行引四十五萬四千六百九十四道康熙二十四年奉有懷慶改食蘆鹽之行減除商引三萬七千二百五十一道撥歸長蘆行鹽河東止存額引四十一萬七千四百四十三道先是順治十三年垣臣王紀直陳鹽法之弊兼陳救弊

之方請將行鹽地方現在户口應銷引目酌派適均每俟十年審丁仍照户丁每届酌定則引不偏枯議下巡鹽御史酌覆時御史朱紱覆稱合照賦役全書丁口數目令各省布政司將領引額丁通盤打算均匀派銷

俞旨准行未經均定十四年御史焦毓瑞接任以河南俱食解池商鹽易於均派其山西所屬各州縣有例食土鹽者陝西所屬各州縣有例食花馬池鹽者在行解池商鹽之州縣止有督銷之責而納課之責在商若

行土鹽並花馬池鹽之處則銷引納課之責成皆在州縣事例原有不同丁引難以互通據各藩司議照事例分晰酌量情理畧爲增減具題部議應如所請泒引刋册以永遵守雍正七年以解安招商領辦加引八千七百道八年又以長武照鳳課例行銷加引八百四道自此增定額引共四十二萬六千九百四十七道乃今現行之歲額也河東鹽引增減代有不同蓋以鹽資民食宋元之幅員戸口旣與明殊我朝之行銷改撥亦與明異要之酌盈劑虛因地制宜減

乎其所不得不減者亦增乎其所不得不增是不必按丁泒引而已無不按丁之多寡以爲增減也右更名食鹽原額三千二百引後減存二千五百七十二引零九十二觔內改撥石樓縣四百一引零一百四十八觔今商行二千一百七十引一百四十四觔其西安加增原額二萬二千九百六十七引今商行二萬二千三百一十六引

〔按〕彙纂載明洪武毎引二百觔河東歲辦課鹽六千八十萬觔共成三十四萬引考明史洪武歲辦小引鹽三十萬四千以六千八十萬觔合之適符三十萬四千之數彙纂以四千訛爲四萬復以成化二十二

年加引八萬接筭前數訛稱共爲四十二萬引前志襲之已屬錯誤其六十二萬引額史載自嘉靖而已然前志於課額條下亦稱嘉靖間議准正鹽四十二萬後加至六十二萬爲歲額而於引目條下則又稱至萬歷歲辦小引鹽六十二萬前後互異雖其間增損無常明史並有萬歷加引二十萬之文而六十二萬之數則已始於嘉靖間矣今考明史悉爲刪正以待折衷

額引分目

額引者計口授鹽制既定而不可更易者也河東歲額四十二萬六千九百四十七引顧有引雖同而引之名目不同者如同是商人實行之引現共三十六萬四千一百九十八道而內有更名變價之引乃明時藩封官吏之食鹽我

朝則更去藩封之名變價以充正賦者又有西安加增之引係康熙十九年間於舊額之外議加以益正賦者又有解安新加之引始於雍正七年

題明儘銷儘報招商領辦以重正賦者此皆以河東之

引實行河東之鹽也更有引雖同而所行之鹽不同者如山西則太原汾州寧武三府屬遼沁平保忻代六州屬隰州暨所屬之大寧永和二縣行者土鹽而領河東之引又如陝西鳳翔府屬暨邠州屬之長武縣行花馬池鹽而亦領河東之引此共六萬二千七百四十九道則皆引隸河東而所行實非河東之鹽三省額引共四十二萬六千九百四十七道商人實行引三十六萬四千一百九十八道共領引州縣一百七十二處實行河東池鹽一百一十九州縣今分

別池鹽土鹽花馬池鹽並引池之改移引目之增減

具列於後

山西省額引二十二萬三千一百六道

平陽府屬一州十縣

臨汾縣額行八千四百五引

洪洞縣額行八千五百一十八引

浮山縣額行一千一百七十九引

岳陽縣額行六百九十七引

曲沃縣額行八千四百五引

翼城縣額行五千一百七十六引

太平縣額行四千四百七引

襄陵縣額行五千四百八十四引

汾西縣額行九百六十九引

鄉寧縣額行六百三十五引

吉州額行五百六十四引

霍州屬縣二

本州額行一千一百七十九引

趙城縣額行三千五百八十七引

靈石縣額行一千四百八十六引

蒲州府屬六縣

永濟縣額行六千六百六十二引

臨晉縣額行二千七百一十引外一千五百四十四引雍正八年改撥復

設虞鄉縣行銷

虞鄉縣額行一千五百四十四引雍正八年由臨晉縣撥給

榮河縣額行二千七百六十七引

萬泉縣額行一千五百八十九引

猗氏縣額行一千七百八十五引雍正八年減額一千七百引令本省

能銷鹽地方作餘引分銷

解州屬四縣

本州額行三千四百引解安歷年無商惟將額引虛貯在庫奏銷時掛扐截角繳部而三省商人則以一百一十七引支一百二十引之鹽其扣存三引即代銷解安之額也雍正七年鹽政碩色奏請加引八千七百道於三省各商每領引一名添給三引以符一百二十引爲一名之數其解安原額引八千七百道仍歸解安招商行銷儘銷儘報餘剩繳部

安邑縣額行五千三百引註見解州

夏縣額行三千九百三十七引乾隆十一年減原額一千三百一十一引永作餘引三省分銷

平陸縣額行一千二百三十引

芮城縣額行二千二百四引

絳州屬五縣

本州額行五千二百二十七引

垣曲縣額行一千七十六引

聞喜縣額行四千二百二引

絳縣額行三千四百五十四引

稷山縣額行三千三百七十二引雍正八年減原額一千八十七引令

本省能銷鹽地方作餘引分銷

河津縣額行三千七十五引

隰州屬三縣向皆商運商銷乾隆三十二年將本州暨大寧永和二縣改食土鹽惟蒲縣仍歸商辦

蒲縣額行二百八十七引

潞安府屬七縣乾隆二十九年裁平順縣其額引一千六百一十二道分撥潞城壺關黎城三縣

長治縣額行一萬一千六百七十九引

長子縣額行五千九百三十九引

屯留縣額行三千六十五引

襄垣縣額行四千三百六十三引

潞城縣額行三千五百七十四引內增裁缺平順縣引七百二十二道

壺關縣額行四千三百六十四引內增裁鈌平順縣引六百三道

黎城縣額行二千七百九十四引內增裁鈌平順縣引二百八十七道

澤州府屬五縣

鳳臺縣額行一萬一千六百四十五引

高平縣額行九千三百三十四引

陽城縣額行五千一百六十五引

陵川縣額行四千七百七十七引

沁水縣額行二千一百五十二引

以上四十四州縣額引一十七萬三千三百六十

三道外猗氏稷山夏縣減額引共四千九十八道永作餘引分銷仍歸正額作數實共額引十七萬七千四百六十一道皆行河東池鹽係商辦

太原府屬一州十縣食土鹽

陽曲縣額行三千八引

太原縣額行二千四十八引

榆次縣額行三千四百五十三引

太谷縣額行一千八百四十四引

祁縣額行一千五百五十四引

徐溝縣額行一千三百九十二引內乾隆二十九年裁淸源縣歸併七百三十五引

交城縣額行一千九百五十六引

文水縣額行二千二百五十引

岢嵐州額行一百五十四引

嵐縣額行二百七十九引

興縣額行三百六十五引

平定州屬三縣食土鹽

本州額行八百六十二引

樂平縣額行二百六十四引

盂縣額行一千七百二十八引

壽陽縣額行二千三百三十八引一百觔零鹽百觔不成引次年湊足領引一道

忻州屬二縣食土鹽

本州額行二千三百三十九引一百觔零鹽百觔不成引次年湊足領引一道

定襄縣額行八百六十引

靜樂縣額行六百二十五引

代州屬三縣食土鹽

本州額行四百七十三引

五臺縣額行五百八十一引

崞縣額行一千三百三十一引

繁峙縣額行二百八十一引

保德州屬一縣食土鹽

本州額行一百九十四引

河曲縣額行一百五十一引

寧武府屬二縣一廳食土鹽

寧武縣額行一百四十引

神池縣額行八十引

寧武鹽捕同知西路額行一百七十引

汾州府屬一州七縣食土鹽

汾陽縣額行二千四百六十五引

孝義縣額行五百五十三引

平遥縣額行二千九百五十一引

介休縣額行二千九百一十二引

石樓縣額行五百二十引內更名食鹽引四百一道零一百四十八觔康熙十

年因改食本地煎鹽量行撥給歸入鹽稅徵解

臨縣額行一百九十五引

永寧州額行四百四十七引

寧鄉縣額行一百五十一引

遼州屬二縣食土鹽

本州額行八百三十引

和順縣額行三百七十一引

榆社縣額行三百六十八引

沁州屬二縣食土鹽

本州額行七百七十四引

沁源縣額行四百一十三引

武鄉縣額行六百一十四引

隰州屬三縣惟蒲縣仍係商辦本州暨大寧永和於乾隆三十二年改食土鹽

本州額行一千二百三十引

大寧縣額行二百四十六引

永和縣額行一百八十四引

以上四十四州縣額引四萬五千六百四十五道

領引徵稅配食土鹽名曰鹽稅向設土鹽商每遇

更換由地方官自行招充仍報運司轉院備查

陝西省額引一十二萬四千七百一道

西安府屬一州十五縣

長安縣額行六千九百八十一引

咸寧縣額行八千五十三引

咸陽縣額行二千三百三十五引

興平縣額行二千五十引

臨潼縣額行三千八百九十五引

高陵縣額行一千八百三十二引雍正八年減原額一千三百一十八

引令本省能銷鹽地方作餘引行銷

鄠縣額行一千七百八十五引

藍田縣額行三千一百三十六引

涇陽縣額行五千七百七十五引

三原縣額行三千五百八十七引

盩厔縣額行三千五百六十二引

渭南縣額行七千四百四十六引

富平縣額行五千三百六十七引

醴泉縣額行二千六百六十五引

同官縣額行三百五十九引

耀州額行八百六十引

商州屬四縣

本州額行一千三百三十二引

鎮安縣額行二百八十七引

雒南縣額行六百一十五引

山陽縣額行三百八引

商南縣額行二百五引

同州府雍正十三年州治改府潼關縣改廳添設大荔縣爲附府首邑屬一廳一州八縣

大荔縣額行三千七十五引 即同州地仍行同州額引

潼關廳額行一百三十六引 以縣改廳引額仍舊

朝邑縣額行五千五十八引

郃陽縣額行五千二百六十引

澄城縣額行二千八百七十引

韓城縣額行三千七十五引

白水縣額行一千一百五十引

華州額行三千二百七十四引

華陰縣額行二千九十六引

蒲城縣額行五千三百七十八引乾隆十一年減原引額一千九百二十九引永作餘引三省分銷

乾州屬二縣

本州額行二千八百四十八引

武功縣額行一千四百九十六引

永壽縣額行四百二十四引

邠州屬三縣內惟長武於雍正八年改食花馬池鹽餘行解鹽

本州額行一千四百三引

三水縣額行六百一十五引

淳化縣額行一千二十五引

興安府屬六縣州治改府改漢陰縣爲安康縣作附府首邑

安康縣額行一千二百七十九引新改縣治州引同漢陰引歸併一縣

洵陽縣額行四百一十引

白河縣額行一十二引

紫陽縣額行一百三引

石泉縣額行二百五十八引

平利縣額行一十引

以上四十三州縣額引一十萬三千六百九十道

外高陵蒲城減額並長武原額引共三千九百七
道永作餘引分銷仍歸正額作數實共額引一十
萬七千五百九十七道皆行河東池鹽係商辦

鳳翔府屬一州七縣食花馬池鹽

鳳翔縣額行一千六百五引

岐山縣額行二千九百九十七引

寶雞縣額行三千二百八十一引

扶風縣額行五千八百一十三引

郿縣額行一千八百一十八引

麟遊縣額行六十八引

汧陽縣額行一百二十九引

隴州額行五百八十九引

邠州屬三縣本州暨三水淳化二縣皆
邠州食解鹽惟長武縣改食花馬池鹽

長武縣額行八百四引雍正八年新加此引照鳳課
例行銷其原額六百六十引

分派陝西能銷鹽
地方作餘引代銷

以上九州縣額引一萬七千一百四道領引徵課

配食花馬池鹽名曰鳳課長武課例係該州縣按

年請領給散里民派銷不經商運並未設有土鹽

商

河南省額引七萬九千一百四十道

河南府屬十縣

洛陽縣額行四千四百七十七引

偃師縣額行二千六百九十九引

鞏縣額行一千七百八十八引

孟津縣額行一千七十三引

宜陽縣額行六百八十三引

登封縣額行三千一百二十七引

永寧縣額行一千四十一引

新安縣額行八百五十一引

澠池縣額行一千二百九十五引

嵩縣額行一千八百一十二引

陝州屬三縣

本州額行一千四百二十六引

靈寶縣額行五千六百二十三引

閿鄉縣額行三千九百五引

盧氏縣額行五百七十二引

南陽府屬二州十縣

南陽縣額行四千七引外六百九十八引雍正十二年改撥復設南名縣行銷

南名縣額行六百九十八引雍正十二年由南陽縣撥給

鎮平縣額行四千八百一十六引

唐縣額行四千九百七引向係土販行銷乾隆七年奏歸官辦餘利歸公另選

殷商一人承總稽查

泌陽縣額行三千二百九十六引

桐柏縣額行七百七十三引

鄧州額行六千五十七引

內鄉縣額行二千八百八十一引

新野縣額行三千三百八十九引

淅川縣額行一千八百五十四引

裕州額行一千三百七十七引

葉縣額行二千二百八引

汝州屬四州縣

本州額行四千一百七十七引

魯山縣額行一千四百五十引

郟縣額行三千一百二十八引

寶豐縣額行七百四十三引

伊陽縣額行七百五十一引

許州屬縣

襄城縣額行二千二百五十六引

以上三十二州縣額引七萬九千一百四十道皆行河東池鹽除唐縣例係官辦餘俱商人運銷

按河東額引四十二萬六千九百四十七道行運有定地銷售有定數不能改移增減雍正三年鹽政馬喀始議通融代銷至七年鹽政碩色主融與運使楊

蒙琰異議經河東總督田文鏡遵

旨查奏以各處引鹽銷不足額皆由緝私不嚴若令通融代

銷適所以資奸商重複行運越境販私之弊請仍舊

例不准通融經部覆准乾隆九年鹽政吉慶又請通

融復經部駁蓋額引原按戶口酌定

國家恩德涵濡百餘年之深生齒日繁故暢銷之地餘

引屢增即使州縣荒僻不能滋多豈反加少前運使

沈業富詳論之通融之說自難信從而口岸仍不免

有暢滯之異者則存乎地方官督緝之勤惰矣

代銷定制

代銷者以此處之商代銷彼處之引也雍正八年鹽政碩色以山西猗氏稷山二縣陝西之高陵縣原設額引實屬過多

奏請猗氏減額一千七百引稷山減額一千八十七引高陵減額一千三百一十八引永作餘引輪坐加增按照本省各州縣行銷餘引之多寡分派代銷每處每年多者不過一百餘張少者數十張或十數張不等本年以長武縣請照鳳課例徵解其原額六百六

十引亦作爲餘引在於陝西能銷鹽地方輪坐代銷乾隆十一年鹽政衆神保又以蒲城縣夏縣額設引鹽歲銷不盡節年俱有積壓不惟商力辦運艱難且恐有悞正課援照猗氏等縣之例請將蒲城減額一千九百二十九引夏縣減額一千三百一十一引亦作餘引分派三省代銷統計各項代銷共八千零五引惟是此項代銷仍歸正額作數引目猶攤坐商錠名是雖以額作餘實無異於正額故至今引無不銷課無不完

按河東以額作餘之引仍不脫額引之名如解安加引八千七百道招商行銷題明儘銷儘報如有存剩照餘引例繳部是雖與通綱正額有別然而究係額引正賦攸關故歷年解安引課俱隨正額完辦未便稍有存剩率行解繳亦猶代銷之不容缺額耳

餘引增減

餘引之設所以濟額引之不足儘銷儘報無定數也河東餘引始於雍正三年川陝總督帶管鹽務年羹

堯以額引不敷行銷請領餘引十萬道雍正六年增領餘引二萬道七年增領餘引三萬道八年增領餘引五萬道皆以行銷不敷故續加請領復將前領十萬道

題明作爲定例與續領餘引有閒乾隆五年以閏月之年食鹽必多增領餘引二萬道六年又以節年請領餘引仍有不敷復領餘引二萬道先後共領餘引二十四萬道凡於請領餘引本內俱有儘銷儘報字樣聲明如有餘剩繳部查銷乾隆十六年因餘引過多

積鹽難銷鹽政西寧

題減四萬道部議覆准俟數年後仍應行銷二十四萬道乾隆十八年以池產豐稔行鹽漸多增復餘引二萬道二十一年以借買長蘆餘鹽配運不虞缺乏又增復餘引二萬道仍足二十四萬道之數二十六年以自池遭水患帶銷節年額餘未完分數積引過多鹽政薩哈岱

題減七萬道三十年以池內積有餘鹽恐致滷耗增復三萬道三十二年以節年積引帶銷全完增復二萬

道至四十九年據商人陳寧泰等稟請領還餘引二萬道全復原數今現領餘引二十四萬道每年於能銷鹽地方分派行銷乾隆四十八年均引之後各州縣雖酌有定數然有餘不足例得通融倘難如數行銷仍准隨時改撥非若額引之不容增損於其間也

按元時每引四百觔延祐間實計撈鹽十八萬四千五百引明時改辦小引每引二百觔嘉靖間歲辦小引鹽六十二萬引今每引二百四十觔額引之外餘引屢增現共額餘六十六萬六千九百四十七引實

爲超絶前代亘古未有葢我
朝休養生息百數十年戸口日繁食鹽日衆故額引不
敷行銷而必待餘引之加以濟民食猗歟休哉

領繳則例

天下鹽法統歸戸部領引繳引俱以山東司爲政戸
部鑄造銅板刷印引目上鈐戸部堂印下鈐山東司
印及頒發到司又鈐運司之印舊例廵鹽御史瓜期
而代毎於歲首親帶額銷引目發司給商領辦自雍
正二年改爲鹽政差役赴部闗領今河東歲額四十

二萬六千九百四十七引每歲八月由司詳院遣承差赴部領引除額引全數請領外餘引二十四萬道先領十萬道同額引俱於十一月內解送司庫存貯俟來年開印後陸續給商領銷額引領完始領餘引其部存未領餘引一十四萬道統俟次年七月復由司詳院照例請領約十月內解送到司給商領辦至若解繳殘引向例雖經官辦仍係商投每屆繳引之期商人先赴運司掛號隨投鹽政衙門鑿孔發司彙解迨後巡撫兼管鹽政駐劄省城迂迴不便乾隆四

十五年鹽政咯寧阿飭司議詳就近徑赴運司衙門投繳惟將收到數目按旬摺報鹽政查考其鹽稅鳳課等引舊係差吏領發自雍正三年詳明川陜總督帶管鹽務年羹堯每歲正月由司行文各處差役領取山西太原等處例行管鹽同知知州陜西鳳翔例行知府轉行各州縣長武則徑行該縣逌領引後鹽銷引退歲於奏銷前由該州縣批差申繳一俟齊繳到司同商辦各引一並照例鑿孔貯庫十一月由司差吏賫解戶部山東司查銷

按明時運司給發客商引目每引納中夾紙一張至闕領之時類解戶部倒引尋改為每引一張納紙價銀三釐領引時解赴戶部交納我

朝因之令每歲由司差吏赴部交納其引目中凡有霉破以及漏印之處例得咨部另換仍解紙價

奏銷期限

舊制河東鹽引通融奏銷以三年為期及至奏銷或挪後補前或移甲換乙不拘年分惟期每年起解足數奏銷之數便為足額然截清年分按年核計實多

虧缺雍正七年奉有按年銷引停止通融之

旨雍正八年鹽政碩色

奏請自雍正八年爲始上年之引至次年六月清查奏

銷部議應如該鹽政所請嗣後總以上年額引定以

次年六月奏銷爲期餘引加展一年以餘引領辦較

遲恐運銷不及也嗣因池遭水患屢遇歉收須以本

年新産之鹽配運本年應行之引配銷伊始奏期已

屆商人辦理拮据乾隆二十八年鹽政薩哈岱

奏請照長蘆之例展至十月清查題報永著爲例

（按）乾隆三十年鹽政李質穎飭司議定分限赶運之法核明引數按月查繳以副

奏限四十六年署運使繆其吉詳請停止蓋節年商人踴躍急公多將新引即於本年爭先領掣無俟拘定限分自可年清年款雖地方間有暢滯之不同而倒限寬展至

奏銷之時無不從容完辦也

引式

戶部爲鹽法事山東清吏司案呈照得河東鹽法題

准各項事例已經通行遵奉訖所有引目除場竈丁人守禦官吏

軍民權豪勢要官運鹽貨偷取插和場戶運鹽攜帶軍器諸

人買食私鹽載鹽不用官船七欵另文申飭外其題定鹽觔

繳引二欵并行鹽地方合行開列鑄造銅版印刷給付客商

收執照鹽前去發賣施行須至引者

一河東運司凡客商賣鹽每引淨鹽二百四十觔爲一引給

運使印信半印引目每引先納引價隨卽支鹽運賣

一凡客商興販鹽貨不許鹽引相離違者同私鹽追斷如賣

鹽畢五日內不繳退引者杖六十將舊引影射鹽貨同私鹽

論罪僞造鹽引者處斬

一行鹽地方

山西平陽府 潞安府 澤州 太原府 汾州府

遼州 沁州

河南南陽府 河南府 汝州 開封府 襄城一縣

陝西西安府

右引付客商 山東司印 收執照鹽准此

乾隆 戶部堂印 年 月 日

部押

凡引貯庫未搨省縣扒記謂之生引以其未拘定行鹽地方也搨扒報掣謂之熟引截角鑿孔謂之退引又謂之殘引定例商人領引赴場掣鹽截第一角掣畢出場截第二角鹽到地方該州縣驗明引鹽截第三角鹽銷完引繳州縣截第四角四角截訖向係投繳鹽院鑿孔發司彙解今徑投運司鑿孔解繳

引目卷七終

河東鹽法備覽分目

課額卷八

課項源流
正雜欵目
徵收則例
課錠平色
撥解定制
公用欵册

河東鹽法備覽卷八

山西按察使兼管河東鹽務晧南蔣兆奎編輯

河東運學教授王鳳翽校字

陳思賢　王恒泰

商人王擴綜　范則質監刊

翟步雲　王繩中

課額

自古惟正之供以下奉上理也勢也分也鹽之納課所以寛田疇之賦而助租庸所不及况商行一名之引民得一名之食官收一名之課商力裕而

國計民生均有裨益故次領引之下課額宜急考矣

課項源流

禹貢海濱廣斥厥貢絺鹽鹽之政令供食用而已至管子謹正鹽筴計口食鹽此以鹽利國之始考其法大約與按丁派引爲近漢武帝以屬大農佐賦後魏及隋禁弛無常唐大歷末天下之賦鹽居其半宋天聖中罷官鬻聽人入錢京師榷貨務以江淮解池鹽給之一歲中增課十五萬能得裕課於商之法元太宗時始立平陽府徵收課稅所從實辦課每鹽四十

觔得銀一兩每鹽一引重四百觔價銀十兩世宗時減銀爲七兩厥後課以錠計歲有增減不同至天歷二年辦課鈔三十九萬五千三百九十五錠然而課重價昂引鹽不售有派民收買入錢縣官之厲政民甚苦之明洪武初鹽法開中於九邊每引納銀八分內地支鹽一引永樂中每鹽一引輸邊粟二斗五升宏治中始行運司招商輸課之法解部送邊河東每引納銀二錢一分嘉靖二十七年議准河東正鹽四十二萬引每引納銀三錢二分後加至六十二萬引

爲歲額除王府官吏食鹽例不收課外一年辦課共計一十九萬七千三百七十六兩嘉靖四十年副都御史鄢懋卿掊尅獻媚每引正鹽正課之外溢增浮課之鹽二十觔歲斂四萬三百兩迨開歸改食續增停免始照舊時四十二萬引額徵課天啟六年大工匱帑議增鹽課以濟土木之用每引加銀二錢共加銀八千四百兩崇禎五年從御史王與印之議增鹽一萬二千五百引加銀四千以充新餉隨又派加練兵餉銀七千是時課額仍除王府官吏食鹽歲徵銀

一十九萬三千七十六兩有奇我

朝龍興革去明季之浮加食鹽更名變價解部實行引

四十萬九千九百三十三道課額一十三萬一千一

百七十八兩五錢六分引價循舊以三錢二分爲科

徵耳順治十三年因軍需不給增引十萬壽有除引

存課之議將新引停止以所有課銀三萬二千攤入

四十萬九千九百三十三引之中每引該攤課七分

八釐六絲一忽五微與前課三錢二分合核乃得引

價三錢九分八釐有奇由是遂爲定額歲徵課銀一

十六萬三千一百七十八兩五錢六分康熙十五年
量加鹽課以佐軍需每引加銀五分十七年按引復
加課銀七分十八年御史傅廷俊以清查竈鹽酌加
商引具
題山陝二屬共加引四萬四千七百六十一道按引加
課本年通核除賑濟地租等項實共徵引課二十三
萬五千五百五十九兩有奇而引價每張實計課銀
五錢一分八釐有餘矣康熙二十四年御史李時謙
奏除五分加增課二十八年御史郝維謙

奏除七分加增課仍照順治十三年定額每引止納三錢九分八釐零計自懷慶改食蘆鹽減引除課之後至雍正初年實存引課一十六萬六千一百六十八兩有奇加以賑濟地租等項共爲正雜課一十七萬一千七百二十八兩零而紙硃價銀不與焉此河東從前之歲額也自雍正三年後續有增加今每歲徵正雜銀五十一萬八千一百一十餘兩蓋我

朝澄清鹽法治隆前代私派禁而商力以紓陋規除而

國賦自裕也

按明嘉靖御史王諍請復鹽課舊額疏內稱自成化以來每引定價三錢二分正德間增作五錢嘉靖九年御史楊東題請減作四錢二分十年御史方湹題請減作三錢二分復成化間之舊又稱嘉靖四十年鄢懋卿於正課六十二萬之內每年扣出餘鹽銀四萬三百兩此並載彙纂中前志則但言宏治每引二錢一分嘉靖每引三錢二分而於王諍一疏似未見聞雖王疏所稱引價增減分數別無他考而一代之變更損益具見敷陳委曲之中自屬彼時實在情形

且所稱六十二萬之數與史載嘉靖間河東引額不差毫末並詳備考未必非參互之一証也

正雜欵目

河東舊額正雜銀一十七萬一千七百二十八兩八錢一分六釐內有額引課更名食鹽引課西安加增引課並鹽税鳳課等名目為正課有賑濟米價為雜課又有池灘地租小麥變價京書廩費等欵為額外雜課自雍正三年川陜總督帶管鹽務年羹堯請將河工銅觔名色並各衙門陋規俱行裁革惟於額引

並加增引項下每引一名收官錢銀十一兩公務銀二十四兩零八分著爲定例此額引雜課之續增也又於本年因額引不敷配銷請領餘引十萬道雍正六七八等年暨乾隆五六兩年陸續增領餘引十四萬先後共領餘引二十四萬道儘銷儘報厥後旋減旋復乾隆四十九年全復二十四萬道之數課錠官錢公務照額引一例徵收每名多收公費銀六兩此又餘引正雜各課之續增也其額引扣錠加增餘銀官置昌零引解安長武加引各課並籽粒蘆課潞澤

節省唐縣裕州淝池等歸公則皆始於雍正三年之後至於餘平積餘併餘並一切附餘各雜項悉屬因地制宜隨時釐正今實計正雜銀五十一萬八千一百一十餘兩具列欵目於後

一三省商辦額引正課一十四萬二千一百六十四兩三錢九分五釐共額引三十五萬七千零四十六道合二千九百七十五名零四十六引按五十兩徵課共該銀一十四萬八千七百六十九兩一錢六分七釐除去紙價一千七十一兩四錢七分四釐抑錠三百八十五兩四錢三分三釐加增餘銀六百九十八兩二錢二釐賑濟四千四百四十九兩三錢八釐均應另欵開列外實該正課一十四萬二千一百六十四兩三錢九分五釐內有加增

課八千二百七十八兩六錢一分三釐零更名食鹽課八百六十四兩七分七釐零其名雖異其實皆商辦引課至臨州大寧永和三處改食土鹽而事在乾隆三十三年所領皆商辦有錠額引故課仍歸欵銷算以足正課一十四萬二千一百六十四兩三錢九分五釐之數多銀三錢五分五釐入於併餘項下

一賑濟米價銀四千四百四十九兩三錢八釐此項每引徵銀一分二釐四毫三絲九忽四微零原爲額設撈採鹽丁賑米而設故曰賑濟米價例同鹽課徵收自鹽歸商種丁不赴工順治二年存留解部今每歲商辦銀四千四百二十八兩五錢五分八釐臨州大寧永和三處解銀二十兩七錢五分共銀四千四百四十九兩三錢八釐鹽稅鳳課無米價者以鹽非鹽丁撈採臨州大寧永和有米價者以原食解鹽乾隆三十三年始改食土鹽仍領池引行銷故各照例輸銀以足米價之原額至石樓縣亦歲納米價銀六兩四錢零以原食解鹽康熙十年改食土鹽領池引五百

二十道仍納米價歸入鹽稅項下銷算前志載歸入米價作數查米價內添此一項則于原額米價之數加多而鹽稅內去此一項又于鹽稅之數不足歷年奏冊皆入鹽稅項下今正之

一鹽稅銀一萬七千五百一十五兩二錢六釐鹽稅四十

一州縣額引四萬三千九百八十五引每引徵銀三錢九分八釐六絲一忽五微零內陽曲等縣課銀一萬七千三百四十八兩八錢一分五釐二毫八絲四忽二微又石樓縣更名食鹽課一百五十九兩九錢二分二釐二毫一絲七忽四微共徵正課一萬七千五百零八兩七錢三分七釐五毫零一忽六微外加石樓縣米價銀六兩四錢六分八釐四毫九絲八忽四微共銀一萬七千五百一十五兩二錢六釐例係太汾等管鹽同知並遼沁等知州督徵州縣解交

一鳳課銀六千四百八十八兩四錢鳳屬八州縣額引一萬六千三

百道每引徵銀三錢九分八釐六絲一忽五微零該
正課六千四百八十八兩四錢例係知府督催州縣
經徵
解交
以上四項皆出於引按引徵收共十七萬零六百
一十七兩三錢九釐皆爲舊額前志並紀　恩錄
開載課項釐下皆詳絲毫忽微細數乾隆三十一
年奉
上諭嗣後各省徵收錢糧及一切奏銷支放等事俱着以
釐爲斷不必開寫細數欽此經部議凡有不及一釐之
零數折中歸減在五毫以上者作爲一釐歸併造

報不及五毫者悉行減除今遵照更正後倣此

一額引扣錠銀三百八十五兩四錢三分三釐商人每領引一名封納大課一錠重五十兩內正課四十八兩賑濟銀一兩五錢紙價銀三錢六分一釐七毫五絲三忽多銀一錢三分八釐二毫四絲七忽按額二千七百八十八錠半計每年多銀三百八十五兩四錢零名曰扣錠雍正六年歸公充餉

一加增餘銀六百九十八兩二錢二釐商人每領加增引八張爲一把合十五把爲一名封課四十六兩二錢四分五釐五毫五絲五忽五微內正課四十四兩五錢一分八釐八毫二絲五忽賑濟銀一兩三錢九分一釐二毫一絲三忽紙價銀三錢三分五釐五毫一絲七忽五微比額課每錠少銀三兩七錢五分四釐四毫四絲四忽五微雍正六年經鹽政碩色 題請加增課

錠亦照額課大錠五十兩徵收每年徵收加增餘銀六百九十八兩二錢二釐

一額引官錢公務銀一十萬四千三百四十一兩九錢四分九釐　河東鹽務衙門向有河工銅觔水脚等名色河工者運司每年解節省銀四千兩前赴河工交納此始于康熙三十八年銅觔水脚者河東添買銅觔應需水脚銀兩御史運使將所得羨餘支給此始于康熙四十二年至康熙五十三年又題明院司衙門陋規入官充餉雍正三年川陝總督帶管鹽務年羹堯　奏請將河工銅觔名色併各衙門陋規俱行裁革惟於商辦額引加增引項下每領引一名收官錢銀十一兩捐引一名收公務銀二十四兩零八分共收銀十萬四千三百四十一兩九錢四分九釐內官錢銀三萬二千七百二十九兩五分一釐公務銀七萬一千六百一十二兩八錢九分八釐以五萬兩充餉餘作公用之項嗣鹽政馬喀定有公務欵冊一本內開歲修渠堰銀五千兩都察院

飯食四川寧夏西安將軍都統巡鹽御史運使運同經歷知事三場大使教授訓導巡檢把總等養廉各衙門書役弓兵巡役等工食又祭祀各廟歲科考文武生員花紅盤費鄉會場文武舉人貢監生員盤費以及解餉領引路費皆逐欵開明数目運使遵照支給年終造冊呈巡鹽御史報部核銷

一解安引課銀三千五百八十八兩七錢五分內解州額引三千四百道納課一千四百二兩五錢安邑額引五千三百道納課二千一百八十六兩二錢五分照餘引例每名納課四十九兩五錢

一解安扣錠銀一十兩零一錢五分內解州扣錠三兩九錢六分六釐零安邑扣錠六兩一錢八分三釐零照餘引例每名扣錠一錢四分

一解安官錢公務銀二千五百四十三兩三錢內解州官

錢公務銀九百九十三兩九錢三分三釐三毫三絲零安邑官錢公務銀一千五百四十九兩三錢六分六釐六毫六絲零

一長武課銀三百二十兩八分八釐雍正八年新增長武縣引八百四道巡鳳翔例應徵課銀三百二十兩八分八釐所有長武原額引六百六十道分給陝西能銷鹽地方商人作餘引行銷

一官置昌零引課銀一百一兩八錢八釐此係各錠名下畸零鹽數不能歸錠引一百一十二道名曰官置昌向係運使發交商人運銷得銀一百零一兩八錢八釐不入正額雍正六年歸公充餉

一餘引大課銀九萬九千兩現領餘引二十四萬道合二千名每名納課四

十九兩五錢餘引無米價照額課一例徵收于正課四十八兩之外加銀一兩五錢統作正課

一餘引扣錠銀二百八十兩現領餘引二十四萬道合二千名每名扣錠一錢四分

一餘引官錢公務銀七萬一百六十兩現領餘引二十四萬道合二千名每名官錢十一兩公務二十四兩零八分

一餘引公費銀一萬二千兩現領餘引二十四萬道合二千名每名公費銀六兩此始于雍正六年據商人郭元勳等呈稱自雍正三年領發餘引十萬道獲有餘利情願于額設公務之外捐銀五千兩存貯運庫畱充公用每名合銀六兩鹽政碩色奏准歲入鹽課冊內造報厥後續增餘引援照爲例

一唐縣餘利歸公銀四千五百兩唐縣引地向係土販行銷並無專商

雍正六年鹽政碩色 奏令商人張宏裕一人獨辦每年繳餘利銀二千兩歸公雍正十三年鹽政孫嘉淦以雍正四五兩年運司朱一鳳將唐縣引張分與殷實商人公辦所得餘利除脚價食用外兩年之間共得銀九千餘兩是每年餘利約畧大數應有四千五百兩商人張宏裕止以二千兩歸公餘俱侵吞入已參 奏追賠并請將唐縣地方交與河南省運商照雍正四五兩年之例協同公辦歸公銀每年以四千五百爲率奉部覆准乾隆七年鹽政尙琳因各商輪流分辦易起鑽營 奏准歸官辦理以杜積弊其一切領繳引張稽查透漏責令商人范天錫承辦每年於歸公餘利内酌給雜費銀兩倘有貽悞照例治罪另募殷商承充凡土販赴運領買每引一名仍照與商人交易之數納銀一百六十六兩額引除大課官務平餘銀共八十七兩二錢七釐並坐商銷價銀二十四兩每名餘銀五十四兩七錢九分三釐餘引

除大課官務公費平餘銀九十三兩三錢五分七釐每名餘銀七十二兩六錢四分三釐現行額引四十名一百七引代銷一名七十四引餘引一百五十八名乾隆四十七年於均引案內暫撥南名南陽鳳臺餘引五十一名歸入唐縣行銷共餘引二百九名計得餘利一萬七千三百九十九兩四分六釐內除撥餉銀四千五百兩并支給商人雜費銀八百五十五兩三錢九分二釐外餘銀一萬二千四十三兩六錢五分四釐解交　內務府歸公但餘引係儘銷儘報難爲定額乾隆二十九年原辦商人范天錫河東引地全行退出未便再令承辦經鹽政李質穎　奏交商人郭順昌即今更名郭世濟辦理現尚仍舊

一澠池歸公銀三百三十四兩九錢一釐澠池引地向係本地民商販運雍正三年商人萬永即萬臨亭始行認辦旋因茶鹽事發責革另招雍正九年鹽政碩色批令萬臨亭復充雍正十三年鹽政孫嘉淦查明叅　奏革退請同唐縣引地交與河南省運商協同公辦餘

利歸公滙池歸公銀數從前未有成例應俟辦理一年後再行酌定嗣經商人張道綿等協辦一年銷鹽三十一名八十四引核計每名實得利銀六兩二錢二分共得餘利銀一百九十七兩一錢七分三釐部議歸公報撥此後即係專商認運乾隆二十八年共辦引五十三名一百一引照前核算計歸公銀三百三十四兩九錢一釐按年入冊奏銷至今仍舊

以上十四項或按引徵收或指地認繳共二十九萬八千二百六十四兩五錢八分一釐皆爲續增

一餘平銀一萬一千七百七十二兩零六分八釐解部

錢糧每千兩例交餘平銀二十五兩元寶解飯食銀十兩散碎解飯食銀十五兩雍正八年奉文減去餘平一半留備地方公用河東徵收鹽課向無餘平遇撥京餉所需餘平飯食二項原在官務項下動支並

非另款徵解迨後官務　題明歸公支銷冊內未將此項列入雍正十二年奉　部行文飭解因運庫無項可動各商情願自雍正十三年爲始每千兩隨交餘平銀二十五兩飯食一項免其交納如遇撥解京餉仍在官務銀內動支解部先後　奏咨覆准並轉飭徵解税課各州縣一體遵照乾隆三年奉文將減半餘平銀兩一概停其解部存貯運庫按年附入鹽課奏銷冊內具題查核如有需用奏明動支乾隆三年奉部　題准嗣後餘平銀兩於按季徵收課餉之後即造入季撥冊內除酌量留存地方公用之外其餘悉行提解貯庫現在除廩費地租巡鹽贓罰籽粒蘆課小麥變價積餘併餘潞澤節省裕州歸公并唐縣續增餘利均免餘平外計正雜鹽課紙價官務歸公等項共銀四十七萬八百八十二兩七錢三分一釐應收餘平銀一萬一千七百七十二兩六分八釐紀

恩錄

載四十七萬九百一十七兩五錢八分六釐應收餘平銀一萬一千七百七十二兩九錢三分九釐係按引多收額官務銀三十四兩四錢九分八釐入于積

餘項下所收餘平銀八錢七分一釐入于併餘項下其正額餘平銀實只一萬一千七百七十二兩零六分八釐節年奏冊
皆照此數今正之

一積餘歸公銀八十五兩五錢　河東舊額商辦引每年除官買畧零引外實行三十五萬七千四十六引每引收官務銀二錢九分二釐三毫三絲三忽零計收銀一十萬四千三百七十六兩四錢四分七釐零除額報銀一十萬四千三百四十一兩九錢四分九釐餘銀三十四兩四錢九分八釐零又零引積尾銀三十四兩九錢六分九釐二共銀六十九兩四錢六分七釐零名曰積餘向係存留公用並不報解雍正六年鹽政碩色　題明歸公充餉現在每年以八十五兩五錢冊報候撥

一併餘歸公銀六百五十餘兩不等　運庫徵收額引官務銀兩零收整兌每年約得併餘銀七八十兩至百餘兩不等向未報部乾隆七年鹽政尚琳將此項列入附餘錢糧

欵內奏請歸公蒙

硃批諭旨此事不便交部汝如是據實陳奏澄清辦理固屬可嘉但恐太清則後難爲繼汝其酌量辦理或既稱附餘至歲底奏明或交內務府或賞何人之處請旨向歸可行之事耳將此旨汝處記檔亦不必咨部也欽此

乾隆八年額引官務內得有併餘二百二兩三錢較前數幾多兩倍而正雜各課並餘引官務等項雖係傾整交納其間商人逐戶分交整平兌解以及零星添搭尾封亦不無稍有併餘計一年所收正雜各課暨餘引官務等項內共得併餘銀四百四十六兩八錢二共銀六百四十九兩一錢經鹽政吉慶奏准解交內務府充公現在每年約得併餘銀六百五十餘兩不等盡數批解不入奏冊

以上三項爲額外附餘雜欵共一萬二千五百零七兩五錢六分八釐不等亦續增之項

一沚灘地租銀七百九十三兩四錢二分二釐安邑縣徵收解銀六百五十兩二分二釐夏縣徵收解銀一百四十三兩四錢此項向給散運營兵丁順治四年御史朱鼎延以運營不設　題明充餉

一小麥變價銀一百七十兩九錢八分五釐此項經歷徵收向係收存以充養濟節孝等用順治四年部議養濟節孝自有存留不必動支麥租應存貯候撥

一裁省京書廩費銀一百四十七兩一錢此項係曲沃縣徵收爲明巡鹽御史有京書隨行給其廩費而設順治九年裁解充餉

一籽粒銀一十兩二錢六分此明季送王府食鹽停革之地我　朝革除食鹽其地給附近居民墾種解縣徵銀二兩一錢四分四釐聞喜縣徵銀一兩九錢八分夏縣徵銀二兩八

錢八分安邑縣徵銀三兩二錢五分六釐名曰鹽站籽粒批解運庫向爲巡鹽御史給書吏紙筆之用雍正六年歸入正項充餉

一蘆價銀一百一十七兩九錢七分六釐此係護池盛水灘地坐落安邑縣湯里等村附近居民種植蘆葦該縣徵收批解運庫向爲巡鹽御史運使給書吏紙筆之用雍正六年歸入正項充餉

一蘆葦變價銀四百三十八兩七錢五分鹽池南岸產有蘆葦向被奸民串通兵役偷賣分肥雍正十三年運使高山詳明鹽政孫嘉淦變價充公每年約可變價銀三百餘兩不等並不報部乾隆七年鹽政尚琳奏請充公歸欵本年鹽政吉慶查明此項原係粘補城垣祠廟監倉并賞

勅差官盤費賙恤禮生門兵及倉書斗級之需 奏明

恩准照舊留備公用現在支欵甚多如馬快買補弓箭撤袋並院書奏銷油炭以及龍王廟祭品池神廟燈油皆在蘆葦項下動用所變之價屢有不敷歷係截長補短通融撥濟舊例飭委解州州判庫大使會同鹽池聖惠二巡檢確估變解運庫届期詳明鹽政按欵動給乾隆四十九年詳明改歸商變按畦歲納價銀四百三十八兩七錢五分

以上六項共一千六百七十八兩四錢九分三釐雖舊額新增之不同而非出于引非出于商多出于各州縣池灘地租每歲按季報部候撥惟蘆葦變價則奏明留充公用之項

一居縣餘利銀一萬二千四十三兩六錢五分四釐

註詳唐縣歸公條下

一裕州歸公銀一千兩裕州引鹽先係原任翰林陳壯履詭名陳友張認運並不出資辦理將引地租與商人衞純供辦每年坐食租利數百金後被告發訊明斥革另募據街商公呈以裕州引課繁重非殷實諳練之商難以勝任商人衞純供辦幾及三十年一切從無貽悞雖向屬租運實非朋充無力可比公保卽以衞純頂補并據衞純呈稱向日租運裕州引地每年皆出租銀數百金今衆商保伊承辦情願每年以餘利一千兩歸公乾隆七年鹽政吉慶據情　奏蒙

允准其歸公銀兩照依潞澤節省之例批解　內務府交納嗣後商有更易銀無增減現在按年照數解交

一潞澤節省銀二萬兩潞澤等一十七處引鹽先係捏名之傳斌承認迨後茶鹽案內事發革退商人范毓馪願將潞澤二府暨平陽所屬之洪洞翼城浮山岳陽四縣地方一人認運每

年於正課之外加交節省銀二萬兩自行交納內
庫雍正四年呈經鹽政馬喀咨部准行前項銀兩歷
於該商鉛觔脚價銀內坐扣乾隆元年鉛觔停止採
辦戶部奏准行令按年徵解嗣范毓馪潞澤引地
退出分給各商領運仍照原數
按引攤徵批解內務府交納
以上三項共三萬三千零四十三兩六錢五分四
釐例不貯庫皆係商人自存運號亦續增之項
一紙價銀二千兩零八錢四分一釐每引紙價銀三釐內額引紙價
銀一千七十一兩四錢七分四釐鹽稅紙價銀一百
三十一兩九錢五分五釐颳課紙價銀四十八兩九
錢又領增解安長武引及餘引皆有紙價現共紙價
銀二千兩零八錢四分一釐例隨正課按引徵收赴
部領引時差吏批解戶
部每年給有批回實收

一贖鍰無定額雍正二年七月內川陝總督年羹堯疏稱河東巡鹽贓罰每年額銀九百兩先因額銀不敷向以羨餘墊補臣思贓罰乃鹽徒之罪贖安能必有定數自應獲多報多獲少報少部議應如該督所題嗣後河東巡鹽贓變銀兩照每年所獲多寡實數題報

以上二項紙價應解戶部不入奏冊贖鍰內結者入奏冊外結者不入奏冊解內務府儘收儘解無定數

按徵收正雜各課皆有定制而奏銷欵目各有不同蓋內部核課不論州縣商人應銷之分數其冊檔內載有額餘加增更名賑濟解安長武官置昌各名目

故奏銷時即爲分之晰之一一臚列以清欵項究之運庫徵課惟于各商名下核其應完之數按限催納未嘗設此名目逐項清徵也

徵收則例

河東額引隔年完課餘引亦隔年完課自五月至九月爲課限月分逢二五八爲開庫日期十月內

奏銷統年課稅報部候撥各運商每年於四月間投具限狀按課銀多寡匀作五六七八九月五限遇閏匀作六限按限分納如有逾限開單催比公務爲支發

養廉工食等項之需每年十月間先繳次年十分之五名謂五分數再徵次年十分之二名謂七分數餘俱歸入應完年分按限分徵其各州縣鹽稅鳳課等項係隨地丁徵收四月完半九月全完至期該州縣分別應納年分批解運庫交收惟引目有額餘代銷解安之不同故銀數亦有些徵多寡之區別今將徵收則例開具於後

一正課每名納銀五十兩每引合銀四錢一分六釐六毫六絲零正課賑濟紙價扣錠皆在內

一官錢每名納銀一十一兩每引合銀九分一釐六毫六絲零公務每名納銀二十四兩八分每引合銀二錢六毫六絲零二共每引合銀二錢九分二釐三毫三絲零

一官錢零引每引納銀九分五釐公務零引每引納銀二錢六釐自一張至九十九張皆爲零引若數至百張除去六十引作半名下剩再作零引銀數有多謂之積餘二共每引納銀三錢一釐

一解安并代銷官務零引每引納銀二錢九分二釐三毫三絲零此數欵俱係後來加添故零引俱無積餘

一餘引除正課官務外每名加工費銀六兩每引合

銀五分

按每引正課三錢九分八釐六絲一忽五微每名一百二十引該正課四十七兩七錢六分七釐三毫八絲今每名徵課四十八兩按引合計多銀二錢三分二釐六毫二絲每引紙價三釐每名一百二十引該紙價三錢六分今每名徵紙價三錢六分一釐七毫五絲三忽按引合計多銀一釐七毫五絲三忽前志所載與現徵之數無異而所以數目不符之處則未經詳註考彙纂內稱商人納課一錠應支鹽一百二

十引零一百一十六觔十二兩八錢有奇此一百一十六觔十二兩八錢有奇之鹽按舊制二百觔爲一引計之該正課二錢三分二釐六毫二絲該紙價一釐七毫五絲三忽合以每名一百二十引應徵之數共爲正課四十八兩紙價三錢六分一釐七毫五絲三忽再加賑濟銀一兩五錢扣錠銀一錢三分八釐二毫四絲七忽適符五十兩爲一錠之數惟零鹽難于給引例不隨錠配掣每錠只支鹽一百二十引故後請領餘引每名即以四十八兩爲正課其紙價每

名三錢六分而扣錠則一錢四分外加賑濟銀一兩五錢歸入正課仍足五十兩則是額餘一例徵收也

課錠平色

河東鹽課雍正十二年于元寶畫一等事案内奉部奏准嗣後除地丁銀兩照例解交元寶外其各省關鈔鹽課悉令解交散碎以便給發此課用小錠之定制也乾隆五年兩淮于奉部行查楚鹽成本案内議以每遇起解京餉應傾元寶所有需用火工銀兩准作成本貫入鹽價乾隆十年河東議定鹽價因在餉解

散碎之後即就彼時現賣價值作爲定例並無火工買入成本之議是河東鹽課原與楚鹽成本內有火工傾費者不同此銀色之較遜于元寶者有由來也歷年撥解京餉及各省協餉即以商人原納小錠紋銀彈兌起解乾隆四十七年准陝甘總督李侍堯移查河東撥解餉銀短色緣由經巡撫兼鹽政農起逐一查明咨覆今河東鹽課每錠重十兩其色較准課而有加其法馬由部頒正副法馬二副每歲撥解外餉即以部頒法馬帶往比較彈兌

按天下鹽課銀色不一卽錠之大小亦有不同緣此項銀兩貿易中來民以此買商以此賣故徵課時卽以市肆紋銀交收色錠不齊理勢然也

撥解定制

一解內務府潞澤節省並唐縣裕州歸公銀三萬三千零四十三兩六錢五分四釐例于奏銷後由運司委員護解商人隨往交納

一解內務府鹽課併餘外結贓罰及各役空缺工食每歲約共銀六百七十餘兩不等例於十一月同前

項節省歸公銀兩交委員搭解

一解戶部紙價銀現額二千兩零八錢四分一釐例

由運司差吏解交

一解京餉並外省協餉無定地例于每歲奏銷後聽

候部撥多寡均無定數奉撥後由運司委員護解

公用欵冊凡節省無定者悉照原定數目開載其已經節省之項皆載實用銀數仍註原定銀數於下以備稽考

一內閣官員飯食銀二百兩

又盤費銀三十兩

一都察院飯食銀二千六十二兩

一翰林院庶吉士規禮銀八十兩

一解都察院飯食翰林院庶吉士規禮盤費銀五十兩

一戸部飯食銀六百兩

又盤費銀四十兩

一奏銷戸部雜費銀一百三十兩前開銷銀二百兩後節省銀一十兩

裁鹽政又減去提塘銀六十兩

一領引繳引共銀七百五十兩前開銷銀八百兩後節省銀五十兩

一添補黴爛引紙硃價銀無定數

一紙硃價飯食銀二十三兩七錢不等黴爛引紙硃價無定飯銀

照

加

一領餘引並解安引盤費脚價銀一百四十兩

一領續增餘引盤費脚價銀一百五十兩餘引並解安引係與

額引一同請領脚費可以截長補短此係專

差請領故較領前項餘引多給銀一十兩

又加盤費脚價銀六十兩因添餘引四萬道故加銀六十兩

一賫投戶科領續增餘引文批盤費銀八兩領續增餘引係

鹽政差承差領取此項文批係

運司差役投送故另給盤費

一續增餘引紙硃價飯食銀六兩二錢

一解續增餘引紙硃價盤費銀三十兩此項銀兩係另差書役解送故另給盤費

又加盤費銀十二兩因添餘引四萬道故加銀一十二兩

一解費脚價銀三千五百兩此係撥解京協二餉所需鞘木鐵箍牛皮包銀布疋並押鞘官役盤費脚價等項動用每年奉文撥解銀數多寡不一據實報銷餘銀仍歸公務項下作別項公用

一解京餉飯食銀無定數遇撥京餉動支無則節省

一繳都察院四季循環簿脚價盤費共銀八十八兩

一添補繳都察院循環簿盤費銀四十兩

一賫本承差盤費銀二百兩裁鹽政後歲有節省多寡不定

一送大計冊籍盤費銀五兩非大計年節省

一寧夏將軍都統養廉銀二千兩

一西安將軍都統養廉銀一千三百兩

一西安添設副都統養廉銀三百兩

一涼莊將軍都統養廉銀二千兩寧夏等處將軍副都統與鹽務無涉

乃由運司支給養廉蓋因　題定官務時年羹堯

爲川陝總督又兼管河東鹽務是以　奏請撥給

一修築渠堰銀五千兩節省無定

一查渠堰禁牆各工程官役飯食銀八十兩

一

萬壽油燭銀一兩三錢八分八釐

一冬至油燭銀三錢一釐

一元旦油燭銀七錢九分二釐

一芒神春牛春花等物銀六兩一錢五分經歷領辦

一元旦晝四城門門神銀六兩二錢

一開場致祭三禁門祭品等銀四兩四錢四分前開銷銀四兩五錢後節省銀六分

一二八兩月祭丁戊祭品等銀一百六十七兩八錢四分前開銷銀一百八十七兩四錢八分後節省如今數

一清明七月十五十月初一三次祭厲壇祭品等銀二十二兩五錢每次銀七兩五錢

一三六九等月朔日祭池神廟祭品等銀一百二十八兩九分前開銷銀一百四十八兩三錢三分內三九兩月各支銀六十四兩二錢九分五釐各節省銀九兩九錢七分六月支銀一十九兩七錢四分節省銀三錢

一九月十三日祭關張二廟祭品等銀五兩四錢二分前開銷五兩八錢三分後節省銀四錢一分

一春秋二季祭關帝廟祭品等銀三十七兩五錢二分八釐

一霜降祭旗纛神表忠祠衛民祠三處共祭品等銀一十二兩三錢（前開銷銀十二兩八錢三分後節省銀五錢三分）

一每歲初一十五日各廟香資銀四兩三錢二分

一每月初一十五宣講

聖諭鄉約二名共工食銀一十二兩

一看廟學泉斗子工食銀六兩（原設三名工食銀九兩因池神廟招僧住特裁減一名節省銀三兩現存二名一看文廟一看野狐泉每名各支工食銀三兩）

一池神廟僧人飯食銀一十四兩四錢僧人二名在廟住持焚誦詳給口食銀兩奉文准銷

一歲考文武生員給賞花紅銀七十兩八錢四分節省無定非歲考年全行節省

一歲試武童設武廠等銀一十兩七錢五分非歲試年節省

一科考賓興文武生員盤費花紅酒筵等銀一百八十九兩二錢五分二釐節省無定非科考年全行節省

一考遺才盤費銀五十兩四十兩塲內油燭銀一十兩遇科考年在歲考文武生員給賞花紅銀內動銀五十兩幫解州考棚之用

一賓興文武舉人酒筵銀三十兩節省無定非會試年全行節省

一文武舉人會試盤費銀二百八十兩文武各半非會試年節省

一解州文武舉人會試盤費銀四十兩文武各半非會試年節省

一每遇考貢盤費銀八兩非考貢年節省

一每遇拔貢盤費銀一十六兩非拔貢年節省

一獎賞三省急公商人酒筵銀四十兩各商本年應完錢糧歲內全完無欠急公可嘉歲備酒筵在池神廟賞給以示鼓勵

一鹽院紙硃銀四百兩

一鹽院新春修理執事銀一百二十兩以執事歲需另置定有此

項

一鹽院書吏飯食銀一百四十四兩

一鹽院書吏廩給銀九百六十兩鹽政衙門經制書吏六名貼書十二名因原定飯銀不敷日用經制每名每月添廩給銀五兩貼寫每名每月添廩給銀四兩一錢六分六釐零

一鹽院上號吏工食銀二十一兩六錢鹽政衙門除書吏外有上號吏四名收發公文登記外號每名各支工食銀五兩四錢

一鹽院稿房犒賞銀一十二兩稿房案牘繁難詳准加賞

一鹽院東房遇接新院盤費銀六兩無則節省

一鹽院書吏廚子火夫工食銀二十六兩四錢內廚子一名工食銀一十二兩火夫二名每名工食銀七兩二錢

一鹽院門子二名工食銀五十六兩原設門子四名安邑縣額編工食銀四十八兩又歲給公務銀六十四兩裁鹽政減去二名額編工食全數停支公務內節省如今數

一鹽院皂隸十名工食銀一百八兩原設皂隸十二名安邑縣額編工食銀八十六兩四錢又歲給公務銀一百二十九兩六錢裁鹽政減去二名額編工食全數停支公務內節省如今數

一鹽院快手四名工食銀二十八兩八錢

一鹽院清道旗二名工食銀六兩

一鹽院靜鑼搭瓜令箭人役六名共工食銀一十八兩

一鹽院後擁及武執事人役二十名共工食銀六十四兩四錢原設二十二名役裁武執事二名節省銀六兩撥給鐘鼓夫支食

一鹽院官頭二名共工食銀一十六兩郎聽事班頭

一鹽院把門人役二名共工食銀一十二兩

一鹽院炮藥銀四十兩原設銀八十兩裁鹽政減銀四十兩

一運司養廉銀四千兩

一運司紙硃銀二百兩

一運司新春修理執事銀八十兩

一運司六房書辦飯食銀三百七十二兩八錢運司六房經制書辦八名貼書三十四名每名歲支銀八兩八錢七分六釐零

一運司六房紙價銀八十兩各房呈上行下紙張之用

一運司總收支三房廩工飯食銀四百一十八兩二錢七分五釐總收支三房共書辦三十八經管閤場澆曬收支錢糧賬目三省行鹽地方事務製放起運引鹽並收發鹽引奏銷案件每名歲支銀一十三兩九錢四分二釐五毫

一運司庫吏管辦油紅等銀三百一十八兩八錢五分內附提塘工食銀六十六兩餘銀二百一十二兩八錢五分爲六房書辦皂隸看庫上宿辦事需用

油燭及額餘引張用印油紅等項應用因額設不敷乾隆三年詳准酌增銀四十兩共歲支銀三百一十八兩八錢五分

一運司庫吏並庫房飯食銀一百二十兩內庫吏一名支銀五十兩庫書七名每名支銀十兩

一運司東房帖束銀七十二兩歲需手本帖束筆墨淨紅紙張等項約銀三十餘兩餘銀三十餘兩爲東房書辦飯食之用

一運司兵房衣廩銀一十兩七錢二分五釐兵房書辦四名管辦馬快弓兵並各衙門役食錢糧月報奏銷轉行兵部通飭一切稿案稽查鹽池內外斗級弓兵每名歲給衣廩銀二兩六錢八分零

一運司門子三名共飯食銀八十兩

一運司禁子四名共刑具工食銀三十六兩八錢

一運司轎傘扇夫工食銀四十二兩內轎夫四名傘扇夫三名每名各支工食銀六兩

一運司搭爪人役二名共工食銀六兩

一運司後擁人役十五名共工食銀四十五兩

一運司武執事工食銀十二兩前開銷銀三十兩後節省銀一十八兩現用蟒刀二名清道旗二名每名各支工食銀三兩

一運司巡庫兵工食銀一十五兩原設五名後減去三名工食仍舊又

於門兵內調撥四名現共六名

一運司齊辦牙子甲首工食銀三十六兩（內齊辦牙子一名甲首一名凡遇祭祀桌椅圍裙磁器鍋甕等物俱係該役等備辦每名各支工食銀一十八兩）

一運司厨子水火茶夫共工食銀四十八兩（內厨子一名工食銀一十二兩水火夫各二名茶夫一名每名各支工食銀七兩二錢）

一運司把五門壯快八名共工食銀二十四兩（樓門頭儀門兩角門）

一運司更夫工食銀一十二兩（現用更夫二名在大堂打更共工食銀十二兩前開銷銀十八兩今節省六兩）

一運司內更夫二名共工食銀一十二兩在宅內打更

一運司更夫冬衣更鑼油燭煤火飯食等銀八十兩運司衙門係倉庫重地額設內外更夫並巡庫兵冬季各給羊皮衣一件每件價銀一兩五錢內外更鑼二面每面價銀一兩五錢餘作煤火油燭飯食之用

一運司燈夫工食銀六兩現用燈夫二名共工食銀六兩前開銷銀九兩今節省三兩

一運司馬牌子二名共工食銀一十四兩四錢

一運司掃堂夫一名工食銀六兩

一運司鋪氊人役一名工食銀三兩

一鐘鼓夫三名共工食銀一十八兩原設二名工食銀十二兩後加

一名工食銀六兩係由鹽政節省武執事工食內撥給

一四城門門兵四十四名工食銀一百八十六兩原設工食銀一百九十二兩節省六兩今改撥四名看守司庫仍食門兵工食

一運商支鹽小票紙張印刷等銀四十兩

一運同養廉銀三千兩

一運同紙硃銀五十兩

一運同新春修理執事銀四十兩

一運同書吏犒賞飯食銀一百八十六兩四錢運同書辦

五名帖寫十一名每名各支飯食銀一十一兩六錢五分

一運同書吏紙價銀四十兩運同書辦禮鹽工捐攢五房稿案牌票封袋紙張筆墨等項每房各支銀八兩

一運同東房帖柬銀五十兩歲需手本帖柬筆墨淨紅紙張等項約銀三十二三兩餘銀一十七八兩爲東房書辦飯食之用

一運同執事工食銀三十六兩內清道旗二名蟒刀二名銀瓜二名共六名每名各支銀六兩

一運同各役工食銀六十兩四錢內聽事吏一名支銀三兩門子二名支銀八兩轎傘扇夫七名支銀八兩四錢厨子一名支銀八兩火夫二名水夫一名馬夫一名各支銀六

兩茶夫一名燈夫二名各支銀三兩

一經歷養廉銀三百兩

一經歷書吏飯食銀十二兩

一知事養廉銀三百兩

一知事書吏飯食銀十二兩

一知事管轄巡役四十六名工食銀五百五十二兩

一庫大使養廉銀三百兩

一庫大使書吏飯食銀一十二兩

一解州州判養廉銀三百兩

一州判馬快八名工食銀九十六兩小建扣除遇閏照加

一州判巡馬八匹草料銀一百五十九兩八錢四分小建扣除遇閏照加

一州判買補倒馬每匹價銀八兩買補多寡不定

一中場大使養廉銀三百兩

一中場書役弓手工食銀二百兩

一東場大使養廉銀三百兩

一東場書役弓手工食銀二百兩

一西場大使養廉銀三百兩

一西場書役弓手工食銀二百兩

一鹽池司巡檢養廉銀二百五十兩

一鹽池司書吏工食銀十二兩

一鹽池司弓兵二十名工食銀二百四十兩

一長樂司巡檢養廉銀二百五十兩

一長樂司書吏工食銀十二兩

一長樂司弓兵二十名工食銀二百四十兩

一聖惠司巡檢養廉銀二百五十兩

一聖惠司書吏工食銀十二兩

一聖惠司弓兵二十名工食銀二百四十兩

一教授養廉銀一百兩

一訓導養廉銀一百兩

一學書飯食銀一十二兩

一禮生八名養贍銀九十六兩

按河東歲需支銷各項向在羨餘内酌量動用並不報部自雍正三年官務歸公奉部核定欵冊每歲公用官務銀五萬四千三百四十一兩九錢四分九釐如支銷不敷於公用餘平銀内通融添補現在除裁

減院司營員暨四川西安都統各養廉及各役工食并一切雜項外每歲約動用銀三萬七千餘兩不等實用實銷餘銀報撥充餉惟每歲換補霉爛引張並解霉爛引張紙硃飯食等銀繳存剩餘引盤費買補巡馬價銀微員回籍盤費賞

詔官員盤費天旱祈雨謝雨以及一切公務俱應動用公項并遇撥解京餉隨解飯銀一二千兩至四五千兩不等事非年額難以預定臨時酌量詳請於官務公用項下動支彙冊報部節奉准銷至於已裁已減等

項冊內概不開列意在便覽非疏漏也

課額卷八終

河東鹽法備覽分目

律例卷九

律

條例

處分則例

禁緝扼塞

河東鹽法備覽卷九

山西按察使兼管河東鹽務畤南蔣兆奎編輯

河東運學教授王鳳翽校字

陳思賢　王恒泰

商人王擴統　范則質監刊

翟步雲　王繩中

律例

易大傳理財正辭禁民爲非曰義恭讀

大清律集解課程鹽法并現行則例酙酌盡善法令嚴

明與其繩之於後何如惕之於先而恤商愛民疏引

裕課之道盡在乎此用得欽遵而備編焉

律

凡犯（無引）私鹽（凡有確貨即是不必贓之多少）者杖一百徒三年若帶有軍器者加一等（流二千里鹽徒）誣指平人者加三等（流三千里）拒捕者斬（監候）鹽貨車船頭匹並入官（道塗）引領（秤手）牙人及窩藏（鹽犯）寄頓（鹽貨）者杖九十徒二年半（受僱）挑擔馱載者（與例所謂肩挑背負者不同）杖八十徒二年非應捕人告獲者就將所獲私鹽給付告人充賞（同販中）有（一人）能自首者免罪一體給賞（若一人自犯而自首止免罪不賞仍追原贓）○若（私鹽）事發

止理見獲人鹽如獲鹽不獲人者不追獲人不獲鹽者不坐當該官司不許聽其展轉攀指違者官吏以故入人罪論謂如人鹽同獲止理見發有確貨無犯人者其鹽沒官不須追究

註此禁販私鹽以裕正課也凡屬財賦除正稅外莫大於鹽課領引行鹽曰官鹽無引販賣曰私鹽私鹽行則官鹽阻故欲清鹽法必嚴私販首節言軍民販賣私鹽不計多寡卽杖一百徒三年帶有軍器雖不拒捕亦加一等鹽徒被獲而誣指平人爲同犯不論有無軍器亦加三等不服追捕而抗

拒者雖不傷人亦坐斬監候以上犯人所販鹽貨
及馱載之車船頭匹並沒入官其引領道路之人
與牙儈並窩藏鹽犯寄頓鹽貨者皆是同謀故杖
九十徒二年半若受僱而爲挑擔馱載者亦係從
惡故杖八十徒二年非應捕人役而能告發及捕
獲送官者卽將所獲私鹽給與告獲人充賞若同
販人及引領人等有能自首者免其本罪仍如告
獲人一體給賞末節言私鹽事發止許官司據見
獲之鹽問理見獲人罪不許聽私販罪人展轉攀

指濫害平人違者官吏以故入人罪論

凡鹽場竈丁人等除歲辦正額鹽外夾帶餘鹽出場及私煎鹽貨賣者同私鹽法該管總催知情故縱及通同貨賣者與犯人同罪

註此一條嚴竈丁夾帶私煎之罪以靖私販之源也凡各處鹽場竈戶人丁每歲有應辦額引每日有額煎正數除正額課鹽外即爲餘鹽夾帶餘鹽出場及私煎貨賣總催人知情故縱及通同貨賣各坐以罪蓋鹽徒私販必由夾帶私煎故首及之

凡婦人有犯私鹽若夫在家或子知情罪坐夫男其雖有夫而遠出或有子幼弱罪坐本婦決杖一百餘罪收贖

凡買食私鹽者杖一百因而貨賣者杖一百徒三年

註此二條皆禁民間之私販也凡婦人犯罪例坐夫男若有犯貨賣私鹽之罪者其夫在家則不論知情與否一概以夫當之罪其治家不嚴也子則知情者坐罪以其不能諭親於道也若有夫而遠出在外則未及顧家或子雖知情而年在十五以下則不能勸諫故仍罪坐本婦依婦人犯罪本條

科斷至於私鹽斷買然後私販可止故知爲私鹽而利其價賤買食者坐滿杖因而轉賣者坐滿徒

凡管理鹽務及有巡緝私鹽之責文武各衙門巡獲私鹽即發有司歸勘原獲各衙門不許擅問若有司官吏通同原獲各衙門脫放者與犯人同罪受財者計贓以枉法從其罪之重論

凡管理鹽務及有巡緝私鹽之責文武各衙門設法差人於該管地面并附場緊關去處常川巡禁私鹽若有透漏者關津把截官及所委巡鹽人員初犯笞

四十再犯笞五十三犯杖六十（公罪）並留職役若知情故縱及容令軍兵隨同販賣者與犯人同罪（私罪）受財者計贓以枉法從重論○其巡獲私鹽入已不解官者杖一百徒三年若裝誣平人者加三等（杖一百流三千里）

註此二條嚴官司巡緝之責以絕私販也凡各行鹽地方設有守禦官司及鹽運司巡檢司巡緝私鹽一有所獲即應發與有司衙門歸結勘問不許原獲衙門擅自審理所以杜妄拿賄脫之弊也若已發有司而官吏通同原獲衙門脫放者與鹽犯

同罪受財者各計入已之贓坐以枉法從重論至守禦各官既有巡緝之責自應於各該管地面並附場緊關去處設法差人常川巡禁不許私販透漏若致透漏出外者把截官及所委巡察人員均難辭咎故各按次分別笞杖並留職役若官役明知私販而故縱透漏及容令軍兵隨同私販貨賣者各與犯人同罪受其財物而故縱容者並計入已之贓以枉法從重論其巡緝所獲之私鹽自應照數盡解送官如有隱匿入已不解官者事屬違

法故坐滿徒至若裝誣平人爲與販而送官者是借緝捕之法行誣陷之私故又加三等夫見獲者旣嚴其脫放隱匿之罪而非見獲者又禁其揑造攀指之姦此於制法之中防亂法之漸也

凡起運官鹽每引照額定觔數爲一袋並帶額定耗鹽經過批驗所依引目數掣挚秤盤隨手取袋挚其輕重但有夾帶餘鹽者同私鹽法○若客鹽越過批驗所不經掣挚及引上不使關防者杖九十押回逐一盤驗盡盤鹽而驗之有餘鹽以夾帶論罪

凡客商販賣有引官鹽當照引發鹽不許鹽與引相離違者同私鹽法○其賣鹽了畢十日之內不繳退引者笞四十○若將舊引不繳影射鹽貨者同私鹽法

凡客商將驗過有引官鹽攙和沙土貨賣者杖八十

凡將有引官鹽不於拘定應該行鹽地面發賣轉於別境犯界貨賣者杖一百知而買食者杖六十不知者不坐其鹽入官

註此四條皆指鹽商假公行私諸弊以清鹽政也

第一條言各商起運有引官鹽每引俱有額定鹽

觔並耗鹽數目須照數裝包成袋經過批驗所照引數目隨掣一二袋摯其輕重但有額數之外夾帶餘鹽者同私鹽論若將引鹽不由正路越過批驗所而不經官掣摯及引上未曾印蓋關防者杖九十仍押回批驗所盤驗如盤有餘鹽亦從私鹽法論第二條言額鹽販賣全憑鹽引以辨官私故鹽與引不許相離違者雖官鹽亦坐以私鹽之律其鹽既經賣畢則將引截角是爲退引應於十日之內即赴所賣地方官司繳納以防影射如有過

限不繳者雖無影射亦笞四十若將不繳之舊引影射鹽貨私行販賣者卽以私鹽之法坐之第三條言客商將官鹽貨賣之時攙和沙土者是爲罔利病民故罪坐不應重杖第四條言一應行鹽地方各有疆界以杜越販凡客商將有引官鹽不照原定地面發賣違例於別境犯界之處貨賣者杖一百知係越境之鹽而買食者杖六十不知者不坐其鹽入官此又於官販之中剔私販之弊也

凡監臨鹽法官吏詭立僞名及內外權勢之人中納錢糧於各

倉庫請買鹽引勘合支領官鹽貨買侵奪民利者杖一百徒三年鹽貨入官鹽引勘合追繳

註此禁倚恃權勢以奪民利也中鹽之法始於宋初令商人輸芻粟塞下繼聽商人輸來京師優其值而給以鹽故曰中鹽商資國用民食官鹽商民兩利明初猶仍其制至宏治間始停輸粟法而改令輸銀於運司給以鹽引其中鹽之名如舊至今因之監臨官吏謂監臨鹽法之官吏詭名謂揑造僞名也凡監臨官吏假托詭名及權要勢力之人

中納課銀請引行鹽以致滋弊百出占奪鹽利重為民困者各杖一百徒三年其所行之引鹽並追入官

凡客商赴官中買鹽引勘合不親赴場支鹽中途增價轉賣以致轉賣日多中買日少且詭冒易滋因而阻壞鹽法者買主賣主各杖八十牙保減一等買主轉支之鹽貨賣主轉賣之價錢並入官其各行鹽地方鋪戶轉買本主之鹽而拆賣者不用此律

註此禁客商賣引之弊也凡客商納課領引必須親自赴場支鹽若不照引親支而於中途將所領

之引增添原買之價賣於他人支鹽以致鹽法阻抑廢壞買者賣者各杖八十牙保減一等杖七十賣主之鹽買主之價並追入官其鋪戶轉買商人之鹽零拆貨賣者不用此律

條例

一越境如淮鹽越過浙鹽地方之類興販官司引鹽至三千觔以上者問發附近地方充軍其客商收買餘鹽買求掣挈至三千觔以上者亦照前例發遣經過官司縱放及地方甲鄰里老知而不舉各治以罪巡捕官員乘機

興販至三千觔以上亦照前例問發須至三千觔不及三千觔在本行鹽地方雖越府省仍依本律

一凡僞造鹽引印信賄囑運司吏書人等將已故并遠年商人名籍中鹽來歷塡寫在引轉賣誆騙財物爲首者依律出斬外其爲從並經紀牙行店戸運司吏書一應知情人等但計贓滿數應流者不拘曾否支鹽出場俱發近邊充軍

一各鹽運司總催名下該管鹽課納完者方許照名塡給通關若不曾納課總催買囑官吏并覆盤委官假課指已

上
倉指上
國扶同作弊者俱問發近邊充軍

一各處鹽場無藉之徒號稱長布衫趕船虎光棍好漢等項名色把持官府詐害客商犯該徒罪以上及再犯杖罪以下者俱發近邊充軍

一凡豪強鹽徒聚衆至十人以上撑駕大船張掛旗號擅用兵杖響器拒敵官兵若殺人及傷三人以上者比照強盜已行得財律皆斬爲首者仍梟首示衆傷二人者爲首者斬決爲從發監候傷一人者爲首斬監候爲從發黑龍江等處給與披甲人爲奴其雖拒

敵不曾殺傷人爲首絞監候爲從流三千里若貧難軍民將私鹽肩挑背負易米度日者不必禁捕

一凡兵民聚衆十人以上帶有軍器興販私鹽拒捕殺人及傷三人以上爲首并殺人之犯斬決傷人之犯斬監候未曾下手殺傷人者發近邊充軍傷二人者爲首斬下手者絞俱監候傷一人者爲首絞監候下手者發黑龍江等處給與披甲人爲奴爲從滿流其雖帶有軍器不曾拒捕者爲首發近邊充軍爲從流二千里若十人以下拒捕殺人不論有無軍器爲首

者斬下手者絞俱監候不曾下手者發近邊充軍傷至二人以上者爲首者斬監候下手之人絞監候止傷一人者爲首　候下手之犯杖一百流三千里其不曾下手者仍照私鹽本律治罪其不帶軍器不曾拒捕不分十人上下仍照私鹽律杖一百徒三年若十人以下雖有軍器不曾拒捕者爲首亦照私鹽帶有軍器加一等律杖一百流二千里爲從杖一百徒三年其失察文武各官交部議處有拏獲大夥私販者交部議叙

一除行鹽地方大夥私販嚴加緝究外其貧難小民年六十以上十五歲以下及年雖少壯身有殘疾并婦女年老孤獨無依者於本州縣報明驗實註冊每日赴場買鹽四十觔挑賣只許陸路不許船裝并越境至別處地方及一日數次出入如有違犯仍分別治罪

一巡鹽兵捕自行夾帶私販及通同他人運販者照私鹽加一等治罪

一凡收買肩販官鹽越境貨賣審明實非私梟者除無

拒捕情形仍照律例問擬外其拒捕者照罪人拒捕律加罪二等如與販本罪應問充軍者仍從重論倘拒捕毆人至折傷以上者絞殺人者斬俱監候爲從各減一等

一鹽商僱募巡役如遇私梟大販即飛報營汛協同擒拏其僱募巡役不許私帶鳥鎗違者照私藏軍器律治罪失察之地方官交部照例議處

一凡運鹽船戶偷竊商鹽整包售賣者照船戶行竊商民例分別首從計贓科罪各加枷號兩個月仍盡本

法刺字所賣之贓照追給主如追不足數將船變抵共押運商厮起意通同盜賣者依奴僕勾引外人同盜家長財物計贓遞加竊盜一等例治罪如非起意止通同偷賣分贓者依奴僕盜家長財物照竊盜例計贓科斷若商厮稽查不到被船戶乘機盜賣者照不應重律杖八十如押運之人或係該商親族仍分別有服無服照親屬相盜律例科斷

一埠頭明知船戶不良朦混攬裝及任意扣尅水脚致船戶途間乏用盜賣商鹽者照寫船保載等行恃強

代攬勒索使用擾害各商例治罪外加枷號一個月船戶變賠不足之贓並令代補如無前項情弊止於保僱不實者照不應重律杖八十

一販賣私鹽數至三百觔以上及盤獲糧船夾帶訊係大夥與販均即究明買自何處按律治罪如不將賣鹽人姓名據實供出者即將該犯於應得本罪上加一等定擬若向老幼孤獨零星收買數至三百觔以下實不能供出賣鹽人姓名者仍以本罪科斷如承審各員有心庇縱含混完結該管上司不行詳揭一

併題參議處

一大夥梟徒拒捕傷差案內凡得賍包庇之兵役俱擬斬監候私售之竈丁及窩頓之匪犯俱發伊犁烏魯木齊等處爲奴

一鹽課錢粮不完者將經督各官照分數議處外其各商名下應完鹽課作爲十分欠不及一分者責二十板欠一分者枷號一個月責二十板欠二分者枷號一個月半責二十五板欠三分者枷號兩個月責三十板欠四分者枷號兩個月半責三十五板欠五分

者枷號三個月責四十板以上欠課各商題叅之日扣限一個月全完者免處如逾限不完照此例枷責如於枷限内照數全完者釋放免責如枷限滿日仍全不完納除杖責外將該商咨叅革退并帶征等項俱以引窩變抵欠六分者將該商杖六十徒一年所欠課項限四個月全完欠七分者杖七十徒一年半限六個月全完欠八分者杖八十徒二年限八個月全完欠九分者杖九十徒二年半限十個月全完欠十分者杖一百徒三年限一年全完以上自六分至

十分將該商鎖禁嚴查家產如限內全完革退商人免其杖徒倘逾限不完卽將該商發配所欠新課帶征等項著落引窩家產變抵

一雍正六年戶部議覆河東巡鹽御史碩色疏稱河東各商歷年失燬引張不取地方官印結至奏銷時止具甘結由來已久令該鹽政不時查察如有揑稱遺失重複影射行私情弊卽將該商牙照販私例治罪嗣後設有遺失之處卽將遺失情由立時報明該地方官取具印甘各結報部查核倘仍於清查繳引時

始行具報卽將經手之人照遺失公文律治罪

處分則例

一兼管鹽務之知縣知州知府布政使各道欠不及一分者停其陞轉欠一分以上者降俸一級欠二分三分者降職一級欠四分五分者降職三級欠六分七分者降職四級以上俱令戴罪督催停其陞轉完日開復欠八分以上者革職

一運司提舉司分司大使等官係專管鹽課之官欠不及一分者停其陞轉罰俸六個月欠一分者罰俸一

年欠二分者降職一級欠三分者降職二級欠四分者降職三級欠五分者降職四級以上俱令戴罪督催欠六分以上者俱革職

一該撫兼管通省粮餉其鹽課考成欠一分者罰俸三個月欠二分者罰俸六個月欠三分者罰俸九個月欠四分者罰俸一年欠五分者降俸一級欠六分者降俸二級欠七分者降職一級欠八分者降職二級欠九分者降職三級欠十分者降職四級以上俱令戴罪督催停其陞轉其署官催徵督催處分俱照正

官例議處署印不及一月者免議右三條鹽課初參

一鹽課被參後兼管鹽務之州縣官限一年其年限內不完不復作分數照原參分數處分欠不及一分一年內不全完者降一級留任再限一年戴罪催完如再不完照依所降之級調用欠一分二分一年內不全完者降三級調用欠三分四分一年內不全完者降四級調用欠五分六分一年內不全完者降五級調用欠七分以上一年內不全完者革職

一兼管鹽法之布政使各道並知府直隸知州被參後

限一年半全完如欠不及一分年限內不全完者降職一級停其陞轉欠一分二分年限內不全完者降三級調用欠三分四分年限內不全完者降四級調用欠五分六分年限內不全完者降五級調用欠七分以上年限內不全完者革職

一各省兼管鹽法之巡撫限二年全完如欠不及一分二年內不全完者停其陞轉欠一分二分二年內不全完者降職一級欠三分四分二年內不全完者降職二級欠五分六分二年內不全完者降職三級欠

七分八分二年內不全完者降職四級欠九分十分二年內不全完者降職五級以上俱令戴罪督催完日開復

一運使提舉分司被參後限年半全完大使限一年全完如年限內不完者不復作分數仍照原參分數題參運使提舉照布政使地丁錢粮例處分分司大使照州縣官地丁錢粮例處分接徵接催官員以到任之日爲始接徵州縣大使等官限一年接催布政使道府直隸州運使等官限年半接催巡撫限二年如

不能完題參之日照現在未完分數以初參例處分

右四條鹽課限滿

一巡鹽御史鹽課欠不及一分者罰俸一年欠一分以上者降俸二級欠二分以上者降職一級留任欠三分以上者降職二級留任欠四分以上者降三級調用欠五分以上者降四級調用欠六分以上者降五級調用欠七分以上者革職

一銷引欠一分者停其陞轉欠二分者降俸一級欠三分者降俸二級欠四分者降職一級俱令戴罪督催

欠五分者降二級調用欠六分者降三級調用欠七分者降四級調用不准融銷開復任內有軍功錢粮加級紀錄者准其抵銷別項級紀不准議抵欠八分以上者革職其戴罪督銷者限一年銷完如年限內不完照徐准等倉錢粮年限內未完例處分如行鹽地方各官有私派戶口勒買銷引者州縣官革職未經查報之司道府等官各降三級調用巡鹽御史及兼理鹽法巡撫不行查叅者將巡鹽御史降一級調用巡撫降一級留任如鹽引不行題明私自那撥者

該管官員各降一級調用巡鹽御史降一級留任兼管巡撫罰俸一年其前官已完銷引不行送部及題報鹽引遲延或申報鹽引前後矛盾者將該管官罰俸一年巡鹽御史及兼管巡撫俱各罰俸六個月

一此縣之引賣於別縣者未經查報之府廳官罰俸一年道員罰俸九個月布政使按察使罰俸六個月

一各省經徵鹽課督銷鹽引催徵各官能於奏銷前催徵全完或前官並未徵解接任官於奏銷前催徵全完總以一官全完一年課引者無論正署俱照地丁

錢粮例議叙其兩浙代徵場員全完五萬兩以上者准其紀錄一次不及五萬兩奏銷前全數逼完者統兩年合筭將兩年應征之數徵收全完亦准其紀錄一次通融銷售地方及正課雖完耗羨未完並本年代銷之項未完者俱不准議叙該督撫鹽政於題銷疏內分晰聲明以憑核議如有未完揑報全完者俱照地丁錢粮揑報全完例議處

一官員該管界內有伊衙役私行煎販或私賣本官不能覺察別經查出者革職其軍民人等在伊界內私

行煎鹽或私賣不能覺察别經查出者降三級調用兼轄官降一級罰俸一年該管官自行拿獲者免議或自行查出未經拿獲詳報通緝者俱照例革職降級留任限一年緝拿逾限不獲仍照例降革其兼轄之上司俱免議如旗下人私鹽事發伊主係官罰俸兩個月自行拿獲者免議至官員行鹽無術以致商販不前或不遵行食鹽舊例借端不行鹽者俱罰俸一年或苦累需索以致商販不前者降一級調用

一雍正七年長蘆巡鹽御史鄭禪寶疏稱私鹽變價銀

兩例應具
題充餉之項所屬州縣拿獲私鹽案內車船驢鹽等物
理宜據實估變解貯司庫充餉無如該州縣膜視鹽
法經年累月不行報解乘機抵換任意侵漁竟將船
每隻只變銀八九錢馱私鹽重載之騾驢俱以瘸病
老瘦爲詞騾每頭只變銀一二兩驢每頭變銀三五
錢甚至揑稱倒斃每驢一頭只變銀三分零鹽每觔
只變銀一二釐種種弊端固結陋習業經屢儆長蘆
山東二運司嚴飭務令其據實確估變解在案長蘆

山東各屬未完私鹽案件尚有數十件該州縣仍延挨觀望任催不解見今造報數目較之時價大相懸殊任意揑報除飭二運司嚴查侵漁情弊據實詳揭另行指參外臣思私鹽變價之項豈容朦混揑報經臣屢次駁飭無如該州縣以此項並非地丁錢糧可比因狥苟且恣意侵漁相沿成風牢不可破若不定其章程各屬效尤則以例應變解之公帑竟爲貪員之私橐臣愚以爲嗣後各州縣拿獲私鹽案件審結之日即將鹽物等項所變之價銀一併報解其案內

私鹽應交本處鹽商較時價減去十分之一二令其即日交價領去銷售其騾馬牛驢各按肥瘦大小定爲三等價值騾每頭四兩五兩六兩馬每匹三兩四兩五兩牛每隻二兩三兩四兩驢每頭一兩二兩三兩如有延挨不變以致倒斃者着落該州縣官照中等價值賠補車船等物亦按新舊大小務照時價據實變解倘仍有侵漁揑報情弊或經察出或被告發將該州縣照侵欺錢粮例議處拿獲私鹽該州縣隱匿不報者請照諱盜例議處至從前未變案件分檄

各屬自文到之日扣限起仍限一個月內完解嗣後批發私鹽案件定限四個月內完結報解倘逾限不結以及延挨觀望不卽解交者請照承審承變遲延例處分再運司乃通屬引鹽之總滙如一任州縣朦混漫無覺察據詳率轉以及因循瞻顧逾限不行揭報者卽指名題条聽候部議庶公帑不致侵漁州縣咸知儆惕等因前來查拿獲私鹽車船驢騾牛馬等物例應變價入官之項乃不肖有司往往乘機抵換任意侵漁不將所獲鹽物據實變價詳報其賣多報

少扣尅入已情弊若不嚴定處分積弊究難剔除應如該御史鄭禪寶所請嗣後各州縣拿獲私鹽案件定限四個月內完結其案內私鹽交與本處鹽商較時價減去十分之一二令其卽日交價領去銷售騾馬牛驢各按肥瘦大小定爲三等價値如有延挨不變以致倒斃者着落該州縣官照中等價値賠補車船等物亦按新舊大小照依時價據實變解報部查核倘仍有侵漁揑報情弊或經上司察出或被旁人告發將該州縣照侵欺錢糧例議處拿獲私鹽該州

縣隱匿不報者照諱盜例議處至於各州縣拿獲私鹽案件倘於四個月限內不行完結以及延挨觀望不即變價報解照承審承變遲延例處分倘運司一任州縣朦混漫無覺察據詳率轉及因循瞻顧逾限不行揭報該御史即行指名題參

一運使運同運判鹽場大使係專管鹽務之員如竈丁販賣私鹽大使失於覺察者革職知情者革職交部治罪運同運判失察一次者降職二級失察二次者降職四級俱留任戴罪緝拿一年限滿無獲將運同

運判等官罰俸一年各帶原降之級緝拿如又年限已滿不獲運同運判仍罰俸一年各帶所降之級緝拿（拿獲私鹽之日俱准其開復）失察三次者革職運使失察一次者降職一級失察二次者降職二級失察三次者降職三級俱留任戴罪緝拿一年限滿無獲罰俸六個月帶原降之級緝拿如又年限已滿不獲仍罰俸六個月帶所降之級緝拿（拿獲私鹽之日准其開復）失察四次者降三級調用

一梟徒販私聚衆十八以上帶有軍器失於覺察或官

兵巡拿人等不能拿獲間被殺傷僅獲二三名者專
管官降二級留任兼轄官罰俸一年俱限一年緝拿
限內拿獲一半以上者未經拒捕傷人之案准其開
復係拒捕傷人之案將專管官降一級留任拿獲之
日再行開復兼轄官罰俸一年限滿不獲專管官照
所降之級調用兼轄官降一級留任本處並未拿獲
被別處拿獲者將專管官降二級留任三年無過開
復兼轄官罰俸一年若別處雖拿獲少一二人者仍
照例處分地方官遇有興販拒捕不行擒拿故爲疎

縱該督撫巡鹽御史查叅將地方專管官革職兼轄官降二級調用凡興販拒捕屬員失察故縱上司狥庇不叅照狥庇例議處如專管官一年內拿獲十八以上帶有軍器大夥私販一次者紀錄一次二次者紀錄二次三次者加一級四次者加二級五次者不論俸滿即陞兼轄官一年內拿獲三次者紀錄一次六次者紀錄二次九次者加一級拿獲次數多者俱照次數紀錄加級

一大夥興販隱匿不報及入鹽並獲輕爲開脫者專管

官革職兼轄官降二級調用至大夥私鹽必有爲首之人如該地方官明知不報事發將匿報官革職嚴加議罪

一梟徒販私并拒捕殺傷兵丁人等不能擒獲失察之該管州縣吏目典史等并失事地方官失察一次者降職二級失察二次者降職四級俱留任戴罪緝拿一年限內拿獲一半以上者未經拒捕之案准其開復係拒捕傷人免其初叅處分餘賊限一年緝拿不獲罰俸一年餘賊照案緝拿限滿不獲罰俸一年各

帶原降之級緝拿如又年限已滿不獲仍罰俸一年各帶所降之級緝拿拿獲私鹽之日俱准其開復失察三次者革職道府直隸州知州等官失察一次者降職一級失察二次者降職二級失察三次者降職三級俱留任戴罪緝拿一年限內拿獲一半以上者未經拒捕傷人之案准其開復係拒捕傷人免其初叅處分餘賊限一年緝拿不獲府州罰俸六個月道員罰俸三個月餘賊照案緝拿限滿不獲罰俸六個月各帶原降之級緝拿如又年限已滿不獲仍罰俸

六個月帶所降之級緝拿拿獲私鹽之日俱准其開復上司因屬員失察帶所降之級緝拿自行拿獲者固應開復若原叅案內所轄屬員降級之案因拿獲私鹽開復其本案之上司亦准其開復失察四次者降三級調用

一販私鹽梟由他處入境人鹽並獲或於拿獲過半者免其處分餘犯照案緝拿其有經由地方並無販賣情事經別處發覺者係大夥將地方專管官罰俸一年小夥罰俸六個月

一鹽船失風失火責成州縣官會同營員查勘確實限一月內出結通詳鹽道於詳到日起限半月內核轉以憑飭商補運限三個月過所運口岸仍令沿途督撫及該管鹽道知府直隸州隨時查察如實係失風失火而有勒索捺擱及受賄扶同揑報情獘卽將該員指名題參治罪如將淹消火燬之案勘訊不實卽行結報後經發覺者將結報不實之員照不行查明給結例罰俸一年

一凡大夥興販聚衆拒捕及執持器械殺傷巡役人等

脫逃之梟徒照強盜例勒緝地方文武各官疎縱及
上司容隱不叅交部議處

一地方有奸徒搶奪鹽店及鬨鬧場竈等事文武官弁卽行拿獲究出主使同夥如獲犯過半並獲首犯者仍叅疎防照盜案例免其處分如獲犯不及一半或不獲首犯者照盜案例叅處限年緝拿限滿不獲亦照盜案例處分如平時漫無約束臨時不卽擒拿有意姑息致長刁風者將該管官弁照溺職例革職各犯交與接任官照案緝拿該管巡道府廳直隸州將

備等不行揭報一併查叅如地方官弁整飭有方鹽引疏銷私販歛跡一年內無應叅之案准其紀錄一次三年內無應叅之案准其加一級若有希圖議叙隱匿不報或將大夥之案捏作偶然湊合巧爲開脫者一經查出卽照匿報鹽犯例議處

一官員不能拿獲私煎反給印照與販者革職提問上司知情故縱者亦革職一併審究失察者降一級留任再罰俸一年

一已撫鹽梟復行販私審實者將本犯解部發遣其出

結之地方專汛兼轄及該管各官俱照失察卦子例

議處

一地方各官失察外省㑅棍來境私販仍照定例處分有能拿獲㑅棍與販私鹽千觔以上者將該管官核實題請紀録如有不肖官員希圖紀録將貧難軍民肩挑背負易米度日之人及外來貿易之平民混作私販㑅棍查拿私用非刑害人致死者將該員照誣良爲盜例革職如未經致死者將該員降一級調用

一拿獲私鹽承審各官務先究明買自何人何地係何

場竈透漏有無窩頓之家運往何處囤賣并買鹽月日鹽觔數目提集犯証並密提竈戶煎鹽火伏簿扇審無誣攀確據按照律例治罪該管地方官場員分別何員失察將何員議處不得聽該犯指供含糊叅處倘承審各官不將誣攀情由審出即照不能審出盜賊誣攀良民例分別議處如任犯狡供仍以買自不知姓名率同具詳不能究出私鹽來歷及運往何處囤賣實情者革職或聽其指供含糊請叅草率完結者照不取緊要口供例分別議處

一收賣私鹽船載車裝馬馱絡繹應照無引私鹽律治罪不得藉口買自店家本屬官鹽曲爲開脱地方官拏獲私鹽如作官鹽杖責完案照故出人罪律叅處

一地方官拏獲私販務將人鹽數目據實詳報一切私鹽贓物例應入官者不得一毫隱諱如將所獲私鹽侵入已橐或與各役分肥並大夥拒捕之案從中漁私將人鹽數目以多報少者將該管官弁題叅革職計贓照枉法律治罪其未曾侵匿者照狥隱例議處上司各官知情故縱者照狥庇劣員例議處雖不知

情而未經揭參者照不揭報劣員例分別議處

一私鹽私茶經過境內如有實係因公出境之員即於查察案內據實確查聲明准其免議如並非因公出境混行詳請者降一級調用該管上司並未確查代請免議者罰俸一年

按論鹽法而及律令欲使上下皆有遵循或亦刑期無刑之道第各省鹽務歷年奉准條例不一今惟詳夫現行並最有關于河東者餘不備載

禁緝扼塞 附

山西省

脚戶偷賣商鹽多在安邑平陸襄城洪洞蒲州曲沃臨晉等處以離家尚近貫有積囤而又不必渡河當密爲踪跡

平陽府屬之吉州鄉寧一帶每有口鹽由黄河順流而下混入河東行鹽地方大與商鹽有礙乾隆五十一年

奏准口鹽運至臨縣磧口鎮起岸銷售不得載至下游州縣

洪洞之窩村地方居民掃土熬硝以爲熟皮之用其
色類鹽脚戶偷鹽額鈌專買攙和以抵鹽數
永濟臨晉二處有葫蘆灘庄民多煎私
曲沃太平河津滎河四縣各有汾河灘之私煎
芮城有潼關對渡私販
潞安府屬縣皆與沁州武安咫尺私煎小鹽就近販
賣襄垣潞城黎城壺關四縣皆與河衛蘆鹽接壤本
地鹽徒慣於涉縣河南店井店諸處勾引蘆商越境
壺關黎城等縣又與河南之彰德林縣武安涉縣接

壞蘆鹽越賣爲多

鳳臺與修武輝縣近境長蘆海曬透漏最便

陵川縣比鄰於輝縣獲嘉山東奸民專販蘆鹽回賣

陝西省

西安所屬之私鹽皆平慶奸民將小池之鹽販馱越

賣亦有販鹽在於鳳屬發賣賣不盡者卽馱入咸寧

等縣界內

盩厔咸陽高陵長安臨潼渭南華州華陰等處各渡

口船戶結交鹽徒慣將渭河以南一帶私鹽接引入

境

花馬池鹽之入西安其從渭河迤北來者則自淳化縣之江原鎭通仁鎭口子頭耀州之鑽天嶺同官之陳稼鎭又有由邠州三水醴泉澄城白水韓城諸處絡繹搬行遍售府域

醴泉縣域爲花馬小池私鹽越境之通衢西達乾州南趨省會東則涇陽北則淳化皮包騾負公然肆布積奸旅店亦樂招延射利

蒲城富平有自高椿樹鹵泊灘越賣之鹽

朝邑韓城二縣有鹽池凹黄河邊越境販賣之鹽

郃州漢興等處有花馬川越境之鹽

華州與渭南接壤渭南船戶串通蒲州馬頭轉脚店

家裝載滚庄私鹽沿河變賣

華州有湖村四圍盡是華地惟村民屬同州奸民開

張鹽店鄰近鄉村無不買食且有小車私鹽推入華

地發賣遇盤詰則稱過路

河南省

許州之行解鹽止襄城一縣因與禹州縣接長蘆海

曬多從此來又且假道散入河南等州縣

洛陽近接蘆境地棍慣引蘆鹽越賣陸路則自滎陽

地方入境由鞏縣偃師布散水路則自黄河逦南由

滎陽縣之邢澤口孟津縣之馬後村新安縣之侯口

鎮爲經路其傍徑又從鞏縣地界泛黄河插入洛河

伊河流行於偃洛交界之桑園頭洛陽之棗園村河

頭庄白河鎮登封縣之丁劉鎮散各州邑

閿鄉縣專燒蓬淋鹵刮土煎私更兼蒲州潼關止隔

一河私鹽北越或在芮城或在河北楊家灣或在盤

豆或在十二河口黑夜放船闖鄉縣背河面山東西不過八十里其間有漁關民戶十數家若往不由闖鄉縣管轄不食縣鹽每多私販

靈寶縣與晉省止隔一河鹽徒專偷西池之鹽於北門夜渡潛藏窩店發賣各村至過巡獲佯爲過路或以一引影射往返居然貨賣

泌陽鎮平内鄉淅川裕州五處私販皆從河南之汞寧宜陽嵩縣澠池四縣經過串通店家盜賣若遇盤詰將引影射名爲過路私鹽

鄧州新野唐縣桐柏之南即與楚地襄陽隨州棗陽接壤又近蘆境外來鹽徒皆自泌陽裕州經過本地奸民相與勾通載送

南陽縣南臨淮鹽從舞陽攔入東近蘆鹽自裕州以進

汝州與所屬之郟縣寶豐伊陽並接禹州蘆鹽公行最爲商害

黃河兩岸臨水各府州邑每多私鹽有以牛羊之皮置成大袋者名曰餛飩裝鹽紮口浮諸中流善水者

乘附袋上順流而下沿途發賣收袋携回禁緝俱難若非禁其入河漏卮曷塞應着保甲覺察舉報拿獲必究下河處所卽以恊謀同坐

（按）裕課全在疏引疏引首重緝私僉曰境外之私鹽暗入一引則商鹽必減一引之銷獨不曰池內之私鹽透出一引而官鹽卽多一引之壅乎前運使蘇昌臣約法九條緝私專重禁垣誠正本清源之道而無如附近貧民百計販私積習相沿罔恤公令甚至結夥肆竊而鹽池內外每舖二三兵役幾欲禦之而不

能兆奎聞之駭然特行十家連坐之法各於鹽庵相近之處設立門牌一家有警九家協至要期聲勢聯絡互相救援庶免盜賊公行之患此在督緝者實力爲之而尤冀地方官不得縱民爲非也

律例卷九終

河東鹽法備覽分目

學校卷十

學宫
學額
書院
科目
人物

河東鹽法備覽卷十

山西按察使兼管河東鹽務渭南蔣兆奎編輯

河東運學教授王鳳翮校字

陳思賢　王恒泰

商人王擴統　范則質監刊

翟步雲　王繩中

學校

天下運司五惟河東設有專學蓋以郇瑕爲財賦藪沃土之民逸則忘善由來治鹺諸君子既裕國而便民復興賢以厚士運學之設師道立而教化行理義

明而風俗美科第蟬聯人物彪炳謂非豐亭之後效歟是又不可以不詳

學宮

學宮在運治東南元大德三年運使奥屯茂創建明洪武初運籍生員分附解安二學而運學廢正統巳未運使韓儔請於朝復舊制堂殿祠廡師生員額與郡庠等原基東西濶五十步南北長一百八十九步計地三十九畝三分有奇中爲大成殿殿前東西兩廡又前爲戟門門外名宦鄉賢祠分左右泮水流其

中檽星魏其上殿後爲明倫堂又後爲敬一亭東爲
崇聖祠又東爲尊經閣爲仰德祠爲射圃觀德堂創
制久遠修葺頻興明時運使史灒御史張應奎黃一
龍曾舜漁王逵宜劉大受先後增修
國朝自順治十一年運使陳喆復修後康熙六年御史
施維翰又修乾隆六年運使張任又修乾隆二十九
年鹽政李質頴捐俸重修至乾隆四十七年又以歲
久剥落商衆呈請捐修署運使繆其吉據情詳准並
捐俸二百兩未及興修運使沈業富踵任其後亦捐

俸二百兩重加修葺查還射圃觀德堂舊基又查出

民佔崇聖祠東敬一亭北隙地一十二畝七分二釐

零詳明歲議租銀二十兩由州判催解運庫令教官

僱夫掃除以昭敬肅康熙二十四年恭懸

聖祖仁皇帝御書萬世師表額於大成殿雍正四年復恭懸

世宗憲皇帝御書生民未有額於大成殿

今上聖神相繼重道崇儒乾隆三年又恭懸與天地參額

於大成殿

天章疊煥萬世常昭春秋祭享樂舞禮器一如會典定制

崇聖祠即啟聖祠向係專祀啟聖公名曰啟聖雍正元年追至聖先師孔子五代並爲王爵以合祀五代更名爲崇聖祠

名宦鄉賢祠舊在文廟東明正德間御史尚維持始祀於文廟分列泮池左右

仰德祠在文廟東即故鄉賢祠也明嘉靖間御史初杲以祠宇空設移祀河東書院鄉賢木主於内共八十四主改名仰德祠乾隆四十八年運使沈業富以

重修祠宇見木主僅存者五考碑記復加增定今現存十五主所祀則風后關龍逢傳說巫咸諸人並

關聖帝君皆在焉

文昌閣在文廟左城上

魁星閣在文廟右城上

附樂舞

明正德三年御史周廷徵備置樂舞禮器選童冠肄習於中歲久殘缺乾隆四十九年運使沈業富查照

大清會典逐一補置其佾生向皆招募市井粗材生踈

無狀因請學政於商籍新生十名外錄其支理清順者四十名充補延請樂工教之樂舞給以禮服每人歲給飯食銀六兩在加增銷價內支給遇缺出由運學於現考商童內選取詳充祭器樂器司房存卷

附學田

明萬歷間運使林國相創建學倉尋擢河東大叅留俸五十兩備置學田後署司運判王建中募捐二百兩置夏縣地六十餘畝每年入租三十七石有奇又清出解州臨晉安邑禁垣灘地五百一十畝每年入

租二十四石有奇併納學倉備用迨歲久湮沒康熙二十九年運司行查夏縣地六十餘畝並無學田隣段佃戶姓名其解州臨晉安邑各地止查出二百七十九畝三分每年入麥穀九石九升五合給禮生充用今現存學田有二一坐落安邑縣介村地一百二十畝佃戶承種每年納租穀七石五斗作學中歲修之用一坐落安邑縣東留闇上等村地一百二十畝亦佃戶承種除完粮外每年折銀二十三兩三錢六分一釐六毫盡數分給廪生貧士次年三月內由運

學差役具批赴鹽政并藩司衙門報銷

學額

河東運學初係行鹽子弟方准考試嗣因修理鹽池禁牆堤堰等工責之蒲解二州屬額設鹽丁其子弟並許入考繼而鹽丁無力修築遂募二州屬民夫幇修其子弟亦即影射入考歷年商民互考混冒不清

雍正六年學政勵宗萬

奏請清理籍貫運學唯報部有名商人子弟並從前有錠商人的派子孫方准收考其從前冒入各生一概

改歸民籍仍照舊額歲試取進文武生各二十名科試取進文生二十名廩增各四十名每年一貢未免人少額多雍正九年學政朱曙蓀

奏准照中學例於原額二十減去八名廩增亦減其半二年一貢乾隆四十三年御史戈源請裁商籍

奏稱弊必塞其源法在防其漸商籍行之既久商人子弟日少外省假冒日多狼狽爲奸致成弊藪請將商學運學概行刪除九卿會議以商籍始於順治十一年相沿日久若因清釐冒考之人

恩例概行删除亦未妥協不如核實定額請
勅交各省督撫學政計校人數多寡酌減學額山東學政
姚棨條奏本省商人不准入商籍考試山西巡撫巴
延三議減運學文額二名武額八名又奏坐商置畦
種鹽即同竈户坐商與運商有畦地者惟親子弟姪
准其一體以竈籍應試無庸另編商籍鄉試亦無庸
設立鹵字號奉
旨依議乾隆四十九年運使沈業富以考試别縣商童廪
保難以周知酌定章程各屬商童俱由該地方官造

具花名籍貫身家清白並無違碍清冊移送安邑縣收考以杜弊端今歲試文童取十名武童取四名科試祇取文童十名皆附於學謂之附生歲科兩試前列挨補廪增恩拔每次各一名

附鄉試盤費

乾隆五年運安兩城紳士捐置楊本青商課六錠照通例收運商銷價積至鄉試之年資助兩學士子盤費銷價收貯分司署交禮房經理出入每遇鄉試屆期查兩學科試錄取正案人數派給仍存銀一百兩

詳請學政將遺才名數開單行司照單均分發過銀數行學存案其捐資置錠姓名有碑記可考

書院

一宏運書院在運學東本割運庠射圃餘地即今生童肄業處也明天啟三年御史李日宣創建延鄉賢曹于汴主席其中復捐俸置地以爲育才之用嗣御史姜思睿楚朗揚亦各先後捐資置買安邑夏縣地畝坐落四至佃戶姓名舊有碑記在院可考明季湮没

國朝康熙二十八年御史郝惟謙檄行兩縣清查查出
安邑地二百五十三畝零夏縣地六百五十一畝一
分零檄發運使蘇昌臣議自二十九年爲始佃地人
戶悉遵舊規除完粮之外仍照碑額完租由該縣每
年彙收解交留備書院公用迨後歲久浸廢書院爲
朔望宣講
聖諭之所平時扃鎖無人乾隆九年以諸生請復行延師
考課商人范天錫等公議捐資營息其實並未捐出
每年需費但於公費項內支應屢經查議未定至四

十四年始議於加增銷價內每年每引捐銀六分共捐銀一千二百三十九兩三錢按季呈貯司庫以供師生修脯膏火人役工食紙張之費舉行至今考課經費司房存卷書籍列目懸匾講堂

附書院地價置錠

宏運書院舊有捐置地畝紀　恩錄載係書院公田非曹氏私產向因佃戶拖欠陸續追價交商生息乾隆四十九年查存本利銀二千三百兩前運使沈業富詳准置錠立案存司乾隆五十年蔣兆奎用銀二

千一百三十二兩置錠票一十五張五十三年又用銀一百六十八兩置錠票一張共十六張收貯運庫至所置錠票照逼例每年收銷價銀三百八十四兩歲支前掌院曹于汴祭祀銀六十兩書院門役工食銀二十四兩其曹氏子孫遇鄉試年給場費銀六十兩餘爲修理書院之需曹氏子孫不得仍行混支以垂永久

一河東書院在運城西北八里初名育材館明正德御史張士隆創建也堂宇崢嶸山水流峙呂柟碑記

如繪萬歷間張居正當國議毀天下書院御史李廷觀以院內祀堯舜禹三聖急改爲三聖祠得免十三年更名崇聖館十六年乃更今名天啟間御史李日宣增建書屋以開來學然而歷年滋多距城頗遠風雨剝落鞠爲茂草乾隆四十八年運使沈業富捐俸爲殿三間以奉神前堂三間改爲更衣所

萬歲碑亭聖殿大門角門俱加修整惟講堂藏書樓六柱亭尙存而講堂殘破爲甚統加修葺周環以牆又添建東西耳房各二間東西廊房各三間大門一間總

計捐銀一千四百四十九兩有奇原設基地六十九畝七分九釐九毫祠宇堂舍佔地二十七畝五分七釐六毫餘地八段三十四畝七分六釐六毫又溝道白地七畝四分五釐七毫郎給看守書院拜自全等四人承種免收租息以資養贍

一運城向有養蒙之地五統名社學而有東南西北中之分以便小子就近求師其東社學在表忠祠内南社學在南門社學巷西社學在府君廟巷北社學在城隍廟西中社學在鼓樓西各有房舍延塾師居

之濟以館俸以待來學明季連因兵燹湮沒前志稱地畝四至禮房存卷但久未舉行雍正四年運同王又樸延師訓詁舉行二學而未詳何處其館俸由運使運同按年捐給今現行二處一設帝君廟巷文昌廟一設井把巷觀音廟俱非社學舊地遷移無定其館師膏火歲在加增引銷價項下各支銀十二兩

按運城東門內舊有正學書院明嘉靖御史余光所建後改為東察院即今之
萬壽宮也是雖已成陳蹟然舊制所關仍存其名以質後

來

科目依前志各註官階於題名下其科分則本運城志叅以彚纂便覽雍正八年以後依紀恩錄並採有科目可據者皆附於篇間有前書漏載及與碑載不符之處悉爲補正

進士

明自永樂辛丑至崇禎癸未共四十六人內詳人物者二十四人

李　輅永樂辛丑科歷官山東右布政使　劉　海永樂甲辰科歷官叅議道

李　素宣德庚戌科歷官右通政　衛　儀正統乙丑科官行人司

張　璡天順甲申科詳人物　郝　珙天順丙戌科官戶部主事

張　岫　成化丙戌科詳人物
張　璲　成化己丑科詳人物
馬　璠　成化乙未科歷官湖廣僉事道
張　芮　成化戊戌科詳人物
曲　環　正德甲戌科官陳州知州又碑載工部主事
相世芳　正德甲戌科詳人物
張淳甫　正德甲戌科詳人物
祁　鶴　正德甲戌科詳人物
謝　詰　正德丁丑科詳人物
張時亨　嘉靖癸未科官教授
孫繼先　嘉靖壬辰科官咸寧縣令
路天亨　嘉靖壬辰科官淶水縣令又碑載歷陞吏部郎中
楊　獎　嘉靖乙未科官工部主事
劉　選　嘉靖戊戌科
胡志夔　嘉靖甲辰科詳人物
劉得寬　嘉靖癸丑科詳人物

王　宇嘉靖壬戌科詳人物

丁　誠嘉靖壬戌科官副使道

楊一魁嘉靖乙丑科詳人物

董汝漢嘉靖乙丑科歷官河南左布政又碑載陝西按察司副使

趙欽湯嘉靖戊辰科歷官戶部尚書又碑載兵部主事

解學禮隆慶戊辰科詳人物

張雲翮萬歷甲戌科詳人物

劉敏寬萬歷丁丑科詳人物

趙　標未詳科分官太僕寺卿

馬邦瑞萬歷己丑科官行人司

王國楨萬歷己丑科詳人物

曹于汴萬歷壬辰科詳人物

楊一桂萬歷乙未科詳人物

劉崇文萬歷戊戌科詳人物

任正斗萬歷甲辰科詳人物

康四海萬歷癸丑科詳人物

王凝祚 萬歷己未科官通永參政道

裴君賜 天啟壬戌科官戶科給事中

李日儼 天啟壬戌科詳人物

劉廌民 天啟壬戌科詳人物

張鳳鳴 崇禎戊辰科官兗州府推官

李　愘 崇禎甲戌科官兗西道僉事

丁期昌 崇禎癸未科詳人物

朱永康 崇禎癸未科官平樂府推官

國朝自順治丙戌至乾隆辛卯共三十三人內詳人物者八人

張聯第 順治丙戌科官渭南縣令

馬纘緒 順治丙戌科官黃州府推官

王春陽 順治丙戌科官新泰縣令

馬光啟 順治壬辰科詳人物

尚翼岐 順治戊戌科

馮昌奕 順治戊戌科

謝橿齡順治辛丑科詳人物　賈待聘康熙甲辰科官竹山縣令

王　斌康熙丁未科官中書舍人　王尹方康熙癸丑科詳人物

丁廷楗康熙癸丑科詳人物　喬宏德康熙壬戌科詳人物

景應熊康熙乙丑科官東陽縣令　劉喬齡康熙乙丑科官武進縣令

何　遠康熙戊辰科詳人物　康行僩康熙甲戌科詳人物

喬于滐康熙丁丑科官萬年縣令　王　焯康熙丁丑科官湖口縣令

謝　鼒康熙庚辰科　喬于瀛康熙庚辰科官廣西右江道

董　玜康熙癸巳科官衛輝府滑縣令　景四維康熙乙未科詳人物

惠克廣康熙乙未科官滋陽縣令　彭人瑛康熙辛丑科官滄州知州

姚　濬 康熙辛丑科官奉天工部員外郎　宋在詩 康熙辛丑科歷官鴻臚寺少卿

張士璉 雍正甲辰科官海陽縣令　劉　烱 乾隆丁巳恩科官翰林院庶吉士

朱　洽 乾隆己未科官德化縣令　宋　鑒 乾隆戊辰科官南雄通判

王　寗 乾隆辛巳科官四川灌縣令　郭　璣 乾隆辛巳科官廣東乳源縣令

朱　誥 乾隆辛卯科官翰林編修

舉人 凡已登進士者鄉科不複書名

明自永樂乙酉至崇禎壬午共一百五十八人內詳人物者二十四人

張　翥 永樂乙酉科官河間訓導　曲　新 永樂丁酉科官長史

朱瓚 永樂丁酉科官兩淮運使

邵浩 永樂庚子科官衛經歷

康謨 正統辛酉科官寶鷄縣教諭

南璧 正統甲子科官長葛縣教諭

盧瑞 正統甲子科官章邱縣令

祁宣 正統丁卯科官大名縣訓導

曲瓛 正統辛酉科詳人物

王勝 景泰丙子科官沂水縣令

陳齡 景泰丙子科官韓府長史

薛海 成化戊子科官麟遊縣令

馬珩 成化丁酉科官陵縣令

韓鋐 成化丁酉科官王府教授

郭崧 成化丁酉科詳人物

李勝 成化丁酉科官曲周縣令

宋屺 成化庚子科官柘城縣令

侯禋 成化癸卯科官西安同知

路顯 成化癸卯科官茌平縣令

張聰 成化癸卯科官均州知州

李　偉　成化癸卯科官衛經歷
張　璧　成化丙午科官隆慶知州
張　棻　宏治壬子科官僉事道
張　蔓　宏治壬子科官辰州知州
南　溟　宏治壬子科
喬遷岐　宏治壬子科官西安同知
薛　甫　宏治壬子科官河內縣令
張　莒　宏治乙卯科詳人物
馬　栻　宏治乙卯科官西安同知
郭名世　宏治乙卯科官永清縣令
郝　清　宏治戊午科官東昌府推官
李　昉　宏治戊午科官泰安知州
謝　譽　宏治戊午科詳人物
白　錦　宏治辛酉科官文安縣令
王　誼　宏治辛酉科官艮鄉縣令
王　鎬　宏治辛酉科官信陽縣令
張　祚　正德庚午科官平凉同知
孫　環　正德庚午科官原武縣令

張濂甫　正德庚午科　官陝西僉事

王一中　正德癸酉科　詳人物

趙璡　正德癸酉科　官隴州學正

崔金　正德丙子科　官滕縣令

崔巍　正德丙子科　官肥城縣令

劉鎬　正德丙子科　官西平縣令

王命　嘉靖壬午科　詳人物

郭鳴鳳　嘉靖壬午科

翟潤　嘉靖壬午科

常蛟　嘉靖乙酉科

喬一峰　嘉靖乙酉科　官膚施縣令

孫由義　嘉靖乙酉科　官沈邱縣令

張艮知　嘉靖戊子科　詳人物

張誼　嘉靖戊子科　官山陽縣令

何天錫　嘉靖戊子科　官西鄉縣令

馬天驎　嘉靖戊子科

王嘉會　嘉靖辛卯科　官洛川縣令

張邦柱　嘉靖甲午科　官靜寧知州

邱民望 嘉靖甲午科 官慶陽通判

張艮甫 嘉靖丁酉科

李維喬 嘉靖丁酉科 官河州知州

劉從寬 嘉靖庚子科

李柟 嘉靖癸卯科 官會寧縣令

胡登庸 嘉靖癸卯科

馬紹賢 嘉靖丙午科 官韓城縣令

路柟 嘉靖丙午科 官福寧知州

張集 嘉靖壬子 科詳人物

劉弼寬 嘉靖壬子 科詳人物

馬時才 嘉靖壬子科 官臨城縣令

楊聯芳 嘉靖乙卯科

趙文魁 嘉靖乙卯科 官景州知州

馬紹英 嘉靖乙卯 科詳人物

喬翔鳳 嘉靖乙卯科 官河內縣令

蘇養蒙 嘉靖戊午科 官兩淮運使

王士魁 嘉靖戊午科 官莊浪縣令

李凌玉 嘉靖辛酉科 官平涼府推官

宋應昌嘉靖辛酉科官交河縣令　李如金嘉靖辛酉科官嶧縣令

宋洛嘉靖甲子科官鞏昌府同知　喬起鳳嘉靖甲子科詳人物

張邦臣嘉靖甲子科官行唐縣令　郭之屏隆慶丁卯科官獲嘉縣令

崔沂隆慶丁卯科　王士毅隆慶庚午科官昌化縣令

劉濟教隆慶庚午科官兩當縣令　馬邦珍隆慶庚午科詳人物

劉遇隆慶庚午科　孫榮先隆慶庚午科

賀朝嘉隆慶庚午科　杜可久隆慶庚午科

祁士克萬歷癸酉科　馬登高萬歷癸酉科官即墨縣令

王津萬歷癸酉科官盧州知州　馬一田萬歷癸酉科官廣平縣令

張　楠萬曆丙子科歷官雲南副使　劉行寬萬曆丙子科

張　臬萬曆丙子科　弋千仞萬曆丙子科

樊民望萬曆丙子科　李　圭萬曆己卯科詳人物

王應期萬曆己卯科　景登第萬曆己卯科官歸德府同知

薛　郭萬曆己卯科官漢中通判　劉中寬萬曆己卯科官商南縣令

石　岑萬曆己卯科　馬崇化萬曆壬午科

閻　庚萬曆壬午科官寧羌州知州　楊學詩萬曆壬午科詳人物

宋時際萬曆乙酉科詳人物　曹信之萬曆乙酉科

劉登相萬曆戊子科官涇縣令　韓冲斗萬曆戊子科

喬士鶚　萬歷戊子科詳人物

賫師偁　萬歷戊子科詳人物

宋時勳　萬歷辛卯科官沭陽縣令

楊時隆　萬歷辛卯科更名騰光

王廷俊　萬歷辛卯科詳人物

王一大　萬歷辛卯科官澤州學正

丁應時　萬歷甲午科官平涼府同知

令狐一伸　萬歷甲午科

馮士奇　萬歷甲午科官長史

王化熙　萬歷甲午科

王嘉績　萬歷甲午科官武清縣令

周天印　萬歷丁酉科官陝西苑卿

劉定民　萬歷庚子科

孔問官　萬歷庚子科官雲南提舉又碑載輩昌府同知

喬國禎　萬歷丙午科詳人物

喬國棟　萬歷丙午科官羅山縣令

劉宅民　萬歷己酉科官漢中知府

張希伊 萬曆壬子科

胡承裕 萬曆乙卯科官榮陽縣令

胡舜封 萬曆戊午科解元官上蔡縣令

賀道昶 萬曆戊午科詳人物

裴章美 萬曆戊午科

李兖 天啟辛酉科官文安縣令

張文昺 天啟甲子科官內鄉縣令

景永祚 天啟甲子科詳人物

張精蘊 天啟丁卯科官洋縣令

李正倓 天啟丁卯科官廣平府同知

李正佺 天啟丁卯科詳人物

鄭輝 崇禎庚午科官僉事道

張世則 崇禎癸酉科官宜興縣令

劉光斗 崇禎癸酉科官平涼府推官

康宏謨 崇禎丙子科

景星 崇禎丙子科詳人物

王瑞 崇禎丙子科官濟南府推官

王洪印 崇禎丙子科官惠安縣令

路光魁崇禎丙子科歷官紹興府同知　王天倪崇禎己卯科官松陽縣令

郭堯里崇禎壬午科　馬廸吉崇禎壬午科詳人物

李啟龍崇禎壬午科

國朝自順治乙酉至乾隆戊申共七十一人內詳人物者九人

萬敷典順治乙酉科詳人物　張鋑順治乙酉科

靳能健順治丙戌科　謝象超順治戊子科詳人物

謝象中順治戊子科詳人物　曹孕樾順治戊子科

康宏猷順治甲午科詳人物　陳澄慶順治甲午科官湘潭縣令

賈元旌順治甲午科官教諭一名顯　侯世忠順治庚子科

祁斌康熙癸卯科詳人物　楊飛龍康熙丙午科

張鍔康熙乙卯科　張侗康熙乙卯科官絳縣教諭

張寅康熙乙卯科官襄陵教諭　張體莊康熙乙卯科官馬邑教諭

景諫康熙丁巳科官內閣中書　李秉温康熙丁巳科官司經局正字

謝檜齡康熙戊午科詳人物　蔡珍康熙辛酉科

劉仁恕康熙丙子科官吉水縣令　班齊超康熙丙子科

文射斗康熙己卯科　喬于沆康熙乙酉科解元官陽曲教諭

相瀛康熙乙酉科　尚友康熙乙酉科

郭建極康熙戊子科　侯長庚康熙辛卯科

常上康熙辛卯科　丁七仁康熙癸巳科

翟遐觀康熙甲午科　楊林峯康熙甲午科詳人物

郭卲康熙甲午科詳人物　張懷瑜康熙甲午科官寧河縣令

馬引方康熙甲午科　郭二成康熙丁酉科官任邱縣令

郝烔康熙庚子科　樊嘉謨康熙庚子科

許端彥康熙庚子科　喬溥棠康熙庚子科

景儲元雍正癸卯科　黃鑑雍正癸卯科官太谷教諭

樊承露雍正癸卯科　王振魁雍正癸卯科

李闓楙 雍正癸卯科官安陽縣令
景燕 雍正癸卯科官甘肅張掖縣令
李鳳生 雍正甲辰科
劉炘 雍正甲辰科
宋在書 雍正甲辰科
李樗 雍正甲辰科詳人物
郭爲觀 雍正丙午科
張屺 雍正丙午科
翟崇覲 雍正丙午科
曹章 雍正己酉科
劉世芳 雍正己酉科
葛朝陽 乾隆丙辰科官戶部郎中
李闓椮 乾隆庚午科
陳毓鸞 乾隆壬申科官四川巴州知州
宋鈖 乾隆癸酉科
宋鉅 乾隆丙子科官確山縣令
朱士倫 乾隆丙子科
薛文林 乾隆庚辰科官沁水教諭

王宿善　乾隆壬午科官樂會縣令　何　笈　乾隆庚寅科官崞縣訓導

王安恭　乾隆辛卯科官費縣令　張世燕　乾隆甲午科

曹兆鳳　乾隆丁酉科官鄉寧縣訓導　王鳳起　乾隆庚子科官漳縣令

朱葆淳　乾隆癸卯科官隰州學正　李　潤　乾隆丙子科

高　昌　乾隆戊申科

武進士

國朝自順治辛丑至康熙戊戌共七八

劉世嶶　順治辛丑科官山西撫標守備　萬　儆　康熙庚戌科官滿家洞守備

張英奇　康熙庚戌狀元官高雷廉總兵　馬　荅　康熙辛未科官陝西都司

薛君翼康熙辛未科官平陽守備　曹英正康熙丙戌科

張爾洽康熙戊戌科官江南瀘州守備

武舉

國朝自康熙癸卯至乾隆己卯共四十一人

丁輔王康熙癸卯科　李克勝康熙癸卯科

董振康熙癸卯科　李境康熙丙午科

關振世康熙丙午科　馬正乾康熙丙午科

劉炳爕康熙丙午科　李彪康熙己酉科

張凝正康熙己酉科　李惟章康熙己酉科

劉　祺康熙壬子科　劉鎮疆康熙壬子科

董遐年康熙壬子科　謝于宣康熙壬子科

謝柏齡康熙乙卯科　郭維基康熙乙卯科

周　鵜康熙乙卯科　劉毓烇康熙戊午科

張　翼康熙戊午科　張　紳康熙戊午科

秦飛熊康熙戊午科　王光斗康熙辛酉科

張　炬康熙甲子科　南起鳳康熙甲子科

閻以寧康熙丁卯科　黃帝相康熙丁卯科

段　聖康熙庚午科　楊毓生康熙庚午科

郭宗儀康熙丙子科　謝代積康熙丙子科

劉方栻康熙壬午科　張爾清康熙辛卯科

張爾洵康熙癸巳科　張世瑞雍正癸卯科

惠爾履雍正癸卯科　張　青雍正癸卯科

惠振猷雍正癸卯科　劉彥文雍正甲辰科

關永清雍正丙午科　喬三艮雍正己酉科

郭　坊乾隆己卯科

貢生已登科者不重錄

明共二百二十六人內詳人物者十二人

周　英開封府知事　　姚　珪主簿

楊　瑀衛經歷　　薛　昂大城縣知縣

吳　旅膚施縣知縣　　趙　璧單縣知縣

鄧　本平涼府通判　　宋　敦安化縣知縣

毛　勝太名府經歷　　王　安南漳縣知縣

王　聰蘭縣知縣　　曹　光詳人物

朱　恭羽林衛經歷　　馬　淵鎮原主簿

孫　昱蒙陰縣縣丞　　樊　章固安縣主簿

李　轍大成縣主簿　　席　寧扶風縣教諭

秦顯通判　周玘東平州州判

毛衡隆慶州吏目　喬正欒陵縣主簿

胡睿宜川縣知縣　賀正魚臺縣知縣

張敎臨淄縣縣丞　張定兗州府經歷

張海崇明縣縣丞　侯禧隆德縣知縣

曲璪臨洮府訓導　韓璡工部主事

任清　李鈇

齊銘　趙亨

郭珣吏目　賀禧

呂　勝　　李　琰

孫　霄南陽府同知　　李　傑平山縣縣丞

曲　成　　喬　貴太僕寺主簿

宋　璧主簿　　孫　源秀水縣縣丞

周　盛　　秦　昌通判

賀　儒訓導　　閻　亨

吳大有　　杜　啟茌平縣知縣

宋　深都司經歷　　張　璉訓導

康　鼎王府教授　　南　勳經歷

翟　定 寧州訓導　　闞　芳

郭　瑞 許州知州　　韓　章 知縣

喬　璠 廣平府檢校　　楊　福

宋　質 德清縣丞　　曹　震 會稽縣主簿

趙　琇　　李　福 成縣知縣

張　福 魚臺縣主簿　　李　綱

弋　華 王府紀善　　南　輔 宜興縣丞

張　誥 行唐縣訓導　　趙　綸 衛經歷

楊　壽 訓導　　趙　綬

馬棐詳人物　侯爵訓導

解紳永清縣訓導　張慶陳州判官

劉憲王府伴讀　王琇

馬程主簿　朱珝茌平縣縣丞

宋經禹城縣縣丞　張護

曲辯膚施縣訓導　賀豸柘城縣訓導

楊和　賀龍束鹿縣訓導

李瑶上林典署　惠錠引禮

楊澤　何鏜

王鵬　劉鎔

常佑主簿　孫鰲慈谿縣縣丞

弋崇訓導　姚金

李繼綱　崔稾

曹希賢蒲城縣教諭　馬玠

王廷弼　王希嶠磁州判官

馬衍　曹司戎平涼府通判

張鶴應天府經歷　喬碧峰長安縣主簿

謝應徵撫寧縣知縣　呂訓鎮原知縣

喬　蔓　　　　張　衍大名府訓導

陳　謨　　　　陳舜道王府教授

李宗周　　　　楊遵道蓬萊縣縣丞

王　幹鞏昌府訓導　　孔繼道王府教授

張維新　　　　李德義蘭州訓導

靳　愷蘭州訓導　　和　鈴

馬　懷邠州訓導　　喬　琳安定縣訓導

喬九峰　　　　王汝垣王府教授

趙惟幾齊東縣訓導　　郭繼勳蒲城縣訓導

孔繼賢　趙宏毅清水縣教諭

姚宗儒慶陽府教授　張惠甫鄆城縣知縣

張艮貴禮縣知縣　王好賢青城縣教諭

李承葉華州訓導　周士儒壺關縣教諭

王令莊浪縣訓導　廖季鯤

馬模王府教授　郭東田沔縣知縣

周士偉王府教授　喬濟恩詳人物

王用予陝西華亭知縣　喬推恩文縣教諭

喬桐河南府教授　姚璋王府教授

趙文光 恩貢 王民 靜寧州學正

喬維嶽 尉氏縣教諭 楊道南 汧陽縣知縣

任紹祖 宋延齡 祥符縣教諭

李時榮 張邦彥 壺關縣教諭

劉克寬 王府教授 謝試 儀封縣教諭

裴袠 詳人物 劉繼統 澤州訓導

薛邵 渾源州學正 王省方 盂縣訓導

喬如岡 臨漳縣訓導 周學思 詳人物

胡舜臣 建昌府教授 扆丹 代州訓導

趙欽舜 汝州訓導　　王　治 詳人物

張九經 任邱縣主簿　　喬謙亨 交城縣訓導

郭　櫝 太原縣訓導　　侯　甸 文水縣訓導

張邦珍 岢嵐州訓導　　孔　賢 王府教授

李茂春 詳人物　　王　敕 衛輝府訓導

王應運 選貢　　王　梓

李守廉 靈寶縣訓導　　姚時叙 興平縣知縣

張狂岑 王府教授　　杜騰蛟 代府教授

李呈秀 襄垣縣教諭　　路尚賢 臨縣教諭

南邦柱　李承道

李汝玉廣昌縣教諭　謝繩祖偏頭所訓導

蘇希珣杭州府訓導　張文翰平定州訓導

樊國藎忻州訓導　楊舒聲詳人物

柴希堯　李永芳

范宗文　張雲翮大同府教授

謝傳心石樓縣教諭　周士儒壺關縣教諭

賈化醇　宋醇儒

張斗楠　王經世

范崇文 紫陽縣知縣　薛士吉

王畿甸 詳人物　張九皋

靳斗 詳人物　王佐

馬之驥 太谷縣訓導　石應元 大同府教授

劉啟甲　楊懋烈

韓廷鈇　丁應睹

翟夢桂　徐來庭

王國賢　介夢弼

甯獻誠 任邱縣訓導　郝習孔

陰啟昌　邵三畏詳人物

張逌路安府教授　董標拔貢寧州知州

董之治副榜鳳陽府通判　曹應聘副貢

馬崇詔霸州知州　楊時和詳人物

王廷召平順縣教諭　劉行民新興縣知縣

國朝自順治元年至乾隆戊申共一百四十四人內詳

人物者五人

董正順治元年恩貢　王晃順治二年歲貢詳人物

路應元順治三年歲貢詳人物　馬龍現順治五年拔貢

劉家傑　順治五年副榜
任振鷺　順治五年副榜邠州知州
崔灼　順治六年歲貢臨晉縣訓導
郭用賢　順治七年歲貢詳人物
王永熙　順治八年恩貢松江府同知
周家正　順治八年歲貢
楊實　順治九年恩貢敘州府通判
楊宗華　順治九年歲貢河曲縣訓導
王凝禧　順治十年拔貢
李一流　順治十年歲貢汾西縣訓導
衛明祚　順治十一年歲貢
閻恬　順治十二年歲貢
甯鼎臣　順治十三年歲貢岳陽縣訓導
謝進印　順治十四年副榜壽陽縣教諭
胡觀光　順治十四年歲貢
焦景慶　順治十五年歲貢
朱永庚　順治十六年歲貢
楊天篤　順治十七年歲貢

裴泰　順治十八年歲貢

萬敦典　康熙六年歲貢

韓正　康熙七年歲貢

李肇瑞　康熙八年歲貢

路振翼　康熙九年歲貢

張瑞　康熙十年歲貢

景謙　康熙十一年拔貢

弋敦極　康熙十一年拔貢

路泰來　康熙十一年歲貢大寧縣訓導

曲星灼　康熙十二年歲貢河曲縣訓導

衛際可　康熙十三年歲貢

王昌　康熙十四年歲貢

韓濟　康熙十五年恩貢

閻梅　康熙十五年歲貢

譚際亨　康熙十六年歲貢

張敦　康熙十七年歲貢

周世澤　康熙十八年歲貢

王新蓳　康熙十九年歲貢

張金榜　康熙二十年歲貢

楊溢　康熙二十一年歲貢

楊芳聲　康熙二十二年歲貢

賈我待　康熙二十三年歲貢

吳道明　康熙二十四年歲貢

南一謙　康熙二十五年拔貢詳人物

馬祚錫　康熙二十五年歲貢

裴飭襄　康熙二十六年副榜

段見龍　康熙二十六年歲貢浮山訓導

王旭美　康熙二十七年歲貢

王雍珍　康熙二十八年歲貢

馬載錫　康熙二十九年歲貢

閻仰望　康熙三十年歲貢

劉毓燦　康熙三十一年歲貢

楊墀　康熙三十二年歲貢

楊昭祖　康熙三十三年歲貢

段芾　康熙三十四年歲貢

喬毓祥　康熙三十五年恩貢

寧龍光　康熙三十五年歲貢　　朱紱來　康熙三十六年歲貢

張乃續　康熙三十七年拔貢　　李騰輝　康熙三十七年歲貢

丁起光　康熙三十八年歲貢　　景廷煒　康熙三十九年歲貢

丁廷梓　康熙四十年歲貢河曲縣訓導　　丁廷棫　康熙四十一年歲貢

馬之纁　康熙四十二年歲貢霍州訓導　　郭塏　康熙四十三年歲貢崞縣訓導

郭恢鞏　康熙四十四年歲貢　　景文梗　康熙四十五年歲貢

謝南齡　康熙四十六年歲貢　　趙一弼　康熙四十七年恩貢

張篤行　康熙四十七年歲貢　　荆之奇　康熙四十八年歲貢

李芳都　康熙四十九年歲貢　　張飛翥　康熙五十年歲貢

何元文 康熙五十一年歲貢　謝一恂 康熙五十二年恩貢

萬象春 康熙五十二年歲貢　張銓 康熙五十三年副榜

趙擢元 康熙五十三年歲貢　馬謙晉 康熙五十四年歲貢

張奇 康熙五十五年歲貢　王廣生 康熙五十六年歲貢

周之晃 康熙五十七年歲貢　路庸 康熙五十八年歲貢

柴永英 康熙五十九年副榜　王繪 康熙五十九年歲貢

張好善 康熙六十年歲貢　喬彬 康熙六十一年恩貢

梁國祺 康熙六十一年歲貢　康澐 雍正元年歲貢

郭笠 雍正二年歲貢　李標 雍正三年歲貢

萬備進雍正四年歲貢　謝宗積雍正五年歲貢

周學書雍正六年歲貢　丁衍齊雍正七年拔貢

樊二盛雍正七年拔貢　張存直雍正七年歲貢

馬宿暉雍正八年歲貢陽高縣訓導　劉修保雍正十年歲貢靈石縣訓導

馬一鵬雍正十一年歲貢大同訓導　周世法雍正十三年拔貢

王　珽雍正十三年歲貢太原縣訓導　弋光域乾隆元年恩貢

王　佐乾隆二年歲貢　曹大定乾隆四年歲貢

祁綬輝乾隆五年拔貢詳人物　呂五音乾隆五年歲貢山陰縣訓導

李閶梓乾隆七年歲貢　劉　遂乾隆九年歲貢永和縣訓導

李　薛　乾隆十一年歲貢

許敦敬　乾隆十三年歲貢

孫天培　乾隆十五年歲貢

朱　本　乾隆十五年副榜屯留教諭

王以臨　乾隆十六年歲貢

王行恭　乾隆十七年恩貢定襄縣教諭

周家相　乾隆十七年歲貢

張　棨　乾隆十九年歲貢潞城訓導

王　甸　乾隆二十一年歲貢

解維錦　乾隆二十三年歲貢

景　鉅　乾隆二十五年歲貢

周鳳翔　乾隆二十七年恩貢

張　瑞　乾隆二十七年歲貢

張爾洋　乾隆二十八年歲貢

李誾柱　乾隆三十年歲貢

王德峻　乾隆三十二年歲貢

張　棆　乾隆三十四年歲貢

解維鈅　乾隆三十七年恩貢

景于濂 乾隆三十七年歲貢　解維鈺 乾隆三十九年歲貢

葛鳴陽 乾隆甲午副榜官刑科給事中　萬寅 乾隆四十一年歲貢

衛極樞 乾隆四十三年歲貢　蔡于敬 乾隆四十五年恩貢

王烜 乾隆四十五年歲貢　萬培成 乾隆丁酉拔貢庚子副榜

張檢 乾隆四十七年歲貢　王雍 乾隆四十九年歲貢

路滋 乾隆五十一年恩貢　解學揚 乾隆五十一年歲貢

張正鈞 乾隆五十三年歲貢　楊乃瀚 乾隆戊申副榜

附例貢一百四十二人內詳人物者一十二人此由運學廪增附捐貢已載前志其雍正八年後凡由運學捐貢有案可據者並加採錄間有註稱歲貢者前志亦

詳年分但與例貢附編貢生末今仍之

王汝霖 附貢福建巡道

張弼 附貢詳人物

李秉儉 廩貢詳人物

楊蔚 附貢永州府知府

張學周 附貢常州府同知

張粥 附貢詳人物

張鵬翥 廩貢詳人物

王集雍 廩貢芮城縣教諭

姚叔虞 廩貢徐溝縣教諭

劉世楷 廩貢候補中書

文耀斗 廩貢陽曲縣訓導

萬廣烈 附貢候補中書

蔡伯謨 附貢汾西縣訓導

趙世琮 附貢徐溝縣教諭

路式 附貢靈邱縣教諭

王甲開 廩貢候選訓導

馬之繡 廩貢

張懷瑾 附貢沁源縣教諭

景文植 附貢靈石縣教諭

弋薰 附貢詹事府主簿

王學曾 廩貢忻州訓導

張侹 廩貢廣靈縣訓導

張佗 附貢祁縣訓導

張佶 附貢寧鄉縣訓導

劉緒科 歲貢兵部武庫清吏司郎中

張殿振 附貢戶部四川清吏司郎中

劉瑜 附貢戶部陝西清吏司郎中

張慶曾 附貢覇昌道調松茂道

朱士伋 歲貢江南道監察御史陞太僕寺卿

王錫瓛 歲貢慶遠府知府

王鍾珣 附貢都勻府知府

張份 貢生黔西州知州

王鍾琇 歲貢平鄉縣知縣

王蘁方 廩貢許

王會淑附貢詳人物　張存恒附貢詳人物

劉士焜增貢詳人物　路進廷歲貢羅山縣知縣

張懷琦廪貢饒陽縣知縣　楊德長附貢公安縣知縣

李閶權歲貢詳人物　李閶樾歲貢國子監教習揀選知縣

劉　肇歲貢候選通判　張于渡貢生候選知州

朱士仁附貢候選知縣　李秉讓候補翰林院孔目

張績籌歲貢候補國子監典簿　李閶栅候選縣丞

李閶棨候選州同　馬九錫廪貢縣丞

李秉恭廪貢詳人物　張　偁附貢榆社縣訓導

王　維 貢生候選通判　　張　玟 附貢廣東巡檢

馬仁錫 廩貢　　王汝梅 廩貢

馬之紋 廩貢　　康如鏞 附貢

李秉艮 廩貢　　王餘佑 廩貢詳人物

薛天寵 廩貢　　張殿掄 增貢

楊　蘭 附貢　　王　謨 廩貢

張　綍 附貢　　王　庭 附貢

祁光前 附貢　　王　裕 附貢

張　機 增貢　　李闓植 增貢

張　愷 附貢　　路遵王 附貢

王　祮 附貢候補主簿　　張思誠 附貢候選縣丞

楊朝相 附貢　　劉德俊 附貢

丁一仁 附貢　　南有獲 附貢

相于瓚 附貢　　路之偁 增貢

康載崧 附貢　　馬永清 附貢

郭四達 附貢　　王　度 附貢

張　嶋 附貢詳人物　　劉德潤 附貢

朱士倪 附貢　　王淑瑛 附貢

何元復附貢　康載岧附貢

李闓樞附貢　李丕顯附貢

張　璠附貢　李會樅附貢

何元浩附貢　曹　琮附貢

路聲聞附貢　張爾泓增貢

張締雍增貢　康載華附貢

張　煒附貢　李　捷增貢

朱　正附貢　王作楫附貢

周　崑廩貢　張　崘附貢

李闓棧附貢　張旣同廩貢
李廷渭廩貢利川知縣　何鰲廩貢沁州學正
景遵廩貢翼城訓導　周清淏廩貢
薛文梓廩貢　席懷璞廩貢
席大賓附貢　景企契附貢
孫洛附貢　闞金錫廩貢翼城訓導
李鐸廩貢　周中禮附貢
董際會附貢　宋鋆附貢涿州知州
周瑥廩貢候選訓導　王思恭廩貢代州訓導

劉　澧廩貢永濟訓導　　馮臣紀廩貢候選訓導

宋　鏸附貢　　牛廷爕附貢

蔡于敏附貢　　丁文炳附貢

弋震元附貢　　郭龍光增貢

楊鳴珂廩貢　　孫善繼廩貢候選訓導

劉肇鈐附貢　　張世浚附貢

宋　錡廩貢　　陳德澧廩貢

閻濟世廩貢　　郭　珍附貢

宋　銘附貢　　王建元附貢

按運人以科目起者明以來稱極盛自永樂迄今孝廉無慮數百人其成進士者亦後先相望要皆沐鹺政之風化而後得爭自濯磨以抵於有成故重鹺政不得不重運學重運學不得不詳科目詳科目者以由運學出也凡起自運學而實爲運產或非運產而起自運學者皆備錄焉其不由運學而即實爲運産應入安邑縣志若例仕以及封贈廕襲並與運學無涉茲俱不載

人物依前志並參運城志

軒轅

風后 解州人故里即在鹽池西南隅黃帝時舉六相而天下治風后其一也

夏

關龍逢 安邑人夏時以直諫稱今安邑縣北有關龍逢塚

商

巫咸 夏縣人書君奭在太戊時則有若伊陟臣扈格於上帝巫咸乂王家在祖乙時則有若巫賢孔安國傳賢咸子巫氏是巫咸父子並爲商相

傅說 平陸人殷高宗夢帝賚良弼乃審厥象以形旁求於天下說築傅巖之野惟肖爰立爲相作說命三篇孔安國傳傅氏之巖在虞虢之界

周

百里奚　平陸人奚飯牛而牛肥秦穆公拜爲上卿號五羖大夫

郤缺　河東臨晉人大夫芮之子季白使冀見缺耕於野其妻饁之敬如賓歸薦於文公拜缺大夫賜冀爲采邑稱冀缺公

祁奚　河東臨晉人晉悼公時爲中軍尉請老公問代者稱解狐其讐也又問對曰臣之子午也可君子謂奚舉讐不爲諂立子不爲比

師曠　河東臨晉人晉平公樂師平公鑄鐘使工聽之皆以爲調師曠曰不調請更鑄之平公曰工皆以爲調矣師曠曰後世有知音者將知不調其聽最聰

段干木　夏河東芮城人學於卜子魏文侯過其廬必式

漢

司馬遷　河東龍門人遷生龍門耕牧河山之陽年十歲則誦古文二十而南遊江淮上會稽探禹穴闚九疑浮於沅湘北涉汶泗講業齊魯之間觀孔子之遺風鄉射鄒嶧戹困鄱薛彭城過梁楚以歸其父太史談曰余先周室之太史也汝復爲太史續吾祖矣於是遷紬石室金匱之書上始軒轅下訖天漢博采古文及傳記諸子著史記

蜀漢

關聖帝君　解梁人池南常平村即其故里前志未載蓋由歷朝優加旌表

昭代更極崇隆

封以帝尊大與天則況乎蚩尤祟池關帝威實式憑焉敬畏之極不敢以泛泛者編諸人物尊之非遺之也

晉

裴楷 河東聞喜人秀從弟博極羣書丰儀俊爽時曰見裴叔則如玉山上行光映人目吏部郎缺鍾會薦曰裴楷清通遂擢楷

衛玠 河東安邑人總角乘羊車入市見者皆以爲玉人觀之者傾都仕晉爲太子洗馬嘗言人有不及可以情恕非意相干可以理遣故終身不見有喜慍之色

郭璞 河東聞喜人璞好經術博學有高才而訥於言論詞賦爲中興之冠好古文奇字妙於陰陽筭曆元帝重之以爲著作佐郎後贈宏農太守

南北朝

柳崇 河東解人崇方雅有器量兼有學行舉秀才射策高第解褐太尉主簿尚書右外兵郎中

於時河東河北二郡爭境其間有鹽池之饒虞坂之便守宰及民皆恐外割公私朋競紛囂臺府魏高祖乃遣崇檢斷民官息訟出爲河北太守郡民張明失馬疑十餘人崇見之絕不問賊事人人別借以溫顏更問其親老存不農桑多少而徵察其詞色即獲正賊呂穆等二人餘皆放遣郡中畏服境內帖然贈輔國將軍岐州刺史謚曰穆

閻元明 河東安邑人少而至孝行著鄉閭太和五年除北隨郡太守元明以違離親養悲慕母亦慈念泣淚喪明元明悲號上訴許歸奉養一見其母母目便開刺史呂壽恩列狀上聞詔州郡表爲孝門

關朗 河東解人魏孝文時王虯署爲記室歎曰足下奇才不可使天子不識入言於帝帝召見後與虯子彥隱臨汾山

柳元景 河東解人少便弓馬寡言有器質宋孝武時累立功邊陲以驃騎大將軍加開府儀同三

司時勳貴多事產業元景獨無所營南岸有數十畝菜園守園人賣得錢二萬送還宅元景曰我立此園種菜以供家中啖爾乃復賣菜以取錢奪百姓之利耶以錢乞守園人

裴子野 河東聞喜人子野生而偏孤爲祖母所養年九歲祖母亡泣血哀慟家人异之遭父憂居喪盡禮每之墓所哭泣處草爲之枯有白兎馴擾其側樂安任昉有盛名爲後進所慕遊其門者昉必相薦達子野於昉爲從中表獨不至尋除尚書比部郎出爲諸暨令在縣不行鞭罰民有爭者示之以理百姓稱說合境無訟高祖以爲著作郎掌國史及起居注勅掌中書詔誥仍使撰方國使圖廣述懷來之盛自要服至於海表凡二十國高祖凡諸符檄皆令草創子野爲文典而速不尚麗靡之詞或問其爲文速者子野答之人皆成於手我獨成於心俄遷中書侍郎子野在禁省十餘年靜默自守未嘗有所請謁外家及中表貧乏所得俸悉分給之無宅借官地二畝起茅屋數間推以教誨爲本後卒高祖悼惜詔曰裴

子野文史足用兼白
自居可贍散騎常侍

柳惲 河東解人少工篇什始爲詩曰亭高木葉下隴首秋雲飛琅邪王元長見而嗟賞因書齋壁至是預曲宴必被召賦詩後爲吳興太守爲政清靜民吏懷之卒贈侍中少子偃年十二引見詔問讀何書對曰尚書又曰有何美句對曰德惟善政政在養民衆咸異之詔拜駙馬都尉

樊遜 河東北猗氏人遜少學其兄仲以造氈爲業常優遲之既而自責曰名爲人弟獨受安逸可不愧於心乎欲同勤事業母馮氏謂之曰汝欲謹小行耶遜感母言遂專志典籍恒書壁作見賢思齊四字以自勉北齊天保七年詔令校定羣書時秘府書籍紕繆者多遜曰今所讐校供擬極重出自蘭臺御諸甲館向之故事見存府閣即欲刊定必藉衆本太常卿邢子才太子少傅魏收吏部尚書辛術司農少卿穆子容前黄門侍郎司馬子瑞祭酒李業興並是多書之家請牒借本參校得失秘書監尉瑾移尚

書都坐凡得別本三千餘卷五經諸史殆無遺闕

裴果 河東聞喜人少慷慨有志畧永安末果從軍征討乘黄驄馬衣青袍每先登陷陣時人號為黄驄年少後率其宗黨歸闕太祖嘉之從戰河橋解玉壁圍並摧鋒奮擊所向披靡大統九年又從戰邙山於太祖前挺身陷陣生擒東衛都督賈𡠜烏蘭勇冠當時人莫不歎服後加使持節驃騎大將軍開府儀同三司進爵為公果性嚴猛能斷决每抑挫豪右申理屈滯歷任數州號為稱職

裴文舉 河東聞喜人父邃正平郡守文舉少忠謹涉獵經史保定三年遷絳州刺史邃之往正平也以廉約自持每行春省俗單車而已文舉臨州一遵其法百姓美而化之

柳檜 河東解人性剛簡善騎射果於斷决從太祖戰於河橋先登有功授都督鎮鄯州八年拜湟河郡守仍典軍事吐谷渾入寇郡境時檜兵少人懷憂懼檜撫而勉之衆心乃安拜使持節撫軍將軍

大都督居三載徵還京師時檜兄虬爲秘書丞弟慶爲尚書左丞檜謂兄弟曰兄則職典簡牘褒貶人倫弟則管轄郡司股肱朝廷可爲榮寵矣檜雖當蒙矢石履危難以報國恩耳後鎮九曲除魏興華陽二郡守安康人黄衆寶攻圍州城乃相謂曰柳府君勇悍其鋒不可當今既在外不如先擊之遂圍檜郡城卑下士衆寡弱又無守禦之備連戰積十餘日力屈城陷乃縛檜置城下欲令檜誘說城中檜大呼曰羣賊烏合粮食已罄行卽退散各宜勉之守節不變城中爲之流涕解圍之後贈東梁州刺史

裴俠 河東解人除河北郡躬履儉素愛民如子所食唯菽粟鹽菜去職之日一無所取民歌之曰肥鮮不食丁庸不取裴公正惠爲世規矩俠嘗與諸牧守謁太祖太祖命俠別立謂諸牧守曰裴俠清愼奉公爲天下之最今衆中有如俠者可與俱立衆皆默然無敢應者從弟伯鳳世彦時並爲丞相府佐笑曰人生仕進須身名並裕清苦若此何爲俠曰清者涖職之本儉者持身之基今吾幸以凡庸濫蒙殊

遇圖其窮困非慕名也志在自修懼辱先也俠所居
第屋不免風雨帝矜其貧苦乃爲起宅贈太子少師

隋

柳莊 河東解人莊少有遠量博覽書籍兼善詞令
又明習舊章雅達政事官黃門侍郎蘇威爲
納言重莊器識嘗奏帝云江南人有學業者不習
世務習世務者罕通學業能兼之者惟莊一人

王通 河東河津人幼篤學慷慨有大志上太平十
二策不見用退居河汾從游者千計著元經
中說等書諡曰文中子
明嘉靖間從祀孔廟

薛道衡 河東汾陰人道衡六歲而孤專精好學十三
講左氏傳見鄭子產相鄭之功作國僑贊見
者奇之其後才名益著河東裴讞曰吾謂關西
夫子罕觀其人今復遇薛君矣官至中書侍郎

柳儉 河東解人儉有局量立行清苦爲州里所敬
雖至親昵無敢狎侮隋高祖擢拜水部侍郎

封率道縣伯出爲廣漢太守甚有能名時以功臣任職牧州領郡者並帶戎資惟儉自良吏帝嘉其績用特授朝散大夫拜宏農太守儉清節逾厲大業五年入朝郡國畢集帝謂納言蘇威吏部尚書牛宏曰其中清名天下第一者爲誰威等以儉對賜儉帛二百匹令朝集使送至郡邸以旌異焉

郭絢 河東安邑人家素寒微初爲尚書令史後以軍功拜儀同歷數州司馬長史皆有能名隋大業初刑部尚書宇文弼巡省河北引絢爲副帝以涿郡爲衝要訪可任者聞絢有幹局拜涿郡丞吏人悅服數載遷爲通守兼領留守山東盜起絢逐捕之多所剋獲後將兵擊竇建德於河間戰死人吏哭之數月不息

敬肅 河東蒲坂人少以耿介知名釋褐州主簿開皇初爲安陵令有能名擢拜秦州司馬轉幽州長史仁壽中爲衛州司馬俱有異績後遷潁川郡丞隋大業五年朝東都帝令司隸大夫薛道衡爲天

下輦官之狀道衡狀稱勳曰心如鐵石老而彌篤時左翊衛大將軍宇文述當塗用事其邑在潁川每有書囑肅肅未嘗開封輒令使者持去述賓客有放縱者以法懲之無所寬貸大業末乞歸優詔許之去官之日家無餘財

柳　敏　河東解人起家員外散騎侍郎累遷河東郡丞敏雖統御鄉里而處物平允甚得時譽後又除河東太守尋復徵拜禮部出爲郢州刺史甚得物情及將還朝士人感其惠政並齎酒餚及土產候之於路乃從他道而還及文帝尅復河東見而器異之謂曰今日不喜得河東喜得卿也即拜丞相府參軍後加侍中遷尚書賜姓宇文氏敏操履方正性又恭勤每日將朝必夙興待旦又久處臺閣明練典故

唐

薛　收　蒲州汾陰人隋內史侍郎道衡子十二能屬文房元齡言之秦王王召見問方畧所對合

旨授陝東大行臺金部郎中是時討世充軍事繁綜
收爲書檄露布或馬上占辭該敏如素搆初不竄定
嘗上書諫王畋獵王曰覽所陳知成我者卿也明珠
兼乘未若一言少與從弟德音從子元敬齊名世稱
河東三鳳

王　績　通之弟武德初待詔門下省日給酒一斗
時稱斗酒學士隱東皋著書自號東皋子

王　勃　絳州龍門人六歲善文辭九歲得顏師古注
漢書讀之作指瑕以摘其失與兄勔勮競爽
杜易簡奇之曰此王氏三珠樹也勃屬文詞初不精
思先磨墨數升則酣飲引被覆面臥及寤援筆成篇
不易一字時人謂勃爲腹稿初祖通隋末居白牛
溪教授門人甚衆嘗起漢魏盡晉作書百二十卷

裴行儉　河東聞喜人麟德二年擢累安西都護西域
諸國多慕義歸附遷吏部侍郎與李敬元馬
戴同典選有能名上元三年出爲洮州道左二軍總
管改秦州右軍都支已檢將吏爲刻石碑葉城以紀

功帝親勞宴曰行儉提軍深入萬里兵不血刃可謂文武兼備矣即拜禮部尚書兼檢校右衛大將軍後封聞喜縣公贈幽州都督謚曰獻行儉善知人當時盛稱王勃楊炯盧照鄰駱賓王之才行儉曰士之致遠先器識而後文藝如勃等雖有才而浮躁衒露豈受爵祿者哉

薛仁貴 絳州龍門人少貧賤以田爲業應募斬賊將繫首馬鞍賊皆懾伏由是知名王師攻安市城高麗遣將率兵二十萬拒戰倚山結屯太宗命諸將分擊之仁貴恃驍悍欲立奇功乃著白衣自標顯持戟腰鞬兩弓呼而馳所向披靡帝望見問先鋒白衣者誰曰薛仁貴帝召見嗟異授遊擊將軍師還帝謂曰朕舊將皆老欲擢驍勇付閫外事莫如卿者遷右領軍中郎將高宗幸萬年宮山水暴至夜突之武門宿衛皆散走仁貴登門大呼以警宮內帝出乘高曰賴卿以免始知有忠臣也賜以御馬拜左武衛將軍封河東縣男帝曰古善射有穿七札者卿試以五甲射焉仁貴一發洞貫帝更取堅甲賜之後贈左驍

騎大將軍

裴潾 河東聞喜人累遷左補闕憲宗任宦人爲館驛使檢稽出納恃恩倨甚使者過至加捽辱潾曰先驛有官專尸之畿內以京兆尹道有觀察使刺史相監臨臺又御史爲之使以察過闕猶有不職則宜明科條督責之誰不惕懼若復以宮闈臣領之則內人而及外事矣宜塞侵官之原出位之漸帝嘉其忠擢起居舍人穆宗時曲元衡杖民柏公成母死有司以死在辜外推元衡父蔭贖金公成受賕不訴以赦免潾議曰杖捶者官得施所部非所部雖有罪必請有司明不可擅也元衡非在官公成母非所部不可以蔭免公成取賄仇家利母之死當伏誅有詔元衡流公成論死久之繇給事中爲汝州刺史遷左散騎常侍集賢殿學士改刑部侍郎爲華州刺史召拜兵部侍郎出爲河南尹卒贈戶部尚書謚曰敬

裴寬 絳州聞喜人性通敏工騎射碁通書記景雲中爲潤州參軍事刺史韋詵有女擇所宜歸

會休日登樓見人於後圃有所瘞藏者訪諸吏曰叅軍裴寬居也與僧來詭問狀荅曰寬義不以包苴汙家適有人以鹿爲餉致而去不敢自欺故瘞之詵嗟異乃引爲按察判官妻以女舉拔萃爲蒲州刺史入境輒雨徙河南尹河南大治遷金吾大將軍授太原尹元宗賦詩褒餞拜范陽節度使贈太子太傅

裴遵慶 絳州聞喜人幼强學以尚書右僕射復知選事遵慶性惇正老而彌謹諫而見從卽內益畏雖親近但記其副稾疏數而莫知所言

曲環 安邑人少喜兵法資勇敢善騎射德宗初虜寇劍南詔環以邠隴兵五千馳救收七盤城威名大振賜名馬封晉昌郡王建中三年擢邠隴行營節度使李希烈平改陳許節度使二州比爲寇衝民苦剽鹵客他縣環勤身節用寬賦歛簡條教不三歲歸者繈繫訓農治兵穀食豐衍轉檢校尚書左僕射贈司空

薛存誠 河中人中進士第累擢監察御史尋拜御史中丞存誠性和易於人無所不容及當官毅然不可奪

薛放 河中人端厚寡言第進士累擢兵部郎中穆宗即位參贊機務帝嘗問朕欲學經與史何先放曰六經者聖人之言孔子所發明天人之極也史記道成敗得失亦足以鑒然謬於是非非六經比帝曰吾聞學者白首不能通一經安得其要對曰論語六經之菁華也孝經人倫之本也帝曰聖人以孝爲至德要道信然

裴垍 絳州聞喜人擢進士第以賢良方正對策第一元和初召入翰林爲學士李吉甫謂垍曰宰相職當進賢任能君精鑒爲我言之垍即筆疏三十許人吉甫藉以薦於朝天下翕然稱得人吉甫罷乃拜垍中書侍郎同中書門下平章事加集賢殿大學士中外機策垍多所參與以小心愼默稱帝意

堉器局峻整持法度雖宿貴前望造詣不敢干以私贈太子太傅

盧綸　河東蒲州人官侍御雅有詩名與錢起輩稱大歷中才子

裴度　河東聞喜人正元初擢進士第以宏辭補校書郎舉賢良方正異等調河陰尉遷監察御史元和六年以司封員外郎知制誥田宏正效魏博六州於朝憲宗遣度宣諭布揚天子德澤魏人由是歡服進御史中丞王師討蔡以度視行營諸軍還奏攻取策與帝意合宰相逢吉涯建言餉億煩匱宜休師惟度請身督戰帝獨目度留曰果能爲朕行乎度俯伏流涕曰臣誓不與賊偕存即拜門下侍郎平章事彰義軍節度淮西宣慰招討處置使及行御通化門臨遣賜通天御帶發神策騎三百爲衛度屯郾城勞諸軍宣朝廷厚意士奮於勇未幾李愬縛吳元濟以報降卒萬人持節徐進撫定其人策勳進金紫光祿大夫宏文館大學士上柱國晉國公後治第東都集賢里午橋作別墅號綠野堂每大臣自洛來帝必

問度安否開成二年復以本官節度河東帝命吏部郎中盧宏宣諭意曰爲朕卧護北門可也度操守堅正威譽德業比郭子儀歷事四朝以全德始終及殁天下莫不思其風烈焉

陽　城

夏縣人性好學貧不能得書求爲吏隷集賢院竊院書讀之晝夜不出戶六年無所不通及進士第乃去隱中條山與弟堦域常易衣年長不娶謂弟曰既娶則間外姓雖同處而益疎城謙恭簡素遇人長幼如一遠近慕其行來學者跡接於道閭里有爭訟不詣官而詣城決之歲饑屏跡不過隣里屑榆爲粥講論不輟有奴都兒化其德亦方介自約或哀其餒與之食不納後致糠覈數桮乃受德宗除城右諫議大夫遣中人持緋衣衣之遷國子司業引諸生告之曰凡學者所以學爲忠與孝也躬講經籍斤斤皆有法度出爲道州刺史太學諸生何蕃等二百人頓首闕下請留至道州治民如治家宜罰罰之宜賞賞之月俸取足則已官收其餘日炊米二斛魚一大鬻置瓯杓道上人共食之觀察使數誚責州當

上考功第城自署曰墲字必勞追科政拙考下下後贈左散騎常侍

司空圖河東虞鄉人諫議大夫後隱王官峪布衣鳩杖歲時村社必往盡醉而歸嘗爲王重榮作碑贈絹素千匹圖置之市門人得取之一日都盡

張志寬河東安邑人居喪哀毁州里稱孝王君廓起兵略地不忍暴其閭倚之以全者甚衆嘗爲里正詣縣忽稱母疾求速歸令問狀對曰母有疾志寬輒病令疑其妄繫於獄馳驗如言乃慰而遣之高祖遣使拜散騎常侍表其閭

五代晉

裴皞聞喜人官僕射有剛直聲宰相桑維翰皆其所取士維翰嘗過皞不迎不送或問之曰我見桑公於中書庶僚也桑公見我於私第門生也何迎送之有

宋

裴濟 河東聞喜人唐相耀卿八世孫後徙家河中宋咸平初知靈州兼都部署至州二年謀緝八鎮興屯田之利民甚賴之後卒於戰上聞嗟悼特贈鎮江軍節度

司馬池 夏縣人少孤家貲悉推諸父而自力讀書舉進士知光山縣仁宗朝知鳳翔府召知諫院懇辭上曰人皆嗜進池獨嗜退官至天章待制

司馬光 夏縣人仁宗寶元初中進士甲科神宗擢爲翰林學士著資治通鑑書成加資政殿學士凡居洛陽十五年田夫野老皆號爲司馬相公婦人孺子亦知其爲君實也哲宗立赴闕臨衛士望見皆以手加額曰此司馬相公也所至民遮道聚觀馬至不得行曰公無歸洛留相天子活百姓卒贈太師温國公謚曰文正賜碑曰忠清粹德

趙鼎聞喜人生四歲而孤母樊教之通經史百家之書登崇寧五年進士累官尚書右僕射同中書門下平章事兼知樞密院事制下鼎以宰相監修二史是非各得其正上親書忠正德文四字賜鼎又以御書尚書一帙賜之曰書所載君臣相戒飭之言所以賜卿欲共由斯道

金

強伸河中射梁軍子弟金天興中京人推伸爲府僉事北兵圍之東西北三面多樹大砲伸招衣帛爲幟立之城上率士卒赤身而戰以憨子軍爲號其聲勢與萬衆無異兵器已盡以錢爲鏃得大兵一箭截而爲四以筒鞭發之又創遏砲用不過數人能發大石於百步外所擊無不中伸奔走四應所至必捷得二驢及所乘馬皆殺之以犒軍士人不過一啗而得者如百金之賜伸爲中京留守元帥伸建一堂於洛川驛之東名曰報恩刻詔文于石以死自効伸行總帥府事大兵陣於洛南伸陣水北有韓帥者

匹馬立水濵招伸降伸謂帥曰君獨非我家臣子耶一日勤王猶遺令名於世君旣不能乃欲誘我降耶我本一軍卒今貴爲留守誓以死報國耳遂躍而射之帥奔陣率步卒數百奪橋伸軍一旗卒獨出拒之殺數人伸乃手解都統銀符與之佩士卒氣復振後知城不能守率死士數十人突東門出轉戰至偃師力盡就執兵卒誘之曰汝能北向一屈膝吾貸汝命伸不從左右力持使北面伸拗頭南向

侯小叔

河東人元光元年權河東南路安撫副使小叔盡護農人入城以家財賞戰士樞密使奏小叔才能可用權位輕不足以威衆乞假符節詔權元帥左都監便宜從事提控吳德說小叔出降叱出斬之表兄張先從容言大兵勢重可出降以保妻子小叔怒謂先曰我舟人子致身至此何謂出降縛先于柱而殺之石天應取河中府作浮橋通陝西小叔駐樂李山寨衆兵畢會夜半坎城以登焚樓櫓火照城中天應大驚不知所爲盡棄錙重小叔燒絕浮橋撫定其衆二年正月大元軍騎十萬圍河中總帥訛

可遣提控孫昌率兵五千樞密副使完顏賽不遣李仁智率兵三千俱救河中小叔期以夜中鳴鉦內外相應及期小叔出兵戰昌仁智不敢動城破小叔死之宣宗下詔褒贈

王庭筠河東人生未期視書識十七字七歲學詩十一歲賦全題稍長涿郡王翛一見期以國士登大定十六年進士第調恩州判官臨政即有聲泰和元年爲翰林修撰扈從秋山應制詩三十餘首上甚嘉之後卒帝詔求生平詩文藏之秘閣又以御製詩賜其家

李獻能河中人先世有爲金吾上將軍者時號李金吾家迨獻能昆弟皆以文學名故李氏有四桂堂獻能苦學博覽於文尤長於四六正祐三年特賜詞賦進士廷試第一人宏詞優等授應奉翰林文字在翰苑凡十年趙秉文李純甫嘗曰李獻能天生翰苑材也

元

劉哈喇八都魯

河東人本姓劉氏家世業醫元至正八年世祖駐蹕白海召見留侍左右初賜名哈喇幹脫赤擢太醫院管勾昔里吉叛宗王別里鐵穆而奉命征之哈喇八都魯曰事君不辭難臣請授甲願備一戰士帝曰醫汝事也惟賜以環刀弓矢裘馬等物將行母疾帝命給驛而歸既見母不敢以遠役告母母曰汝行我疾安矣即辭去及將戰從王請甲王曰上不與汝我何敢與留領錙重哈喇八都魯曰大丈夫當效命行陳見有甲者取之明日被以往王望見其介而馳使人問之曰我也一人與善萬人可激我爲萬人激耳進擊昔里吉大破擒之王命哈喇八都魯獻俘行宮帝見其瘠敕御膳羊胾以賜既拜受先割其美者懷之帝問其故對曰臣始與母訣曾歸母幸存請以君賜遺之帝嘉其志命自今凡賜食必先賜其母二十五年海都犯邊尚書省以和林屯粮當得知緩急輕重者掌其出納奏用怯伯帝曰錢穀非怯伯所知哈喇幹脫赤可使也使怯伯與俱怯伯有二心哈喇八都魯察忽刺思之誠語

曰吾將往責怯伯汝曹見吾執弓而起即相應也既見怯伯怯伯盛言海都之令以威之哈喇八都魯詭詞自解得閒起趨忽剌思整陣以出怯伯遣騎來追屢拒却之道遇送軍裝者因護之至鹽海及入見帝喜曰汝來耶命與酒饌顧謂侍臣曰譬諸畜犬得美食而棄其主怯伯是也雖未得食而不忘其主此人是也更其名曰察罕斡脫赤賜以鈔五千貫頓首辭謝乞以所賜與同來者帝特命受之而令中書省定其同來者之賞有差遷正奉大夫河東山西道宣慰使奏曰臣累戰而衣裘盡敝河東臣故鄉也願乞錦衣以爲榮帝以金織文衣賜之

靳昺　絳州曲沃人兄榮爲奎章閣承制學士奉母王氏官於朝母歿昺與兄榮護喪還家至平定大雷雨流水驟至昺伏柩榮呼之避水昺不忍舍去遂爲水所漂没後得王氏柩於三里外得昺屍於五里外詔賜孝子靳昺碑

明

王翰　夏縣人肆力於學家貧無紙有所得取落葉書之明洪武初以經明行修辟爲訓導陞教諭永樂時陞教授後薦爲翰林院編修尋調康州教授倭寇攻城翰率生徒抗敵冒刃而死

薛瑄　河津人少善辭賦長習周程張朱書遂焚所作詩賦專心聖學居官清介以王振薦召爲大理卿人勸詣振謝瑄曰拜爵公朝謝恩私室吾不爲也仕至禮部侍郎兼翰林院大學士入內閣卒諡文清所著有讀書錄從政錄及敬軒文集隆慶時從祀孔廟

張琦　安邑人令高陵專以孝悌教人天性剛正人稱鐵面病劇囊無餘物丞欲啟庫取耗金以贈琦曰吾有數子耕者自能力田讀者自能力書安用此爲卽取管鑰符籍付丞而卒

張璡　祐之子斌之孫斌在永樂間代兄北征窮絶塞而還論扈駕功授錦衣衛千戶辭歸養親

事詳邑志祐性至孝嘗數千里負繼母骨合葬璉登
天順八年進士官御史按蜀及北畿風采凜然將抵
家望里門而步後以忤權
貴出守大名調黎平守

張岫 琦之子琦令高陵時岫爲孝廉隨父高陵有僉事欲辱其父岫被羊裘直入抗辯不屈後累官都憲嫉邪好善一介不取撫遼時遼有御史將欲主文山西入謁岫談及其子弁欲爲之地岫遂戒其子不就試其清節如此卒之
日諭祭葬祀鄉賢配名賢祠

張璲 璉弟生有奇質讀書過目不忘師友器重之成化乙酉領鄉薦己丑成進士選庶常轉監察御史按陝西汙吏望風解印綬去自是屢遭讒謫晉太僕寺卿事關馬政者尤多建白復以事被誣謫知廣東化州抵任四月卒子棻蔓同登宏治任子賢書棻官陝西按察司僉事有介行蔓官辰州知府累請休致足不入
公門祀名宦

曹光　由明經尹華陰有善政陞涇州知州修築城池禦虜保民涇人德之

張芮　璡三子沉重有氣節由庶吉士五遷至掌院學士值閹瑾用事公卿望風屈膝芮獨長揖不拜瑾啣之誣以他事謫鎮江府同知復以史事謫兩浙運副量移處州府同知遷南京尚寶寺卿晉南京太常寺卿請致仕許乘傳歸至臨清卒上遣官諭祭命有司治葬事後祀鄉賢名宦裔孫正元布衣學道鄉人重其品

郭崧　成化十三年舉人令韓城陝西通志云政治明決吏不能欺陞同知

謝譽　宏治戊午舉人爲樂昌令政績懋著值流寇張興寇城譽泣諭死守城得全以軍功陞泰安知州不阿當道拂衣去訓弟諧成進士譽祀名宦

曲瓛　正統辛酉舉人時運庠初設首登賢書官鎮江同知廉幹有爲

張茝 璡六子宏治乙卯解元署涿州學正甲子主陝西鄉試陞福建建寧府同知性仁厚以詩文名

相世芳 忠義性成正德庚午舉人甲戌進士官刑部郎中嘉靖初議大禮列名疏首叩閽直諫忤旨廷杖幾斃謫戍延安凡十三年放還鄉里隆慶時贈太常少卿

祁鶴 正德甲戌進士歷官清愼不阿權貴嘉靖間河南青羊山盜起廷議擢爲副使討平之終山東副使

謝詰 正德丁丑進士性狷介絕俗爲孝廉時齊彥名謀寇運城詰慷慨建議與御史胡止增築城垣運民至今賴之通籍後令贛榆值武宗南狩節省供帳費民不爲厲累官戶部員外比歸田杜門謝客蕭然如韋布祀鄉賢配名賢祠

正德癸酉舉人事親孝康對山嘗贈以詩任

王一中　交河尹卒祀鄉賢子士宏以武榜任參戎士毅以鄉舉宰德陽孫嘉績爲隴西令重孫天倪爲松陽令登賢書者先後不絕

李茂春　選貢官無極令親歿廬墓

張淳甫　芮之長子正德癸酉舉人甲戌進士戶部福建司主事博覽羣書力追古作所著有澹泉集

王命　嘉靖壬午舉人清貧嗜學耄而不倦爲郿令請蠲繁役賑救凶荒期於必濟全活甚衆嘗題詩公署云採盡溪頭苜蓿芽沿村尚有幾人家東風不解艱辛意吹散碧桃千樹花當道見之無不嗟賞又以汧陽水患多方捍築汧民繪像祀之祀鄉賢配名賢祠

胡志夔　嘉靖甲辰進士幼穎異讀書過目成誦宰富平課最徵入臺按關時有挾勢囑鄉薦者

執不從爲河南憲副時存庫餘金鉅萬當事欲自潤公持不可得充賑荒之用一歲三擢歷官僉憲撫延綏時河套牧馬南窺與大將趙岢協防無警又引榆溪水入塞灌田城保寧寧塞二堡過其要害邊境以寧祀鄉賢子承光光祿署丞輸粟賑饑承裕以舉人令滎陽仁慈清正寇過不掠其境孫舜封解元令上蔡有文名

劉得寬　性豪爽嘉靖癸丑進士歷官延綏兵備道初筮仕時焚香告天矢不苟取宦成而歸囊無餘貲

張艮知　舉人漢中同知修山河堰大著勤勩漢民德之

張集　嘉靖壬子舉人官至福建道監察御史博學強記工詩文善書醫藥音律悉臻妙境

劉弼寬　嘉靖壬子舉人性嗜學多所獨得每茂對景物則曰此道惜無能叩者褆躬以敬遇閭巷

總角子亦必致恭仕至臨洮司馬所至民懷其德祀鄉賢配名賢祠

馬紹英 嘉靖乙卯舉人官戶部榷關楊州減稅惠商一塵不染卒於任至不能辦後事揚州守徐尚列狀助賻乃得歸里

王宇 嘉靖壬戌進士累官陝西憲副明察平恕克凜四知壽九十乃終祀鄉賢

楊一魁 嘉靖乙丑進士以冬官督理河道黃淮泛溢漸近陵寢魁謂黃強由於淮弱黃不分則淮不出請開武墩黃壩新河使安瀾入海功成回京值鄭貴妃方寵幸請於乾清宮側建耳殿爲奉御所神宗許之魁不奉詔其強鯁如此歸田後門庭簡寂無烜赫狀傳宗即位諭祭葬如禮

喬起鳳 嘉靖甲子舉人累官太僕寺卿兢兢自牧一語不敢先人性廉潔不苟取祀鄉賢配名賢祠

解學禮　隆慶戊辰進士歷官陝西督儲河西叅政才識卓越著治績見叅省通志

馬邦珍　隆慶庚午舉人官肇昌司馬政尚簡靜絕苞苴清軍餉平番亂以忤當道掛冠去

張雲翔　萬歷甲戌進士以志行高等歷官考功司郎中

劉敏寬　萬歷丁丑進士歷官兵部尚書總督三邊加太子太保揚武關外屢叅膚功廕子錦衣指揮殁之日進階少保賜祭葬祀鄉賢配名賢祠

李圭　萬歷己卯舉人好古誼不規撫世態令華亭政簡民安祀鄉賢配名賢祠

王國楨　嚴毅有風節與人交面折無隱登進士居官勤敏初令壽光瀕海多葦租盡捐以充賦之半補鉅鹿救荒全活甚衆晉冬曹出守上谷兼明冠識輔備兵濟上督修河道不爲民擾以直迕時後叅秦藩介節益著居鄉時猾吏持金求爲關說怒叱之終身無敢干以私祀鄉賢

楊學詩　壬午舉人官至保定府通判素稱篤實君子爲縣令歷有惠政年高德邵壽九十餘歲

宋時際　萬歷乙酉舉人任咸陽令忤稅監梁永被誣解任後擢刑部郎中以表其直

馬棐　明經爲蘭州判官因修公署掘得古銅錢數萬報上貯庫一無所私

曹于汴　幼讀書見薛文淸王文成語錄銳然以聖賢爲必可至刻謹言慎行牌懸之腕間因究天人性命之奥旁通經世之學領鄉薦司鐸饒超擧[illegible]十事部之登萬歷壬辰進士初仕淮安司理執法明刑入諫垣直聲大著退而講學於鄉鄉人化之召遷後典試江右稱得人既長吏垣與戊辛亥兩大計澄汰虛平中外悅服建議剴切多見施行晉太常少卿予告四方學者日益衆泰昌天啓再召未行嗣廣寧失守刻日就道或問此行若援遼鍼何如曰濟則爲韓范不濟則爲張許歷棘寺憲臺特簡少宰陳乞[illegible]時熖燄方熾岀東林黨削籍崇禎間再起掌[illegible]院白皆宗社安危大計以繫[illegible]射諸邊防守無[illegible]

歸設教宏運書院講學明道至死不輟學者稱眞予先生所著共發編仰節堂集行世祀鄉賢

竇師偁　萬歷戊子舉人郿縣知縣行誼克端任保定通判乞休歸里

王廷俊　萬歷辛卯舉人有品行以孝聞任新蔡令救荒甚力擢歸德同知上臺交章論薦致仕歸

楊一桂　萬歷乙未進士爲唐縣令竭力救荒開渠灌田礦閹虐民挺身抗救由民部改御史後遼難發不以非序爲解毅然往任事及歸清操益厲

任正斗　萬歷甲辰進士讀書操行俱有獨見官行人司行人

裴　秉　貢生司訓贊皇克盡師道子君賜進士官給諫巡視十庫克釐夙弊

康四海　初以進士觀政處已不欺與物無競當國者見之曰君子也即語銓曹授爲共邑令內擢刑部曹典試四川所得多名士出守懷慶擢重慶兵備時流寇蝟集公竭力守禦賊斂鋒過官至江西臬

司

喬士鶚　萬歷戊子舉人宰沿山寇至戎服登陴竭力守禦得無恙卒於官祀名宦

劉崇文　萬歷戊戌進士授戸部主事監税江西盡革陋規至一硯不苟用以清望調銓部布衣蔬食終始不渝辭官歸里與弟同爨半錢寸帛必共之宦囊如洗殁無以殮編葦爲屏以坐弔客晉撫吳仁度疏請定謚祀

鄉賢配名賢祠

喬國楨　萬歷丙午舉人宰六合著廉潔名有盜扳良善力爲昭雪時稱神君祀鄉賢

李日儼　萬歷壬子舉人天啓壬戌進士歷官給事中典試雲南所得盡眞才任河南知府時有清節

賀道豠　戊午舉人陝西神木道按察司僉事遭闖賊之變被拷不屈而死

劉席民　萬歷壬子舉人天啟壬戌進士官主事孝親仁民鄉里推重

宋登雲　庠生事母孝母八旬失明日夜號泣得一名醫療之明如舊壽至百歲

楊舒聲　貢生初任安慶王府教授陞深澤縣知縣曹都憲裴給諫俱出其門院司屢加優獎

郭進祿　以廩生例授陝西通渭縣丞有惠政

張綱甫　陝西固原吏目嘉靖丙辰歲荒輸粟八百石賑濟饑民鹽臺匾其門

喬溥恩　歲貢嵐縣教諭賦性樸誠自甘淡泊

周學思　歲貢孝友睦婣兩任南和延安教職並署邑篆廉潔不苟

邵三畏　歲貢有文行多義舉嘗散粟救貧建涑水橋以濟行旅

張啟棠　庠生事母至孝母壽九十七歲歿未逾月以哀毀卒

丁應觀　歲貢廿泉知縣陝西通志云修持粹白理學精研著有學易堂集行世

李正佐　安邑鄉舉爲郟令寇至不屈割舌斷肩而死母喬氏赴城罵賊亦被害士民葬其母子于南郊立祠建碑里人歲時致祭贈河南僉事

景永祚　天啟甲子舉人以德行著闖逆之變逼以僞職誓死不受

景　星　字依庚崇禎丙子舉人事繼母以孝聞明末闖逆授以僞職使僞令祁呈瑞敦促公大罵絕食七日而死御史杜篤祜爲之傳

丁期昌　前明崇禎癸未進士國初揚州府推官調黃州精律例多所平反舉廉官第一尋以忤直指罷歸閉門不出布衣蔬食周貧乏無德色

靳　斗　安邑貢生任陽信教諭闖逆作亂陽信城陷斗獨不屈偕妻戴氏罵賊而死二孫二僕皆

自引決盛稱

一門忠烈

王畿甸　歲貢廣昌教諭親歿廬墓三年不仕闖逆

楊時和　貢生博學負志死闖逆之難

王治　貢生泰安州訓導鄉人推爲寬厚長者

馬廸吉　夏縣人寄籍運城前明崇禎壬午舉人任鄧州牧有惠政時劉二虎圍州城吉率兵廵守七十餘日城中人殺牛畜爲食撤屋爲薪諭以大義人皆感泣無異志以功陞順天府治中尋卒入鄧州

名宦

裴章美　夏縣人事父及繼母以孝聞事兄金章如事父令永清力行教化有兄弟爭訟者正值申明六諭講孝弟一條二人垂泣曰我輩獨非人乎以狀投火而去

姚汝明　夏縣舉人爲蠡縣令感化劇盜悉爲良民擢河間同知死節蠡人往搬其棺并其死節妾任氏仝殮歸哭之甚哀詔贈山東僉事

盧學古　夏縣鄉舉爲衛水令流寇之亂捍賊全城擢襄陽同知署篆守城綽有方畧外援不至城破被執駡不絕口賊怒刳其腹其子可久搬父屍賊欲加以兵可久哭父絕倒賊感而釋之

國朝

馬光啟　順治壬辰進士性敦厚功苦力學教授上黨累擢戶部員外郎歷有政聲

賈道醇　永濟縣人任太谷教諭以才望遴署縣事有廉惠公直之稱順治六年土賊姜瓖剽掠道醇捕緝擒獲甚衆以孤城無援被害後贈國子助教祀太原忠烈廟又祀於鄉

謝象申　順治戊子舉人臨縣教諭課士有方文風大振陞廣東潮陽縣知縣海寇圍城率兵捍禦

督衆疾追自是不敢爲
潮邑害邑人爲之立碑

謝象超　與象中同榜舉人陝西清澗縣知縣丁母憂歸服闋補福建沙縣知縣政聲茂著手授士子訓蒙纂要府稱循吏入福建通志祀名宦

謝檉齡　順治辛丑進士雄縣知縣剔除官價陋規勤課諸生親履隴畝問民疾苦行取補內閣中書丁外艱歸服闋補廣西思明府同知以苗民猓處扶弱鋤強委驗交趾貢物殁於王事得馳驛歸喪

萬敷典　秉性廉介弱冠登賢書築室西郊閉戶著書終身不入城市

王晃　歲貢汾州訓導己丑姜逆之變殉難於官運判孫旌其門曰先德永著

張謩　庠生家計窘廹諷誦不輟姜逆之變兄鏡舒俱亡於難覔兄屍歸窆謩父年老悼傷二子謩朝夕侍奉力爲勸解又念諸姪未出於難不避艱險贖歸

張鵬翥 貢生由教諭陞湖廣新化知縣歷任郃陽臨武操守廉潔所至有聲擢衡州府篆值大兵靖苗逆辦理軍餉晝夜勤勞殁於軍營

康宏業 四海子苦心績學才高未售生七子皆蜚聲庠序間三子如璉庚戌進士四子如琰壬子經元孫衍倜甲戌進士

康宏猷 甲午解元沉酣六籍時藝詩古文詞皆有法度

馮皋疆 永濟縣人順治乙未進士官漢中同知吳逆之變隨席將軍至擂鼓臺突被賊獲以官誘之使降疆厲聲曰爲臣子者國爾忘身今誤被汝獲惟求一死賊又縛之幽室逼之以威疆嘆曰雖賜頭可斷常山舌可拔狂奴伎兩豈足動我哉賊知其不可奪又囚之古寺百方磨折幽禁五載終不能屈後奮威將軍以不屈 奏請以原官錄用病卒於家

張　彌　例貢歷官兵部員外郎擢江南淮徐道管河庫饒才能治河有功

杜國傑　河津拔貢居家孝友任金華府通判時大兵駐防金華國傑用力督催軍需不缺修通濟橋以便行人後陞西安捕盜同知嚴保甲緝逃盜慎刑罰絶搆訟軍民愛戴之祀鄉賢

侯　佐　解州人任建平合肥兩邑有賢聲擢刑部主事調吏部主事順治已丑遇賊拷掠罵賊不屈與父嗣晉同被害

祁　斌　康熙癸卯舉人四川新都縣知縣時兵燹之餘民戶凋殘斌課農桑興學校八年政成陞延慶知州境接邊陲俗強悍三面環山築墩臺謹烽火祈降甘霖蝗皆自斃里民立碑誌感

邵嗣堯　猗氏縣人康熙庚戌進士爲臨淄令以廉惠得民補柏鄉令有盜殺人於縣界捕獲置之法或毀於上官竟以酷刑落職候訊魏象樞巡畿輔民爲訴寃魏力白其事乃獲釋里居久之于成龍薦

授清苑令益感激砥礪清介行取江西道御史調直隸守道盡革陋規一塵不染特擢江南學政按三郡積勞遘疾而卒遺疏陳三事江左士民欽貴乃得歸江陰立祠祀之保定等府亦立祠祀之

丁廷楗　康熙癸丑進士選庶吉士選編修歷任鳳陽徽州二府知府賦性孝友居官清白著有紀遊草

王尹方　安邑運城人康熙癸丑進士歷官內閣學士兼禮部侍郎充日講官起居注纂修明史方署

國史久侍講幄素著恪勤康熙丁巳典浙江鄉試庚午典江南鄉試苦心搜羅所拔多宿學之士癸酉以母年八旬陳情終養

上賜御書以寵其行尹方患消渴疾抵家踰年卒于祭賜䘏

康行僩　字錫霖聰慧絕人十齡工詩文見賞於太史王敷五先生甲戌成進士制藝膾炙人口初

仕韓城後擢工部主事予告歸以詩酒自娛所著有韓城縣志運司鹽政便覽雲齋清籟

何遠康熙戊辰進士爲蘷𡨚令擢禮部主政陞祠祭司員外郎典試福建稱得人

謝檜齡康熙戊午舉人授內閣中書改內邱縣知縣時內邑旱蝗人民逃散倉庫空虛下車即招集流亡捕蝗蝻設法賑濟詳請緩徵攝唐山縣事詞訟稱平行取主事告歸與二三老友詩酒談心不言官政

喬宏德康熙壬戌進士令安東潔已愛民撫字有方

景四維康熙乙未進士初任新喻縣知縣縣稱疲敝積逋民不能輸捐貲代償會水災購穀平糶邑有碑改涇縣倡修琴溪石梁商民德之

劉士琨貢生初任寧鄉訓導擢四川內江縣知縣有遊棍羅之鎮者倚勢爲民害霸占田畝侵人

塋兆痛懲之押歸原籍陞
直隸灤州知州以疾致仕

郭用光　廣昌教諭性方嚴不妄交博覽羣書晚年尤
嗜易所著有八卦圖說玩易釋義子于疆戊
午經元孫賜
珏乙酉經元

李琮生　字彛山其先同州人宦解州遂家運城世理
鹽筴抗言鹽政多所建白有謀劃地梗鹽法
者琮生赴闕上書竟直其事平陽府
志稱其居喪盡孝郭于疆爲之立傳

郭用賢　貢生潛心理學任太谷訓導以講學爲事有
奏女樂於明倫堂者用賢大詫止之其端毅
如此

張粥　屯留縣教諭陞赤城縣知縣
清廉愛民卒於官有碑紀績

南二謙　拔貢博學能文兼工詩賦康熙丙午秋
闈已中式矣尋以微疵被斥時論惜之

路應元　貢生潞安訓導事繼母如所生孝廉張錢稟生張奎並以孝事繼母聞

李秉儉　稟貢居家孝弟喜施予自題其座所曰戒欺處題其官署曰檢點身心初任咸均轉部郎監賑直隸陝西及查賑豫省立科條絕弊端知青州府立社倉建義學修海塘事詳青州府志

王鼇方　性頴悟讀書過目不忘足跡幾遍天下所至題咏才思兀傲不羈太史趙秋谷許爲晚唐妙手坎坷不第由貢生官戶部司務

王餘佑　貢生博洽羣書工詩尤精行草同修運司誌又著四書纂要素齋詩稿

張存恒　貢生知陝西洵陽縣縣僕陋人不知書恒至設義學延師督課期年而應試者遂至數十人文風漸有可觀

張存誠　廩貢父沼康熙丁巳河南中式舉人以孝友稱事詳安邑誌中誠幼而頴悟喜讀書嗜松

雩筆法得其神似父宦京師嘗作思親詩十首
寄燕邸人多傳誦父殁歸櫬撫棺一慟遂不起

王會淑 貢生性至孝知建平縣立郎川書院興利除
獘民建生祠以誌德次補直隸望都縣捐貲
八百金濬護
城河民利之

楊林峰 舉人性篤孝待諸弟教養備至
誨人以誠殁後門人建追慕碑

郭 邵 康熙甲午舉人甘貧力學雅
工制藝名噪文壇矜式後進

張 嵩 例貢年十五代父赴京扶祖櫬歸里弱冠肩
家政惟恐失墜孝事孀母爲弱弟延師課讀
咸
名

李闇權 貢生初任南溪捐修水旱塘房二十九處又
設救生船隻民利賴之爲立碑艱起補臺灣
詰刁徒責蠹役嚴保
甲禁賭博民風丕變

李　樗　舉人喜讀書善屬文風骨直規隆萬主臯比五十餘年運安登科第者多出其門

張京俊　例貢性嗜古博覽羣書善考證筆力高雅著舜陵辨

薛英賢　永濟縣人三歲失恃家極貧鬻菸紙於市以餬口賢稍長勤父經營夜則苦讀父以年邁得痺疾賢日減食積錢百方醫治孝聲傳於鄉里建坊旌表

李秉恭　耽經史訓導寧邑捐俸爲諸生膏火贖回王錢二姓鬻女教諸子宦達者數人

郝綬輝　拔貢直隸趙州州判服官清謹人民被惠

李地渥　廩生早孤家道中落事孀母以孝聞教育諸弟皆其力耕所給苦心績學屢薦不售著調音對典行世

李延綸　庠生佐叔宰臺灣叔歿獨居海外年餘經理叔喪積勞成疾

按河東爲唐虞夏舊都山川毓秀賢聖踵生考運學仰德祠碑記木主風后關龍逢傅說巫咸叚干木諸人皆在鄉賢之列漢唐以後代有偉人雖所居遠邇不同要皆附近鹽池況自有明開科以來蒲解等十三州縣額設鹽丁例得考試運學科第蟬聯人文蔚起是雖非運産而或由運學與雖非運學而實係運産者應依舊志並運城志一一備錄惟平陽之尹翁歸絳州之尉遲德城高平之賈魯陽城之田時雨白謙張泰交田從典鳳臺之陳昌期王璇王廷掄沁州

之吳典澤州之陳廷敬等一十二人距運既遠又非
若蒲解等十三州縣之系籍運學者舊志編入殊嫌
假借至運城志編於乾隆二十七年迄今廿載有餘
詎無人物緣未經論定且非鹽法之所急不敢妄續
耳

學校卷十終

《山西文華》編纂委員會 編

山西文華·史料編

河東鹽法備覽

第四册
卷十一

清 蔣兆奎◎編纂

山西出版傳媒集團
三晋出版社

山西文集

河東鹽法備覽分目

奏疏卷十一 附咨議

河東陝西分界食鹽疏　帖木兒不花
募民撈採疏　郜永春
護池官地疏　房寰
請清引票疏　劉令尹
請復經管池工鹾員疏　李時謙
請免割没浮鹽仍除加課疏　郝維謙
鹽政疏　馬喀

歲修禁牆疏　碩色
開墾荒畦疏　碩色
清理商民籍貫疏　勵宗萬
遵
旨查議疏　田文鏡
請歸解安額引疏　碩色
請留加增銷價疏　碩色
大同府屬鹽課已歸地丁疏　石麟
蒲夏減引代銷疏　衆神保

會議鹽價酌增一釐疏　西寧
請停買運蒙鹽疏　薩哈岱
遵
旨會議增鹽價一釐疏　傅恒
隰州大寧永和改食土鹽疏　富明安
挑挖黑河並酌定五年換商疏　瑺齡
請停運銷口鹽疏　農起
請弛口鹽舊禁疏　農起
覆

奏口鹽毋庸商運聽民自販疏　農起
請加鹽價並停五年換商疏　農起
請復餘引并改加耗月分疏　農起
請撤防兵改添巡役疏　農起
請定增價爲長價疏　伊桑阿
會議口鹽運至磧口鎮疏　伊桑阿
籌辦調劑全案部咨　乾隆四十八年
輪坐銷價議　沈栻
運陝鹽路議　李學錦

河東鹽法備覽卷十一

山西按察使兼管河東鹽務時南蔣兆奎編輯

河東運學教授王鳳翮校字

陳思賢　王恒泰

商人王攢統　范則質監刊

翟步雲　王繩中

奏疏

嘗聞窮則變變則通通則久天下事未有窮而不變變而不通者河東鹽政數千百年以來不能一成而不變故當法制旣備之後尤賴有名臣之奏疏因時

調劑補偏救弊以期于可通可久爰彙成編庶可參

觀而備覽云

河東陝西分界食鹽疏　元監察御史帖木兒不花

近蒙委巡歷率元東道至元元年各州縣戶口額辦鹽課其陝西運司官不思轉運之方每年豫期差人分道齎引徧散州縣甫及旬月杖限追鈔不問民之有無竊照諸處運司之例皆運官名商發賣惟陝西等處鹽司近年散於民戶且如陝西行省食鹽之戶該辦課二十萬三千一百六十四錠有餘於內鞏昌延安等處認定課鈔一萬六千二百七十一錠慶陽環州鳳翔興元等處歲辦課一萬七千九百八十五

錠其餘課鈔先因關陜旱饑民多流散准中書省咨至順三年鹽課十分爲率減免四分於今三載尚有虧負葢因戶口凋殘十之八九縱或有復業者家產已空邇來歲頗豐收而物價甚賤得鈔爲艱本司官皆勒有司徵辦無分高下一槪給散少者不下二三引每引收價銀三錠富家無以應辦貧民安能措畫糶終歲之糧不酬一引之價緩則輸息而借貸急則典鬻妻子縱引目到手力窘不能裝運止從各處鹽商勒價收買舊債未償新引又至民力有限官賦無

窮又寧夏所產韋紅鹽池不辦課程除鞏昌等處循例認納乾課從便食用外其池隣接陝西環州百餘里紅鹽味甘而價賤解鹽味苦而價貴百姓私相販易不可禁約以此參詳河東池鹽除撈鹽戶口食鹽外辦課引數今後宜從運官設法募商興販但遇行鹽之數諸人毋得侵擾韋紅鹽法運司每歲分輸官吏監視聽民採取立法抽分依例發賣每引收價鈔三錠自黃河以西從民食用通辦運司元額課鈔因而夾帶至黃河東南者同私鹽法罪之陝西興販解

鹽者不禁如此庶望官民兩便而課亦無虧矣

募民撈採疏

明隆慶巡鹽御史　郜永春

臣見鹽池北岸撈採原有額設鹽丁或一時鹽花浩大外用庫貯銀三十兩名貧民撈一料以廣收鹽利初行甚善年來姦民坐騙官銀郝轉僱無籍之徒撈採低黑充數甚有不足一分成色者及運司名募銀又於賑濟鹽丁米價內動支一時那借已難爲經況費出庫中之十僅還場下之一耶至南岸鹽利欲用鹽丁則民力不堪欲動賑濟則財力不繼名募之法又當權宜據安邑縣申稱前御史尚維持處名貧民

一年之鹽比往年多至十倍其法不給銀兩就以本人所撈之鹽每料給自撈鹽十車貧民爭先撈採自取一色高鹽商人亦樂報中乞要比照召募等因看得工鹽十車准官銀三十二兩除脚鹽一車尚不滿舊規僱募之數所希冀者不過營數兩利耳至池南尤人迹不到之處鹽花又自來遺棄之物與其棄之孰若因而利導之況官得其十民得其一較之給銀尤爲長便且鹽丁撈取必待督率完料必待賑濟若貧民則不煩督率賑濟而自無不精不多蓋鹽丁覩

爲官事而貧民則視爲家事也鹽丁之力十不能得一二名募之夫一可以當十百何所憚而不爲伏望責令該管員役兩岸每撈鹽一料外給鹽十車許令比照太汾事例各給小票發賣則不必分外征求而僱募自有餘資公私俱足矣

護池官地疏

明萬歷巡鹽御史房寰

臣入境以來見節年水患頻仍鹽池受害詢其故俱稱附池東北有一受水巨區名苦池灘會中條諸山之水洩入姚暹渠以歸黃河灘地形勢載在運志併鹽池錄可考自嘉靖中年水漸乾涸姦民謀占耕植不遂因而投獻晉府稱爲牧馬草場召佃收租年復一年日益平阜水源壅塞禁牆屢决職此之由臣查接管卷内前灘節經查勘與王府無干批詳種種明悉又該臣親踏姚暹上流忽至苦池邊中斷古來盛

水之説信乎不謬其於國計關係豈淺鮮哉向聞前灘稅租入府中者什一入官椗者什九該府獲利甚微國家受害甚大縱係欽賜亦當捐助保障二池以垂永賴況非固有乎且晉府素負賢聲義必體國如誠知就中詳細豈肯與朝廷爭尺寸乎非請自上裁特行申飭誠恐姦徒嗜利復踵前謀伏望嚴諭該府不得聽信姦謀有乖分義仍勅下所司行臣等永爲遵守將前灘時加修濬保固鹽池如姦人再以投獻爲名該府復假欽賜爲詞定將輔導官員參治撥置

入役按法開遺庶息覬覦之萌而國計有裨多矣

請清引票疏

順治二年巡鹽御史劉令尹

竊照河東鹽筴與他省不同他省鹽法或煎或曬皆産於海惟河東獨産於池乃天地自然之利但採辦之法有二一爲官丁撈採之鹽一爲商人撈採之鹽何爲官丁撈採池周圍百二十里附近十三州縣額有丁口每撈鹽十引令商人納課三兩二錢每引重二百觔此官鹽也皆用引也何爲商人撈採商人自備工本出人力以撈鹽每百引爲率內分七十引爲官鹽每十引令本商納課三兩二錢內分三十引抵

作商人工本不納課銀惟給官票以別於私鹽此商
鹽也用引兼用票也舊例山西太汾遼沁等處食本
地煎鹽每引折刷小票每張行鹽一百觔以小販擔
負不能多也此又照引折票也我
朝鹽法統歸戶部不用票而用引誠有深慮但官丁採
辦之鹽皆用引可矣而商人採辦之鹽內有抵作工
本者欲用引則不納課不用票將何以別於私鹽且
太汾等處引不能行者又將何以通融乎伏祈
聖明勅部早爲酌議畫一通行之法庶引票定而鹽法不

致壅滯矣

河東鹽法備覽　卷十一

請復經管池工鹺員疏　康熙二十四年巡鹽御史李時謙

爲渠堰關商民命脉必需專官佐理恭請量復裁員以重課本事臣荷
聖恩高厚視鹺河東惟期竭力盡心以不負
皇上驅使抵任之初衆商環稱池衝水漲鹽花不生今已六歷寒暑臣遂詣鹽池驗視週廻計一百二十里外牆圍繞以防盜竊向係鹽丁修理在中條山北其間巨浸浩瀚淺者數尺深者丈餘山高池窪形如釜底人力難施積水無從宣洩諸商於池邊淺處合本營

畦以圖澆曬究獲顆粒幾何近將解州西五小池
題明暫行開荒鹻多味苦民不堪食自冬徂春皆謂池
水忽鹹更得風雨以時出產有望臣惟我
皇上宏福齊天商民自蒙
恩庇因查鹽池外障則爲姚暹渠所以瀉條山諸谷之水
也渠大自安邑苦池灘而源出李綽白沙二水其來
路則王峪口自夏縣由安邑踰運城歷解州抵臨晉
縣入五姓湖從蒲州孟明橋以達黃河綿亘可二百
里許舊爲十二州縣分工刋册可考按渠南爲鹽池

北為民田南堤加厚止防鹽池衝灌而民田可慮必須兩岸一齊培築民田無害自免盜決之虞保民田適所以保鹽池也商民皆

朝廷赤子何敢歧視復據運使臣張鵬翮呈詳趂此東作未興提夫修築又慮青黃不接咸出薪俸以犒其勞各州縣照例興工現在挑濬池南則有賀家灣小李村桑園大李村龍王西姚短堰張村常平鹽房董家庄趙家灣諸堰池東則有黑龍逼水雷鳴東禁諸堰池極西則有王官峪石樓峪大郎澗諸水舊由蝦

蟆青龍兩堰逼入臨晉之葦子河開有新河一道池西南又有五龍黃牛等堰一遇泛漲則橫流解州南門外大壞民居池西則有底張堰硝池七郎堰卓刀堰池西北則有長樂堰再西則有龍曲西王許家營等處若渠北又有涑水河源發絳縣橫嶺山至聞喜縣苷泉西流經夏縣界又歷猗氏縣南亦入臨晉之五姓湖受稷王孤山峩嵋諸山嶺之水其勢最大每遇暴發自淇村裴房橫入曾家營亦投姚暹渠爲害臣於驗池後卽遍相度情形目今先濬姚暹渠餘方

次第修舉所慮沙土易卸年年必須幫修其中有分工有專工責之州縣印官而地有遠近錢穀刑名逃盜倘苦日不暇給安能分身料理縣丞典史管糧管捕各有攸司即承委查工亦僅苟且塞責前此蒲州萬泉平陸芮城工程係中分司管理解州臨晉猗氏聞喜工程係東分司管理安邑夏縣榮河太平河津工程係西分司管理自康熙十六年裁缺責成乏員至十八年池遭水決會經前鹽臣徐誥武准商禀司詳請復運同一員部覆以九卿詹事科道會議無容

復設臣何敢再置一詞第臣身在地方見鹽池關係
國課渠堰又關係鹽池二十餘萬之錢糧五百餘家之
商命全賴專員分理臣職司三省鹽政文移催督日
無寧晷運使收引徵課況當商疲之後催科撫字刻
不能離知事押秦餉方回經歷又解部銀而去轉盼
新鹽一生偷竊自不能免且三場交卸原屬分司監
管查各省運使衙門皆有分攝或四員二員不等獨
河東運同運副運判一時盡裁事多官少似應於三
員中量復一員分駐解州適中之地經營渠堰兼責

以防緝驗放所關最爲吃緊倘經設立則官有專司
事無缺理鹽課商民咸有攸賴矣

請免割沒浮鹽仍除加課疏康熙二十八年巡鹽御史郝惟謙

爲河東商本微末攤引賠課難支仰

請豁免以廣

皇仁事竊查河東割沒一項自康熙十七年比照淮浙每引加鹽二十五觔增銀七分但河東地方狹小戸口凋殘引浮於丁泉商願納所加之銀不受二十五觔之鹽後池遭水患賠累難堪經前任鹽臣李時謙法

爾哈具

題豁免部覆以此項銀兩攤入引內作正額徵收應毋

庸議等語臣思河東未加鹽而但加課實係包空倘此日之浮徵不割恐將來之正額必虧等因前來查康熙二十四年二十六年河東巡鹽御史李時謙法爾哈題稱加觔一項爲各差之所同而不帶鹽觔爲河東之所獨各商窮困已極實難完納懇乞豁免等因臣部以此項銀兩攤入引內徵收應毋庸議具題在案今御史郝惟謙雖稱河東未加鹽而但加課實係包空倘此日之浮徵不豁將來正供必虧等語但關係錢

糧不便遽議應行令該御史可否加鹽二十五觔運行之處確議具題到日再議可也等因康熙二十八年八月十八日題本月二十一日奉

旨依議欽此欽遵等因備劄前來臣卽檄行運司確議去後據運使蘇昌臣呈詳蒙批確議問據闔司商人董福昇張嶽郭世仁等稟爲包課受累多年增鹽益增商累再懇籲天恩豁以培課源事稟稱竊惟割沒一項原係包空諸商賠累難堪所以哀呼求免非望加鹽也茲蒙行查可否加鹽二十五觔運行之處但河

東行鹽地方最爲狹小當年商人封課一錠支鹽二十車後因運發不能疏銷食鹽不足正額屢次求告每錠情願減去八車止支一十二車尚且堆積在場不能全賣若再加鹽無地運銷昇等苦中加苦勢必失悞正課且昇等賣鹽數目逐日報司登記簿籍歴歴可查何嘗引引盡賣昇等不敢揑謊至空包割沒銀兩已經十有餘年當年急公典賣輸將今値

聖主在上萬年太平昇等此時倘再不呼籲

皇恩必至身塡溝壑是上有

堯舜之君而昇等不得爲堯舜之民昇等草命有限恐反

有虧正課其罪誠大

九重萬里伏乞轉詳覆奏俾下情得達

天聽庶昇等得安心辦課矣等情據此該本司運使蘇昌

臣看得河東割没一項不能加鹽之處曾奉部駁業

經前院鞠徐兩疏

題明准免在案茲因空包浮課未除諸商哀籲

皇恩豁免復蒙行查可否加鹽運行之處奉院行司本司

欽遵事理隨齊集諸商當堂確議據商人董福昇等

復具前情謂止求豁免空包浮課加鹽實難疏銷環
庭哭愬本司細核賣鹽簿籍果係眞情並無虛假繞
候覆核具
題伏聽
睿裁者也等因呈詳前來該臣覆看得河東商人從前納
課一錠支鹽二十車後以鹽多引壅屢次告減止支
一十二車自康熙十七年遵納七分割沒而二十五
觔之鹽終不敢受夫人情孰不願多賣鹽多獲利而
乃減之又減與之不受若此者良由河東地方狹小

戶口凋殘食鹽常不及額與其多鹽而壅不如少鹽
爲易銷也臣前疏備陳商家疾苦所爲包課非爲加
鹽今部議可否加鹽二十五觔運行之處奉
旨行臣確議臣職掌所係敢不熟思審處上體
國而下體商乃查前鹽臣入
告之疏閱諸商廹切之詞兼詳核運司按日登記商販
賣鹽之簿籍臣愚再四圖維商人勉輸浮課十餘年
誠累矣若加鹽而不能售壓住商本辦課無資則更
累且也行鹽責諸州縣鹽多引積州縣畏惧考成勢

必强泒民食是不獨累商而並累民我

皇上胞與爲懷商民一視此項浮課應否邀

恩豁免出自

皇仁至於加鹽臣愚以爲未便伏祈

勅部議覆施行

鹽政疏　　雍正三年鹽政馬喀

爲亟陳鹽政以蘇商困事一耗鹽之觔數不可不定地方之稽察不可不嚴也臣蒙
聖恩管理河東鹾政抵任之後隨提歷來鹽秤用部頒法馬逐一較稱按十六兩核筭每一百觔多二十五觔四十觔不等臣細細察訪緣掣支鹽秤向係御史較定是以歷來御史初到任時多將所用鹽秤改輕待商人懇求之後並不具
題隨卽任意加重以至河東鹽秤輕重竟無一定原任

川陝總督年羹堯管鹽政之時明知而不言者因自已假揑商名發給原任運同嚴士俊本銀代爲行鹽欲圖罔利且於自已行鹽地方每一百觔任意加至五六十觔不等所以在場鹽秤終置不問也今若仍照舊秤令其掣支運鹽不特私鹽充斥抑且有違定例若照定例每引一張發鹽二百觔又有不能行之勢因河東鹽引行於三省並無河路可通向以口袋一條裝鹽一百觔每引一張運鹽二袋非用驢馬䭾送即用車輛裝運盤山過嶺涉水渡河無處不多耗

折兼有遥遠地方一儘不能到去勢必卸裝轉運況
河東之鹽皆係日色曬成非别處煎鹽可比煎過之
鹽潮土已經去淨風吹日曬不至折耗曬過之鹽硝
不能淨一遇風雨硝即鎔化運到地方分發各店零
星拆賣實多耗折若不酌量加耗商本必致有虧商
本一虧引課即難承辦我
皇上盛德如天無一物不得其所河東各商困苦已久自
必更加軫恤臣請嗣後鹽秤總以十六兩爲準每引
一張運鹽二袋每袋裝鹽一百觔每一百觔明加二

十觔稱其折耗永爲定例道路遠者不至有虧商本
附近地方得以少沾餘潤咸沐
聖恩於無旣矣再從前年羹堯因欲夾帶私鹽又恐盤出
不便所以有不許稱掣之奏臣請嗣後仍飭經過地
方照例盤查以杜夾帶之弊但每引一張護鹽二袋
引至一百鹽有二百袋之多到一州縣若欲逐袋稱
掣牲口車輛盡行阻滯商人必多苦累應令經過州
縣驗明引張點明口袋隨手抽掣幾袋公平一稱即
刻放行不得一槪攔阻全數稱掣以致有稽時日倘

敢故意留難借端需索一經發覺將該地方官亦卽從重叅處如此則河東有一定之秤鹽觔不得多出地方有盤查之責夾帶之弊可除商本無虧而國課亦裕矣

歲修禁牆疏　雍正六年鹽政碩色

河東鹽引額銷山陝河南三省而三省食鹽多藉出產於鹽池臣歷任以後親視池形廣袤一百餘里地勢最窪爲衆水奔流之處是以三面築有堤堰環池築有禁牆以爲保護倘有坍塌鹽爲水害是池牆不可不時加修築查向例每年春秋二次修築禁牆渠堰皆係行提蒲解等十三州縣鹽丁四千餘名並撥民夫派工分修經前鹽臣馬喀

奏明將修理渠堰民夫裁革在於額引項下羨餘銀十

萬四千三百餘兩內除充餉公費並各官養廉外留存銀五千兩以爲歲修之費後經前鹽臣塞欽以池牆易於坍塌歲修未能遍及又議將修築池牆鹽丁一併裁革與渠堰俱動項募修

奏明將雍正三四兩年餘引羨餘銀內動支三萬五千九百八十餘兩委運同王又樸督工大修今歲業已興工修築尚未告竣俟修築完日有無浮冒另行確核造冊奏報臣思渠堰已據前鹽臣馬喀在於額引羨餘之內每年動撥銀五千兩以爲歲修之費無庸

再議外而池牆尤關緊要若不每歲補修恐致大修之年所費倍多今查添設餘引十萬道各商除納
國課外仍照正引出有羨餘每年約可銷十之七八計可得羨餘銀二萬三四千兩不等臣愚以爲此項銀兩所有每年餘引羨餘以及嗣後餘引羨餘銀兩請以雍正六年爲始每歲動撥銀六千兩以三千兩作爲歲修池牆之用以三千兩存貯運庫積至五年以作大修之費其餘銀兩於年終核實奏報或撥兵餉或令解部則池牆渠堰歲修大修皆有動支之項而

鹽丁民夫俱可永遠盡裁至鹽丁民夫旣裁應請

勑令山西撫臣轉行各該地方官將丁夫編入民籍與民一例輸差以杜影射抑臣更有請者嗣後歲修大修工程責令運同管理但池牆堤堰工程不一恐運同不能獨力兼管請在於附近州縣之內擇其才幹誠實者遇修築之時委用五六員協助監修令運同督責其成如有玩愒工程浮冒開銷者卽行

題叅交部議處庶事有專責而池牆渠堰均有裨益矣

開墾荒畦疏　雍正六年鹽政碩　色

竊照河東池鹽皆賴畦地澆曬而成臣勘查河東三場鹽畦共五百五十七號現今澆曬熟畦止三百五十四號荒不澆曬者二百零三號內無商而荒者九十三號有商而荒者一百一十號阡陌宛然施工尚易惟是荒畦年分遠近不一地有濶狹不同所以開墾工本亦有多寡不等約計所需每畦有費銀二百六七十兩至三百兩者亦有費銀至三百四五十兩者臣愚以爲無商荒畦請將庫內附餘錢糧暫先動

銀五千兩飭發運使董理其事量畦地之濶狹計開墾之淺深因地制宜陸續開墾俟成熟後招募殷實良商澆曬令領餘引搭配辦課如商人中有願買此畦地者應令補還工本銀兩卽將此畦給爲伊業倘一時無商願買卽令澆曬之商各出銷價查商人舊例每錠出銷價銀二十四兩一畦封課六錠每年共出銷價銀一百四十四兩但新墾之畦較諸久經成熟者出鹽差少所出銷價亦宜量爲酌減可否每錠減半止令出銷價銀一十二兩而一畦六錠每年可

得銷價銀七十二兩抵還庫項其有商而荒者彼旣得運商銷價應令本商各開各畦如本商無力開墾卽令項伊錠名之運商開墾更名報部實力行之將見畦地日墾而日廣則鹽日出而日多其於引課民食均有裨益矣

河東鹽法備覽　卷十一

清理商民籍貫疏

雍正六年　山西學政　厲宗萬

查得山西河東專建運學設立教官乃

國家優恤商人之

殊恩必須的係行鹽子弟方准考試其民籍童生不得混

入冒考即商籍子弟亦不得濫考民籍如有冒濫通

融送考之鹽道地方官收考之學臣均有處分例至

嚴也祇因河東當日修理鹽池禁牆堤堰等工原係

蒲解二州並臨晉榮河萬泉河津安邑夏縣平陸芮

城垣曲聞喜十二州縣舊有額設鹽丁子弟許入運

學考試繼因額設鹽丁修築無力遂召募十二州縣民夫應幫修理其子弟亦冒名鹽丁竟入運學考試緣是而無因之民籍童生亦紛紛改竄入冊此冒濫之所自來也商籍童生見民既可以冒商商亦無妨於冒民彼此利於往來不行清查此通融之所由致也冒濫通融旋滋弊竇在商籍童生冒入民籍考試者爲數無多且分散於各州縣而民籍冒商則聚十二州縣應試之人隸入一籍故歲科兩考每次竟至四五千人之多場內坐號止一千有奇人多號少必

須分作三場方得考完因此不惟商民互籍而且可以前後重名次第入場應試從前各官博廣育虛名鹽道吏書喜多收冊費而教官廩保又圖人衆可以多得保結陋規故往往有一童而冒兩籍一人而考幾場甚有童生本籍已經入學而冒考又以取入商籍招覆者或在商籍第一場招覆而第二三場又復入彀者隨即通同廩保頂賣於人又或本籍已經取入遂將冒考之名賣於他人頂充入試者奸弊百出相習成俗且此冒考商籍均屬各州縣無恒業之人

不比商人按冊可稽不敢多事一入運學卽生覬覦之念非把持衙門卽包攬鹽貨欠課虧引之弊皆起於此臣按考解州洞悉積弊不敢因循苟且姑息示恩有負我

皇上委任之至意隨行鹽法道并提調各州縣徹底清查務期流弊肅靜貫籍分明臣又調查案卷知修理鹽池禁牆堤堰等工荷蒙

皇上動用帑銀原額鹽丁概行豁除各州縣鹽丁現在歸入民冊一體當差似此真屬鹽丁子弟既除鹽丁歸

入民冊即應在民籍考試尚不得仍入運學何況本
非鹽丁之民童豈得容其冒濫乎臣又指明飭查去
後茲據新任鹽法道楊夢琰分行十二州縣查明冒
籍情弊前來除商籍子弟不許冒入民籍考試責成
各府州縣嚴行查究外其運學歲科兩試童生臣請
嗣後惟准報部有名商人子弟並從前有錠之商人
的派子孫查明祖父三代籍貫准作商籍其別省暫
租商錠零星小販一槩不准冒入商籍考試每歲科
兩考商童五名連環互結如一人頂冒四人連坐并

取街商並無頂冒其結若商人無子弟赴考而私將籍貫租與他人者察出與受同罪其廪保生員必須實屬商籍之廪生許其保結若所保商童內有頂冒等弊即將該廪生照例斥革治罪所有從前冒濫入籍現今在學之廪生不准保結童生并現今在學從前冒入之文武各生之子弟應令各歸本籍考試不得因父兄現屬運學而子弟仍敢混冒如有故犯察出連父兄一併除名治罪如此嚴核有方稽查甚易民籍童生既不敢冒入商籍而商籍子弟不待嚴禁

而亦不能濫入民籍庶籍貫可清積弊可除學政鹽
法均有裨益矣臣再查額設鹽丁十二州縣内之聞
喜縣舊有鹽籍童生經前任學政劉愈於請定太原
平陽府學等事疏内
題明聞喜縣因有府學不准運學考試在案臣思聞喜
縣之民籍童生原不應赴運學考試而聞喜縣之商
籍童生例應赴運學考試今應除鹽丁原歸民籍外
其本係商籍之子弟仍改赴運學考試嚴禁其不得
混冒本縣民籍合併聲明除行鹽法道查造商名清

冊送部外理合恭疏具

題

遵
旨查議疏

雍正七年
河東總督田文鏡

臣前此
題請禁通融運銷之處固指行運淮鹽之汝寧光州所
屬而言淇行運河東之州縣可否通融遞年帶銷臣
欽遵
俞旨確加察查行運河東引鹽之洛陽等二十九州縣皆
認地行鹽按季銷引其陝州屬靈寶縣先因私鹽充
斥額引難銷前任知縣吳奇遇被參降三級戴罪督

銷後來之員遂實力緝私數年以來不但額引銷完每歲尚銷餘引惟閿鄉一縣界連山陝屯民雜處向因私鹽叢積官鹽壅滯今現任知縣王俊嚴查私販疏通官引亦漸有起色則是疏引全在緝私剔弊乃能裕課伏查

國家定制分地行鹽按季銷引本以杜奸商重複影射越境販私之弊法至善也又恐地方官督銷不力疲商悞課不完所以銷不及額官有處分之例課不足數商有治罪之條各州縣行鹽定額本按地方之大

小戶口之多寡斟酌分派因地制宜安見於此而運銷有餘於彼而銷不足額要知所以銷不足額者非必食之少而銷之難大率由於地方官緝私不嚴私鹽充斥之故也夫私鹽在民者私煎私販稽查猶易在商者夾帶影射其弊多端如通融之說義取乎酌盈劑虛疏引裕課今臣察訪各商之通融則係一引而兩縣行鹽甚有再三行運者是通融名爲裕課便民實所以資奸商彼此串謀重複行運越境販私之弊臣思額引餘引名雖各别然同屬引鹽同屬辦課

與其開通融之端而滋無窮之弊又何若令額引不敷之州縣請領餘引以濟民食其緝私不力銷不足額之州縣按未完分數照例參處如此不但能銷之地方民無淡食之虞而

國課以裕即銷不足額之州縣亦自顧考成勤於緝私督銷必力而額引可無壅滯矣再查鹽隨引行所以防私鹽銷引繳所以杜弊豈可任其操縱逾歲不繳以致以舊作新重複影射而啟奸商之弊臣更以通融帶銷而並論夫遞年帶銷者如甲年行鹽丙年奏

銷其隔行鹽之歲已逾兩載如云通融之法行之有效鹽無不銷課無不完則更可按年奏銷而猶欲遞年帶銷者何也總之通融與帶銷皆奸商之獘今仰蒙

皇上垂詢臣茍有所知不敢不據實直陳所有豫省行運河東鹽引之州縣應仍循舊例各完各課年銷年引不准通融遞年帶銷庶鹽政肅清而

國課民生均有禆益矣

請歸解安額引疏 雍正七年鹽政碩色

河東部頒額引共四十一萬七千四百四十三引內除陝西鳳翔府屬例食花馬小池之鹽止納鹽課引六萬二百八十五道外實行鹽之引共三十五萬七千一百五十八道分銷於河南山陜三省地方每引一百二十道謂之一名即封大課一錠內有解州安邑額引八千七百道向因解州安邑為產鹽之地一切課錠官錢皆三省運商代納所以三省商人額引每名止一百一十七引而掣一百二十引之鹽其扣

存三引即代銷解安之額也故解安歷來無商而額引權貯運庫惟於奏銷時截角繳部積習相沿已非一日臣思鹽隨引掣若以一百一十七引而支一百二十引之鹽即屬夾帶況解安生齒繁多民間豈能淡食旣不行銷一引必致買食私鹽且以解安應完之引課而分攤於三省各商代辦亦屬不公臣愚以爲解安額引自應仍歸解安行銷現在撤行運使名募良商領運辦課惟是解安無商已久恐一時難以疏銷可否飭令儘商儘辦如有存剩之引請照餘引

例繳部查覆至於三省各商領引一名仍添給三張以足一百二十道之數請於額引四十一萬七千四百四十三引之外再頒額引八千七百道給發各商按實在數目領運如此則三省行銷地方皆係有引之鹽而民免食私商免代納其於鹽務似有裨益矣

請留加增銷價疏雍正八年鹽政碩色

加增引張向係蒲州臨晉等處官辦地方領運蓋緣辦運之官每名私收銷價止封正課銀四十六兩二錢五分比額引少封課銀三兩七錢五分事屬兩岐經臣

題明蒙部議將加增引張仍令商人領辦加增課錠俱照額引五十兩徵收又議令將加增銷價銀兩歸公等因臣查加增銷價銀兩係商人澆瀝之資應照額引一例仍給坐商呈請免其歸公蒙部行令具

題等因臣即備行河東運司查議去後茲據運使楊夢
琰詳稱河東額引與加增引同是部頒之引額引每
名封課五十兩加增引止封課四十六兩二錢五分
因從前加增引張俱係蒲州臨晉等處官辦每名私
收銷價故徵收加增課比照額引少收銀三兩七錢
五分今加增引張既歸商辦加增課錠照額引徵收
則加增銷價亦應照額引銷價仍歸坐商蓋坐商澆
曬池畦以供運商之鹽運商出給租息名曰銷價是
銷價銀兩原係坐商澆曬之資若額引之銷價歸商

而加增銷價獨不歸商誠恐各商澆𥫗無資有悞課
鍉且加增引課已照額引徵收則加增銷價應請照
額引銷價仍歸坐商庶事歸畫一等情臣覆查無異
理合具
題

大同府屬鹽課已歸地丁疏　乾隆元年巡撫石　麟

據布政使王謩等詳稱大同一府係屬邊隅民間食鹽皆從完糧地畝內遇雨霖水漫之後日曬風吹生長沙鹵不能種植禾黍是以農民刮土熬煎或鹽或鹻其所產所食均屬無多除自食之外即或售賣亦屬零星藉以上供

國賦下資餬口相沿已久雖未設有鹽引而全書開載應州等屬俱有額徵戶口食鹽銀兩歸入地丁項下徵收現在熬鹽鍋戶又復輸納稅課惟陽高天鎮二

縣原係衛改戶口鮮少所以從前不徵食鹽欵項但
亦有鍋稅鹽稅在於雜課項下完解現在本地刮熬
無幾猶仰賴隣封稍買而食民亦相安今若添設鹽
引不惟
國計無補而民生多有不便因地制宜似應仍循舊例
毋庸添設鹽引等情臣覆查無異相應會同河東鹽
政臣蘇赫臣合詞具
題再查大同府鍋戶之稅應令領給司帖執以辦課合
併聲明

蒲夏減引代銷疏

乾隆十一年鹽政　衆神保

蒲夏二縣額設引鹽實屬過多歲銷不盡節年俱有餘鹽積累不惟該商辦運力艱且恐有悞正課是以

臣據實

奏明請將蒲城縣不能行銷額引一千九百二十九道夏縣不能行銷額引一千三百一十一道照猗氏等縣之例改作餘引行銷等緣由嗣奉部議以請減引目正賦攸關未便改作餘引行銷或卽撥歸唐縣作爲額引抑或通查額引不敷州縣量爲酌撥分派定

額之處令臣會同三省各督撫逐一確查定議具
題到日再議臣當即備移各督撫臣並行運司速行確
查妥議詳報去後茲據河東運使郭一裕詳稱查得
蒲城額引過多積鹽累商郭元勳具呈告退招募無
人夏縣附近鹽池私鹽零星透漏無憑查拿運商董
胡翔的名胡希齊賠累一空伊姪胡玢接辦又以積
鹽愈多屢稟告退引課空懸惟河南唐縣人稠地廣
尚可行銷請酌量減除歸於唐縣作餘引行銷茲奉
部議確查在大部之意蓋以獨歸唐縣作餘恐有存

剩致鈌正課或酌撥額引不敷之州縣爲數無多易於行銷具見慎重引課之意但查引目雖分額餘要在賦課無虧查雍正八年猗氏稷山高陵不能行銷引四千一百五張蒙前鹽臣碩色會議

題明輪坐加增按照各州縣行銷餘引之多寡酌撥分派代銷每處每年多者不過一百餘張少者亦止數十張或十數張而已至今十有餘載引無不銷課無不完況以額作餘之引係坐商錠有應得銷價爲商人澆瀝之資俱屬商人世業是名以額作餘實無異

於正額向無存剩有鈌正課且據三省各府州行據各州縣概稱不便加增爲額而三省各商呈請仍照猗氏等縣之例輪坐加增以額作餘商民稱便應請俯順商情將蒲夏二縣不能行銷引三千二百四十張仍照例輪坐加增令三省商人永遠作餘引行銷課錠官錢公務照額引輸納庶衆擎易舉行銷不難而引課亦不至有虧等情臣覆查無異謹會同山西撫臣阿　陝西撫臣陳　河南撫臣碩　合詞具

題

會議鹽價酌增一釐疏 乾隆二十一年鹽政西寧

據陛任山西撫臣恒文會同河東鹽政臣西寧

奏稱河東節年場價倍增運脚昂貴請於現行定價之

外每觔增復二釐經戸部議覆行令陝西河南山西

三省巡撫會同該鹽政確查現在情形議

奏到日再行核議臣等隨即轉行所屬通查議詳去後

茲各據陝西河南山西三省司道詳稱河東鹽價於

乾隆八年經前鹽政吉慶

奏請酌定貴賤兩價遇收成豐歉相懸必須變通者

奏明辦理經署鹽政衆神保議稱如定貴賤兩價按時而論則當以現行之價爲賤價勢必另行普定貴價殊有未便應請卽以現在相安者著爲定價是彼時雖未酌定貴賤兩價而現行之價確係賤價然彼時鹽池豐收場價未昂迨乾隆十年以後歷歲鹽池歉收場價日增從前每鹽一名價銀不過二三十兩今增至八九十兩不等又兼上年雨水過多鹽收更薄配運不敷現借長蘆花馬池鹽發賣則程途遙遠脚費不免倍增據晉省各屬請增銀二釐據陝豫各屬

請增銀一釐本司道等折中酌定三省各照現行之價酌增一釐併據聲明請禁車船運夫人等攙和硝䃀等情各據詳前來臣等伏查河東鹽池屢歉兼之上年雨水過多刮曬多費成本較昂以致商力日絀辦理周章現在鹽價工本甚昂臣等固難強其虧本出售且恐本虧力乏暗攙硝䃀於民食轉有未便甚或商力不支引課虛懸所關匪細臣等就目下鹽池情形而論加銀一釐似尚不敷但驟增二釐民食昂貴亦有未便應請俯如各該司道所請每觔酌增銀

一釐其有用升斗量鹽者照此一體折算統俟將來歲豐鹽多之日仍各照從前舊價售賣則現在衆商積少成多可免賠累之苦而每觔所增無幾小民亦不致以價貴爲嫌至攙雜硝鹻之弊臣明德臣西寧現在嚴行查禁以便民食臣等意見相同謹合詞恭

摺具

奏

請停買運蒙鹽疏　乾隆二十四年鹽政薩哈岱

竊查河東鹽池因乾隆二十二年被水畦地淹沒收鹽無幾前經鹽臣那俊

奏請採買蒙古鹽二千三百二十九名以資接濟部覆議行後又因蒙古艱轉推延復經前鹽臣西寧

奏請

特命奴才塔永寧理藩院郎中富爾會同鄂爾斯貝勒齊旺班珠爾等面加商酌議定斗價分地運交並據齊旺班珠爾出具印結自願分立二限自上年十一月

起至本年正月底止先交鹽三萬石餘俟夏秋陸續運交至八月底運足十六萬五千餘石之數當經具

奏部議覆准欽奉

諭旨轉行遵照　奴才塔永寧並將齊旺班珠爾甘限印結咨送理藩院備查以便按限催交在案是定限運交商鹽出自貝勒齊旺班珠爾自行酌量情形定限該蒙古等自應依限運交以濟商人轉運距今半載蒙古送到鹽觔僅六千餘石經　奴才塔永寧屢次移咨神木部郎並移文理藩院飭催復經　奴才薩哈岱咨

呈理藩院行文催運乃各蒙古有稱該旗原恃地鹼
度日並不會馳運鹽觔若必令其照數運交勢必有
悮耕種有稱駝運鹽觔惟賴駝牛載運今時值春令
牲畜疲瘦初限鹽觔不能全行運賣各等語又據派
往買鹽各商稟稱哈拉莽奈所産之鹽顆粒堅大味
亦鹹美奈蒙古因貪路近將小海硝鹽並煎熬土鹽
運交味極苦澁不堪食用並將苦鹽呈驗前來若令
駁回誠恐蒙古以苦累爲詞若令其交價收買又恐
不便民食　奴才等伏思河東鹽商買運蒙古鹽觔原

因一時缺乏無可通融不得已而遠購蒙古鹽觔以圖暫時接濟乃前旣虓悞一年無鹽交運自上年冬間定議之後齊旺班珠爾自限兩次運交今經半載初限鹽觔僅交六千餘石而蒙古人等已藉詞推諉百計告難且以苦澁硝鹽搪塞其不足以資接濟亦已顯然況交易之神木地方離水次較遠山路崎嶇驢騾希少撥運到船已極費手兼之河流湍激上年九十月間裝運零星收買之鹽尚有沉溺漂没之患況時當夏令正水勢日長之時舟行自益危險而運

至行銷各地又已緩不及時於民食仍然無補奴才

薩哈岱查河東鹽池自入春以來水勢減退乘時修

治現在新鹽已產漸次可以運銷陝省人民又蒙

恩准買運惠安堡大花馬池鹽觔接濟民間淡食似可無

虞蒙古鹽觔無論其運送不前以及苦鹽無用即使

將大海好鹽全數運到而該商等驢騾脚價買木造

船長途轉運所費實多按本定價必然昂貴民間亦

難於買食况新鹽既出小民又安肯捨平價之新鹽

而轉買昂價之蒙古鹽乎奴才等愚見不若令該商

等將已收買者速行轉運行銷其餘未經送到之鹽

伏乞

天恩勅下理藩院行令該貝勒齊旺班珠爾等概行停止

則蒙古人等無從藉詞苦累商人等亦不至有壓本

之虞矣倘本池今歲所產鹽觔設有不敷之處容奴

才薩哈岱悉心籌畫或於附近通融臨時

奏請奴才等意見相同謹合詞恭摺具

奏

遵
旨會議增鹽價一釐疏　乾隆二十六年大學士傅　恒

山西巡撫鄂弼鹽政薩哈岱所

奏向來鹽價原係隨時長落並無定額自乾隆十一年

鹽臣衆神保任內始行定價二十年鹽臣西寧等

奏請每觔增銀二釐部議准增一釐今詳核商人買鹽

細數每鹽一觔較之從前增銀六釐有餘雖現在賣

價增有一釐究屬無補於事然若於民間食鹽內照

數加增又恐民間食貴請於現今鹽價之外每觔再

酌增銀一釐仍照前例限以三年之後酌量情形據

實具

奏等因一摺查鹽法之有定價原以杜富商之居奇而

致貧民之食貴耳然亦必俾於成本之外每引少獲

錙銖分之雖少而積之則多卽使偶有虧折之年而

伊等家本素封亦不致遂形困乏今河東商力本不

甚裕而轉運鹽本日見其增卽如現在每鹽一觔成

本較之從前定價後增銀六釐有餘是民間一觔之

鹽已虧商人六釐之本雖於二十年增價一釐之外

再增一釐亦不能遂甦商困然恤商愛民事屬一體若必於定價內照數加入則鄉里貧黎每市鹽一觔驟增銀六七釐之多民情亦有未洽不獨臣鄂弼鹽政臣薩哈岱不敢以此爲請卽臣等亦未便輕議但亦必使商力稍有起色而民食始可無虞該鹽政旣請於定價之外每觔再增一釐自應如所請行俾商人虧折少輕或可轉運稍速統俟三年之後如果場價平減計其成本已有盈餘仍行奏明刪減又不得徒徇衆商之意遂一增而不可復減

也

請隰州大寧永和改食土鹽疏乾隆三十三年巡撫富明安

山西隰州暨所屬大寧永和二縣向俱行銷河東池鹽但該地處萬山之中車輛不通鹽觔騾駝肩負商人費重價昂憚於轉運該處鄉民又苦價貴情願就近買食土鹽先據該州縣士民呈請願將鹽課按糧攤輸各食土鹽由州縣具稟批飭查議去後茲據署藩司事朱珪運司沈栻會稟稱該州縣地方近城數百家或二三大鎮店有土瓦房屋其餘居民多係挖土為窑岩居穴處與孝義石樓寧鄉三縣犬牙相錯

小民目擊隣境皆食土鹽每觔不過八九文買食官鹽既陟岡踰嶺往返多勞其價又必得十七文歷年以來雖嚴行查禁疏通官引終非民情所樂查山西汾州府所屬石樓亦向銷河東池鹽因道路阻長

奏請改食土鹽經部議准遵行在案今隰州暨所屬二縣事同一例若改食土鹽將課項照例攤入丁糧統徵分觧無糧之戶無多固可隨便煮食有糧之戶所攤無幾得買賤鹽倍省其費商人又得免辦課不及之慮銷售不足之憂等情前來伏思鹽法首重便民

而銷引務歸實濟今隰州暨大寧永和二縣改食土
鹽商民稱便
國課無虧似應俯如所請援照石樓縣之例即以乾隆
已丑年爲始引課歸入丁糧土鹽以充民食一州二
縣億萬編氓永沐
皇仁於無旣矣謹
奏

河東鹽法備覽 卷十一 ……

挑挖黑河並酌定五年換商疏乾隆四十一年鹽政瑺　齡

竊臣巴延三於五月內恭覲

天顏仰蒙

皇上垂訓河東鹽務情形臣巴延三冐昧具

奏特蒙

諭旨令臣巴延三與軍機大臣熟商妥辦旋經軍機大臣

議請交臣巴延三會同臣瑺齡就實在情形詳悉確

勘通盤籌畫定議具

奏奉

旨依議欽此並將原議抄寄到臣臣瑞齡隨赴太原與臣巴延三面加商酌河東鹽池由來已久畦地區分繡錯畦南舊有黑河一道即爲鹽池東西長五十一里南北寬五六里不等形如釜底泥色純黑其水甚鹹取以澆曬畦地四五日即能成鹽或遇雨多則洩畦中之水注之於河雨少則取河中之水灌之於畦實爲產鹽之本源自乾隆二十二年硝池堰決客水漫入挾泥帶沙致將河底淤高蓄水無多稍旱則涸稍澇則溢每當春夏之交無涓滴可資澆曬迨大雨時

行之候卽淹漫及於鹽畦雖各商在於畦邊開挖深溝蓄水澆曬奈水味不如黑河而澆曬之工費增倍是以產鹽日衰成本愈昂商力之絀實由於此伏查河東額引四十二萬六千九百四十七道內除買食土鹽不由商運之引六萬二千七百四十九道實在商銷鹽引三十六萬四千一百九十八道餘引二十二萬道每一百二十引爲一名計歲需鹽四千八百餘名而連年所產之鹽尚不敷配運之數自三十一年起至三十四年共缺鹽四千三百餘名除將歷年

新鹽抵補並兩次

奏請買運蘆鹽外本年

奏銷尚缺鹽一百四十餘名須俟今歲新鹽補配此產鹽未旺之明驗也產鹽既少場價日增每鹽一名向時價銀三四十兩者漸增至七八十兩及百餘兩不等計其成本已倍於往昔且畦邊開挖之溝所蓄雨水以之曬鹽味淡而苦民間買食仍須數次煎熬是以銷售愈難辦理倍多拮据各商應募之初即有畏難瞻顧之慮無暇悉心經畫而其夥商僱役人等又

或浮冒侵漁雖有家甚饒裕之商更換無期亦不免歸於消乏利源不關舊規不復日復一日致成積重難返之勢此河東鹽務實在情形也臣等訪之輿論詢之商民僉稱黑河實爲産鹽之源惟淤廢已久勢難盡復舊規擬先量力將黑河全身挑寬四十丈深一丈俾得去淤蓄水足敷挹注但工大費繁商力實難措辦等語臣等伏思黑河既爲産鹽之源商民生計攸關自無不踴躍從事但河東商力疲乏情形久

荷

聖明洞鑒臣巴延三面奉
恩諭借帑甦商今臣等體察商情實有心餘力弱之勢非
酌借
帑項不能成此鉅工第今歲自五月以來雨澤頻仍河
中盡屬淤泥積水難以確估容臣巴延三於秋後親
赴鹽池會同臣瑺齡逐細確勘將應挑寬深丈尺需
用夫工銀兩數目據實查估並察看商力可辦工程
若干實在不敷若干酌量請借
帑銀其作何分年扣還以及委員分段督辦各緣由再

行會同妥議具

奏至現在各商多有承充年久者向來雖有准其更換之例並未定有年分原欲杜規避之端但閱時既久疲乏日多而晉省殷實之戶一聞募商之信人人視爲畏途每致退縮不前臣等公同商議若非酌定年限招商更換日久必致虧課誤公於商人生計亦大有累查晉省鼓鑄銅觔經歷任撫臣

奏請以五年爲一次採買銅觔招募殷商領辦行之二十餘年銅觔充裕商無苦累今河東商衆應請倣照

運銅之例嗣後招充鹽商亦以五年爲更換之期令現充各商照依向例先期自行舉報殷實富戸到臣瑺齡衙門咨明撫臣行查各府州縣詳核果係殷實之人取具印甘各結移咨存案俟應換之時查其五年內引課無虧者許令更换倘有故意停引欠課情弊嚴行比追完繳毋許貽累接手之商其現在承辦山西河南陜西三省引課各商共七十餘名容臣瑺齡逐一查明擇其經理妥善資本充裕者取具保結令其照舊承辦毋庸更换外其餘疲乏之商即分别

極次與承辦之年月遠近再行核實註冊行知該運
使以次分年陸續更換且黑河既開產鹽日旺計五
年之間可無賠累之苦即使稍有不敷數年後仍可
復原於
國課商力似屬有益

河東鹽法備覽　卷十一　[illegible]

請停運銷口鹽疏

乾隆四十七年　巡撫兼鹽政　農　起

奴才農起前於

陛見時面奉

諭旨以河東池鹽不旺商力疲乏令軍機大臣會同奴才羅卜藏多爾濟奴才農起商辦阿拉山鹽仂運至保德州臨縣內地令商人買運行銷一事因奴才農起未經詳審晉省鹽務情形未致遽議當經軍機大臣會奏俟奴才農起抵任後會同奴才羅卜藏多爾濟各就

該處實在情形悉心籌畫定議覆
奏等因在案奴才農起到任後檢閱卷宗與司道運司
等詳細察訪適奴才羅卜藏多爾濟訂期會議前來
隨郎帶同署運使繆其吉率領商人前赴托克托城
與奴才羅卜藏多爾濟會晤仰體
聖主恤商便民至意傳集各商宣諭
恩旨令將阿拉山鹽觔運至保德州臨縣行銷之處商力
能否展紓民食是否有益令其確切查明具稟以便
會商定議去後旋據商人雒信誠等呈稱商等仰蒙

聖慈垂念矜憐感激
深仁淪肌浹髓惟查乾隆二十二年池鹽歉收議買口鹽
二千三百餘名嗣因道路艱難躭延兩載僅買到鹽
三十七名又於二十五年借買阿拉山鹽觔遷延一
載僅買到鹽九名有零商等兩次採買均因路遠費
重不敷成本
奏明停止在案茲池鹽連年有收除配運外現餘鹽二
千九百九十七名計重八千餘萬觔實屬有盈無縮
無須另籌接濟即以本省運鹽程途而論運城在省

極南保德在省西北相距一千四百餘里自保德臨縣運至最近行引之靈石等處計程已有四五百里及八九百里之遠除鹽價課項不計外較之池鹽每觔已多費運脚銀自四五釐至七八釐不等若遠至蒲解等處所費愈多更難核算商等連年賠累實因運費浩繁非關池鹽配引不敷之故今辦運河東引鹽猶苦財力不繼若再於保德臨縣等處轉運口鹽山路崎嶇輓運艱難更恐顧此失彼貽悞課務獲罪非輕所有領運口鹽之處委屬無力承辦等語 奴才

等伏思商人領運鹽觔應視成本之多寡以定價值之重輕今查自保德臨縣等地方分運各處行銷山路崎嶇難於輓運委係實在情形且核計工本較之領運池鹽費實增倍定價過昂則有病民食賤則必虧商本殊多未便而現在商力拮据更恐顧此失彼亦於鹽法有碍奴才農起復檢查乾隆二十二二十五等年採買口鹽舊案悉與該商等所稟情節無異並查據運使冊報現在存貯池鹽數目與該商等所稟亦屬相符奴才羅卜藏多爾濟查運銷阿拉山鹽

勅原屬仰體

皇上爲軫恤之商起見今體察商情不惟於商力無補兼之道遠費重倍形竭蹷且池鹽又屬有餘似可無需另籌接濟奴才等將各處實在情形查察旣確事屬難行所有前請阿拉山鹽勅運至保德行銷之處理合會摺

奏請停止伏乞

皇上睿鑒

請弛口鹽舊禁疏　乾隆四十七年　巡撫兼鹽政　農　起

竊照阿拉山鹽觔商人不能領運緣由經臣會同羅卜藏多爾濟確核情形另摺覆

奏外臣查晉省食鹽地方有專食蒙古鹽觔者有銷食河東引鹽商人納課者有改食土鹽課歸地丁者如大同朔平等府屬州縣因地處沿邊向係買食口鹽其平蒲澤潞解絳等屬四十四州縣俱係銷食河東引鹽太原汾州寧武代忻等屬四十四州縣雖領河東之引不食河東之鹽緣該處俱產土鹽居民就近

刮食價值隨時不經商運引課即歸地丁交納土鹽不敷之時向有蒙古鹽觔民人隨時販至該處售賣其味較勝土鹽率係沿邊一帶附近居民前往口外肩挑背負由殺虎口河堡營黃甫川等處口岸按例輸稅運入內地許食土鹽各處零星售賣以濟土鹽之不足價雖稍昂民間因其味勝凡在稍有力之家皆樂於買食歷久相安素所不禁此晉省食鹽成例並改食土鹽各州縣與蒙古鹽觔交易之情形也迨

乾隆四十五年仰蒙

皇上垂念河東商力疲乏恐口外私鹽充斥以致官鹽壅
滯欽奉
諭旨嚴行查禁蒙古鹽觔不許販運內地此誠格外
天恩軫卹乏商之至意自是以後除專食口鹽之大同朔
平等處仍准其赴口販運外其餘各州縣概行禁止
查商行引地私販固不可不禁至專食土鹽之處於
官引原無干礙而口鹽又在必需近因查禁嚴密口
鹽不通以致土鹽價值亦昂民間不免有貴食之虞
臣與司道運使等悉心採訪并令各府州縣將各處

食鹽情形據實稟覆備悉前情茲因查辦阿拉山鹽觔一事沿途體察民情據農民等紛紛籲懇請開舊禁以便民食嗣抵托克托城查詢蒙古鹽觔現因奉禁不能行銷積存口外者七百餘萬觔臣思以蒙古鹽觔之有餘補內地土鹽之不足源源接濟委屬兩有裨益雖商運事屬難行而民販往來實爲妥便可否仰懇

皇上格外天恩仍聽沿邊一帶居民赴口買運并令地方官給予印票於各口岸照例納稅任往太汾等府州

食用土鹽之處售賣在小民既得藉販運以資餬口而民間獲有口鹽添補可免貴食實於口内口外民食生計大有利益第弛禁之後銷食河東引鹽各處恐有透漏入境致妨官引臣仍欽遵前奉
諭旨飭令地方官留心查察設法緝拿以杜奸販越境偷賣之弊倘不實力奉行即行嚴參懲處如此酌量變通於官引並無妨碍而民食得以充裕口鹽亦可行銷莫不均沾樂利矣

河東鹽法備覽 卷十一 [partial, cut off at right edge]

覆

奏口鹽毋庸商運聽民自販疏 乾隆四十七年巡撫兼鹽政 農起

竊臣接准

廷寄奉

上諭本日據農起與羅卜藏多爾濟將阿拉山鹽飭商人不能領運緣由會奏一摺朕以其事既不可行當即照常批示及閱農起另摺所奏稱大同朔平等屬地處沿邊向係買食口鹽其平蒲澤潞解絳等屬四十四州縣俱係銷食河東引鹽太原汾州寧武代州等屬四十四

州縣係刮食土鹽不經商運其土鹽不敷之時民人零星買賞古口鹽以濟土鹽之不足現因查辦鹽觔一事體察民情咸願請將口鹽弛禁又稱現在積存口鹽七百餘萬觔商運雖屬難行而民販往來實爲妥便等語此奏欠明晰殊不可解豈有商運難行而民販方能行之理商獨非民乎晉省沿邊各府屬居民向食口鹽嗣以商力疲乏恐官鹽墮運會經降旨飭禁今因商辦仍多拮据而居民又願食口鹽是以令農起會同羅卜藏多爾濟悉心籌酌准令各商就地之遠近將口鹽與官鹽一例販運行銷既可便民亦可通商原期兩有

裨益且商民一理未有便於民而獨不便於商者乃農起輒據該商等以轉運口鹽山路崎嶇所需運本重大無力承辦爲辭即將行銷蒙古鹽觔之處奏請停止此必係伊新任該省巡撫於鹽務利弊未能深悉偏聽地方官詳稟遽行入告而地方官又未免瞻顧商人甚或留此簽派充商一節以爲朘剝富戶地步是以仍請照例停運口鹽爲便其於商人運脚成本究竟如何不便之處又並未切實指陳至其另摺所奏大同朔平等處此等民人獨不可僱而用之乎一帶民人准其自行赴口販運又稱專食土鹽之處於

官引原無干礙而口鹽又在所必需並查詢現在蒙古有積存鹽觔以蒙古之有餘補內地之不足源源接濟兩有裨益之語是又爲周旋羅卜藏多爾濟起見若作和事老人者然殊不知封疆大吏於地方公事關係商運民食利病自應秉公定議不得存依違兩可之見調停完事且口外鹽觔旣聽沿邊一帶及專食土鹽各處居民自行赴彼販賣不歸商運則小民惟利是圖其銷食河東引鹽之平蒲等屬四十四州縣如何設法查禁不致透漏有妨官引之處農起亦未逐一詳悉籌畫分

晰奏明設有不便將來又如何辦理著傳諭農起伊係
初任該省巡撫於此事無可瞻顧迴護自應一秉天良
徹底通盤籌算將歷年各屬商民實在情形及地方官
有無簽派富戶充商之事再口外鹽觔究竟是否可以
行銷並如何設法調劑不致有妨官引使商民兩得其
便可以永遠遵行之處另行秉公據實熟籌妥議詳悉
具奏到日再降諭旨將此由四百里傳諭知之欽此遵
旨寄信前來臣跪讀之下仰見
聖主惠恤商民事期核實之至意伏查晉省各州縣向食

池鹽口鹽土鹽三項除大同朔平二府係在沿邊例
准就近買食口鹽並不禁止及銷食池鹽之平蒲等
府屬四十四州縣現在池鹽豐旺配引之外尚有盈
餘不須口鹽接濟均毋庸置議外惟太汾等府屬四
十四州縣向係刮食土鹽不經商運其商運難行之
故因河東鹽池遠在省南太汾等府屬係在省北計
程一二千里不等類皆崇山峻嶺路徑崎嶇舟楫既
不能通車行又多險阻是以改食土鹽課歸地丁完
納雖此內僅有岢嵐等十一州縣係

奏明兼食口鹽而其實凡食土鹽之處均有附近民人販賣口鹽以資接濟自昔已然歷久稱便自乾隆四十五年禁止口鹽之後民販難通土鹽未免昂貴前羅卜藏多爾濟請將阿拉山鹽觔入口銷售僅可運至保德州地方其交商轉運則仍須陸路既無坦道可通即與從前不能領運池鹽同一蹊徑且以買鹽成本而論池鹽每觔制錢二文加以課費運脚每觔止賣銀七八釐至二三分不等口鹽每觔制錢四文成本已屬加倍再兼山路崎嶇運脚更增價值愈貴

該商等以成本二文之池鹽尚且限於地勢輓運維艱不得已改食土鹽則成本四文之蒙鹽自更難於領運此商運難行之情形也但商運既屬難行民販何以能行之故緣民人販賣口鹽隨處銷售不拘地岸且係肩挑驢運數本無多民間願食則買不願則止此處難銷可以轉運彼處價值並無一定貴賤得以隨時若交商人領運必須額定每年銷引若干不容壟運又應限定行銷州縣毋許通融在土鹽不足之處不過藉以口鹽添補斷不能因有口鹽遂將土

鹽禁止而添補之多寡又係年減年增參差不一該商等按照引額行鹽固不能適符或多或寡之數而商運鹽觔又係例有定價以防漁利不許任意增減較之民販價值時長時落者更屬逈别若令該商等按照賤價出售則成本不敷如照貴價運賣又與定例不符亦啟把持病民之漸且民人擕本販鹽不避艱險苦力經營始得稍沾餘利以資餬口如令商人僱用不但渙散不齊且多一番僱費而事非切已究亦不能如自食其力之實心經理是兼食口鹽之處

販之自民則並行而不悖歸之於商則顧此而失彼此民販妥便之情形也至於土鹽不足之處相隔商行引地本屬寫遠以程途而論該土販等固不肯舍近就遠越境偷賣間有地界毗連而池鹽價賤口鹽價貴該民人等亦不肯棄賤買貴今再於要隘之處多設巡役實力稽查以妨透漏亦斷不致有碍官引以上情形臣於前次摺內未經分晰聲明以致上煩

睿慮實屬惶悚無地今稟遵

訓諭復與司道等悉心體察衆論僉同確係切實情形伏

查阿拉山鹽觔准其入口銷售原期卹商便民兩有
裨益如二者之中一有不便即應預爲籌及葢河東
池鹽運行三省全在商力充裕方不致有悞民食從
前鹽池被水以致歉收商力漸乏仰蒙
聖慈廑念開濬河渠修築堤堰近年以來始得産鹽旺盛
臣於抵晉之初檢查報案現在池鹽除配引之外積
存盈餘八千餘萬觔以阿拉山每年運鹽一千一百
萬觔比較計多數倍止宜休養商力以期漸有起色
似未便令其再運口鹽致難兼顧至四十一年前撫

臣巴延三

奏准名募富戶充當運商五年輪換一次以均勞逸原係乏商自行舉報歷年報部有案可稽並不假手州縣尚無措勒朘剝情弊但以應換人數而計每次需商數十名而一省之富戶有限五年之輪換無窮即照限定章程尚恐將來乏人領運若將阿拉山鹽觔再令承辦是口鹽增一行引之地池鹽即少一輪換之商亦應慮之於始以爲經久之計可否仰懇

聖恩將此項口鹽照臣前摺所請毋庸交商領運准令民

人照舊自行販賣以資接濟旣可便民亦不損商似
屬兩有裨益謹再據實覆
奏伏乞
皇上睿鑒
訓示遵行謹
奏

河東鹽法備覽 卷十一

請加鹽價並停五年換商疏 乾隆四十七年巡撫兼鹽政 農　起

竊臣於本年二月內抵任欽奉

上諭以河東池鹽名商輪換聞有書役借端捐勒高下其手情弊不可不妨其漸令臣嚴密訪查力爲革除其如何公平輪換不致偏枯之處並令悉心籌畫妥議摺奏

欽此竊思名商輪換若僅由書役滋弊只須認真查拏設法防範即可杜絶尚不難於整頓近年以來該富戸等趨避充商情僞百出有報捐職官希圖規避行提押充者有不諳經營儘此家財敷衍五年以圖了

事者有舉報一人不顧親誼牽扯弟兄叔姪者有在別省經營停業充商未及五年卽行銷乏者有雖滿五年之限所舉接充之人藉稱無力彼此訐訟者甚至狡猾之徒自揣難免消弭產業欲圖遷居別省者種種情弊不一而足通省殷實皆爲搖惑卽有奸胥猾吏高下其手藉端捐勒亦各任其愚弄蓋行運引鹽全仗資本充裕方可轉輸不匱商鹽口岸甚多本商勢難兼顧不得不僱用夥商鹽務頭緒紛紜富戶本非素習初膺其事首尾茫然所用夥商亦以五年

定限爲時甚暫一切苟且從事不復認眞籌畫甚至僥漁浮冒獘竇叢生即有一二悉心辦事者甫屆五年漸當熟諳而瓜期已及替代有人生手驟更又蹈前轍該富戶等一經簽充只求無悞民食不顧賠累遂致現在短商較之從前長商更爲竭蹷此目下確實情形也乾隆十一年前任鹽臣衆神保以價分貴賤易起商民爭執之漸卽就彼時賤價奏請作爲定額商本未免不敷然其時畦地尚好收鹽頗旺猶可勉力支持迨乾隆二十年畦地被水屢次歉收工本

費多商力愈乏民人買鹽一觔豐年計虧商本三四釐歉歲多至六七釐不等雖經前任鹽臣西寧薩哈岱等會同三省撫臣先後奏明加價二釐復又節次請展現在尚未停止究屬有絀無盈不敷原本是以四十一年前撫臣巴延三始有召募富戶五年更換之請也自是以後新商不善經營愈多虧折臣仰蒙

聖主諭令調劑數月以來廣諮博訪均稱除去五年輪換之例其餘一切舊定章程尚爲妥善至現在商力難支實無另有經久之法惟有歸鹽課於地丁盡去商

人聽民販賣譬如布帛煙藥等項不經商運自能流
通等語臣查河東解池自古至今產鹽最久乃天地
自然之利
國家經費所出固未可棄廢不用而商運民銷與菽粟
同爲利便最爲良法又豈可輕易裁革今若盡去商
人聽民販運竊恐今日之私梟盡爲他時之官販不
惟奸良莫辨稽察難週且以三省民販聚集運城並
無統屬將來十百爲羣攘奪滋事亦難保其不有且
既聽其自運即應任其私售勢必居奇壟斷把持病

民在耕作農民既爲販鹽之人代納課項而所食之鹽又屬貴價流弊更無底止臣與河南陝西各撫臣反覆相商意見脗合自不便輕易更張惟是長商既不能支短商又形竭蹷受病之由必有所自臣與運司等先將澆曬工本車騾運脚辛工火食及以錢易銀價值并一切雜費逐款核算與乾隆十一年以前所有工本兩相比較無不倍增卽自二十六年至今又已二十餘載而民間買鹽仍係乾隆十一年及二十六年原定之價值以致日形拮据且自五年輪換

名商之後本商不善行運糜費固多夥商又係生手花用更濫賠累愈甚又與四十一年以前舊商承辦情形不同今若只就目前計議止擇富戶之是否力能充商照舊設法名換將來年復一年勢必消乏日多富戶日少愈趨愈下難以爲繼夫民無鹽則病商無本則乏二者不可偏廢病商卽以病民我

國家休養生息百有餘年戶口日繁食用自廣物力因之昂貴勢所必然若不因時制宜俾商民交易兩得其平恐致膠執難行彼此受病該商等挾本行鹽旣

不能稍覔蠅頭以償辛勤更使竭盡家藏以供民食
自不樂於爲此臣自奉
旨籌辦之後與河東運使暨在省司道悉心體察查自乾
隆二十年鹽池被水歉收以後至今元氣未復從前
撫鹽各臣始而酌減引額繼又請借
帑本嗣因仍不能行又改爲五年輪換爲長商息肩之
地無非竭力調劑以期商力展紓但立法原期無弊
除弊必先清源現在致病之由在於運費不足成本
日虧必須懇請加價始可冀有起色但臣前於具

奏查勘鹽池情形一摺奉有

諭旨商人多一分之利息小民多受一分之朘剝況產鹽

豐旺雨水調勻其澆曬收刮等事亦較易爲力其鹽價

祇當議減不准議增著傳諭農起將來與陝西河南各

省會議時務須遵旨妥辦等因欽此仰見我

皇上惠愛黎元無微不至臣何敢不仰體

聖心遵照辦理但目擊情形若使僅爲補偏救獘而不清

其致病之源究屬空言無補仍非長久之計合無仰

懇

皇上天恩俯念河東商力爲三省民食所關按其虧缺商本量加價值二釐連乾隆二十六年請加之價作爲定額以裕商力如蒙

俞允所有五年輪換之例應請即爲停止先就現商中擇其殷實者定爲長商疲乏者令其歸業人數不足即令所留之商公同舉報在營謀求脫者勢難逐人詰託而所舉不實者即將引地派令舉報之商公同認辦衆商各有責成自無妄報之虞併將引地分爲上中下三等配搭均勻鬮分掣認亦可免高下偏枯之

弊其餘一切浮費臣督同運使竭力剔除並會同豫
陝二撫臣再行嚴申禁令毋許地方官勒索商人陋
規如有干犯即行忝處年終并令該商等自行出具
並無需索甘結由該州縣加結詳請咨部以憑查考
如此一爲調劑在該商人等仰沐
殊恩可以永資輓運不致有悞民食即就民人食鹽而計
每人每日食鹽三錢兩月始能食鹽一觔每觔加價
二釐終年不過一分二釐所出仍屬有限而該商人
等挹彼注兹則可積少成多轉輸不匱實與河東鹽

務有益是否有當臣謹會摺具

奏

請復餘引并改加耗月分疏乾隆四十九年巡撫兼鹽政　農　起

竊照河東鹽引向於額引之外每年請領餘引二十四萬道乾隆二十六年因池鹽歉收經前鹽臣薩哈岱會同前撫臣鄂弼

奏減餘引七萬道蒙

恩俞允欽遵在案嗣於乾隆三十年及三十一年經前鹽臣李質頴先後

奏復五萬道尚餘二萬道至今未復

近年池鹽屢獲豐收從前積滯引地目今漸次疏銷

據各商等呈懇請復原減引張以資領運經臣行司確查去後茲據運使沈業富詳稱河東鹽務仰蒙
聖主加恩調劑日有起色現在行鹽引地實無積滯如河南之南陽鄧州陝西之商雒等處尤爲暢銷所領引張將來自有不足應請俯順商情增復餘引以符原數等情臣查運銷餘引上裕
國課下濟民食原應視引地之暢滯預爲籌辦今河東池鹽充積商力漸紓三省行鹽州縣不特並無積壓且可漸望暢銷現領引張既有未敷銷售之處自應

早爲籌備仰懇
皇上天恩將已減未復之餘引二萬道全數增復作爲乾隆甲辰年餘引赴部請領給商領運仍照舊例儘銷儘報庶池鹽得以運銷於課食均有裨益抑臣更有請者乾隆四十二年前鹽臣瑞齡條奏河東運鹽於每引二百四十觔之外請照兩淮滷耗之例於五六七八等月每引各量加耗鹽五觔荷蒙
特旨允准在案惟查商鹽運銷南北情形迥異淮鹽俱由水程轉運五六等月因雨水浸漬易致化滷是以加

耗定於五六七八等月河東鹽觔俱係陸運五月至八月正届農忙兼値澆曬畦鹽之際必待九月以後天晴路乾農隙䟃賤之時方能源源掣運或用車載或用騾馱沿途層層起卸虧折實多是河東運鹽苦於陸路之抛撒非關雨水之折耗當日照依兩淮之例奏懇未經詳查河東情形今臣悉心體察五六七八等月運發無幾是商人有加耗之名而未受加耗之益合無仰懇

聖恩俯准將河東原定加耗月分改於九十十一十二等

月俾得益霑實惠各商等叨沐
聖主格外鴻慈自必爭先恐後領運益加踴躍矣臣體察
旣確理合一併據實恭摺奏懇
皇上睿鑒訓示遵行謹
奏

請撤防兵改添巡役疏　乾隆四十九年　巡撫兼鹽政　農起

查河東鹽池禁牆外設三十六舖原額弓兵二百零五名分隸鹽池三巡檢管轄督緝偷鹽賊匪嗣於乾隆二十六年經山西布政使宋邦綏條奏於酌裁冗役案內裁去弓兵一百四十五名旋因不敷巡緝經前撫臣和其衷議於運城平垣二營兵丁內酌撥六十名按季分駐巡防在案惟查禁牆各舖係鹽池三巡檢分管所撥兵丁雖有都司督率稽查但離汛稍遠查察難周巡檢又無約束兵丁之責事權不能歸

一兵之勤惰無從稽考而專管之弓兵轉得有藉口卸過之地每致辦理分岐遇事推諉况現在公糧兵額均經添補以歸實數所有原撥之運城平垣二營協防兵丁六十名既無專管之員就近督察實屬有名無實臣體察情形應請照舊撤回各歸本營接額差操以重地方其巡防禁牆各事宜仍飭各商自行照數添僱巡役協同弓兵實力巡緝統歸鹽池三巡檢管轄轉爲得力如此則責成既專而營兵亦不致道之閒地矣是否有當理合恭摺具

奏

河東鹽法備覽　卷十一　　　　　　　　　　　　　　　　　　　　　　　　　　　　夷

請定增價爲長價疏

乾隆五十年巡撫兼鹽政伊桑阿

竊照乾隆四十七年欽奉

恩旨調劑鹽務案內經前撫臣農起

奏請按商本虧缺之數每勵量加鹽價二釐連乾隆二十六年請加之價作爲定額以資營運經大學士等

會議准將二十六年加價二釐作爲定額其現增二釐之價照依二十六年之例試行三年後如果商力充裕臨期奏請酌減等因具

奏奉

旨依議欽此欽遵在案茲據河東鹽運使蔣兆奎詳稱河
東鹽價自乾隆四十七年仰蒙
皇上天恩酌加二釐運商成本藉免虧折該商等感激
鴻慈淪肌浹髓今試行之期屆滿自應遵照原議酌核辦
理惟查河東池鹽全係陸運騾馱車載需費浩繁且
食物脚價較之往年有增無減核計商人工本所增
二釐實屬難以酌減並據各運商籲懇
聖恩俯准作爲定額詳請具
奏等情到臣臣甫經抵晉於鹽務情形未能深悉隨與

在省司道守令等細加諮訪並將歷年案卷悉心檢查緣河東鹽價定於乾隆十年在彼時商本已屬不敷迨乾隆二十年鹽池被水工本費多商力疲乏雖經前鹽臣先後

奏明加價二釐並節次展限究屬有絀無盈不敷原本行之愈久商力愈不能支至乾隆四十七年奉

旨大加調劑經前撫臣農起徹底查明商力困乏之由在於運費不足成本日虧奏請再加價值二釐作爲定額前經大學士等議奏令將現增二釐之價試行三

年茲試行之價已屆限滿復據運使體察商情詳請

具

奏前來臣查河東商力疲乏久蒙

聖明洞鑒歷年凡有益於鹽務者無不仰荷

天恩因時調劑在前撫臣農起

奏請增價之時原係核計成本酌中定價迄今行之三年商力稍可支持若遽行酌減又恐仍前竭蹶且民人食鹽每人每日不過三錢以每觔加價二釐核算終年亦止一分二釐所出甚屬有限而商人等積少

成多卽可轉輸不匱是以增價以來商民相安共資
利賴臣業
皇上天恩兼管鹺務商民一體理應隨時調劑如果商力
充裕商價累民卽使原議已定亦當爲之刪減今現
增之價旣不致有妨民力而該商等免於虧折藉得
稍爲紓展實屬兩得其平合無仰懇
皇上格外天恩仍照前撫臣農起原奏將續增二釐之價
作爲定額以紓商力而裕民食謹恭摺具
奏伏祈

皇上睿鑒訓示謹
奏乾隆五十年十一月二十八日具
奏十二月初十日五臺途次奉到
硃批該部議奏

會議口鹽運至磧口鎮疏乾隆五十一年 巡撫兼鹽政 伊桑阿

爲遵

旨會議具奏事竊臣旺親班巴爾請將蒙古鹽觔由水路

運進內地售賣一案經理藩院據情轉

奏奉

旨知道了俟至五臺山之日再行議奏欽此欽遵茲至五

臺臣等公同會議緣晉省太原汾州等屬四十四州

縣向食土鹽鹽課銀兩歸於地丁錢糧交納土鹽如

有不敷兼買阿拉善鹽觔以資接濟乾隆四十五年

奉

旨查禁蒙古鹽㔁不許運入內地四十七年經前任撫臣農起以口鹽不逼或致土鹽價貴有妨民食請弛販運口鹽之禁仍聽居民赴口買運於各口岸照例納稅并於商行引地設役稽查以妨透漏仰蒙

俞允遵行至四十八年二月前撫臣農起以前項口鹽止准民人肩挑驢馱零星販運不得用大船木筏由黃河運至保德州臨縣等處四出私售致碍官引飭屬禁止水運並經移咨阿拉善知照各在案臣旺親班

巴爾以該處民人陸運口鹽所銷無幾與窮苦蒙古生計有碍請令將口鹽仍由水路直行運進內地臣伊桑阿查太原等屬土鹽不足之處不過藉口鹽稍爲添補並非全賴口鹽而添補之多寡又係年減年增參差不一不能預定數目若聽蒙古用船運鹽直進內地售賣不特語言不通難以交易且恐民人欺生刁勒滋生事端諸多不便而托克托城由水路運至保德州計程四百七十里又自保德州至汾州屬之臨縣磧口鎮計程六百三十里下及平陽屬之吉

州鄉寧以至河南陝西等省均一水可通如任聽民人由黃河販運漫無限制又恐盈千累萬順流直下無所顧忌必至影射越販混入河東引地殊與官鹽有碍此從前水運之禁不得不嚴行查辦惟是水運不行則口鹽銷售無多有關蒙古生計自應酌籌通融辦理務使彼此有益兩無妨碍方爲妥協臣等公同當面商酌查臨縣地方相距商行引地尚有二三百里之遥應請准其水運卽以臨縣磧口鎮爲界飭令起岸堆貯零星售賣不得載至下游州縣則界限

分明查禁亦易似無慮再有越境遠販之弊仍聽民人照舊自赴托克托城販鹽陸運水運各從其便如由水路運入內地即在臨縣起岸銷賣自臨縣磧口鎮而下仍嚴行查禁不許偷越至應作何水運之處併請悉從民便不必限定運鹽額數亦毋庸赴官請領印票致滋煩擾其沿邊居民零星陸販仍請照舊運銷各處隘口毋許禁阻所有蒙古自行用船運入內地之處應毋庸置議如蒙

允准臣伊桑阿即遍行出示曉諭太原等屬四十四州縣

民人一律遵行俾得源源販運口鹽自多銷售可免壅積之慮與官鹽並無妨碍而於蒙古內地均有裨益再口鹽在內地行銷已將鹽課歸於地丁完納又在河保營地方按例輸稅自毋庸再納課銀其官鹽引地接壤處所久經議有稽查條欵應再行嚴飭地方官實力查察不使透漏所有遵

旨會議緣由臣等謹合辭具

奏伏祈

皇上睿鑒訓示謹

奏乾隆五十一年三月初五日奉

旨依議欽此

河東鹽法備覽　卷十一

籌辦調劑全案部咨乾隆四十八年

戶部咨山東司案呈先於乾隆四十七年十月內本

部議覆山西巡撫農起等

奏將河東商人停止五年輪換並將現商中擇其殷實

者定爲長商疲乏之者令其歸業人數不足即令所留

之商公同舉報如所舉不實即將引地派令舉報之

商公同認辦併將引地分爲上中下三等配搭均匀

闔分掣認仍令該撫於年底取具行鹽州縣並無需

索印結及商人甘結並按年造具商名清册報部查

核在案今於乾隆四十八年六月初五日據該撫將應畱應換新舉各商姓名及行鹽地方分認引數造册送部前來相應分款核覆該撫可也一咨稱河東鹽行三省每年共銷額餘引四千八百六十八名三十八引內除唐縣官辦地方額餘引數實計商辦引四千六百一十六名九十七引今將通綱引地核定上中下三等並就現在暢滞情形酌派餘引數目均勻搭配分作五十六籤每籤以八十名爲率令各商自行掣認免致苦樂不均其籤內遇有畱商原辦地

方雖已損益更動而晋商情愿貼鐵認辦者搭配已

屬公平似應俯順商情俾省交代等語查該省行鹽

地方原有高下暢滯之不同今旣據該撫將現在情

形酌派餘引數目均勻搭配分鐵定名令該商等自

行掣認均係遵照原

奏辦理應毋庸議其晋商原辦引地既稱業已配搭公

平該商等有情愿貼鐵認辦者自應准其照舊承辦

以免交代至唐縣引地向係商人郭順昌認辦今因

何作爲官辦文內未據聲明應令該撫再行查明報

部一咨稱現商尉世隆等三十六商或資本充裕或經理妥善均堪留辦其行公盃等二十一商或辦運消乏或本非殷實應即令歸業所有該商等退出引地以八十名一籤核計需得富戸二十四人據留商尉世隆等舉報富戸温士顯等二十四家分籤頂辦俱係殷實堪充並檄飭各商原籍地方官即行差送來運接辦等語查尉世隆等三十六商旣稱係資本充裕或經理妥善均堪留辦應准其定爲長商仍取具印保各結送部查核至行公盃等二十一商旣稱

因辦運消乏或本非殷實亦應如所咨准其即令歸
業所有新舉商人温士顯等二十四家既據查明實
係殷實堪充應令該撫即將前項退出引地均勻搭
配分籤認辦仍取具印保各結備查如所舉不實即
遵照原
奏將引地派令舉報之商公同認辦貽致貽悞一咨稱
晉商内雖俱力堪充商但家道究有厚薄自應確核
家資量分等次如尉世隆王恒泰陳寧泰等三商家
道最殷認辦雙籤牛璵梁德全楊崑玉冀文和毛學

溥景玉音程奉正邢德純沈兆宴白文敏等十商家道稍次認辦半鐵其餘家道相仿應同現報新商各令認辦一鐵又舊商郭褒泰劉晉生喬宥原辦引地無多酌增引數聯名郭晉宥合認一鐵如此分別量力而行庶辦理俱得從容課運可免貽悞等語查商人家資原屬厚薄不一今該撫既按各商之家道以定行鹽之多寡自屬核實起見應准其酌定等次分別辦理一俗稱留商三十六人內三商聯名合辦者一鐵共計三十四名其雙鐵半鐵引地仍就配定原

籤併合分派並無偏枯之處將來設有事故應退者
總以鬮定原籤作爲定額即現辦雙籤之尉世隆等
日後如告退一籤止准將兩籤與新商公同鬮掣不
得任意指地求退所有半籤引地將來如遇兩商並
退仍可併作一籤毋庸再配至此次分配各籤間有
格於口岸多寡數名者不得不稍爲變通所有籤內
派就餘引均按現在情形酌量派定此後如有今昔
異宜必須變通者仍照例隨時聲請酌撥等語查雙
籤半籤原就各商現在之家道而定將來設有事故

告退者亦屬事所必有今該撫請以屬定原籤作爲定額倘雙籤之家告退一籤者將兩籤與新商公同鬮掣半籤之家設遇兩商並退者仍可併作一籤自屬搭配公平可杜將來棄瘠留肥之漸亦應如所咨辦理一咨稱新舉商人俟接辦後取具印保各結同四十六年報充現在擬留之徐兆麟等一十五商因引地另配換取各結到日一併咨送等語查該省商人向係五年輪換今既定爲長商自應將新舊各商一律取結報部以重責成仍咨該撫按年取具行鹽

州縣並無需索印甘各結及商名清册一併送部查

核

全

河東鹽法備覽 卷十一 尖

輸坐銷價議

乾隆三十一年運使沈　栻

隰州大寧永和改食土鹽之後坐商銷價一項作何著落之處飭令總商妥議去後兹據總商劉廣生蔡灝維克嘉廣世來禀稱遵查隰州大寧永和三處每年額引一千六百六十引應坐畦錠一十三錠一百引坐商應得銷價銀三百三十二兩今池鹽停運引內錠名無用坐商銷價無出虛執錠票資本落空實於坐商生計有礙生等會同闔司坐商再三籌畫查闔埸商錠共有二千七百八十餘錠每錠隨有加增

引八張坐商於應得整錠銷價之外又另得加增銷價銀一兩六錢統計加增引二萬二千三百一十五張共合加增銷價銀四千四百六十三兩可否每年將隰州大寧永和三處額引銷價銀三百三十二兩卽在於鬮場加增引張銷價內輪流坐入計十三年半始行輪扣一週在應坐加增引張者歷十餘年之久僅少得銀一兩六錢尚有整錠銷價可得不至偏枯在應坐隰州等處之人卽可資生有藉矣是否有當理合呈覆核奪等情到司據此該本司查看得隰

州暨大寧永和二縣改食土鹽案內坐商銷價作何
著落前經本司聲明另行籌辦詳蒙
憲批允准在案茲行據總商劉廣生等會同闔屬坐
商查議呈覆前來本司覆查額設畦錠原隨應行池
鹽地方之額引而定每年運商領銷坐商額引例應
闔拈錠名坐落地方然後該地方運商將銷價給於
闔定引內之坐商以爲澆曬及畦錠工本故凡有引
名錠票者即同田產或自得銷價資生或將錠票典
銀用度有一戶而數人公共一錠者有數人夥典而

分受銷價爲利者此等坐商大半係安邑縣民現在數千家倚爲世業者此也兹隰州大寧永和三處停運池鹽每年坐商內應行鬮坐該州縣之額錠溢出一十三名一百引錠隨引空銷價無出猶之田產既無租息虛執契券不特其中無告窮民無可藉以餬口卽有力之家已出銀典受而忽無銷價爲利亦難昭平允況係逐年鬮坐之事不知誰得誰失從此一切錠票均慮有輪空之年必至各懷觀望不肯出銀典當殊與坐商生計所關非細是銷價一項萬難删

除而籌補之方又無良策今據總商等請於闔場加
增引張內輪流坐扣不過稍减衆人之資以畀三處
之商本司詳加籌酌似屬可行並訪察輿情亦所樂
從應請俯如該總商所議嗣後每年隰州大寧永和
三處額引即入於闔場加增引張內輪流坐扣計歷
十三年半始輪扣一週在應坐加增引張之人經十
餘年之久僅少得銀一兩六錢爲數無多且尚有整
錠銷價可得不至偏累而應坐隰州等處之人銷價
不至無著即資生有賴永免向隅矣至輪扣之法本

司擬將闔場加增引名造具清册鈐用印信自改食
土鹽之乾隆巳丑年爲始從册内首名起扣足隰州
等處引數止挨名入於坐錠册内呈送
鹽憲查核逐年照辦週而復始俾各坐商彼此適均
不免分爭先後之弊

運陝鹽路議　乾隆五十四年運使季學錦

乾隆五十四年據永濟縣詳據東張村里民姚成儒等稟稱運陝鹽觔由臨晉縣屬夾馬口上船之車必經東張堡里二村行走未免踐踏禾苗懇請禁止隨經運商陳寧泰等稟稱東張等村係鹽車必由之道歷來運發並無妨礙田禾等情由司詳　院委勘旋據委員平陽府會同蒲州府履勘申覆鹽車從夾馬口上船由來久遠歷有案據惟下馬頭黃龍鎮既與夾馬口並屬運發正路應將某州縣鹽車從某馬頭

行走由運司籌議配定載入鹽志蒙院批布政司移
會鹽運司悉心確核總期商民兩便妥議詳奪旋經
本司據商人陳寧泰等稟覆運陝鹽觔分由夾馬口
黄龍鎮下馬頭三處行走緣由本司覆查陝西及河
南之閿鄉淅川二縣鹽車由夾馬口黄龍鎮下馬頭
轉腳過河共四十五州縣下馬頭在運城西南黄龍
鎮在運城正西夾馬口在運城西北由夾馬口下船
必從河路轉過黄龍鎮下馬頭地界方始登岸陸運
現在三處馬頭均無偏廢而就夾馬口行走較多並

非舍近趨遠別圖便益緣黃龍鎮地勢狹窄止有商店一座不能多存鹽觔下馬頭地勢低窪只可冬季春初隨運隨發季春夏秋恐被水患不能運貯惟夾馬口地居高阜且係陝省木植糧食等物轉運之所船隻店口俱多可以及時運發是以攬載車戶多半情願赴彼過河勢難勉強若按照三處均勻分配並配定後不准再行改由不特地窄店少之區難免露宿擁擠竊恐低窪馬頭當夏秋霪雨之時必致鹽裝冲淹運發不前於

國課民食大有關係本司細加查察均與該商等所禀
無異所議酌分三馬頭行走鹽車州縣雖數目稍有
不均然俱按照地勢寬窄高卑店口船隻多寡而定
均屬允當惟所懇由下馬頭行走之大荔等十州縣
於每年三月至九月改由夾馬口一節查霪雨雖在
夏秋而旱潦有時亦難懸定若如該商等所議分定
月分則凡至夏秋下馬頭仍然寂寞與分配之義稍
有未符茲本司悉心妥議請將商州雒南白河平利
邠州三水等六州縣鹽車定由黄龍鎮行走大荔同

官耀州石泉白水山陽商南富平朝邑蒲城等十州縣鹽車定由下馬頭行走咸寧長安潼關華州鄠縣淳化乾州永壽高陵渭南醴泉武功郃陽盩厔咸陽華陰藍田三原涇陽興平澄城鎮安安康洵陽臨潼韓城淅川閿鄉紫陽等二十九州縣鹽車定由夾馬口行走除黄龍鎮夾馬口此次分配州縣定爲永遠經由毋庸過融外其由下馬頭行走之大荔等十州縣雖經分定但遇季春夏秋雨澤過多之時鹽裝恐被水患許該商等隨時稟報由運司查明屬實准令

改由夾馬口并檄飭臨晉永濟二縣知照如此則畧
爲變通庶課食均無貽悞至東張堡裡二村之上通
運城者有路五條曰馮留村積善村鴨樊村北里營
新民庄五處查鴨樊村與北里營毗連係屬一路由
北里必經過鴨樊俱皆僻背未便概任鹽車行走以
致漫無稽察本司再三籌畫應請諭商轉飭該車戶
等嗣後鹽車准由積善北里營二村入東張村由東
張村西分路處入夾馬口不得仍前五村並行致干
查究其東張村以西路徑較狹亦飭該車戶等止許

魚貫而行遇有兩來車於寛處停待彼此讓路開行如有上坡窄路以致損壊田禾許該村鄉地稟請地方官責處並請

院憲于此案准詳之後即發告示三道檄飭臨晉永濟二縣於各該馬頭張掛曉諭並刻石立碑運司載入鹽誌以垂永久

奏疏卷十一終

山西文華·史料編

河東鹽法備覽

第五冊
卷十二

清 蔣兆奎◎編纂

《山西文華》編纂委員會 編

山西出版傳媒集團
三晉出版社

山西文集

河東鹽法備覽分目

藝文卷十二

鹽池賦　郭　璞

晉問　柳宗元

鹽池問對　吕子固

鹽池賦　劉敏寬

修解池垣塹記　彭　華

鹽池東門記　劉　健

鹽池西門記　袁　翺

重修池牆碑記　王九思

重鐫解池圖記　李廷觀

南岸採鹽圖說　吳楷

河東鹽池靈慶公神祠頌碑序　崔敖

河東鹽池靈慶公神祠碑陰記　劉宇

寶應靈慶池神廟記　張濯

勑封廣濟惠康王碑　元大德三年

勑封永澤資寶王碑　元大德三年

重修池神廟碑　王緯

解鹽司新修池神廟碑　李　庭
勅賜御香瑞鹽碑志　馮列圖
河東運司重修鹽池神廟記　馬　理
勅修鹽池神廟碑記　蔣春芳
新建鹽池太陽祠記　何東序
重修池神廟碑記　趙如瑾
新建歌薰樓記　蔣春芳
重修西淡泉亭記　蔣春芳
恭紀

聖駕幸河東鹽池　介孝璿
西小池垣記　何東序
復立解州運司碑　王利用
聖惠鎮新城記　黃覺
河東運城記　吕柟
重修運城碑記　張鵬翮
重建察院記　張璧
新作學廟記　盧摯
重修孔子廟記　楊榮

河東名宦祠記　尙維持
河東鄉賢祠記　尙維持
河東鄉賢祠記　吕枏
新建運學尊經閣記　馬理
重修河東運司儒學記　李浩
重修河東運司廟學碑記　施維翰
重修運城文廟記　沈業富
河東書院記　吕枏
修復河東書院碑記　黄斐

重修河東書院記　沈業富
新建宏運書院碑記　李日宣
運安兩學公錠記　彭洙
渠堰志　湯沐
濬姚暹渠記　朱實昌
鹽池石工記　吳楷
宋解州鹽池新堰箴並序　徐越
捐修渠堰記　曾寅
白沙河南北岸改建石堰記　沈栻

詩三十七首

河東鹽法備覽卷十二

山西按察使兼管河東鹽務畤南蔣兆奎編輯

河東運學教授王鳳翽校字

陳思賢　王恒泰

商人王擴綂　范則質監刋

翟步雲　王繩中

藝文

紀載之體例編藝文以資考據况鹽筴之政

國計攸關其規爲措置之大者多散見於碑銘記載之

中一時之著述百世之章程所繫言立而功以立則

以編于奏疏之後互証叅觀繼此而有問津者可以借箸而籌矣

鹽池賦

晉　郭璞

水潤下以作鹹莫斯鹽之最靈傍峻岳以發源地茫爾而海停嗟元液之潛洞羌莫知其所生狀委蛇其若漢流漫漫以漭漭吁鑿鑿以粲粲色皜然而雪朗揚赤波之煥爛光旰旰以晃晃隆陽映而不燋洪涔沃而不長磊崔嵃碓鍔剡碁方玉潤膏津雪白凌岡粲如散璽煥若布章爛若漢明晃爾霞赤望之絳承卽之雪積翠塗內映頳液外羃動而逾生損而滋益若乃煎海鑠泉或湅或漉所贍不過一鄉所營不過

鍾斛餡鹽見珍於西隣火井擅奇於巴濮豈若玆池
之所產帶神邑之名嶽吸靈潤於河汾總膏液乎澮
涑

晉問　　唐　柳宗元

猗氏之鹽晉寶之大也人之賴之與穀同化若神造非人力也但至其所則見溝塍畦畹交錯輪囷若稼若圃渙兮鱗鱗邐瀰紛屬不知其垠俄然決源釃流交灌互澍若枝若股委屈延布脉寫膏浸潗濕滑汩彌高掩庳漫隴冒塊決決沒沒遠近混會抵値隄防瀠瀛濡濊偃然成淵滐焉成川觀之者徒見浩浩之水而莫知其所以及神液陰漉甘鹵密起孕靈富媼不愛其美無聲無形熛結迅詭迴眸一瞬積雪百里

皛皛幕幕奮儥離折鍜圭椎璧眩轉的爍乍似隕星及地明滅相射氷裂雹碎龍蹤增盎大者印纍小者珠剖湧者如坻拘者如玨日晶熠煜螢駭電走亘步盈車方尺數斗於是裒歛合集舉而堆之皓皓乎懸圃之巍巍皦乎漾乎狂山大白之淋漓駭變化之神奇卒不可推也然後驢騾牛馬之運西出秦隴南過樊鄧北極燕代東逾周宋家獲作鹹之利人被六氣之用和鈞兵食以征以貢其賚天下也與海分工可謂有濟矣

鹽池問對

明宏治　呂子固

正德戊辰秋逸人逾河西遊登梁山之顛觀秦川之勝下歷宜川歸息坂底有羽士接延起問曰先生世居河東之解解有鹽池其形何似逸人曰迺在解城之東遠至安邑之左南限中條北濵峩嵋形若沐盆平如砥石袤狹廣長幅員百里花浮池面雪湧水底誠天設地造之區也羽士曰弟子少遊幽燕歸經青齊彼之鹽或出於土或煮於海則有盆鏤之勞壯入蜀川順流淮浙彼之鹽或汲於井或掃於鹵則有煎

熬之若至於山崖草木皆假人力何獨此鹽若天然乎逸人曰水惟潤下潤下作鹹解池下深百仞傍多輔相北有淡水泉乃幻化鹽花之腴南有分雲嶺乃尸主鹽澤之神東南有鹽風洞鹽花得此一夕而成東北有湧金泉鹽花以此滋養而生然鹽雖賴水多亦能敗故池外有垣垣外有壍壍外有堰連環數重渟滀百水俾滲漉潛入交相培養方成作鹹之利顧味鹹魚鱉不生性溫隆冬不冰春秋生鹽多硝夏月生鹽獨美若春葩之媚目秋蕚之耀日晶瑩百里取

之不窮誠大寶也羽士曰敢問生育如何逸人曰在宋池次爲溝布畦其間歲以二月一日畦戸入池蓋廬治畦淘溝俟風至引水灌種水深一二寸乃巳經數時水面鹽花浮上若凝脂皎雪謂之揚花以其必擊揚而後成鹽也乃用木扒遍打沉於水底風力滚蕩遍以烈日映水視之若貝齒然色即潔白粒如斗顆歲旱色乾白粒細而芒霖雨過多日色不烈則青頭色正南風或正東風則紅白顆成小印子狀東北西南風則揚花不浮滿池如沸稀粥謂之粥發其味

苦澁不堪食剗棄畦外俟風轉則上水收種俗所謂朝種暮收是也國家和氣所召川原呈祥不必治畦灌種葢池以瀦水下有淤泥中有鹽根根上有鹽板歲四五月烈日映池水面生花如薄氷東南風震蕩其花翻花板上自成顆粒古謂之漫生鹽今謂之斗粒鹽若得小雨則顆愈鮮明故曰顆鹽也羽士曰於古今何如逸人曰青州貢鹽未聞解鹽周官以鹽人掌鹽而有盬鹽謂不煉治者葢解鹽也穆天子傳有安邑觀鹽池語左傳魯成公六年有晉人郇瑕沃饒

近鹽之說則解鹽載之籍亦久矣秦之鹽利二十倍於古猗頓富與天子埒漢以山澤爲私奉唐以鹽鐵佐國軍則解池之利溥矣宋則解鹽通商陝京爲便商以納錢之鈔輸鹽務官以給鹽之鈔在解池公家無輦運之勞民用無泥沙之雜爰至於元雖取用解鹽而興替不常國家以鹽通商以利佐邊故封以隍塹廵以警邏而又繞以風紀民不得竊商不得冐防範周矣羽士曰沿革何如逸人曰自鄭當時舉齊之鬻鹽者解鹽在官始悉後魏及隋嘗舍其禁與民共

取但富民獨專利貧者重困乃復歸於官唐隸度支五代漢置解州榷鹽院宋分兩池爲兩場置官八員而州亦有榷鹽院守貳領之總其事曰制置金因之元初置司於池之北阜曰路村後罷解鹽使徙陝西都轉運司於路村罷西場爲兩場故明朝因兩場之制鹽歸司成化末年撫鎮奏開東場於安邑西場於解州又添中場於路村均沾其利矣其食鹽之廣三省十府州三十二縣一百八十九則山西平陽澤潞遼沁陝西西安延安鳳翔漢中河南開封河懷南陽

汝寧也羽士稽首曰微先生則弟子未知其由矣

鹽池賦

明萬歷　劉敏寬

天備五行是生五味潤下作鹹惟水之謂蒐渚探波汲井障汐分及飛泉草木土石洵漉熬煎矯揉擘畫其獲纖纖其勞役役惟玆鹽池不疏不闢肇判鴻濛參井之分陰陽之宮股肱之域郇瑕之封唐都之南虞畿之東稷山之址禹甸之中局圜麓而偃仰伏河曲而靈通縱邇橫遥幅員百里亘繚雉列斥堠巒峙若盂若盆如砥如矢蓄幽壤之重泉涵天潢之注水元玉簇而根盤堅氷萃而牀起中條崒嵂抱其前孤

山嶕嶤蹲其後太行嵒𡸴綿其左雷首岧嶢聳其右外則渠堰繡錯溯湃而瀠洄內則崖鑿星羅棼沓而輻輳時澄泓而鑒髮燭眉時洶湧而黏天遲日羣峯倒影蘸琉璃而若浮百卉貢妍藉翡翠而欲溢凭海光而眺遠羌嶄巘之璁瓏倚歌薰而臨深恍灝景之聕融陟分雲而頫瞰森鄧林之鬱叢據五老而流盼壯兮岸之眠虹千巖巉嶆而拱翼髣髴兮飛五嶽而會同殊流混沌而渟泊依稀乎納萬派而朝宗五紘鼓其濆而衆民愉八駿歷其涯而上游著姬旦因鹽

鹽以置官祖龍興重寶而建署漢皇用武而資饒唐帝除兇而用鉅閱宋及元一致百慮洪惟我明天作其助鹽弗待治而成課不竢徵而裕不啻什百於古初之充飫者也故乃氣肅膠折月白風凉土膏向歇息機弗昌元律并凌觱發栗烈急景凄寒氤氳閟結青春受謝駘蕩舒恬餘陰潛伏曦景稽炎閱彼三時詎曰無鹽硝版蒼澁溉澤弗霑獨尾火首之鶉次當翼亢心之旦中赤帝握符火正致工箕伯鼓靈箑而液蕩水若馭洪潤而波冲欲歛實以就幌豫變態其

無窮完碧既曖流霞漸舒絢若製錦膩若敷酥搨花
始凝睹輕揚而泛雪黍粒乍𨻶旋零亂而沉珠儀斗
鑄形不偏不頗任天賦質不烟不火儼清冷而鏡圓
倐縞素而粉傅霰纍纍而綃連貝瑩瑩而練布播藍
田之餘屑膠搏風之颺絮暮烟屯而霜冷璧寒朝晞
逹而星流電遽茲葢皇輿穆清爽介毖飭靈貺寵綏
丕顯宏德地不愛寶瞬息千億可以畀尸賓可以調
鼎實可以作味君可以和民食猗頓不能封其殖王
鸞無所庸其億於焉詔百官督萬戸辨疆埸申蕿矩

旌勞勸懲呰窳籌盈縮别甘苦艮時亟乘美利無吐筐筥如雲鍬畚如雨比次如鱗旅進如堵健蹻如風歡躍如舞千倉萬箱如擕如取如坻如京在水之滸負戴繩繩涉瑶溪而泛銀河捆載轟轟過阿房而輦滹沱蜂蟻絡繹轉徙邱阿封馬鬛而穸比象土屋而嵯峨由是祖禹貢青州之範遵周官鹽人之筴斥桑孔之陋規裁吳劉之故業權便公私羣情允協應時掣支森羅甲令千乘集而鋪敦萬馬齊而驍勁百夫勸而奏功五幟植而掩映進退適乎疾徐聚散儆乎

奇正百室斯開三鏞充併爾乃輓艦交飛販賈竝躡轂擊騎聯袂帷踵接擠汾津沿姑射越沃霍達陽澤而晉鄙贍也由蒲坂入潼關渡涇渭遍秦山而百二給也穿青石杭河陽逾汝洛抵鄧襄而天中優足也季倫陶朱[illegible][illegible][illegible][illegible]塡貲帑藏公家以肥財賦不匱矣佐饟紫塞士飽馬騰撻伐用張銷沮湟唆邊鄙不聳矣外安內寧金湯以奠於萬斯年受天之眷九重釋西顧之憂矣河膏九里池有一方聰此河東與與揚揚四民鮮顛連而無告矣乾坤浩浩今古延延形

勝未嘗乏也而膏腴坐收俄頃無筭若與形勝爭衡者諒莫之能全利源固不一也而畦畛交加山川四塞咸與利源駢集者或莫之能前瞠乎其後者銅陵金穴美稱並執者玉水金淵故宜乎監臨轉運肅綱紀而重事權何黍乎春秋祈報包九地而艾九天或曰有是哉全勝攬而寶藏與奏效提而導利廣鹺池其天下之殊觀海内之珍域乎顧鹽有時乎不繼何與曰雨暘時若採兼鉅細杜竊防銷澆曬以濟源源陳陳惡乎不繼或曰曬鹽味劣卒致改食如禁例何

曰味劣非曬欲速其由曬久取廉撈鹽與儔或曰何爲樹防曰警賄通而繩販盜斯漏巵不耗厚覆藉而謹決蝕斯尾閭可塞或曰撈鹽閭亦有劣者乎曰嚴窖稽核峻信法程誰復爲劣皎皎瓊瑛或曰鹽商奚爲稱困曰挨支四年壓待鉅萬鹽岐美惡值分貴賤裒多益寡饒虧嗇羨鹽罄課存運發作難若非近者百計憐存濡沫餘生柰諸枯魚之肆者殆將强半或曰甦困云何曰通其情恤其私與其利防其害庶桑榆之可收允上下其多賴或曰今而後知鹺池雖擅

地靈籌策則仗人傑矣曰裁成輔相天地且因睠彼

鹾池復奚疑乎爲政在人

修解池垣塹記

明成化　彭華

箕子陳洪範以食貨爲首政孔子繫易以理財正辭禁民爲非爲義聖人治天下未嘗不理財以利民而理之之道莫先乎與山澤自然之利河東山澤自然之利莫踰解池池之垣塹不密護視不周或雜流浸溢以入則鹽不就或小人相羣以私竊至爭鬬不可禁國家設都轉運司募民入芻粟於邊予券給鹽往往得利於兩淮而兩浙次之解反出其下豈以事事者有未備歟御史王公臣首奉璽書視事下車傍池

地侵牟於人者悉取歸之官周池垣塹遂以興築環池四面爲垣南北高十有三尺厚如之而垣之上厚三分之二東西高減南北之三尺厚又減二尺垣外爲塹深十尺闊如之塹外爲堰堰自中條山北麓來者俱完其舊垣下置二十四鋪鋪置邏卒五人經始於成化甲午春正月數越月而訖工鹽大熟盜不得私竊鉅商細賈競聚池下鹽大售於時解池之利漸出兩浙兩淮上矣公留一歲卒運使孟公徵記予曰夫爲國家與自然之利而不使民陷於爲非不可以

不書

河東鹽法備覽　卷十二　古

鹽池東門記

明成化　劉健

諸鹽所産不同或於海或於井謂之末鹽皆須人力而戸煮之其禁之也難惟産解州者謂之顆鹽不須人力出自天成且止一池耳其禁之也易故他州皆遣御史獨解州不遣成化癸巳朝廷始從孟淮之請遣御史王公臣實當初任遂大爲垣塹以周於池若城隍然於是瀕池之民皆食鹽於官視他州戸得自煮者逈異池廣袤百二十里獨北開一門運司治在焉往來商賈悉萃於是瀕池東西民爲官採鹽者皆

以爲病至成化二十一年御史吳公珍請於朝得再開東西二門東當安邑西當解州併路村爲三於是翕然以爲便

鹽池西門記

明宏治　袁翺

解鹽本有東西二池東屬安邑西屬解州各有門以通出入姚行簡徙運司於路村而解之分司遂廢然禁門猶在也成化十年御史王公臣見禁門去運司四十里剽竊之徒難以防制於是徙門於路村而解之舊門室方是時商賈之懋遷覊人之旅食與夫工執業民赴役者紛紛然皆聚於路村而解之民不得一沾鹽池之利焉成化二十一年御史吳公珍涖河東曰路村之民民也解之民亦民也考圖經得東西

二門舊制令同知黄琳相度經營闢禁垣而闉之夫然後解之市井闤集得與路村埒予以宏治二年通判河東叙其大畧而記之如此

重修池牆碑記

明　正德　王九思

南昌熊公天秀以正德巳丑監臨河東守池之役曰以盜鬻公往閲短垣及肩莫能扞禦公曰細民見利而弗動非情也慢藏誨盜而寘之於法非仁也於是簡其吏之能且良者授以方畧俾之往督曰垣之欲堅門之欲嚴其以五月之吉有事於池以十月之終竣事公躍馬往勞執役幾三萬人罔不欣喜及期役完垣以库計丈有五尺高倍三之一圜如池之濶而加多焉其外爲馳道爲隍其深廣如垣之厚有水環

焉門之南北西向者各一其上有樓以楹計者各三
其樓之相距爲舖者六十以楹計者各一凡門與舖
各守以人於是昔盜皆散去守卒夜卧警柝不聞安
邑知縣張鏜告諸前史王九思爲紀功之碑其銘曰
條山之北鉅河之東啟秘發祥肇自鴻濛圜爲澄波
寶鹺乃興周圜以牆屹然如城相彼四匝頹乎俴垮
慢藏誨盜其何可輟乃眷斯士乃畀熊公驅我子民
以築周墉周墉崇崇亦孔之固載作之門愼此夙莫
史也秉公作此銘詩敢告後人嗣以治之

重鐫解池圖記

明萬歷六年運使　李廷觀

余觀諸圖皆北上南下廼懸覽東西得不紊鹽池故有圖獨南上北下余嘗言非是有解者謂必爾始於坐閱几案間爲順且舉星野指坎離子午位大伸其說余頗惑之然第於壁間懸圖不獨東西乖舛卽城郭衙署悉倒置不倫嘗欲釐之未暇也今歲秋仲上丁將釋奠於

先師先期詣明倫堂肅儀肄樂舞由東序步入則見墀下斷石有文隱然在積埃中立命左右拂拭就觀之蓋

池圖也方隅上下旣無乖舛視圖中經緯要害則州邑綦羅渠堰帶絡他若丁力率作料座比次官兵捕詰靡弗具且圖身視今不啻半儉而詳反倍之余於是始豁然諗今圖之果非是矣顧此刻原合兩石爲之其湮仆地中不知自何時亦不知何時何人所作意上方舊必有記今無本可考卽此圖身幸存而中亦多剝落不續處且今池禁門有三而此圖惟中禁門一所考池志言兩門創自成化丙午此圖之舊又可推矣余旣喜得是圖以質所疑又惜其缺爰購石

重繡命工載鐫以還其舊

南岸採鹽圖說

明萬歷二十四年巡鹽御史　吳楷

鹽池南北七里東西五十餘里其近南岸者水頗淡鹽花罕結下多黑泥俗名黑河云甤賓之月忽報鹽生於黑河採者苦之余不任耳而任目也詰朝往視有司者以地險辭乃易衣乘肩輿肩者持者拽者導者計三十餘人日中始登彼岸黑河濶一里許洵無駐脚處亦無所謂鹽床也者而乃風來水面花聚池心始疑淺紅映白俄驚飄璃堆瓊開金鏡於琉璃掛玉繩於雲漢儼所謂塵世仙境恍然近之矣於是歎

造物之無盡惜美利之見遺矚南征之匪易酌北岸之可移驅萬夫於氷上纍纍乎若銀漢之連珠載筐載筥是任是負持掖以趨蓋將不遺餘力焉乃冒暑日之熏鹽水之滮僵仆之災饑渴之害吁可勝言哉人曰解鹽非由人力蓋未覩斯苦耳志亦有之臨池吁且炎暑熏灼且勤且懼手足俱剝庶幾知採鹽之苦者若採鹽於南岸其苦倍之歌咏難述是用繪圖而爲之說於戲後之觀斯圖者寧不惻然有以恤之哉

河東鹽池靈慶公神祠頌碑序　唐　崔　敖

地絡之紀莫宗於河陰潛之功光啓於滙旣畧大華浸淫中條嶽瀆宣精融爲巨浸肇有元命元圭告成惟其潤下乃生烏鹵皇穹陰騭兆人眷祐下土因飲食以致其味節和齊以調其心滇滇天池實曰鹽澤幅員百里澄澈萬頃元極積數大鹹爲鹺其墟實沉其宿畢昴其漕砥柱其關巔軨后祇實之設以重險謙順成量淵溪攸鍾涵風蓄雷終古不息漫若山外連爲海門所以帝乙建祉王豹遷都執其重輕以曜

富有在昔山澤委於虞衡周制無征漢方盡幹務其尊穡蓋用抑商少府所尸均其權重郡族自占築盧環之業傳祖考田有上下旱理其埤水營其高五幅爲塍塍有渠十井爲溝溝有路臬之爲畦釃之爲門瀆以渾流灌以殊源陰陽相蒸淸濁相孕動物潛象蠢爲陶工滑乎而凝莫見其朕雪野霜地積如連山羨漫區域歸於塗潦泉貨之廣沒於齊人司農不賦百三十載元宗御國五十年姦產薊邱爟火通鎬嗣

聖受命以兵靜之擊皷崤洛封山燕趙亶其宸威風

動八極調發之費仰於有司雖田征益加而軍實不足遂收鹽鐵之筭置榷酤之官以權合經以貨聚泉畫野標禁塹川爲壕西籠解梁左繚安邑乃滌場圃乃完廥倉畢其場功以謹秋備度土定食止於中州濟於横汾爰距隴阪東下京鄭而抵於宛艘運其檣輦擊其轂終歲所入二百千萬供塞垣盡敵之賞減天下大半之租然後傳於甸人納於監人有形有散以宴以祀每仲夏初吉爲壇而享之懿夫明徵厥有前誌中宗復政崇朝而復鹹大歷陰霖巨漲而不淡

誠宜命秩視彼封君先皇帝薦靈慶以號神索氤氳而建廟施諸侯之法服觧牛縣之清樂籍二郡之版六百韓於司池故得浮榮光結顯氣冲其德正其味粒重英以表稔花四出而呈瑞陳陳相因非秭載所能計矣正元九年冬戶部尚書裴公延齡奠三壤之差均九州之賦鐵鼓之貢林鹽之饒凡晉人是輸以河中爲會府遂表職方郎中兼侍御史馮公興委以大計詔曰可乃駐居蒲城以馭羣吏分命前永樂縣丞張巨源前鄭縣丞蕭會率屬而臨之洎十一年秋

九月裴公逝今戶部侍郎蘇公弁繼之以馮公成績
有聞禮任如舊度支又以前詹事府司直陸位知解
縣池前大理評事韋縱知安邑池惟職方領池官之
外權惟評直守制使之成筭姦氣不作阜財有經十
三年四月兩池官吏及畦戶等請勒豐碑揚茲利澤
感和羨之訓心遊傅氏之巖稽近鹽之詞氣對郇瑕
之邑微臣作頌式贊新宮頌曰浩浩靈池冠於水行
蒼茫大陰滲漉純精惟澤在晉與時爲程禍貪而竭
福儉而盈巨唐君臨坤順乾正寘勤其官坎德効靈

海眼通波河源伏脉千里一氣瀦爲廣斥雲漢照臨
玉繩下直曰雨曰風以凝以積自我天產惟其口食
斯皇元后乃聖乃神旣潔浮沉亦循明禋大禮畢舉
大樂必陳馮公朅來克諧神人登牲廟壖瘞幣池瀕
旣醉旣飽馮公則欣蕭張行優陛韋德隣有署有屬
伊馮之賓仰彼元造垂於無垠皇運天長頌聲日新

河東鹽池靈慶公神祠碑陰記　　唐　劉　宇

天作㴻極神將宅焉神者何靈化之正宰者也夫神之攸落寶曰鹽宗閭閻禱之不在祀典先皇朝有元老韓公滉之總邦賦以大鹹之功康濟是博上以供宗廟之費下以代田野之租升聞于天請加禮秩帝曰可於是册爲靈慶公俎豆之數視於淮濟享謁之期載在王府及故東都留守禮部尚書崔公縱頃知河中院以神之舊宫僻在幽阻既崇其禮宜敞厥居是用遷置于斯乃飭殿堂開像設面𪗋淪之積水跨

邐迤之重岡陰陰森森容衞畢備立卒走壁儼然如生雖氷府靈居未之若也今職方郎中兼侍御史馮公與纂其是職推置信讓無小無大報之以德頃以天久不雨慮失其歲職方於是齋心累辰親執牲帛將至誠之德告靈化之源嘗不崇朝而雨斯足如是者數四是則人有德於神神亦有德於人德交歸焉政是用長宜其建石表異徵文紀靈是以有太常博士崔君之頌也逮夫石自他山而至文自奉常而來知解縣池詹事府司直陸位事以道自集商以仁自

來知安邑池大理評事韋縱財以清自豐吏以明自肅此二公者以爲職方之精意可達于鬼神如之何不奉矣乃相與就其廟龕覆以棟宇自朔及望揭焉而舉洪範曰潤下作鹹夫叙讚靈慶公陰潛之功亦所以表聖皇澤及于萬姓者也恐其頌或有闕乃命山客重記于背陰

河東鹽法備覽 卷十二

寶應靈慶池神廟記

唐　張濯

天有五星辰居其一地有五材水爲之首旣作鹹以正味亦凝質而成鹽則横目之人生齒之歲罔不資焉而後食矣鹽之爲用大矣哉寶應靈慶池者山海經所謂鹽販之澤也俗稱官號皆曰鹽池供華夏二十餘州宅黄河千里之曲北抱原勢南負山陰涵濡泓澄浸漬潟鹵外無寸草内絶纖鱗水或紫赤鹽皆潔白有自來矣頃大歷丁巳秋雨成災凡厥井疆漫爲塗潦今京東和糴使兼知河東租庸鹽鐵侍御史

淸河崔公陲時以監察權領是邦憂國恤人籲天有禱乃徵畚鍤集役徒修隄防導溪澗積溜鴻湧白波如山西迤北滙散於没女監斯池町畦不没廬室獲全緊公是頼矣粤翌日亦旣開霽紅鹽自生盈掬傾筐或璽或栗形攢伏虎色澈丹砂靈貺休徵古未之有公乃獻狀於戸部侍郎韓公滉韓公伏奏於代宗代宗俾諫議大夫蔣鎮覆之則編於史册薦於郊廟矣與夫白麟赤雁之應野蠶穭穀之祥何以異乎冬十月詔錫池名曰寶應靈慶兼置祠焉蓋國家祈豐

財旌瑞貺也其明年因厥農隙創兹神寢卜津涯六十里之半當安解二大邑之間捄陾陾掾橐橐工惟力競役若子來俄結搆以時起儼塗墍而斯畢然後審像設煥丹青睟容穆如甲士屭贔則聰明正直之有憑也夫其洞戶南谿滄波森然樹以修槐羅以香草則風凉會舞之有所也又來歲己未夏五月九日天子降中貴人以牲牢祀之制祀光臨衣冠列位秩齊四瀆禮視三公亦爲盛矣其後西自關輔東踰崤澠南馳陝服北走絳臺馬屯雲車流水乞靈報德可

勝紀乎易曰聖人以神道設教而天下服此之謂也
遂遷公殿中侍御史京東和糴使逮於斯任豈惟執
憲簡頒鹽政必將秉造化應鼎之和羹人皆望焉神
所勞矣濯客自東鄙觀藝而來美精誠之動天多築
護之盡力輒採聞見題於樂石庶丕績不朽與池始
終時建中二年秋八月記

勅封廣濟惠康王碑　元大德三年

朕惟我國家統御以來無德不報自天地化育以往靡神不宗矧爾解州鹽池惠康王肘腋闗河袵席秦雍冠洪範五行之首浸璇璣巨蟹之區味不作鹹不讓汪洋之雲海光凝上善若儲罙兀之雪山煎熬旣省於民勞烹飪悉資于日用惠康之實廣濟無窮列爵雖崇思錫封之已舊榮名增煥宜褒命之維新可加號廣濟惠康王

勅封永澤資寶王碑 元大德三年

上善若水能潤下以作鹹至誠感神宜錄德而定位載申褒美洞貫幽冥解州鹽池資寶王富埒東溟惠周西土弗假牢盆之費坐收畦戸之功暢六氣以無窮冠五行而爲最七廟享時供之品四民獲日用之資鸞紙十行龍光萬世均輸便利聿聞課局之多增沃灌豐饒默佑源泉之不舍宣昭朕意用答神休可加號永澤資寶王

重修鹽池廟碑　　元　王緯

延祐春三月中書省臣言陝西都轉運鹽使司重修鹽池神廟成當書其事于石制曰可以命翰林臣緯恭承明詔竊惟鹽在五行爲水水曰潤下潤下作鹹所以供祭祀備膳羞資生民之用不可一日闕也前代解鹽墾畦沃水種之今則不煩人力而自成非有牢盆煎煮之勞及蜀井穿鑿之艱也葢得天地之精英河山之靈秀瀦而爲池廣袤百里渟滀滲漉凝爲大鹺皚皚浸浸浩無津涯璀燦晶明莫可名狀役夫

萬餘畚鍤雲集曾不踰旬裒如山積舟車之運數千
里皆食其利會其歲之入以緡計者二千萬皇慶二
年前都轉運使阿失鐵木兒乃相故廟西壖卜地爽
塏中締正殿周阿重簷翼東西廡前敞其閎後營寢
室階陛竣整宏達靖深冠大門爲樓匾曰寶慶下瞰
鹵澤面對中條東繚大行西峙雷首陰霽朝暮翕忽
變化信一方之奇觀落成之日遷二神於新廟葺舊
廟以祀成寶公率僚屬士庶商賈咸會祠下鼓舞懌
悅神人大洽以廟碑請於朝因有是命洪惟聖朝富

有天下休養生息租賦而外惟以鹽課佐經費然斂不及民而民自足天下之民安其俗樂其業其視齊管子正鹽筴以興屐渠之利漢東郭咸陽孔僅斡鹽鐵以歸大農唐宰相領鹽鐵以判度支蔑不侔矣臣緜拜手稽首而系之詩曰乾坤亭毒孰爲綱維萬物並育孰窺端倪五行爲用水德稱首作鹹之利以資富有維古郇瑕地勢沃饒右限大河南峙中條實沉之次晝野定標滙而爲池雲蒸霧歛結而爲鹺雪積嶕嶢殆出神力民不告勞自唐歷宋祀事孔昭於皇

元聖奄有萬國山川貢珍百神効職靈池之産歲增
萬億大德三禩封號加錫皇慶御極嘉神之德廼作
新廟新廟奕奕於以揭虔有嚴禮秩神人洽和用紀
成績繄神之休國用阜康既富而敎頌聲洋洋比屋
可封遺風陶唐於萬斯年寶歷無疆

解鹽司新修池神廟碑　　元　李庭

按尚書洪範五行一曰水水曰潤下潤下作鹹此鹽之根本也五行之氣無所不在水周流於天地之間潤下之性亦隨所寓而凝而爲鹽鹽之所出品類頗多就其最著者言之其出於海與井者須資人力烹煉而成出於解之兩池者則治畦其旁盛夏引水灌之得東南風而此鹽遂熟蓋資於天非人力所能與也天之造化神實尸之此有司所以致謹於祀事焉唐大歷十二年秋霖池鹽多敗度支侍郎韓滉奏雨

雖多不害鹽仍有瑞鹽上疑其不然遣諫議大夫蔣鎮往視之還奏實如涗所言乃賀帝請置神祠錫以嘉名上從之號曰寶應靈慶池封神曰靈慶公宋兩池置官八而州有榷鹽院守貳領之使民入粟於塞下與鈔以給鹽一歲之出無慮四十萬席其利既溥而法益密矣元符元年霖潦彌月溝澮皆盈壞官亭鹽室不可勝計謀臣議士使驛旁午睥睨惶駭莫知所以拯之之術崇寧四年春遣耀州觀察使王仲千發丁夫回山谷之氾濫完隄防之圯缺周池之壖作

護寶堤百餘里又於堤之南起外堰以殺水勢外患既彌客水浸涸是歲鹽寶初成凡境內祠廟皆賜之封號兩池之神東曰資寶公西曰惠康公初年課纔十二次年倍之越三年遂底成績大觀二年加以王爵金朝因之解州安邑皆有神祠經金季兵火蕩無孑遺其環池地鹹鹵皆不可井飲惟兩池中間有淡泉水特甘涼舊有龍祠崇寧間封爲普濟公歲當炎暑常役萬人取鹽苟勺飲不繼則暍死者過半酌泉飲之則免於病聖朝開創就泉北二里許治鹽司事

至癸丑歲方經畧川蜀規措軍儲用度置從宜府右丞忠宣李公實當其任値頻年霖雨遂失大利乃禱於神寶氣凝結遂收五歲之積奏奉聖旨建立二王神廟俾春秋祭祀焉於是鳩工聚材舍舊圖新建正殿於中央翼以列廡繚以崇墉像設儀衞煥然一新經始於甲寅成於乙卯乃不遠數百里遣介來長安謁予爲記予告之曰嘗聞天下名山大川有能産財用者考之祭法宜在祀典況茲寶池歲出億萬計所以佐國用備邊儲通商賈之貨省飛輓之勞財用之

産孰踰於此是宜廟食其神以報休德因爲叙其興造歲月俾刻之石而繫之以詩曰晉甸之野天啟靈池鹹鹺是産軍國攸資歷代明王咸勤祀事旨酒馨肴以答神賜炎炎刼火廟貌坵墟瓦礫荆棘兔鼠燕居聖哲臨朝德參天地地不愛寶日增課利爰擇爽塏載葺新宮棟宇華煥像設尊雄宜千萬年享此血食刻詩正珉垂名罔極

勑賜御香瑞鹽碑誌

元　篤列圖

至順四年夏六月運司上言解州鹽池預期呈秀宜特遣使投詞以答神貺於是右丞相太師俊寧王大傳答剌罕左丞相等奏遣使者集賢院修撰篤列圖欽奉御香以至順四年七月初三日徃率運使臣拜不花等以牲齋致祠如禮運使又言致和天歷以來解州迫於水旱鹽池致耗迨今五六年矣及茲而雨暘時若山澤効靈貨利滋興國賦克溢此實元德彰聞神祇感格之所致也臣篤列圖拜手稽首而言曰

聖人首出庶物德浹仁溥而天賜之福昔伏羲大禹之時河洛出圖堯舜文王之世鳳儀於庭或鳴於岐此天人交感之理爲不誣也今聖德龍飛而鹽池瑞應豈苟然哉凡百有司各敬其事以修厥職共承天休嗚呼懋哉

河東運司重修鹽池神廟記　明嘉靖　馬理

河東運司舊有鹽池神廟其爲殿三其妥神五中殿神二東西鹽池之神左殿神二曰條山風洞之神右殿神一曰忠義武安王之神皆祀典神也何謂祀典祭法曰山林川谷能出財用利民者則祀之以死勤事則祀之非此族也不在祀典茲五神其族矣夫粤鹽池自古有之昔者伏羲時刱制文字說文曰鹽河東鹽池是文字以前已有是鹽池其後神農氏諸侯白沙氏始煑海作鹽觀鹽從古從鹽義可識矣唐虞

時是名鹽販之澤舜命伯益掌之嘗琴而歌所謂薰風時而阜民財者即是物也故至今鹽池候薰風而成故虞坂在左今青石槽者騏驥困車所也禹平水土蓋由雷首虞坂而北瞰斯澤又北登景山而南望焉其後九功既叙勸以九歌俾勿壞者斯其一也遂定賦上上作都其墟異時商都周官魏郛秦郡皆邇是澤自漢武設鹽官牢盆迄今軍需邊餉多倚賴之偶水旱為災亦藉是以賑農不困焉今觀條山之陰路村之陽安邑之西解之東有澤焉方百二十里淵

然紫色者是斯池也坎而平涵而不流值夏日薰風時至則一夕鹽如斗如鏤如鑄如瓊而英玉而屑昔君子品鹽以兹爲勝今本草地志所載曰食鹽曰大鹽曰顆鹽曰印鹽曰㪷鹽曰乳鹽曰鹽花曰鹽鹽曰種鹽皆是物也種鹽者渠人所謂畦地而沃以池水南風急則成鹽滿畦是也唐宋皆然宋人以三月墾畦四月沃種至八月而止是謂種鹽亦曰鹽鹽池鹽則撈取而已且種且撈所獲滋多元人惟鹽池不復畦種今三場因之洵主者德馨祠享誠潔則神罔怨

恫或池或畦生生不窮以祀神養人療疾攻瘍罔不攸宜苟國無是者則百味不成百穀不旨其民腫柴瘠而墨夫鹽也誠民生日用不可缺者故曰食之將也國之寶也天之藏也夫條山風洞者池泉所自出也薰風所從生也其於地爲蒙爲咸爲中孚至若忠義武安王者觧之常平村人池南故里存焉王學明彝倫之道身任綱常之重心無愧於幽獨行可質諸鬼神非其義也非其道也雖軒冕而泥塗之也雖珠玉而塵埃之也如其義也如其道也雖萬衆之中必

往而無懼也雖白刃當前蹈之而自如也淸比伯夷信如仲由以身殉國爲臣死忠其浩然剛大之氣千古長存譬如日星麗天山嶽拔地罔不瞻仰祇肅而洋洋乎如在焉爲老氏言者又尊而神之以爲雷霆夫申自岳降說爲列星蓋元氣所鍾終還造化亦理之恒無足駭者諺曰英雄之歿必爲神明以驅除虛耗魍魎以歆禋祀其此之謂歟禮有之曰君子生而敦行能表正鄕俗者歿而祀之社謂之鄕先生以與斯民禮也蓋王者所謂以死勤事者也是廟剏於唐

太宗朝度支韓滉之所奏兩池之神宋徽宗時封之爲公元成宗時加封爲王至明太祖改以今稱遂修廟令每歲季春上旬致祭後宏治初張都御史敷華嘗一新之至是廟壞御史方子涯病之欲繕致疏請於上得旨侍御章卭王子昺祁門余子光相繼而至謀諸運使劉子夢詩牟子泰丁子相韓子暹鳩工而行事焉於是卑者崇之狹者廣之材不勝任而倣者易之於是中爲穹殿三間奉神如前霤前小亭易爲厦屋五間墄而石欄爲十有七丈左右爲殿各少穹

間如之奉神如前前巖廊今爲間四十有八爲樂臺一爲二門三角門二爲間五匾仍舊曰洪濟外左右爲神廚爲土地廟各五間大門爲岑樓間五匾曰海光外爲鹽風亭一候薰風也外折道爲坊門三後㬉爲官廳二有廂池南爲南禁樓一池外葺城暨堤維周葺舖凡二十有六諸場廨施工有差於是廟貌巍然穆然有事於斯者敬心油然而生矣爲費計用贖金若干經始於嘉靖癸巳之秋落成於甲午之夏董役者爲本司副使程伯祥經歷汝頤知事曾宜典膳

張訥云

勑修鹽池神廟碑記

明萬歷十九年巡鹽御史　蔣春芳

河東運司鹽池神廟中殿曰東西鹽池之神左曰中條山之神右曰風洞之神載在祀典有司歲時舉行莫或廢也直指春暉秦公兩舉祭告倏而水減鹽生倍於往歲歸功於神之靈應題請爵號乞新祠宇賜額名以彰其靈天子曰俞可其奏下於禮部禮部議覆蒙恩錫以嘉名曰靈佑祠仍命改造二殿與池神殿埒甚盛典也未幾秦公以報滿代去繼而槐庭林公至捐金採木方欲經營亦以報滿代去余至諏吉

日庀羣工徵板榦鳩畚鍤正殿仍舊而加修飾左右二殿舍其舊而新是圖運土築基輦甎伐石潤其地形穹其棟宇闢其廊廡而又益以香亭繞以石欄繚以垣墉隆以二角門至于神厨土地廟亦更置之規模氣象巍然煥然三殿並尊標於門額曰欽賜靈佑祠皇綸昭揚鳳翥鸞廻金碧輝煌照耀人目是役也經始于辛卯之十月落成于壬辰之三月不傷財不勞民不勸助廟貌聿新儀衛森列神之格思洋洋如在必將錫以景福陰陽和而風雨時以興鹽利以阜

民生可持券而俟云

新建鹽池太陽祠記

明萬歷 何東序

國家以鹽法取課多煮海而後成其自凝結而取者獨觧池之顆鹽夏月薰風自中條山來邦人相警於山麓曰湛湛煙碧鹽信至矣則皆荷畚而徃兩都之軏萬賈之資咸於是乎取之侍御汪公視池三載於夏蘄雨雨斯若於冬蘄暘暘斯若蓋由聖王德至於天政合乎道皷元氣於九圜揚耿光於萬象休徵備至亦固其宜祠爲堂五楹兩廡大門各三楹覆以碧瓦繚以丹垣與池洞條山列皆南向工始今壬寅上

元不更瑨而落成運長林公督其事屬余紀歲月刻於巖石云公諱以時婺源人林公諱國相閩縣人

重修池神廟碑記

順治八年巡鹽御史趙如瑾

河東鹽池方百二十里南抱中條北帶峩嶺東望大行西探龍門似飛來片玉秦晉河洛之民生日用數千里咸取資焉唐隸度支宋領制置金朝相因元相耶律楚材以經費簡置解鹽使明官都轉運鹽使於路村斯池建廟蓋自唐度支韓滉請詔始也夫鹽雖產於池實原於山資於水而起於風故條山風洞之神俱與左右配祀尤恐雨多不時必需暵以烈日每炎暑蒸鬱撈役萬姓池鹹不能飲有澹泉則活濟者

多是以若太陽若雨師若甘泉亦皆神以廟至關聖
者解池南常平村人也宋大中時蚩尤祟池邑人禱
帝忽風雷暝晦空中有金甲鐵騎聲久之天清日朗
池水如故而鹽復生人爭感而與池廟併祀焉我
大清啟運
皇上神明天縱百度維新崇祀河嶽化美有虞乃以經國
重計簡余按其事余即蚤
命不遑馳境受事忽夕霖雨急至廟所陋似不能蔽覺焉
異之及抵郇後視事池上登樓遠眺俄焉山峯雲起

風雨驟至瘥趨入廟仰見池神宛如夢中狀乃與司

屬言曰

朝廷命使臣理財惠民者也民安財裕惟神是賴盍其

修之不募民財不動民工不苛派商賈不借助州縣

閱七餘月而滲者完朽者易腐者新傾者扶三殿各

祠配廊門臺樓閣屏垣俱煥然改觀矣有祠廟無住

持復於廟後創僧舍一所佛殿庭房十七間遝僧住

奉旦晚香火有人是役也起於順治辛卯秋八月成

於順治壬辰夏四月時余役竣報

命代歸叙其原起以記諸廟門東

新建歌薰樓記

明萬歷十九年巡鹽御史蔣春芳

有虞氏彈五絃之琴歌南風之詩迄今洋洋盈耳相傳以爲南風起鹽始生虞廷之歌蓋歌此也三代以還騷人墨士摛辭染翰日習而不知余奉勅重修池神祠既訖工矣祠前有一瓦棚與祠直卑陋蕪圮殊爲不稱卽命所司撤之搆樓三間基沿其故制更其新民不告勞財不濫費越月而工成八牕玲瓏殊可人意且條山揖於前神祠抱於後甘泉呈於左淡泉聳於右而此樓聳峙於中以之眺視上下瓊瑶萬頃

浮雲飛霧迭相來往令人飄飄然有凭虛之想忽爾清風徐來入我襟袖曰噫嘻此南風也胡爲乎來哉意者其產鹽之徵乎人亦有言風來自東蠢蠢其業曷以起吾民之疲癃風來自西景物淒淒祇以重吾民之慘悽風來自北羣動休息孰能蘇吾民之困極維彼南風吹扇大空資生鹽筴國課攸充誠足尚已爰題其額曰歌薰樓蓋取解愠阜財之章載歌載咏於此也夫是樓豈徒快耳目悅心志窮騁望恣游觀已哉覩南風則思發生覩鹽池則思撈採覩料臺則

思轉運覩神祠則思祈報觸目警心撫今思昔民生
國計種種關情是樓不爲無助况發於吟咏播於節
奏寧不與虞廷之響相爲應答也耶觀風者其愼諸

重修西淡泉亭記

明萬歷十九年巡鹽御史蔣春芳

余奉命按河東鹾政鹽花盛生檄丁役撈採懼其怠若事時往督焉從中禁門南行折而西過西淡泉前侍御喻公所建惠民館遺蹟也入其門窈如登其堂廓如環四壁率皆吟咏篇什讀之不能盡又進而後庭題曰源頭活水即所謂西淡泉也泉上三亭鼎峙迥出雲表中凌虛左觀瀾右逢原徘徊眺望見條山前拱蒼然遠色一鑑池塘樓臺倒影樹林陰翳鳥鳴嚶嚶此時逸思飄飄喜動清揚間矣下而繞其後又

有洞可憇有亭可玩有爨圃可射泉亭之大觀已備
第歲久人跡罕至漸就湮圮余毅然更新之斬荆棘
薙糞壤燔榴翳泉源之淤塞者濬之前後池之蕪穢
者蠲之榱桷柱栱欂櫨之朽腐者易之甎瓦墉垣之
破缺者補之漫漶不鮮者丹雘之至門外所樹之棹
楔則又前此未備誠勝槩也然竊有感焉泉亭一也
如得其道觀風之暇以之閱鹽課以之節勞逸以之
避風雨以之督工而考勤惰以之親民而問疾苦是
亭之設不爲徒矣不得其道則必假此爲遊觀宴會

之場飛觴浮白流連光景吟風月傲煙霞棄公事而
罔恤豈所以公忠體國也哉余不佞謹以此自勗且
鐫諸石以俟後之君子履斯亭者擇焉

河東鹽法備覽　卷十二

恭紀

聖駕幸河東鹽池　康熙四十二年　介孝瑨

稽古巡岳覲后載在二典時邁懷柔歌頌興焉康熙四十二年歲癸未久道化成薄海内外咸躋熙雍之

治

上軫念秦晉重地備

法駕

御飛龍登太行歷并汾維時嚴冬和暢煖若暘春黃童白叟無不望

幸奉

旨官民迎送不得離城三里十一月初八日

駕至河東運城萬姓結彩焚香山呼夾道遥望黄蓋冉冉

喜曰

聖駕至矣僉呼阿彌陀佛

行在之中不費商民一絲一粟初九日

駕進中禁門御薰風樓閱視鹽池仰見

天顔有喜如日如雲是日出西禁門抵卓刀堰

幸解州

駐蹕崇寧坊膳進酪漿酥餅賜扈從詞臣茶果午刻

幸關聖廟

諭修聖廟未刻

幸蒲坂我

皇上聖德神功登三咸五非小臣所能揚扢於萬一惟是

解梁鹽池爲舜禹畿內地三代以還渡汾河祀汾陰

亦祗秋風興感無關鉅典恭遇我

皇上深仁厚澤淪肌浹髓中外臣民莫不尊親卽郇瑕僻

壤亦邀

鑾音而承

淸問山川增輝商民錫福豈唐之車駕如鹽池所能方其

盛美哉臣俯伏仰瞻之下謹拜手稽首而爲之記

西小池垣記

明萬曆　何東序

嘗考水不注川滙爲藪澤大者曰湖小者曰池曰沼湖陂出自天造豐功及物池沼力墾而成妙用在人縣官總山海開池禦致利以助貢賦上下足以相贍若解之鹽池天造盡人湖陂之利蔑如矣其地左輔巫咸右弼洪流前趾中條後負巍峀圜會四跨瑶蟠鼎衍薰風一扇萬寶皆呈蓋唐虞中天之會造化專與之淵也唐故名靈慶孕涸有時置吏置亭戸至雜遣司空庾支雖與古今相始終而緶剔斂發猶未得

其術焉今稽古應時特重榷鹽之制自郡縣而至轉運轉相鈎較而專以御史臨之平輕重而權本末均課辦而佐軍興法至密矣歲督十三郡縣徒作中程收筭四十二萬引移用三藩唯是恒雨病没恒暘病涸以地聽天其勢不能兩得則有橫汙附池者六曰永小曰賈瓦曰金井僅存其半沸渭澆曬迄於兹無斁也備通變張弛之故充節口并日之需頗收筭可數萬謂之小池鹽先是繚以短垣淹久齾朽莫弭盜攘陷民於罔從而獄之以刑殉與閈閎牢而發以毒

矢何異按其地者阻事隳議洊更三紀而莫之或恤閒驅鹽丁版築鎰午未幾而掾畚鍤入池矣萬歷戊戌頤所汪公來按鹺略智集思課正賦以待邦之大用斂餘貲以待邦之小用經產雜出燦然皆有𦳊極暇常籃輿循行不遑假寐日討墜典芟綱而申飭之壖財曲獻野壓奪魄公披龍鱗蹈虎尾探綵分於劘牙鑿齒之中得司存賑濟銀若干議徒詳費僦民之流亢者鳩而受工殆二千人訖計週池爲垣殳高予厚增陴其上金井瓦合爲一區丈週一千四百承

小自爲一區週弌四百池各門一廳事五未事人給贍家二銖旣事弌酬食米四銖悉之金以千餘鞏興三月丙午五月丁未告成悅使民忘其勞子來成之不日劃趾墉隍畢增薄培底填淤加肥之績絶漥坳重追之患國寶在野柙之惟謹利用厚生池無小大萬商皆當卬此公之用菲其意葢宏遠矣運長佐閫山林君東阿馬君汞嘉陳公等屬余紀其實余惟御史奉綸遐察歲一往代未有及瓜不代者合符優游皁囊特達常絛適事或未裨於覩風之本公一往三

見瓜期當宁倚毗無二所急朝夕所患鹾鹽至暑雨
風寒暴炙匽薄而不以言億李梅實衰五穀熟虧消
息之數天地不能以兩盈公升禮昭縟交修容典縣
祀池神條山風洞創祀太陽之宇蘄雨蘄暘而無之
弗告精靈盼蠁鹺花冬實述宣醲花薄澥風回羣小
不奉私求萬戸鮮藏匹夫呻吟奪魄之聲未必不爲
改蘇頌德矣覩一節而知百節固知應條之吏蔚蒸
太平恤生之倫咸獲嘉祉殆不止一池之利鈍已也
不佞草民黔淺惡能究其端倪焉蘇老三池今涸不

載

復立解州運司碑

元　王利用

天地間山林水澤實於萬世者無盡藏也若夫五味之齊調五內之氣使人壽且康者鹺而已河東解澤鹽風一觸花蘂泛波畏日載臨玉粒結秀語其色則白雲浮洛語其瑞則瑩光塞河大元經始之用仰于有司或租或庸或征或調收鹽鐵之筭程榷酤之利而鹽爲諸賦之首解之鹽澤又諸鹺之首也不曰地不愛寶變鹹爲鹺則曰民不告勞財不横費永無盆鏤之勞終有曬漉之效逮乎積雪盈廒晴霜障野以

佐國用以薦郊廟以惠工役以通商賈用力少而見功多比年以來遠給軍儲使人輸粟以鹽鈔易之省飛輓之苦通懋遷之貨邊用充民食足可謂作鹹之利寶萬世而無盡藏也至元乙酉州尹王奉訓致愨於余曰解州恃鹽鹺之利世爲名郡故曰豐實軍亦曰興寶軍曩者主鹽之官與州有隙遂置司於路村以致閭井蕭條居民鮮少於今五紀矣鹽法亦弛良由所置司村居野處公私通弊課失歲額詞訟日滋朝省遣使考會積年不已行中書省病之思選廉幹

吏委以太計乃辟前經畧司經歷吳從仕以監榷焉蒞任之初究弊源立新政首以復遷解州爲便行省允其議州之正倅郎以公廨爲鹽司禮接僚屬若賓主然規模制度爲之一新實至元癸未春二月也旣而歲課羨餘不啻倍蓰都轉運同知王中順具奏以聞乃課績以從仕爲最改授承事郎充解鹽使自是州司鹽司獲處其便畦戶編戶奠厥攸居擬立豐碑以紀其事非閣下之文不能揄揚其始終也余應之曰州司非鹽司則城市不集鹽司非州司則歲課不

增朝廷得人兩司乃建事旣告成世濟其美勒之正珉傳之後代於是乎書

聖惠鎮新城記

元　黄　覺

河東陝西等處都轉鹽運使治曰聖惠初丙申祀姚行簡繪圖獻於上上可之乃芟莽除榛立司於池之北滸曰路村仍命行簡專掌鹽賦是時鹽始有課民獲食用也延祐以來易以今名載葺廟貌曰池神曰學宫曰三皇行用庫譙樓鐘樓館傳場厫隸屬之所靡不備具萬商輻輳爲貨泉之淵藪室廬聯駢樓閣輝映惜乎散漫縱横無山谿城隍之固儻有不虞何可以禦至正丙申夏上擢章佩監卿那海德俊命總

河陝鹽使下車日訪民所戚莫先城事公喟然曰民惟邦本豈可重戚吾民走伻請於朝乃規材僦工徒步經度奠厥方面以爲制度凡民田廬所礙者倍其直以市之於是丁夫星布畚鍤雲集命吏柴瑄董其綱築墉搆門治各有人公朝省暮視口授心畫雖風雨不懈其陴墉凡一千七百丈爲門者五每門一則築土爲臺崇二丈奇廣不及崇二尺袤增崇之三丈甃以陶甓中峙櫛木以爲塗道重扉嚴鑰石機鐵鐏上搆屋四楹戶牖洞達教卒伍刺伐坐作之法以備

非常門內外左右各爲軍廬八程又譏察所三程正北門則塞示豐故渠改流牆外邐迤西南就爲城之池其臺廣袤倍於佗門屋廼四程旋角碧甍朱檻暈飛跂翼左右夾室二程其制稱是巡警休宴則居之門少東又爲水竇一鐵欞石巷以通行潦西門之竇亦如之軍廬增各門十三程西門則不及七程譏察所又增其一墉之四隅構㷭火屋各四程以爲覘伺防禦之所經始八月己巳迄功季冬之末力則鳩兵二千五百人庶民輸財赴役者不與會計財費則皆

公之規措也越明年三月鎮耆士相率詣余請爲文以記余惟斯鎮也創於丙申周兩甲子而成城於丙申吁天使之然耶公嘗監烏江州牧創石橋三十里民免病涉之勞至今德之今爲新城圉斯民於永遠安恬之域而民不知勞佗日闔境之民指高城深隍而想公曰勿隳勿壞此名伯之甘棠也故撫其實而書之

河東運城記

明嘉靖　呂柟

嘉靖三年秋大水運司城幾圯侍御盧公刱焉欲甎甃以圖久遠然以瓜期且屆姑甃東面以俟後哲落成運城人曰斯子孫千載之利也不可不記且此城羣省交會一方具瞻然地近鹽則鹻易齧其足土挾沙則風易彫其膚板帶礓礫則雨易剝其面故近歲霖霪幾淪乎郛也而又內處富賈盜易窺城大無兵盜易攻巷寡土著盜易取雜聚五方之民盜易入土無嘉實而有厚藏盜易剽故往年盜賊幾突乎郭也

公乃選官吏輕費筭定征役謹命令猶其舊規教其新矩裁其崇卑壹其博狹均其厚薄凡兩月告成屹爲重鎮運城人曰一面甃三面皆可甃也一面舉三面皆可俟也公論文貴質不貴艱論學貴行不貴辨論政貴平不貴刻是以編掣常鹽商無退怨洞開三門民無偏私地不重給丁無積累訟不狥人獄無寃滯而又申修書院課藝不倦博學運學周貧不私此則眞甃運城者也且公之官可行道於天下曾以此城爲功耶公諱焕河南光山人

重修運城碑記

康熙二十五年運使張鵬翮

河東御史臺與鹽法使者所駐之地曰運城專城也淮浙長蘆鹽司皆隸郡衛非專城其故何哉蓋煮海烟竈延綿沙際防禦增築之事府州守令任之河東鹽池百二十里專屬鹽務官管轄冀豫雍梁四千里民食仰給於此國賦所儲羣商所處諸路所通百物所聚去郡治既遠而解州安邑又城小不足以容城之特建其勢然也城周垣九里四門計一千七百丈肇始於元迄今三百餘年其閒或修或圮前使者勞

績猶在

皇上御極二十三年河東鹽使霈人

上命舉清廉素著者廷臣謬以鵬翮上聞

制曰可恭遇

聖駕東巡臨視闕里鵬翮祇候兗郡

特蒙名見

行在

温語垂問承

恩屢蹕仍留典山東武鄉試事竣之官覈引通鹽恤商利

民先舉其綱闉池濬渠厚堞修城尤爲緊要方將次
第行之柏臺李公請
旨之檄已下於是捐財用而不費公帑稱畚築而量給民
力平板幹仞溝洫鳩工命日程物與作制不踰舊役
不違時始於康熙二十四年九月明年三月告成凡
墉堞皆甃甎甓樓櫓皆塗丹漆曩之卑者崇狹者廣
傾者植頽者完落成之日登埤四覽竊有感於懷焉
夫鹽政無修城之責然運城廢興乃鹽政大事必際
其時得其人始可事治而政舉嘗南望中條矗立屏

障接連行陘介山北峙莪嶺環抱汾澮襟其東黄河帶其西城之險阻可憑也賈旅輻輳儥販雲集輣蹄犫互雜糅於闤闠者儆闗警柝不可以無稽池之旁大舜之琴臺在焉歌南風之詩遐想乎上世自禹營安邑三代而下牧民囿圉皆以城郭爲先務故周文王作城於朔方而以南仲宣王作城於東方而以仲山甫盛世君臣於爲國之本末先後皆有條理吾故曰必際其時得其人然後事治而政舉也今天下車書大同

聖天子誕敷文德協和風動治益求治安愈思安日與公
孤坐而論道猗歟休哉可謂際其時矣我桂史勒公
以覺羅奉命來巡圖公以閣學出撫三晉河道觀察
于公擢撫畿甸江南中丞湯公晉秩宗伯皆蒙
聖朝不次之用卽大小百執事罔不感發興起刻自砥礪
以自効於
盛世海内額手慶得人焉予萬里孤臣荷
特達之知簡授督鹺黽勉循分以盡掌筴理財之實去其
不便而行其便愼修厥政期於有成以對揚

休命豈特修城一事已哉然予因補敝葺廢修扞一方有慕南仲仲山甫之功而予則愧非其人也有負於聖天子委任之至意多矣遂爲文鏤諸城隅以告後來者

重建察院記

明嘉靖　張璧

河東察院爲巡按御史所臨以平鹺政以廉吏治以考民隱所繫重矣宜壯制偉觀與責胥稱顧獘陋弗整臨者狹焉嘉靖巳酉侍御初公來按兹土先是盧公堯文涖滿當行謂公曰院就圮公盍成之公曰諾既乃曰予惟先公務而後從事遂鋭意經畫修卓刀諸堰導姚暹諸渠甃運司西城開大郭門嗣是誕告諸州縣選才吏裒前所餘貲撤舊構而新之始民居雜近院後公易以官地俾得徙仍給其須乃周遭築

重垣若干雉作先門三楹匾曰察院察院前樹屛建坊榜曰正肅左右峙者曰激濁曰揚淸中爲堂曰風紀後爲堂曰退思又後爲寢室曰氷檗皆五楹旁兩翼爲庖厨爲書吏房前後俱作捲棚綿亘庇蓋氷檗堂北有亭曰柏香東曰憶梅西曰存竹皆繚以短垣門皆南嚮先門傍鳫牆各有棚房居祗候胥徒南左右各一屋爲各官次舍前榜房故狹隘又壓市與院門相値復益地若干丈南開委巷諸皆從榜房後出入爲警舖者二每邏卒夜廵鈴柝四匝察院之制備

矣既宏乃規弗愆厥素兹其良役哉壁嘗觀善持憲者先諸公而後及其所緩是役也可謂知務然侍御之志豈但已乎蓋山澤林鹽皆國之實而今之鹽利可以坐充國課者莫踰解池然利於官則有廉污利於民則有惠慝欲惠民先繩吏是故不可無激揚之典激揚者風紀所有事也未有已不正而能正人者故風紀以標其憲正肅以約其趨退食以廣其思冰檗以嚴其操而又履竹之潔挹梅之淸甘栢之苦檢身飭躬靡不至夫然後平物有銜燭形有鑑舉剌興

革無往弗臧獨鹺政也哉此又侍御公取名之義也

新作學廟記　　元　盧摯

解梁之墟民聚幾二千家鄜術眂望州而縣曰路村者以鹾利自出從陝西都轉運治鄉士民協力漕臣願廟

先聖其地至元壬辰劉公紹慶實總漕事實始圖作是廟未蕆事以受代去今使奥屯公茂規而隨之以一象論用克以大德戊戌之冬落成厥功爲禮殿重檐巨楹翬跂絢耀視大邦君之居像

先聖先師十哲服章位著如禮置講堂殿後以居師生閑

其門櫺崇其垣墉以示揭虔妥靈攸宇中條雷首顧瞻伊邇相其高明殷然爲他郡廟學之冠七十子諸大儒之序及館舍庖廩皆位置之使可因以就緒其規所以須學校之費者又未已也嗚呼公其勤且德於是鄉厚矣伻來徵記文於摯曰國家尊鄉儒術自京師至凡郡邑莫不廟祀

孔子示爲指南斯文本教養而熾俗尚於是焉在夫三代盛時家有塾黨有庠術有序路惟一鄉今有廟學亦尚昭聖治哉茂蕞淺學未有文廟事告成而獨無補

思所以自効無愧於前使於吾同僚惟是恃雅素於
公庶得一言刻著廟石不朽以謝不敏摯惟學校尚
矣學有祀事由其道固所以報之然使民觀禮識古
以節性日邁於善又有在也夫總漕有職課殿最有
法謹正鹽筴課羸常平不使山澤之利有遺所先務
也孰有游刃餘地宜上德意以扶翼斯文爲心如公
者哉夫古之君子見賢思齊樂道人之善然則公所
求以自効獨非吾黨所以自効者與大書特書懼吾
文之未稱副也是歲十二月二十有六日記

碑陰載文廟四至東至公田西至本廟出道北至街南至道南北長一百八十九步東西濶五十步計地三十九畆三分七釐

重修孔子廟記

明　楊榮

孔子天縱之聖人也當時門人弟子師宗之及其沒也祀於其家以師之禮而已其後道愈久而彌彰有天下國家者用其傳以正己而化民學士大夫由其教以立身而用世盛大悠遠將與天地相爲無窮其廟所在內自京都外被於海隅徼塞有民社者咸得立焉非至聖其曷能臻是乎河東聖惠鎭城東南孔子廟據鳴條岡以面鹽池地位亢爽殿廷門廡宏修狀麗其後明倫堂兩齋古栢森然式稱具瞻蓋自元

以前運鹽使司所建有學官生徒至明廟學立於郡縣而是廟遂寖以壞今運司副使率鎮之人士葺理焉鳩工集事遂克落成規制巍煥悉復其舊廼來徵予文爲記夫祭之禮有其舉之莫敢廢也蓋他祀且然而況孔子凡厥生民所以安於倫彝之常而遂其有生之樂者孔子之教然也豈宜忘所自而不之報哉兹廟之復諸君子以爲政理先務其賢可見矣雖然祀焉者文宗其道者實文已至而實不從將無以至於久是邦也舜禹之故都豈無秀民可教者選擇

而教於兹因使執歲時之饋奠而又需其成以待上
之求也雖非郡縣學官之列亦猶黨庠術序之遺意
安知其不若徂徠白鹿之書院乎此予加望之意也
故爲記以勸諒亦諸君子之所願從事焉

河東名宧祠記

明嘉靖三十年巡鹽御史尚維持

名宧得祠諸學所以維教也河東無之將謂宧茲土者獨可無名乎監臨傳舍而澤靡究運司校利而迹近汙教員卑格而業易晦其然歟噫殆非也法衍而德溥時不足以淺之行修而道光地不足以穢之身詘而志達位不足以微之然則名乎宧者豈可固焉求之乎爰命有司率譽髦廉三老稽晉乘搜遺闡伏得漢丞相覇以下若干人搆室在泮肅儀如制宧河東者始得以食其報矣然而祠以宧者名焉巳乎色

取之聞宣尼不與而没世弗稱君子所疾是故有以道德名以崇本有以治行名以尚功有以儒術飭吏治而文名以宏化有創制置利遺佚後人而以惠名有秉道嫉邪不爲俗回而以剛名有禔身率物不失雅素而以廉名有政尚簡易毋縱詭隨而以直名有爲民保障能捍大患而以勞名有不欺屋漏敦行自轂而以誠名凡此不一而名所以名夫宦也因名核實觀兹祠者彊善之心油然而生矣某也崇本以抑末某也尚功以率德某也遂文以章德某也惠以綏

窮其也剛以翼柔其也廉以勅貪其也直以袪枉其也勞以易紾其也誠以戒僞聖門事業篤實而光輝若誠者又名之所由成也傳曰名者實之賔也𤇍俗蔀明而弗繼獵聞滑眞而可恥吾何取於兹宦而祠之哉詩曰是則是傚視民不恌持也是懼因紀厥成兼以儆於有位也時嘉靖癸丑仲春之吉

河東鄉賢祠記

明嘉靖三十年巡鹽御史　尚維持

夫可已而不已厲民也不可已而已迷俗也鄉賢之祠弗可已者也祠舊在學隅湫隘簡陋余顧謂諸士曰其奚以景先而勵後乎時從官師之請度帑餘以相工越月告成事爰稽所入若干人祠爲楹者五宏中以大受也爲神龕者如之虛方以待來也爲垣爲門省觀以知止也首許由尚檢爲始義也張岫而上姑記所知也國以繫之風乎遠也錄爵次考厥成也及里居本其所自出也曰姓氏名之不可已也風后

龍逢傅說咸賢夷齊别以祀者爲其聖於鄉也蒼頡羲和臯陶吉甫狄仁傑文彦博諸賢非敢遺之遠吾所隷也虞夏風教賢者或有未盡欲致詳而闕疑也噫祠宇邃矣俎豆具矣備物章軌以綏賢矣唐韓愈氏以不得出大賢之門下是懼諸士朝遊夕止顧諟弗違吾知感發多矣孰爲善士而取之孰爲國士而友之孰爲天下士而師之敦名檢今之巢由氏也勵忠節今之關壯繆張睢陽也秉誠塞妄今之宋溫國司馬也抗疏執政今之趙忠簡公也布衣通顯今之

王文中子也學求至乎　聖人余非以數子爲爾止也鄉賢先達孔子徒也諸　生誦法孔子其容舍先達而外求乎哉德審而學弗　疑性固而中弗遷履貞而物弗化將不由數子以達七十子由大賢之門以達夫子之宮牆矣乎諸士其懋諸覺覺相禪安知鄉人又不爾師乎爾又鄉賢也爾胡不爲鄉人先

河東鄉賢祠記

明嘉靖　吕柟

監察御史初公巡按山西且期年一日登河東書院之書樓見三晉諸鄉賢木主扃閉其上而積歲釋菜不修且師士子瞻仰展拜亦難甚憫焉他日至運司儒學見鄉賢祠一所空設而中無一主曰此不可安祀書樓上之賢以示諸士子邪又曰河東運司非一府一州邑可比則生乎其地之賢凡有事斯土者不可漠然視也於是取前巡按御史安楊張仲修所查定諸賢而增損之乃命運司增飾屋宇創置龕案遂

立主敘位安祠且定春秋常行之儀其未舉之前經營籌畫與中府經歷張君棻及柟有聯句二首則公之積念於斯鄉賢者其志亦勤矣諸士子朝夕遊瞻能不知所敬承而式法之乎祀自風后蒼頡凡八十四位其文并詩列諸後

新建運學尊經閣記

明正德　馬理

河東尊經閣者運司學宫之閣也學有書千卷藏之庫正德辛巳侍御邱公來理鹾政如學宫進諸生講誦出書於庫庫則敝且壞也公曰異端賊道今其言遍天下天下敬其言弗盬弗視金匱錦帙藏之惟謹視其書自諸隱怪妄誕之外多淫辭漫語絶之猶懼滋蔓乃天下公祟之何也亦緣其徒先自重故人爲所惑先聖王之書於人若水火飲食信而行之則危者安亂者治亡者存猶覆手也吾徒顧不知重使風

雨鼠蠹至亡滅而不救愧於彼之徒矣吾今爲若藏之他日得學宫東隙地垣之南面倚山爲樓樓崇二仞朱戶雕欄貯書其上公曰書其得所矣乎然書孰爲尊經爲尊學者先明乎經有餘力則以及他書否則窮經而致用亦足矣夫經有聖人之道四而害之者五以經邦者尚其道以潤身者尚其德以致博者尚其文以守約者尚其禮斯四者聖人之道也而他書不與焉異端之害一風雨鼠蠹害二訓詁而臆説害三詞章而枝葉焉害四舉業而干禄焉害五斯五

者天下之達害也今風雨鼠蠹之害免矣除四害興四尚是在諸子於是名閣曰尊經示下上於斯者知先務焉

河東鹽法備覽　卷十二

重修河東運司儒學記

明正德李浩

國家稽古右文建立學校督訓有官生徒有廩所以風士民而成治化者也維時守令視爲末務莫或究心而振作興起之是以風俗磽靡治不古若凡以此耳河東運司學創始於元我朝隸於郡縣廟遂廢壞正統巳未運使韓偉請於上詔復其舊悉若羣學之制焉歲久益就傾圮正德丙子正殿雖重修而堂廡齋舍之類未遑丁丑春侍御熊公奉璽書督河東三省鹺始至謁夫子廟退即講堂顧而嘆曰是豈可以

爲泛常而諉其責於他人哉慨然以修復爲已任命
運司集羨餘鳩工授材伐石陶甓舊地爲民侵者考
古之志數而釐正之委知事李繼明董其事焉乃建
大成門東西接兩廡廡之南移置古今碑刻北則東
貯樂器西貯射器殿後爲明倫堂左右爲四齋爲書
籍祭器二庫廊宇軒豁直通殿廡堂後爲致齋所以
備歲丁齋祓之制統計百三十二楹外建櫺星門門
之左爲儒學門南及東西各立坊牌大書其匾曰泮
宮曰儲賢曰育秀皆出公手筆四周繚以崇墉環接

坊牌以杜車馬踐躪學宫之左築教官私宅三區齋所之後爲諸生號舍二聯又東則習射有圃覿德有亭鄉賢名宦文昌有祠凡百有八楹惟大成殿淺隘弗稱葢以新修未踰年不可改爲故仍舊也其餘若庖湢廩庾器具之類無不周備飭以丹堊煥然一新經始於丁丑八月訖工於戊寅三月冬寒輟工者兩月甫七閱月而告成不取於商民不病其農務故民不爲勞事用速就公曰斯可以崇祀事敦化本風勵當時施於後世也已於是鄉之士夫張上舍昇具實

張知縣鐙孫上舍光祖走以請予曰願有記焉於戲孔子之道治化之所由出者也後世以來上不知所以爲教下不知所以爲學判内外之分昧義利之辨工記誦競詞華從事於口耳之末儼然自以爲得而不知其去道遠矣治何以復古哉河東文獻之地今聖天子又隆師重學日御講筵非孔子之道不敢以進士非孔子之道不敢以學海内一家文風丕振兹又有賢監司如公者體上心率羣牧以加惠學宫則人才蔚興民俗敦美治化將大成矣豈非一時之盛

歟然公之善不止此固禁垣以息盜建重屋以壯觀增更舖以巡瞭深隍池以防姦置水亭以濟渴禁絕權要旌廉黜貪則三省士民之所共見而不可泯焉者俱在他記中可互見也夫學校修則君子有所觀而益進於善禁垣固則小人有所畏而不陷於惡公之德澤於是乎不可尚已生斯地以業儒者其尚崇節義廉恥以無負於聖天子隆師重道之意與今日賢監司振作加惠之盛心也哉斯舉也運使趙君廉同知曹君宗璉副使任君似判官楊君士魁相與協

心贊畫與有勞焉公諱蘭字天秀江右南昌人

重修河東運司廟學碑記　康熙六年巡鹽御史施維翰

嘗讀易至比小畜履諸卦而知古聖人因庶而授之以富因富而授之以教懃懃懇懇以底其治於泰象者誠非一朝一夕之故也蓋余修運司學宫而有感焉粤代以來自京師暨各郡邑靡無不建學以祀孔子而河東運司特立學宫於路村城之東南隅以儲訓其子弟此固有深意非比他郡邑尊師崇禮之處文徒爲科目取士地也曷言之運城當解梁之墟環聚而處者比户素封其父兄精計然之術操

奇贏權子母閒起鬬訟輕犯法其俗雖儉嗇而貲盈者每侈靡相尚飲食裘馬炫燿衢巷無虛日觀者比於五都躍冶苟不董之以學問申之以禮義引之以聖賢之塗將置孝弟廉恥爲身外物而唐虞遺風幾不可復覩識者憂之爲之建學以儲之要本乎古聖人富而後教之意而國家培養人材敦厲習俗之指亦寓焉已爰考其初創自有元而盛稱明代學宮壯麗倍於他所凡職斯地者以時修舉撫碑尋蹟閒有其人以故講學明理之儒每鍾於此此無他上有以

作之下有以應之而教澤之入人漸積然也至
本朝定鼎二十餘年前此兵燹之餘師儒簡逸雖不至
鞠爲茂草佻達見譏而周垣頽塌畜牧尋侵殿廡門
楹風剝雨蝕余以奉
命巡視鹽筴謁
廟之頃目擊心動計欲一舉而鼎新之隨有事雍梁忽
忽未就尋以彰德會鞫之役竟薄寒冬始歸栢署廼
令運司經歷楊君霞者代董其事而氷天雪窖中將
作有皸瘃之苦土石有凍坼之虞鳩工庀材兩難措

應蠲吉於立春解凍後起工至上丁前一日告竣事余率諸吏往視牲畢用觀厥成以次日釋菜行禮蔚然聿新於是妥　神靈昭　典禮庶有當焉計捐貲若干兩計土木若干數計丹漆黝堊若干數計始卒為期若干日所修正殿東北隅榱角工為最鉅明倫堂承霤一帶兩廡諸館射圃儲倉齋廚學舍以及啟聖仰德各祠俱以次第舉又慮無以聳具瞻也大成門櫺星門逮左右牆垣坊表暨塗焉傾者扶之缺者補之廢置者恢復之取材必精良弗循苟且為筭必

經久弗市目前委專官則杜冐破輸徵俸則無旁累庶幾稱周詳而殫至者已或曰鹺使者一載官學校非職掌内事奈何而君顧畱心此余報之曰不然曾不見夫二氏乎二氏之徒崇奉其師上擬宫闕踵事增華不極於巍煥工巧不止而吾儒可置

先師於榛莽乎卽吾儒之崇奉二氏亦復專心致力勝於

崇奉

先師者比比矣夫意向有注不注才力有能不能余不能闢二氏能尊

先師而已余不能有所踰越以尊
先師能因其舊而文其簡以示尊
先師之志而已奚所事以俟後人而更委之職掌所不及乎或曰運司學宮頹廢已極起大工役須集官師子弟共力以圖復奈何而君獨肩此勞也余則應之曰是不難集官師子弟而勉之又不見夫二氏乎凡所興作必動衆以資成功及其成功則必歸之於大願力大法力者余竊恥之而故效之何啻二氏之摩頂乞緣也且官師子弟之意向亦有注不注才力亦有

能不能余則所注者在斯而所能者亦僅在斯也夫
將於斯地之子弟不墮於市井末利而日趨於詩書
禮樂之中則必使知尊
先師夫將欲斯地之習尚不淪於侈靡鬭訟而亟返於陶
姚勤儉之風則必使知尊
先師夫將欲斯地之寮屬羣砥礪於崇儒重道之行右文
愛士之心則必使知尊
先師知尊
先師而

朝廷崇祀之鉅典與前人創建之深心俱不虛焉已語云皇皇求利者庶人之行也皇皇求仁義者士君子之行也請弗徒以持籌言利之臣視余而科目階梯視運司學也余所兢兢焉黽勉從事冀不失乎古聖人富而後教之意又安敢謝獨勞乎哉蓋因落成而援筆記之以勒於石時司屬運使蔡君承華山東蓬萊貢士運同黃君標遼東海州貢士運副魏君樾祥北直柏鄉貢士運判孫君開祚湖廣安遠貢士經歷楊君霞山東臨淄進士知事高君駿升浙江秀水舉

人教授趙君璋本省閭喜舉人俱在任例得並書

河東鹽法備覽　卷十二　終

重修運城文廟記

乾隆四十八年運使沈業富

古者黨庠術序四民之子弟皆入於學飽食煖衣不使逸居無教故工商咸通大義而田野皆能詠歌

國家於府州縣各建學宫計天下千有餘所祟祀

先師孔子歲取四民之俊秀入學絃誦講貫以時習禮樂於其中用能養成德器備他日疏附先後奔走禦侮之用於戲盛矣運學創於元大德三年以教諸商子弟明初改生徒分附解安二學學遂虛故志載楊榮重修記稱

孔子廟不稱學正統巳未復舊終明之世三四修皆載碑

記我

朝順治十一年康熙六年頻加修葺至乾隆六年運使

張任大修迄今歲久復有殘圮商人陳寧泰等呈請

捐修詳准自

殿廡

崇聖祠明倫堂東西齋敬一亭外則泮池名宦祠鄉賢

祠尊經閣仰德祠東西兩坊周圍垣墻皆材良工固

煥然重新經始於乾隆四十八年七月十一日落成

於本年十月二十七日業富乃進商士而告之曰天下商竈籍皆附府惟河東獨建運學近因鹽池水禬商力乏子弟習舉子業者日少當事屢議去皆賴聖天子鴻慈減額而不除籍又中丞　農公多方調劑商困得蘇是以感激懽忻急公慕義於池神諸廟屢請捐修而首先

文廟尤可謂知本者矣由此父詔其子兄勉其弟讀有用書行無愧事爲聖賢之徒儲公卿之選詩不云乎王國克生維周之楨於以仰報

國恩於萬一是學校之光而斯學益相延於無窮也謹

記之以貽來者

河東書院記

明 正德 呂柟

正德甲戌春張子仲修巡鹽河東官吏耆舊商民胥悦廼從官師之請作河東書院於路於是諸車人店人牙人獻木石暨力諸工師獻能諸園藪獻厥植廼選義士命理廼築墻周七十雉廼作先門三楹南面北渡石杠儀門三楹又北講經堂五楹阿棚前南面層階雙桐夾階桐外有松栢古槐東爲崇義齋五楹西面西爲遠利齋五楹東面碑亭二在二齋南南面齋負序序交儀門之南墉儀門東東號門南面東號

門而北東上號門東中號門東下號門皆西面北上東序在其前三號皆南面三楹自門折道以登其榮皆夾樹下楸中槐上桐皆背二梨其夾階也皆茨栢號皆有厨二楹在左西面儀門西西號門南面西號門而北其制如東號門而北表二門皆雙楸退思堂在講經堂北五楹南面二槐夾階茨栢在其南四教亭在堂北亦南面堂東偏南下爲左曲房西面其後胥人房西偏南下爲右曲房東面其後隸人房西牖之西蜂房四區東面東牖之東蜂房亦四區西面四

教亭北築閣構樓曰書林上祀三晉名賢側藏籍其
林帶水爲環池如圓璧以種蓮泛舟曰天光雲影又
北爲亂石灘灘北爲山九峯中峯曰仰止亭東曰杏
壇西曰桃源旁皆甃井曰源頭四洞先後山曰游仙
蓮池在山後麓巘岫巒巖皆有茂木縮霧縈雲故左
曰豹變右曰鳳鳴自環池東爲石榴園亭曰日心西
爲葡萄園亭曰月種皆背松棚菊籬見山在山北西
面亭曰悠然其後牡丹園亭曰麗景又其後紉蘭園
亭曰余珮皆西面亭皆南面竹徑通幽在山北東面

亭曰綠猗其後荼蘼園亭曰微風又其後藉草園亭曰一般皆東面亭皆南面自仰止山後歷青楊而北爲游息亭又北爲百果園其山北東麓甃井槐亭西麓亦甃井槐亭翻車上水潛山翼流南過源頭井又南會於亂石灘又南滙爲環池環池東南閘流過東蜂房南縈東號厨至東號門之南東滙爲方塘西會西流於石杠其西南閘流過西蜂房南縈西號厨至西號門之南西滙爲方塘東會東流於石杠又北流分灌山後諸園至於百果俾入先門則懷德瞻儀門

則正履視碑以儆後居齋以齋心陟崇義思入神降
遠利思窒欲升講經以考業處退思以防過守四教
以存誠仰山以樂仁覽水以樂智覩蜂房以思義仁
且知與義矣斯周德日心忠也月種順也忠順不失
斯見歲寒不凋之節故松棚在其後歷亂石灘可以
知險登書林樓可以博物游杏壇以述古訪桃源以
濟世甜悠然以正出處閲麗景以觀造化撫綠猗以
成圭璧賞微風而識乾坤是故余珮如蘭斯馨藉草
靡他其適若是乎可以游息矣故游息亭次焉譬諸

草木旣爾斯果矣故百果圍又次焉

修復河東書院碑記

康熙十九年巡鹽御史　黃斐

康熙二十年春余蒞河東者四閱月觀風諸郡邑得士之俊秀者若干人思得一宏敞之地贍其廩給以造就之適轉運高君因商頭李琮言有修葺育才館之請余因考諸運志而知其館在運治西北八里許廼前侍御張公士隆所建爲河東書院者也其規模猶舊而垣牆傾圮因與高君捐俸以修葺之且爲查理贍地以整飭之其事既竣高君請余爲之記而余更不禁浩然興感也夫書院之設自唐元和中衡州

李寬創之於石鼓厥後南唐李渤聚生徒於白鹿洞而講習焉有宋既定江南太宗於汎掃區宇日不暇給之際特驛送九經俾之肄業抑何其識量之宏遠耶繼此則有岳麓嵩陽睢陽諸書院與鹿洞齊名天下有宋所謂四書院者是也又其後倣此例則有道州之濂溪建陽之考亭信州之象山以及五峯延平茅山紫陽武夷鵞湖鹿澤建安鷺州諸名儒講學之地所在多有自宋元來朝廷或賜之匾額給以租廩或以職官提舉或以名儒主管賜之教授之名山長

之號盖數百年間未之或改矣迨至明正德嘉靖間講學之風盛而書院之建亦幾遍天下獨有江陵張相君者以綜核名實之學而相神宗以爲盛王之世國不異政家不殊俗天下儒術當一準之功令而舉一世之聚徒講學者概而等諸處士横議之列於是遂舉天下之書院而一切毁廢之獨不思明祖肇興府州縣各置儒學當干戈甫定之餘其爲博士弟子員者上庠不過四十下庠三十而已故得以聚首黌宫昕夕講誦久之而爲增幾何又久之而爲附幾何

學舍不容廪餼不及遍乃復舉天下之書院而盡廢之由是人無統壹學無師承文無師法甚而放僻邪侈其不流而爲城闕之佻達鄉曲之武斷者幾希矣尚得謂之道一而風同者乎而江陵計不及此豈然不顧以隳此數百年崇儒重道之業抑何異於李斯督責之術一變而爲焚書坑儒之禍者乎甚矣江陵之忍且陋也初聞江陵議運使李君廷觀亟改爲三聖廟得不廢其後侍御趙公楷更名曰宗聖館又其後侍御吳公達可更名曰育才館此皆顧忌江陵而

諱言之者也今我
大清鼎興聲教四達兼之
皇上尊右儒術天下學者莫不靡然嚮風夫復何嫌何異
何畏何忌而猶爾展轉更名因循掩飾而使前賢剏
始之苦心嘉惠後學之盛意竟隱晦湮没於道術昌
明之世乎故余與高君之舉是役也凡所謂講經堂
退思堂以至崇義遠利諸齋種種園亭名目無不悉
仍其舊而於大門復榜之曰河東書院蓋張公昔日
之志亦余今日之責也雖然余則更有說以處此四

書院之始興也亦不過講貫經史專門訓詁之學迨後濂溪考亭遞作乃相與倡明正學而使堯舜禹湯文武孔孟之心傳始終條理燦然可考蓋非徒爲帖括掇科名拾青紫已也余生也晚承乏名邦不獲親炙名賢如郭有道之高行王文中之道德薛文清之理學其人矣而此心猶不替高山景行之思使今世而復有其人則余將贄幣相迎主此書院使縉紳士庶皆有所矜式而余亦得以北面事之矣詩曰豈弟君子遐不作人余願學焉而未逮也尚俟諸後之同

心者

河東鹽法備覽　卷十二

重修河東書院記　乾隆四十八年運使沈業富

河東運城之西八里有三聖祠祀

堯舜禹三聖人而以羲氏和氏稷契臯陶伯益伯夷夔龍關龍逢之神配蓋以數聖人者治被天下後世而同爲晉產雖更數千年而晉之士民服教畏神崇德報功之意尤近而切也春秋兩祭以運使主之義至愼矣壬寅春余奉

命轉運此邦每遇古聖賢故都遺趾遣想慨然不能自已既有事於祠見其地多荊榛瓦礫殿三楹亦湫隘祭

器則假於他廟而物多不備心傷之以鹽池司巡檢婁臺蒞事誠敬乃捐貲五百金屬其鳩工庀材别爲殿於後而復整其舊以爲退息之所設三座門繚以周垣且丹之倣學宫之制也祭器祭物惟其備工既成或謂余曰是地固不僅三聖祠也昔明正德朝巡鹽御史張仲修創立河東書院聚晉陝豫三省人士講學其中萬歷閒張居正當國議廢天下書院而此獨以祀三聖得存天啟初御史李日宣别爲宏運書院於城内而此少弛矣逮

本朝順治初御史布舒熊一瀟復修之顧無肄業者僅存空名歲久且圮然向之九峯山六桂亭藏書樓猶巋然特存古栢數十株猶森然聳秀也聚奎堂四壁卑立居民多撤爲薪焉守者勿之問及今不葺果廢矣公能無意乎余曰有是哉乃復捐貲經理之閱兩月工竣外復爲周垣百九十七丈以資保障堅而不圮示別於祠也堂東西爲耳房六間又外四間置茶竈器具粗備以待賓客舊有田三十四畝零以畀守入半没於荆榛瓦礫中至此亦清出進守者而申勉

之意躍如也計費兩倍於祠而向之屋瓦鱗次燈火青熒弦誦相聞之盛猶未能即復雖然以待來者亦庶乎有基勿壞矣方余之始事於祠也官吏估核需費財若干余以其事不必責商而邑人又以爲非商莫能爲也余惑焉士君子十年就傅束髮受經抱四子書爇瓣香家塾中日夕揖拜時雖幼莫不知有三聖人也長而膠庠進而科甲又進而紳組捫心自思所以長育而成全之以有今日者誰之教與方明張居正當國時氣燄熏赫議廢天下書院意必多靡然

從風者而河東士大夫獨議以祀三聖不可毀居正
雖時宰不能詘也而嗣是曹明學先生乃復以氣節
講學顯嗟乎是固
堯舜禹在天之靈有以呵護之而鄉先輩之流風餘韻亦
可深長思矣抑余常訪書院遺跡有題詩於壁者不
著名詩曰昔日藏書地今爲狐兎屯不逢育才者此
意與誰論余深愧其言志之以示不敢忘也

新建宏運書院碑記

明天啟三年　巡鹽御史　李日宣

余不習吏事少時但從鄒南師諸老譚學耳比釋褐即藏拙秘省蒭改言路未嘗不與吏親而於吏事茫然也邇受事河東則日親吏事於茫然中求稍可自憑者一以平日所聞於父師爲要領而參以書生之知識日漸融會不爽分毫恍然悟曰學在是也予昔所聞於父師者學也即吏事也河東爲三聖人傳道地而講學一會自曹師仰節堂數武外寥寥無聞余日覩諸老恂謹端凝居然有道氣象又皆振古循良

絶世經濟卓然有以自樹於世豈其於吏道深而於學肯漠然乎乃於諸老閒一尋會反覆研究又恍然嘆曰學在是也諸老向所自樹者非吏事也學也然則學何負於吏哉今之君子以學妨於政而偏欲諱之且使天下士從事於舉業者亦曰吾肆力於文章姑置是嗟乎學者學爲儒學爲吏也今舉文章政事一切諉之學外無怪乎天下無真儒無真吏而徒紛紛焉騖紙上之月露釣口角之龔黄卽語妙天下名震四遠於道何居且夫不衷之言聖人弗聽違心之

行君子不居文章靈氣功名大物盜取亦爲不祥况剽竊唾餘乘風雲於天上鋪張故事買尸祝於人間則是鏤冰可以耀日團沙可以尸饔也竊爲今之君子憂之憂之維何亦惟是刻意共學而已余既於育才館拓地爲室以居諸子衿繼念吾曹師還山有日諸老聚首更須及時登壇有人而擁臯無地長民之謂何於是卜得學宫之左射圃一區可以經營屬所司鋆而構之仍移其圃稍東焉構成題其閣曰經正民興顔其門曰宏運題其堂曰傳是凡既備矣而余

周爰始歸吾師亦應期且至諸老相向賀曰兆足行矣時余以家少司馬例請引避旦夕且行於是相訂一月之內凡再會會無資則薄有所捐買田以饍其詳具載志中閩曹師且請於鄒師記之矣而余猶不能已於一言者艮以余之受命而來也吏事耳余不能以不習之吏事報朝廷而徒以所習之夙聞對父師何以稱肅將乎而非也天下患無真吏耳欲天下有真吏先須天下有真儒真吏易致真儒難得使予爲其易而以所不習者塞責於目前無寧爲其難而

以所習聞者報效於他日且未必無少補於目前乎此區區創始意也或曰子所題者傳是也而記不及是何也曰莫非是也人盡吏也人盡儒也我乃於其中求一真則是吏非吏是儒非儒自有能辨之者此又予傳是微意也若其大義則與諸君子譚之久矣

運安兩學公錠記

乾隆四年署運同　彭洙

先是余宰安邑閱志乘見自勝國迄今科第蟬聯每科獲雋多至十二三人次八九人少不下兩三人後自邑宰遷守解前後合六年而獲雋者十一捷南宮者三副車三於戲盛矣非有人焉時爲作興培養之奚以至於斯歲已未余署篆分鹺運安紳士詣余言運安兩學應舉士約有數十人臨期或艱資斧非所以作其氣也爰公捐若干金置爲鹽課六錠歲銷之商商償價合三歲所獲可少助士子道里費敢乞弁

言勒石且俾後分鹺者永蒞厥事用垂永久余於時流連嘉歎益知運安文風之盛之所自來矣昌黎不云乎莫爲之前雖美弗彰莫爲之後雖盛弗傳今邑之先達作興培養其後進後進者鼓舞振興共奮天衢又將因時因事培養作興期無替先達之意從茲士氣日益勵文風日益隆風俗日益古寧啻宰是邑守是郡者與有光寵而

國家掄秀書升之典亦將嘉賴焉因列輸資之姓字欣然而爲之記

渠堰志

明弘治十七年巡鹽御史湯沐

解鹽藉主水以生，緣客水而敗。主水乃池泉之渟滀斥鹵之膏液，客水乃山流之泛漲、渠瀆之衝浸。世知是鹽成於風日，不假煎漉，不知隄防少虧，決注已甚，潔者汚，醇者漓，凝者紓矣。故治水即以治鹽也。然客水有遠近，其設防有疎密，貽患有大小，而施工有緩急。大抵池形若腰盆，東西長，南北短。南枕條山，雨水易迫，然非泉淵所出，且橫亘有護寶堤，依山有桑園、龍王、趙家灣、大小李、西姚諸堰，縱有飛瀑，亦各容阻甚至毀牆而已多不能入北沿䃮壞平坵與水隔絕無足爲慮若東西盡處則俱逼禁堰一牆以外即客水所鍾次東禁堰者有壁水小堰月堰及黑龍堰次西禁堰者有卓刀七郎硝池堰各從東西自高而下多則決少則淩禁堰不能受則入池矣黑龍堰之受害實原於苦池苦池乃姚暹渠蓄而復流之所也硝池之受害實原於涑水涑水在姚暹渠之北勢高於坡者也二水皆自東北而西南出自夏縣一由巫咸谷白沙堰爲姚暹渠北合洪洛渠一由王谷口爲李

絳堰西合姚暹渠總經苦池迤邐西向自安邑歷解州抵臨晉入五姓湖此姚暹之渠道也出自絳縣山谷由聞喜東北來者爲涑水亦西行受稷王孤山峩嵋坡諸水經猗氏抵臨晉亦入五姓湖此涑水之河道也五姓由孟明橋注黃河則極矣姚暹首中多太狹涑水中尾亦多窄苦池在安邑不勝李綽洪洛姚暹渠之受其勢必自東北泛溢於黑龍入黑龍則壁水小堰月堰不能支而竟衝決於東禁涑水在臨晉不勝山坡之受其勢必自西北橫溢破姚暹而奔騰

於硝池入硝池則七郎卓刀不能支而竟衝決於西禁況東北有湧金泉亦注於黑龍西北有長樂灘亦注於七郎此東西隅水患之大約也故築東禁以及黑龍築西禁以及硝池治其標者也濬姚暹以導苦池濬涑水並歸五姓治其本者也急則治標其功疾而小緩則治本其效遲而大切水脉者緩南北而急於東西先根本而後於標末雖嚴其防障於東西之近堰而於姚暹涑水源流歸宿之處常不忘其所有事焉則客水不侵主水無恙鹽利不竭邊儲永濟矣

濬姚暹渠記

明嘉靖元年
巡鹽御史　朱實昌

河東鹽池跨解州安邑百餘里環之以城池卑下爲水所趨以客水能害鹽也前人多築堤堰以爲障一遇霖潦堤堰輙壞城亦衝塌鹽用不生役夫修築未幾又壞卒無寧歲要之水無所歸故也予諗於衆曰是不一勞無以永寧於是檄有司先治城堰民方農作則俾之更番卽工再閱月繕完如舊城門之漂没者亦以次鼎建考誌問俗乃知舊有姚暹一渠所以受諸山谷之水由苦池入五姓湖以達河自唐以來

湮没至今按是者類以瓜期代去多因循苟且罔有知事事者又欲動十三州縣之民大治之使可舟楫爲疏上又輒報止予曰臣子受命一方可勞君父慮耶於是委賢能循故道使加濬焉時冬燠民亦知將遺於後也乃大和會起工於十月中旬再四旬而渠成渠成則泥寒土凍如石是豈有鬼神相其間哉渠中廣三丈兩岸各高二丈爲堤堤之上廣二丈東起安邑苦池西抵蒲之黄河長二萬丈有奇通役夫二萬八八四十日爲工八十萬而墢堰之功又半之明

年樹堤以柳予歷視而嘆曰天下事成於衆斷於獨
窪則盈敝則新不獨兹役而已彼因循苟且忘其有
事者也欲舟楫於平陸揠苗而助長者也且神禹之
治水也行所無事萬邦作乂而貢以達河爲主兹爲
夏都郊關納總之地顧豈有是害而不知所以便民
哉是可求其故矣事竣合屬請紀其事於石予辭曰
予治是水蓋有得於水焉水善利萬物而不爭處衆
人之所惡故幾於道斯役也城因前工渠因水道予
也敢爭兹名哉姑錄其公移并廵行時小作成卷題

曰求故藏之篋笥以無忘所事云爾

鹽池石工記

明萬歷二十四年巡鹽御史　吳楷

萬歷二十有四年命臣楷往按河東鹽政余趨而南過陝踰河河東守巡二道首以旱魃爲辭余詰旦易食减騶籲於皇天果得甘霖如注農夫相與慶於郊乃鹺池百堵郤如嚙如摧牆不盡者數板予思古者不墮山不崇藪不防川不竇澤順天地之氣庶幾聚不陁陂而物有所歸今鹺池落在條山之麓一遇淫雨勢如建瓴欲使荷鍤之卒持一抔土塞方漲之流無乃不可乎一勞而永逸小費而大寧余何敢惜一

省視遂檄守道平陰孫公與余上下原隰度勢審形池之南面短堰爲急議當起石臺二座三分黑峪溝之水以瀉於賀家灣龍王二堰又須護堰長堤一條以折其悍而杜其溢其北面諸堤如塗塗附叢蟻穴焉而其要害數處議當鎔灰延石削土鳩磚庶幾强可使弱急可使緩也其西之卓刀等堰瀦洩如故補苴易易耳而其九里堰在東面者石脚傾圮殆半非補其缺固其基何以自石鹵鹵不虞噬臍也議既成名司府郡邑諸僚佐按籍而課工程功始於閏八月

二十日竣於十一月初九日余與孫公核其成功磚石工計長三百四十二丈五尺土工計長二千一丈三尺磚計用一十三萬六千三百五十五個石條六百三十二丈灰一十四萬一千七百一十觔而所費㩁役銀僅三百三十一兩有零是役也前院雍墅李公會具疏於十年之前余今始得卒業請於上求紀錄其賢且勞者制曰可事下大司農而諸僚乃進余一言勒諸貞珉使後之稽功者有所考焉

河東鹽法備覽　卷十二　酉

宋解州鹽池新堰箴並序

康熙元年巡鹽御史徐　越

碑中字磨滅者不可識其未磨滅者猶自明朗序言天聖九年冬十月奏請營兩池新堰詔許之越明年春正月仲春厥功成鹽澤之區郇瑕之地其利衍沃自元魏以還設兵以防之樹棘以禁之置屯以斂之衞石參較出納萬計官運商載晝夜如流曰公曰私各有定分侵漁之弊自兹消息夫禁禦稍寬寬則僞出法令經久久則奸生奸僞相倡抵犯何極設隄防以塞民欲民欲既塞鹽禁之刑於兹而自錯矣是謂

民安與刑清非一時之利乃萬世之利也未若起堰於上浚濠於下使外不能入內不能出驍騎精卒巡守要害而奸僞息矣新其堰者非僅護其寶也抑亦護其民也具中人之性者必知之矣旣知之則可以相誨導俾遷善而無犯也不然則網罟之陷易如反掌耳故爲鹽池新堰箴以昜之其箴曰昔也弛禁如張網羅今也固護如登太和此碑序中之大畧也明河東運判王建中誤認爲右軍碑記曰余觀解池自歌薰以來碑碣櫛比惟此碑爲右軍正筆刻於宋天

聖十年壬申十月癸卯世邈代遠鼎廢儼存然顛仆
剝蝕塵埋久矣余自萬歷丙午謫居河東時有貢士
謝生繩祖博學世胄請於余曰昔張華識劍氣於豐
城而瞻牛斗之瑞王朴獲玉尺於田間而窺律呂之
元夠茲鹽池碑肇自右軍傚帚覩之可乎余乃命叅
軍佐徐可行索而得之僅僅斷碑殘簡如獲拱璧徐
佐雅好古欲圖不朽恐破碎不能常峙請爲石窩以
藏之余因嘆曰昔爾正平與章陵太守見蔡學士伯
喈石碑正平一顧皆悉其中央第四行磨滅兩字不

分明當是其字恐不諦耳因筆書之無遺及章陵往寫驗之亦無一差訛可見先輩之聰慧異常而古碑之傳神難遇也今右軍碑豈遜於中郎而糢糊磨滅不僅四行兩字顧不佞無正平之聰慧且不遘章陵之寫驗則存古以俟後傳疑以徵信其有待於博物君子乎今按此碑乃宋人解州鹽池新堰箴并序而字則集晉右將軍王羲之書非右軍筆也然宋時僅此一碑卧於察院婆娑可愛謹志於此

捐修渠堰記

康熙十八年巡鹽御史　曾　寅

國家財賦首出租庸次惟山海若夫關市之征雖至纖悉恐未能盡裨大農今鹽司沿勝國之舊稽述定秩爲都運者六仍盡因之爲提舉者九今不盡設也凡產鹽之地三曰海曰池曰井凡取鹽之法三施人工者爲煮爲曬由天然者爲撈採故汲諸井者惟以煮資諸海者以煮或以曬而取諸池者始以撈採而今更澆曬也河東產鹽解池爲大延袤百二十里負中條巖麓之陰而崇山廣谷羣據其上每際陰霖暴

漲排迸奔池勢成莫禦兹葢洪荒之渤澥後世偵其斥鹵規之爲池以興民用耳故雖作鹹於水其實主火德南風烈日鼓扇而成厥性利烜惡滂荷遭客水侵犯則池淡而鹽不生故於池南山麓分築各堰參差相維以障趨下之勢東西兩端各築層堰鱗次相屬以禦侵入之波池北漸就坦夷故東導山由夏縣之巫咸谷醲而爲渠經安邑之苦池灘攜池東諸堰之水經安邑運城東滙五姓湖復出孟明橋至蒲州迤西并各澗谷之水畢放諸河而後已按河東鹽賦

二十萬有奇其出於池者十萬有奇所恃以衛鹽而裕賦者僅此簣土帶水之池堰是賴雖以時修治例派解臨各屬丁夫從役惟有司以文具而膚視之每巡鹽按部循例舉檄胥役貪爲姦弊斂免役錢以漁利不加尺寸功上下相蒙因循寖久池事之壞極矣

已亥冬恭承

簡命視鹺於茲適值秋霖爲災池被衝敗汪洋瀰漫鹽花不結用是蒿目腐心巡閱堤堰其決而斷者爲深潭蕩而没者咸巨浸至於賴以宣泄之渠岸圯流斷壅

閼勿通甚者堙爲平地按司志載順治十二年經各在事之重修足垂永久之語匪誣則謬非實錄也因思治水之道先委後源大爲之壑以歸之然後可以次第施功於是考籍驗圖叅稽往牒檄發丁夫爰具畚鍤乘春暉之始燠睹宿麥之方萌農無水耨致力獻功畫地分程盡準成例首濬姚暹渠以疏積蓄次築諸堰以鞏隄防不憚躬親督率徧犒以資民忘其勞乎於不戒嗣雖麥秋暫輟可以不日觀成矣詎意徂暑之晦霪雨彌旬山漲沸騰而各堰之土鹵築新舉

皆衝決始悟摶沙塞罅殊屬塗羹而從前舉事之鹵莽也於是改圖備料煉石爲灰運埴土載溪沙湯沃而三和之築如堅石以爲經久之謀詳具疏草中茲不殫述別如臨晉山谷處池西偏水患最亟若王官石樓諸峪自南趨北昔有泄水新渠歲久壅塞歷稱池害茲重爲濬復深以十尺廣倍之俾由鴨子池而注之湖而池西之患頓息是役也凡沿姚渠以里計者百七十有五新渠爲里三十咸湖瀦矣然湖受涑水爲大溢而横流滋患更烈其故道由孟明橋經蒲

州入河者蓋十里而遥盡循其舊濬而播之深廣有加而疏泄之能事始盡凡治堰以道計者二十有五其墮者培之圮者築之決者塞之斷者續之皆手畫心維不遺餘力於以禦洚水而障狂瀾不但鹽池無衝敗之患卽各屬田廬併可免墊溺之虞而隄防之能事亦盡矣凡工之數則各有司之籍在未能綜其大率第經始仲春告竣秋杪凡渠工之犒勞堰工之灰料爲金雖僅數百然不敢議帑不忍科民皆節縮口體之餘以資公務其他善後事宜有愿志而未逮

者曰歲加修治毋致墮壞難圖也成造桔槔以去積水便曬鹽料也請復設運司佐員以專理池務而兼贊鹽政也請盡復鹽丁足修禁牆并備異時之撈採皆鹺籌之不容已敢附告諸來者是爲記

白沙河南北岸改建石堰記乾隆二十八年運使沈　栻

解州夏縣白沙河一名巫咸河發源中條山出巫咸谷經邑南關外西流三十餘里南轉會入姚暹渠河流高出地上去邑城僅半里許決而南則觸破李綽堰害及鹽池決而北即害及城關漫延村落前明來舊志所載爲患者屢矣乾隆二十七年閏五月積雨水漲南北堰間被衝塌時鹽法衙門議就南堰改建石工以禦水余按地勢雖北高南下但以驟發難制之水南向不利必併激而北北堰沙土單薄城郭生

靈何恃以無恐舉詢州牧言君如泗邑令李君遵唐僉曰必南北俱改建石工庶可弭又念本年南堰衝决現資附近民力修築此處地窄民稀必有不堪命而逃竄者反致悞工非經久策適大中丞明公奉

命自甘肅調撫山西初入境卽諮詢地方應辦事宜備據情形以白公性嗜勤民事如日夕之於寢食遂與鹽

院薩公悉心籌畫和衷商辦合詞

奏請將南北岸俱建石工派貲捍衛飭所屬估銀一萬一千一百兩有奇復與陞任方伯宋公議撥本省存

貯公用銀七千餘兩其不敷銀四千兩於鹽法衙門存貯公項內動支一律興修嗣後偶有冲刷北岸責令民修南岸歸入鹽法歲修案內辦理

硃批如所議行余與運使吳公督其事飭州牧言邑令李董率夫役帮築土胎加砌灰石高一丈暨一丈三尺不等虹堤五里如砥如阜功始乾隆二十七年十月迄二十八年四月工竣是役也事繫乎一邑而利害關乎

國計民生五載以來鹽池無患堤堰鞏固附近民地變

磽确爲膏腴利誠溥矣哉伏念

聖天子勤恤民隱無微不至大吏虛衷協慮用康保民而

守土者又能實力奉行俾余得藉手以襄事不可謂

非厚幸也是爲記

詩

鹽池　王禹偁

極望似江沱漫漫起素波兩池泉不竭千古利還多
場吏輸年額畦夫奉月課收時車並載種處地先磨
碎顆珠凌亂乾聲玉切磋岸平開雪苑渠滲斥銀河
衆鴿齊翔舞羣羊自寢訛本原皆瀉鹵異號亦鹹鹺
沫訝浮鷺鷺津疑漫蚌螺煮勞輕渤澥煎苦笑牂牁
雨打重歸水菴盛更覆蓑炎風吹作片烈日曬成垜
海味知難及蕃青的不過惠人飡罔闕均口賦無頗

涿鹿城雖近蚩尤血若何有時紅爛熳是處白嵯峨
潤下終資國靈長任蠡哦江梅須待我金鼎始調和

鹽池　　蘓祐

龜噚演潤下龍文陳實中煮海聞吳彊鑿井稱蜀雄
睠茲條山側泓水何冲融築場豈仲父疏渠殊白公
南風洞宣朗葳甤秀瑤瓊結斗麗方池形虎薦清宮
榷利通四國坤靈昭元功直盧附周圜嚴扃啟中通
報貺崇神棲千載誰能窮

看採鹽　　明嘉靖巡鹽御史　喻時

料臺開宿草候館匝層巒風出紫微洞日浮白玉灘萬夫氷上集九夏雪中看誰是監臨者須知採者難

鹽池　顧福

中條山下古鹽池想像虞絃奏節時百里光瑩天地寶萬年轉運國家資謾傳蓬島生珠樹漫說藍田種玉芝不是星軺巡歷徧誰知造化此般奇

觀採鹽　劉欽順

五月鹽花玉斗生寶池宻邇鳳凰城珊瑚架上牽珠母琥珀盤中探水晶月影先傳雙股赤波光不掩一

槭輕商王曾識羹中味兼識池中此夜情

觀鹽花　明嘉靖巡鹽御史盧煥

池頭昨夜東風午瑞色今朝報早花未信瑤枝迷遠樹好看玉蕋映晴沙光搖銀海三千丈香散炊烟百萬家御史西來公事了登樓北望思無涯

撈鹽詩有序　明正德巡鹽御史朱裳

撈鹽之詩何爲而作也勞鹽丁也所以勞鹽丁者何也撈鹽最苦故勞之使忘其勞也易曰說以先民民忘其勞

二州十縣鹽丁萬餘夏五六月臨池吁且
臨池吁且炎暑熏灼且勤且懼手足俱剝
手足俱剝亦既勞止載饑載渴亦既病止
亦既病止公事靡鹽彼此相念豈敢辭苦
豈敢辭苦不日不月豈不懷歸憲法明切
憲法明切豈敢離伍陟彼條山瞻望父母
瞻望父母誰共饔飧弱婦稚子憂心如醺
憂心如醺何云歸哉我心傷悲莫知我哀
撈鹽八章章四句

甘泉湛碧　周禮樂

影涵秋鏡碧澄澄冷漱雲根細有聲巨擘劈山分地脉伏龍潛潤噴金精光凝鹵海千層碧流出靈源一泒清六月炎埃飛不散甘香天與濟蒼生

歌薰樓

康熙巡鹽御史覺羅勒信

千古歌薰處猶傳鮮慍同唐虞留盛跡天地荷成功雪滿琴臺月霜清鹺海風時雍今再見長此樂無窮

舜彈琴臺　毛逵來

海壯樓下彈琴臺臨池坐對條山隈朱絃一拂天顏

開青桐入手薰風來薰風來自條山裏颯颯微波皺池水鎖山雲漲五月閒捲出層冰六十里六十里中水接天波光直與條山連彈琴臺下如霜白連阡比井皆鹽田鹽田不事竈與鍋只候條山薰風起但願聖人千萬壽日日登臺調玉指我聞彈琴爲阜財八風克諧五音催太和駘蕩遍九垓鳳凰欲下思徘徊相隨鳳凰喧燕雀如聖與民同憂樂驩虞豈止在條霍矧曰微涼生殿角我來臺上一披襟遶臺拍掌試追尋地下猶作繇桐音此日如見重華心

舜彈琴處　康熙運使　張鵬翮

盛代彈琴跡未遐長懸舜日照晴沙雲分翠嶺千秋雪風送瑶池一夜花資國會聞傳晉寶和羹又得供
天家我生幸遇
重華世斗粒朝朝百萬車

野狐泉亭感秋作　明嘉靖巡鹽御史　宋儀望

少秉曠達情名區日偃仰一從宦王途遂廢邱壑賞偶此出遨遊聊爾謝煩鞅泉迆何瀝沇亭館大疏廠秋風入林木葉落泉迸響聆懷俯層檻延覽觸幽爽

流雲蕩軒閣斜日淡疏幌葵榴夾路稀榆柳陰堤廣游魚何瀺灂浮藻相依莽撫景眷深懷因之愜遐想棲遲白鹿游迨遞赤城訪達生如可希長嘯出塵網

野狐泉即事　乾隆鹽政薩哈岱

亭幽淸耳目泉冷沁心脾遠挹嵐千疊平看雪一池謂池鹽正盛也談深催換斝坐久欲成詩咫尺高城近何妨歸騎遲

姚渠　張士茂

水飛空谷掩萬壑匹練疑從九天落怪蜃靈蛟恣伏

藏瓊珠玉葉紛噴薄騷人渾欲賦觀濤田父相忘滋負郭我來攬勝悟天機晝夜如斯雲漠漠

嘗鄉賢祠連句 註涇野者呂柟也內濱者初杲也

晉國蘩先哲 涇野 鄉祠肅後儔河汾一派遠 內濱 山斗萬年休秩祀逢賢達 涇野 儀文屬考求豆籩何日致 內濱 髦士振風流 涇野

遊河東書院次西渠韻　明嘉靖巡鹽御史　宋儀望

郊原雨過草烟新滿院風光絕四鄰深洞細雲依斷壁曲池流水引通津到來幽徑花仍發坐卧閒房鳥

自親最憶南陽張仲子肯留文藻照青春

憶梅堂　明萬歷巡鹽御史　曾舜漁

曾見羅浮萬樹梅花時詞客到卿杯香風吹醒遊仙夢怪問春從何處來

書院古木

三聖祠前古木叢從來此地有鵷鴻海濤天籟時時起爲有扶搖萬里風

果親王中條山作

地迥天高氣泬寥南行日日傍中條眉矑遠黛桐鄉

曎髻見輕螺絳水橋董宅柳枯和霧隱清原松老倚
雲騎馬嘶長坂霜全滑旗捲疏林葉半凋猗頓宅邊
烟漠漠令狐城外樹蕭蕭排空嵐影聯青幛罨畫湖
光濕翠翹築邑漫誇秦逼晉卜都應憶舜承堯當年
會聚陶漁伴此地因留耕鑿謠巨鎮匼河盤屈曲崇
岡劈華峙岧嶢名尊雷首浮銀漢勢拽風陵吼碧霄
池湧瑞鹽徵解阜洞餘丹竈任逍遥探幽鹿苑梯懸
柏擷秀桃源草拾瑶五老峯前芝作供雙人石上鶴
相招泗沽桑落村頭市歌聽王官谷口樵虞芮田閒

膏雨露夷齊廟古沸笙簫不須溥隥尋封跡寧俟鶩
漿灌藥苗土脉融時泉欲發陽和到處雪先消鳳儀
昔紀文明盛梅信今傳春意饒驥伏莫教悲局促鵬
搏直疑上扶摇慇懃合記山靈語好護遄征使者軺

望雨　　乾隆 鹽政 薩哈岱

雲陰空屢合雨意究仍無素海流將涸青郊草欲枯
朔風占石燕燃燧畏金烏農穡寧堪待商醝且未敷
食憂三省淡澤盼一朝蘇能否邀天貺行當肅禱雩

河東院署亭軒四吟

見說亭名柏欣看柏倚亭氷霜無改色今古有餘馨

勁以懷前躅貞堪式後型中條山對峙萬疊送遥青

右柏香亭

氷心原自潔檗味豈能甜畢竟千秋士纔堪二者兼

標題垂日久儀度想霜嚴不絀當時績持衡媿治鹽

右氷檗齋

存竹軒名好檀欒惜不存按臺空白晝牕月冷黃昏

簌簌思淸籟修修想翠痕此君寧可缺吾欲補龍孫

右存竹軒

經始人安在堂猶誌憶梅一枝惟想像千里未移栽莫濟調羹用空煩理筴才牆陰留斷碣捫讀幾徘徊

右憶梅堂

看渠工至五姓湖宿延祚寺

古寺曾留一夕眠重來猶憶十年前湖光山色渾依舊歎息霜華已滿顛

登海光樓　宋在詩

飛閣凌霄漢登臨望欲迷淼茫銀海濶延亘翠屏低共食乾坤德誰窺造化倪憑軒圖勝概墨淚與雲齊

書院古木　王思澄

虬幹亭亭歲月深幾枝疎影傍簷陰槎枒獨挺凌霄質磊落長含太古心曉日風巒呈黛色夜窗風雨帶琴音只今正值需材日莫老空階戀碧岑

中條山　王惲

中條如畫色蒼蒼雨過晴嵐帶夕光望入王官饒水竹路經虞坂足耕桑未容巖桂相招隱自笑微官有底忙多謝曉風驅暑退笠簷吹作馬頭凉

中條山　周禮樂

層巒絶巘筆難形谷口樵歌更可聽遠樹雲拖千丈
綠斷崖天挺一峯青嵐光暖翳芙蓉障黛色晴開翡
翠屏登覽不知歸騎晚滿襟風露逼青冥

虞坂行　　　　　　　　　　　元　元好問

虞坂盤盤上青石石上車蹤深一尺當時騏驥知奈
何千古英雄淚橫臆龍盤汚泥易所歎麟出非時聖
爲泣元龜竟墮余且網老鳳常飢竹花實天生神物
似有意驗以乖逢知未必若論好美是不祥正使不
逢何足惜孫陽騏驥不並有世萬億中時有一乃知

此物非不逢轅下一鳴人已識我行坂路多閱馬敢
謂羣空如冀北孫陽已矣誰汝知努力鹽車莫稱屈

藝文卷十二終